今注本二十四史

三國志

晉 陳壽 撰　宋 裴松之 注
楊耀坤 揭克倫 校注

一

魏書〔一〕

中國社會科學出版社

圖書在版編目（CIP）數據

三國志 / 楊耀坤，揭克倫校注 .—北京：中國社會科學出版社，2020.7
（今注本二十四史）
ISBN 978-7-5203-5011-2

Ⅰ.①三… Ⅱ.①楊…②揭… Ⅲ.①中國歷史—三國時代—紀傳體 ②《三國志》—注釋 Ⅳ.①K236.042

中國版本圖書館 CIP 數據核字（2019）第 200637 號

出 版 人	趙劍英
項目統籌	王 茵
責任編輯	孫 萍　王仁霞　李凱凱
特約編輯	孫 曉　崔芝妹
責任校對	趙 威　彭 麗　高文川
封面設計	蔡易達
責任印製	王 超

出　　版	中國社會科學出版社			
社　　址	北京鼓樓西大街甲 158 號	郵　編	100720	
網　　址	http://www.csspw.cn			
發 行 部	010-84083685	門 市 部	010-84029450	
經　　銷	新華書店及其他書店	印刷裝訂	三河弘翰印務有限公司	
版　　次	2020 年 7 月第 1 版	印　次	2020 年 7 月第 1 次印刷	
開　　本	1/16	成品尺寸	228mm×152mm	
印　　張	245.5	字　數	2985 千字	
定　　價	990.00 元（全 12 册）			

凡購買中國社會科學出版社圖書，如有質量問題請與本社營銷中心聯繫調換
電話：010-84083683
版權所有　侵權必究

《今注本二十四史》工作委員會

主　　任	許嘉璐
副主任	高占祥　王　石　段先念　于友先
委　　員	金堅範　董亞平　孫　曉　胡梅林
	張玉文　趙劍英
秘書長	張玉文（兼）

《今注本二十四史》編纂委員會

領導小組　何茲全　林甘泉　伍　傑　陳高華　陳祖武
　　　　　　卜憲群　趙劍英
總　編　纂　張政烺
執行總編纂　賴長揚　孫　曉
委　　　員（按姓氏筆畫排列）
　　　　卜憲群　王玉哲　王　茵　王毓銓　王榮彬　王鑫義
　　　　毛佩琦　毛　蕾　史為樂　朱大渭　朱紹侯　朱淵壽
　　　　伍　傑　李天石　李昌憲　李祖德　李錫厚　李　憑
　　　　吳松弟　吳樹平　何茲全　何德章　余太山　汪福寶
　　　　林甘泉　林　建　周天游　周偉洲　周　群　段志洪
　　　　施　丁　紀雪娟　馬俊民　華林甫　晁福林　高榮盛
　　　　陳久金　陳長琦　陳祖武　陳時龍　陳高華　陳得芝
　　　　陳智超　崔文印　商　傳　梁滿倉　張玉興　張　欣
　　　　張博泉　萬繩楠　程妮娜　童　超　曾貽芬　游自勇
　　　　靳　寶　楊志玖　楊　軍　楊際平　楊翼驤　楊耀坤
　　　　趙　凱　趙劍英　蔣福亞　鄭學檬　漆　俠　熊清元
　　　　劉中玉　劉迎勝　劉鳳翥　薄樹人　戴建國　韓國磐
　　　　魏長寶　蘇　木　龔留柱
秘　書　長　宗月霄　趙　凱

《今注本二十四史》編輯部

主　　任　王　茵　趙　凱
副主任　孫　萍　徐林平　劉艷強
成　　員（按姓氏筆畫排列）

王仁霞	王思桐	石　珹	李金濤	李凱凱	宋　月
郝玉明	郝輝輝	紀雪娟	高文川	郭清霞	常文相
崔芝妹	許微微	張沛林	張　欣	張　潛	彭　麗
靳　寶	賈啓博	趙　威	韓　悅	韓國茹	顧世寶

《今注本二十四史·三國志》項目組

主 持 人　楊耀坤　揭克倫
成　　員　楊耀坤　揭克倫

《今注本二十四史》出版說明

　　二十四史，是中國古代二十四部史書的統稱，包括《史記》《漢書》《後漢書》《三國志》《晋書》《宋書》《南齊書》《梁書》《陳書》《南史》《魏書》《北齊書》《周書》《北史》《隋書》《舊唐書》《新唐書》《舊五代史》《新五代史》《宋史》《遼史》《金史》《元史》和《明史》。其成書時間自公元前二世紀下半葉至十八世紀中葉，前後相距約兩千年，總卷帙（不含複卷）達3213卷，共4000餘萬字。它們采用本紀、列傳、表、志等形式，構成了一個完整地記述清朝以前中國古代社會的著作體系。二十四史上起傳說時代的黃帝，下迄明朝滅亡，包容了我國古代的政治、軍事、經濟、思想、文化、天文、地理、民風、民俗等廣闊的社會內容，形成了一套展現中華民族起源和發展的最重要的核心典籍，被後人稱爲"正史"。世界上沒有任何一個國家有如此內容涵蓋宏富、時間接續綿延、體例基本統一的歷史記載。

共同的歷史文化是一個民族賴以整體維繫的基本條件之一。而對歷史著作的不斷整合和續修，顯然有利於促進國家的統一、民族的團結、社會的進步。從《史記》到《明史》，不同地位、不同民族的史家和政治家，以同一體例連續不斷地編纂我們祖國發展演進的歷史，本質上反映了我國人民尋求構建多民族國家共同歷史的強烈願望。歷史上隨時把正史歸爲"三史""十三史""十七史""廿一史""廿二史""廿四史"，不僅反映了人們對正史的認同，更重要的是反映了對共同歷史文化的認同，即民族的認同。而對正史進行大規模的整理，在另一個層面上，更有利於妥善保存民族文化遺產，豐富民族文化內涵，陶鑄民族文化精神，從而強化民族的尊嚴與自信心，提升國家的榮譽和國人對國家的歸屬感。

對二十四史進行整理，在此次之前規模較大的有三次。第一次是清朝乾隆年間，其成果是殿本；第二次是二十世紀三十年代張元濟先生組織的整理，其成果是百衲本；第三次即毛澤東同志倡議，由中華書局出面進行的整理，其成果是中華書局標點本。這一次是由張政烺先生等史學家倡議，由中華文化促進會主持編纂的今注，其成果是《今注本二十四史》。應當充分地注意到，這四次整理的發動，都有與其所處時代社會歷史息息相關的背景。乾隆朝的武英殿大量刊刻文化典籍，尤其是對二十四史的選本、校勘都經"欽定"，絕不是僅僅要製造盛世氣象；張元濟先生奔走於國難深重的二十世紀初的中國，"當中華文化存亡絕續之交"，有更深刻的原動力；毛澤東同志指示標點正史，倡議於中華人民共和國成立、百廢待舉之初；而我們如今正在進行的今注，則發軔於改革開放、萬象更新之時。這絕不是歷史的偶然。可以說，每每針對二十四史的重大舉措，都是應社會對具有主體性的統一的歷史文化需求而展開的。

當今世界，文化的融合過程逐漸加快，在共生的基礎上融合，在融合中保持共生，互補互融直至趨一。因此，各種文化都面臨着選擇。面臨選擇，充分展示本民族的歷史文化是學者們義不容辭的職責。而作爲歷史文化直接守護者的歷史學者，有責任爲世界提供對本民族歷史文化文本的正確詮釋，有責任努力爲民衆爭取對民族歷史文化解讀的話語權。

《今注本二十四史》1994年8月由中華人民共和國文化部批准立項，2005年被中華人民共和國新聞出版總署列入"十一五"期間（2006—2010）"國家重點圖書出版規劃"。自1994年起，迄今已經進行了二十餘年。

《今注本二十四史》總編纂張政烺先生爲本書做了奠基性的工作。在他學術生命的最後時期，不僅親自審訂了最初的《今注本二十四史編纂總則》，還逐一遴選了各史主編。

《今注本二十四史》編纂委員會主要由各史主編與相關同仁組成。張政烺先生逝世後，根據多位主編的建議，我們陸續邀請了何兹全、林甘泉、伍傑、陳高華、陳祖武、卜憲群、趙劍英七位編委成立領導小組，全面指導編纂出版工作。他們爲本項目的編纂出版，付出了大量心血與智慧，沒有他們的支持，本項目難以玉成。

本項目動員了全國三十餘所科研機構和高等學府的中

國古史專家共襄其事。全書設總編纂一人，執行總編纂二人，各史設主編一人或二人；某些特殊的"志（書）"如律曆、天文、五行（靈徵）等歸類單列，各設主編一人。各史主編自選作者，全書作者總計約三百人。多年來，他們薄利求義、任勞任怨、兢兢翼翼，惟敬業畢功是務，繼承和發揚了我國史學家捨身務實的優良傳統，爲本書的完成做出了不可磨滅的貢獻！

本項目啓動之初，老一輩的歷史學家王玉哲、王毓銓、陳可畏、張博泉、萬繩楠、楊志玖、楊翼驤、漆俠、薄樹人、韓國磐等先生不僅從道義上給予全力支援，而且主動承擔各史（志）主編。何茲全、林甘泉先生更是不厭其煩，爲編纂工作提出具體建議，爲項目立項奔走呼籲。執行總編纂賴長揚先生鞠躬盡瘁，承擔了大量繁雜的組織工作。現在，雖然以上先生已經辭世，但他們學術生涯的最後抉擇所表現出的對民族、對國家的崇高責任感，永遠值得我們銘記和學習！

本項目自動議始就得到了中華文化促進會及社會各界的回應與傾力支持。中華文化促進會主席王石先生、副主席段先念先生及前任領導人蕭秧先生在本項目立項、推動、經費籌措等方面辛勤奔走，起到了關鍵作用。

香港企業家黃丕通、劉國平先生在項目前期曾給予慷慨資助。

國家出版基金與中國社會科學院也給予本項目一定的出版資助。

四川省出版集團及巴蜀書社曾在編纂和出版方面起了重要的推動作用，已出版今注本《三國志》《梁書》。

《今注本二十四史》編纂出版工作，自1994年立項以來，一波三折、幾經沉浮。2017年深圳華僑城集團予以鼎力襄助，全面解決了編纂出版經費拮据的問題，編纂出版工作方步入正軌。在此，編委會全體成員向深圳華僑城集團謹表達深深敬意和感謝！

　鑒古知今，學史明智。中國社會科學出版社歷來重視歷史學及中國古代典籍的整理與出版工作，爲本項目組織專門團隊，秉持專業、嚴謹、高效的原則，爲項目整體的最終出版提供了重要保障。中國社會科學出版社將與各相關單位通力協作，努力將《今注本二十四史》打造成一部具有思想穿透力與廣泛影響力的精品力作，從而爲講好中國歷史、推動中國歷史研究做出貢獻。

謹以本書紀念爲弘揚中華文化而做出貢獻的歷史學家們！
謹以本書感謝爲傳承中華文化而支援和幫助我們的人們！

《今注本二十四史》編纂委員會
中國社會科學出版社
2020年6月

凡　例

　　《今注本二十四史》在編纂過程中一共産生了四個總體規範性質的文件。這就是：《今注本二十四史編纂總則》（1995年，2005年4月修改，2017年8月修訂）、《關於〈編纂總則〉的修改和補充意見》（2006年3月）、《關於編纂工作若干問題的決定》（2007年1月）、《關於〈今注本二十四史編纂總則〉幾點重要的補充説明》（2017年10月）。它們確定了全書編纂的目的、特點及其具體操作規則。綜其要概述如下。

　　本書的基本特點是史家注史。工作主要集中在三個方面：版本的改誤糾謬；史實的正義疏通；史料的補充增益。由各史主編撰寫《前言》，扼要介紹該史所涉及的時代背景、作者生平、寫作過程、著作特點、史料價值、在史學史上的地位和研究概況。

　　本書的學術目標有兩個。一個是通過校勘，得到一套善本；一個是通過今注，得到一套最佳的注釋本。即完成由史家校勘並加以注釋的二十四史的新校勘新注釋本。它從史家的角度出發，集數百年以來學界的研究成果，採取有圖有文的注釋形式，力圖以新的角度、新的内容、新的形式，爲二十四史創造出一整套代表當代學術水準的、權威的現代善本。

一　校勘

1. 底本：原則上以商務印書館百衲本爲底本；因百衲本並非善本的另行確定底本。

2. 校勘：充分吸收包括中華書局標點本在内的前人的校勘成果，全面參校，以形成一個全新的校勘本。

各史采用的底本和參校本，在各史序言中寫出全稱和簡稱。整套書統一規定的簡稱有六個：武英殿本簡稱"殿本"；國子監本，相應簡稱"南監本""北監本"；毛氏汲古閣本簡稱"汲古閣本"；同治五書局本簡稱"局本"；商務印書館百衲本簡稱"百衲本"。

校勘成果反映在原文中，即依據有充分把握的校勘結果，將底本中的衍、脱、誤、倒之處全部改正；刊正底本的理由，全部在相應注釋中加以說明。對無十分把握之處，不改原文，祇出校勘記質疑。

采用中華書局標點本爲工作本的史書，不錄入原校勘記。直接吸收其校勘成果者則加以說明，對其提出商榷者在相應注釋中加以辨證。

二 注釋

1. 對有古注並已與原書集合行世的前四史，原則上保留古注，視同原文並加注。

2. 注釋程度：以幫助具有大專文化水準以上的讀者讀懂爲限；以給研究者提供簡要索引爲限。注文力求做到：準確、質樸、簡練、嚴謹、規範。

3. 出注（除一些專志外）以卷（篇）爲單位。即對應當加注者，在每卷（篇）第一次出現時加注。此後即使該卷（篇）中再出現，如意義完全等同者，不再加注；而在別卷（篇）再出現時，仍另行加注。有多卷的同類志書出注時視爲同卷，即同類志書對應當加注者在首次出現時加注，其後再現如意義完全等同，亦不再加注。

4. 注釋範圍：冷僻的字音、字義、詞義，成語典故；不易理解的名物制度、地名、人名、別號、謚號、廟號；有爭議或原作記述有歧誤的史實等。

（1）字音、字義、詞義的注釋祇限於生僻字、異體字、避諱字、破讀和易生歧義及晦澀難懂的語辭。對多音字，在文中必讀某音的，以漢語拼音出注。避諱字的注文應說明避諱原因，原文原則上不改，出注。字音標注采用漢語拼音。

（2）對原文中的古體、通假、異體字的處理：古體、通假字不作改動，對其中罕見或疑難者，在注中說明其今體或正體字。全書原文和古注保留異體字，今注除人名、地名、書名和職官（署）名之外，原則上不使用異體字。

（3）成語典故，出注祇限於冷僻的成語典故，注文僅簡單説明成語典故來源、内容和意義。常見的詞語一般不出注，包括常見的古漢語虛詞與實詞，但某些不注會產生歧義者除外。

（4）人名、别號、謚號等，凡係本部書中没有專傳（或紀）的人物一般出注説明係何時、何地之人，姓、氏、名、字一般不出注，有特殊來源者，可出注。常見的歷史人物名號與某些不注無礙於全文理解者不必出注；對暫不可考者則説明未詳。

（5）地名注釋：一般僅注明今地；如須説明沿革方可解讀者，則簡述其沿革。本史有《地理志》者，地名出注從簡；若古今地名相同，所治地區大致相同者，則不出注。

（6）官名、官署名及職官制度和爵位制度名稱出注，遵循以下三個原則：常見者（如丞相、太尉、太守、縣令等），若其意義與通常理解無顯著變化，一般不出注；不常見者（如太阿、決曹、次等司等），應説明品秩、職掌範圍，需叙述沿革等方能理解原文意義者，則説明沿革變化、上下級關係、置廢時間；若本史有相應專志者，此類出注即從簡略；無相應專志者，可稍詳盡。

（7）原文與史實不符處，前後文不符處，則予以辯明。考證力求言之有據，簡明扼要。

（8）紀、傳注文以疏通原文爲目的，一般不采取補注、匯注形式。力求不枝不蔓，緊扣原文。各志（書）注文可采取補注、匯注形式，以求内容豐富、全面。

（9）對有争議的問題，客觀公允地羅列諸説，反映歧見；同時指出帶傾向性的意見。盡量不作價值評論性質的分析。

（10）今注出注各有重點："紀"（"世家""載記"）着重歷史事件；"傳"着重人物事迹及人際關係；"志"着重制度内容及沿革；"表"着重疏理時序。除《史記》外，注文内容貫徹詳本朝略前代的原則。

（11）注釋以段爲單位，統一順次編碼。出注（校）標碼與注文標碼一致，均采用［1］［2］［3］標示。

校注側重學術性，努力吸收前人的研究成果，尤其是現代學者的研究成果，充分準確地反映當代二十四史學術研究現狀；爲相關專業的學者提供足資利用的準確原文和内容索引，亦爲一般文史讀者搭建起提高水準的階梯。

《今注本二十四史》編纂委員會
2017 年 10 月

目　録

目　録

前　言 …………………………………………（ 1 ）
例　言 …………………………………………（ 1 ）
主要參考文獻 …………………………………（ 1 ）

上三國志注表 ………………………裴松之（ 1 ）

卷一　魏書一
　　武帝操 ……………………………………（ 1 ）

卷二　魏書二
　　文帝丕 ……………………………………（ 167 ）

卷三　魏書三
　　明帝叡 ……………………………………（ 293 ）

卷四　魏書四 三少帝

齊王芳 …………………………………………（ 377 ）
高貴鄉公髦 ……………………………………（ 420 ）
陳留王奐 ………………………………………（ 464 ）

卷五　魏書五 后妃

武宣卞皇后 ……………………………………（ 488 ）
文昭甄皇后 ……………………………………（ 496 ）
文德郭皇后 ……………………………………（ 513 ）
明悼毛皇后 ……………………………………（ 520 ）
明元郭皇后 ……………………………………（ 523 ）

卷六　魏書六

董卓 ……………………………………………（ 525 ）
　李傕 …………………………………………（ 552 ）
　郭汜 …………………………………………（ 552 ）
袁紹 ……………………………………………（ 568 ）
　子譚 …………………………………………（ 607 ）
　　尚 …………………………………………（ 607 ）
袁術 ……………………………………………（ 625 ）
劉表 ……………………………………………（ 632 ）

卷七　魏書七

呂布 ……………………………………………（ 651 ）
　張邈 …………………………………………（ 657 ）

陳登 …………………………………… （ 675 ）
臧洪 …………………………………… （ 679 ）
陳容 …………………………………… （ 693 ）

卷八　魏書八

公孫瓚 ………………………………… （ 697 ）
陶謙 …………………………………… （ 721 ）
張楊 …………………………………… （ 730 ）
公孫度 ………………………………… （ 733 ）
　子康 ………………………………… （ 737 ）
　康弟恭 ……………………………… （ 737 ）
　康子晃 ……………………………… （ 737 ）
　　淵 ………………………………… （ 737 ）
張燕 …………………………………… （ 757 ）
張繡 …………………………………… （ 760 ）
張魯 …………………………………… （ 762 ）

卷九　魏書九

夏侯惇 ………………………………… （ 773 ）
　韓浩 ………………………………… （ 781 ）
　史渙 ………………………………… （ 781 ）
夏侯淵 ………………………………… （ 783 ）
曹仁 …………………………………… （ 794 ）
　弟純 ………………………………… （ 800 ）
曹洪 …………………………………… （ 801 ）

曹休 ……………………………………………（ 806 ）
　子肇 …………………………………………（ 809 ）
曹真 ……………………………………………（ 810 ）
　子爽 …………………………………………（ 816 ）
　羲 ……………………………………………（ 816 ）
　訓 ……………………………………………（ 816 ）
何晏 ……………………………………………（ 816 ）
鄧颺 ……………………………………………（ 816 ）
李勝 ……………………………………………（ 816 ）
丁謐 ……………………………………………（ 816 ）
畢軌 ……………………………………………（ 816 ）
桓範 ……………………………………………（ 828 ）
夏侯尚 …………………………………………（ 846 ）
　子玄 …………………………………………（ 848 ）

卷一〇　魏書十

荀彧 ……………………………………………（ 875 ）
　子惲 …………………………………………（ 908 ）
　孫甝 …………………………………………（ 908 ）
　霬 ……………………………………………（ 908 ）
荀攸 ……………………………………………（ 914 ）
賈詡 ……………………………………………（ 925 ）

卷一一　魏書十一

袁渙 ……………………………………………（ 941 ）

張範 …………………………………………（ 951 ）
　弟承 ………………………………………（ 951 ）
涼茂 …………………………………………（ 954 ）
國淵 …………………………………………（ 957 ）
田疇 …………………………………………（ 959 ）
王脩 …………………………………………（ 971 ）
邴原 …………………………………………（ 986 ）
管寧 …………………………………………（ 996 ）
　王烈 ………………………………………（ 998 ）
　張臶 ………………………………………（1015）
胡昭 …………………………………………（1017）
　焦先 ………………………………………（1019）

卷一二　魏書十二

崔琰 …………………………………………（1029）
　孔融 ………………………………………（1038）
　許攸 ………………………………………（1038）
　婁圭 ………………………………………（1038）
毛玠 …………………………………………（1051）
徐奕 …………………………………………（1059）
何夔 …………………………………………（1062）
邢顒 …………………………………………（1072）
鮑勛 …………………………………………（1075）
司馬芝 ………………………………………（1082）
　子岐 ………………………………………（1087）

卷一三　魏書十三

　　鍾繇 …………………………………………（1091）
　　　　子毓 ………………………………………（1117）
　　華歆 …………………………………………（1122）
　　王朗 …………………………………………（1137）
　　　　子肅 ………………………………………（1159）
　　孫叔然 ………………………………………（1172）
　　周生烈 ………………………………………（1172）
　　董遇 …………………………………………（1172）
　　隗禧 …………………………………………（1174）

卷一四　魏書十四

　　程昱 …………………………………………（1183）
　　　　孫曉 ………………………………………（1192）
　　郭嘉 …………………………………………（1197）
　　董昭 …………………………………………（1207）
　　劉曄 …………………………………………（1221）
　　蔣濟 …………………………………………（1236）
　　劉放 …………………………………………（1252）
　　　　孫資 ………………………………………（1252）

卷一五　魏書十五

　　劉馥 …………………………………………（1271）
　　司馬朗 ………………………………………（1279）
　　梁習 …………………………………………（1287）

張既 …………………………………………（1294）
溫恢 …………………………………………（1312）
賈逵 …………………………………………（1314）
　李孚 ………………………………………（1326）
　楊沛 ………………………………………（1327）

卷一六　魏書十六

任峻 …………………………………………（1333）
蘇則 …………………………………………（1337）
杜畿 …………………………………………（1345）
　子恕 ………………………………………（1358）
　孫預 ………………………………………（1379）
鄭渾 …………………………………………（1384）
倉慈 …………………………………………（1396）

卷一七　魏書十七

張遼 …………………………………………（1405）
樂進 …………………………………………（1415）
于禁 …………………………………………（1418）
張郃 …………………………………………（1424）
徐晃 …………………………………………（1432）
　朱靈 ………………………………………（1437）

卷一八　魏書十八

李典 …………………………………………（1443）

李通 …………………………………………（1447）
　　臧霸 …………………………………………（1453）
　　　孫觀 ………………………………………（1459）
　　文聘 …………………………………………（1460）
　　呂虔 …………………………………………（1462）
　　許褚 …………………………………………（1466）
　　典韋 …………………………………………（1470）
　　龐惪 …………………………………………（1473）
　　龐淯 …………………………………………（1478）
　　　母娥 ………………………………………（1480）
　　閻温 …………………………………………（1484）
　　張恭 …………………………………………（1484）
　　　恭子就 ……………………………………（1484）

卷一九　魏書十九

　　任城威王彰 …………………………………（1497）
　　陳思王植 ……………………………………（1503）
　　蕭懷王熊 ……………………………………（1570）

卷二〇　魏書二十 武文世王公

　　豐愍王昂 ……………………………………（1573）
　　相殤王鑠 ……………………………………（1574）
　　鄧哀王沖 ……………………………………（1574）
　　彭城王據 ……………………………………（1578）
　　燕王宇 ………………………………………（1579）

沛穆王林 …………………………………………（1580）
中山恭王袞 ………………………………………（1581）
濟陽懷王玹 ………………………………………（1585）
陳留恭王峻 ………………………………………（1586）
范陽閔王矩 ………………………………………（1586）
趙王幹 ……………………………………………（1586）
臨邑殤公子上 ……………………………………（1589）
楚王彪 ……………………………………………（1589）
剛殤公子勤 ………………………………………（1594）
穀城殤公子乘 ……………………………………（1594）
郿戴公子整 ………………………………………（1594）
靈殤公子京 ………………………………………（1595）
樊安公均 …………………………………………（1595）
廣宗殤公子棘 ……………………………………（1595）
東平靈王徽 ………………………………………（1595）
樂陵王茂 …………………………………………（1597）

以上武帝子

贊哀王協 …………………………………………（1599）
北海悼王蕤 ………………………………………（1599）
東武陽懷王鑒 ……………………………………（1599）
東海定王霖 ………………………………………（1599）
元城哀王禮 ………………………………………（1599）
邯鄲懷王邕 ………………………………………（1600）
清河悼王貢 ………………………………………（1600）
廣平哀王儼 ………………………………………（1600）

以上文帝子

卷二一　魏書二十一

王粲 …………………………………………（1615）
　　徐幹 ………………………………………（1620）
　　陳琳 ………………………………………（1621）
　　阮瑀 ………………………………………（1622）
　　應瑒 ………………………………………（1625）
　　劉楨 ………………………………………（1625）
　　邯鄲淳 ……………………………………（1629）
　　繁欽 ………………………………………（1629）
　　路粹 ………………………………………（1629）
　　丁儀 ………………………………………（1629）
　　丁廙 ………………………………………（1629）
　　楊脩[1] ……………………………………（1629）
　　荀緯 ………………………………………（1629）
　　應璩 ………………………………………（1635）
　　應貞 ………………………………………（1635）
　　阮籍 ………………………………………（1636）
　　嵇康 ………………………………………（1639）
　　桓威 ………………………………………（1646）
　　吳質 ………………………………………（1646）
衛覬 …………………………………………（1654）
　　潘勖 ………………………………………（1658）
　　王象 ………………………………………（1658）

---

〔1〕　脩：百衲本作"脩"，中華書局校點本作"修"，今從百衲本。

劉廙 ·· （1662）
劉劭 ·· （1672）
　繆襲 ·· （1678）
　仲長統 ·· （1679）
　蘇林 ·· （1680）
　韋誕 ·· （1680）
　夏侯惠 ·· （1680）
　孫該 ·· （1680）
　杜摯 ·· （1680）
傅嘏 ·· （1686）

卷二二　魏書二十二

桓階 ·· （1705）
陳羣 ·· （1710）
　子泰 ·· （1725）
陳矯 ·· （1736）
徐宣 ·· （1743）
衛臻 ·· （1747）
盧毓 ·· （1755）

卷二三　魏書二十三

和洽 ·· （1767）
常林 ·· （1777）
楊俊 ·· （1792）
杜襲 ·· （1796）

赵俨 …… （1802）
裴潜 …… （1811）
子秀 …… （1813）

卷二四　魏书二十四

韩暨 …… （1825）
崔林 …… （1832）
高柔 …… （1843）
孙礼 …… （1868）
王观 …… （1875）

卷二五　魏书二十五

辛毗 …… （1879）
杨阜 …… （1893）
高堂隆 …… （1911）
栈潜 …… （1939）

卷二六　魏书二十六

满宠 …… （1947）
田豫 …… （1960）
牵招 …… （1970）
郭淮 …… （1979）

卷二七　魏书二十七

徐邈 …… （1989）

胡質 …………………………………………（1995）
　子威 …………………………………………（2000）
王昶 …………………………………………（2003）
王基 …………………………………………（2020）

卷二八　魏書二十八

王淩 …………………………………………（2035）
　令狐愚 ………………………………………（2037）
毌丘儉 …………………………………………（2047）
諸葛誕 …………………………………………（2069）
　唐咨 …………………………………………（2081）
鄧艾 …………………………………………（2083）
　州泰 …………………………………………（2106）
鍾會 …………………………………………（2107）
　王弼 …………………………………………（2133）

卷二九　魏書二十九

華佗 …………………………………………（2141）
　吳普 …………………………………………（2153）
　樊阿 …………………………………………（2153）
杜夔 …………………………………………（2160）
朱建平 …………………………………………（2168）
周宣 …………………………………………（2172）
管輅 …………………………………………（2175）

卷三〇　魏書三十

　　烏丸 ……………………………………………（2227）

　　鮮卑 ……………………………………………（2241）

　　東夷 ……………………………………………（2251）

　　　夫餘 …………………………………………（2253）

　　　高句麗 ………………………………………（2258）

　　　東沃沮 ………………………………………（2265）

　　　挹婁 …………………………………………（2269）

　　　濊 ……………………………………………（2270）

　　　韓 ……………………………………………（2273）

　　　倭 ……………………………………………（2282）

卷三一　蜀書一 二牧

　　劉焉 ……………………………………………（2321）

　　劉璋 ……………………………………………（2331）

卷三二　蜀書二

　　先主備 …………………………………………（2339）

卷三三　蜀書三

　　後主禪 …………………………………………（2397）

卷三四　蜀書四 二主妃子

　　先主甘后 ………………………………………（2425）

　　先主穆后 ………………………………………（2428）

後主敬哀張后 ………………………………（2429）
　　後主張后 …………………………………（2429）
　　劉永 ………………………………………（2430）
　　劉理 ………………………………………（2432）
　　後主太子璿 ………………………………（2432）

卷三五　蜀書五
　　諸葛亮 ……………………………………（2435）
　　　子喬 ……………………………………（2483）
　　　　瞻 ……………………………………（2486）
　　董厥 ………………………………………（2489）
　　樊建 ………………………………………（2489）

卷三六　蜀書六
　　關羽 ………………………………………（2501）
　　張飛 ………………………………………（2510）
　　馬超 ………………………………………（2514）
　　黃忠 ………………………………………（2522）
　　趙雲 ………………………………………（2524）

卷三七　蜀書七
　　龐統 ………………………………………（2533）
　　法正 ………………………………………（2543）

卷三八　蜀書八
　　許靖 ………………………………………（2555）

15

麋竺 …………………………………………（2572）
　　孫乾 …………………………………………（2576）
　　簡雍 …………………………………………（2576）
　　伊籍 …………………………………………（2578）
　　秦宓 …………………………………………（2579）

卷三九　蜀書九
　　董和 …………………………………………（2599）
　　劉巴 …………………………………………（2602）
　　馬良 …………………………………………（2608）
　　　弟謖 ………………………………………（2610）
　　陳震 …………………………………………（2614）
　　董允 …………………………………………（2616）
　　　黃皓 ………………………………………（2620）
　　　陳祗 ………………………………………（2620）
　　呂乂 …………………………………………（2622）

卷四〇　蜀書十
　　劉封 …………………………………………（2625）
　　彭羕 …………………………………………（2637）
　　廖立 …………………………………………（2643）
　　李嚴 …………………………………………（2647）
　　劉琰 …………………………………………（2655）
　　魏延 …………………………………………（2656）
　　楊儀 …………………………………………（2662）

卷四一　蜀書十一

霍峻 …………………………………………（2665）
　子弋 ………………………………………（2665）
王連 …………………………………………（2672）
向朗 …………………………………………（2673）
　兄子寵 ……………………………………（2676）
張裔 …………………………………………（2677）
楊洪 …………………………………………（2681）
費詩 …………………………………………（2687）

卷四二　蜀書十二

杜微 …………………………………………（2693）
周羣 …………………………………………（2696）
　張裕 ………………………………………（2696）
杜瓊 …………………………………………（2699）
許慈 …………………………………………（2702）
孟光 …………………………………………（2703）
來敏 …………………………………………（2708）
尹默 …………………………………………（2710）
李譔 …………………………………………（2713）
譙周 …………………………………………（2715）
郤正 …………………………………………（2737）

卷四三　蜀書十三

黃權 …………………………………………（2761）

子崇 …………………………………（2767）
　李恢 ……………………………………（2768）
　呂凱 ……………………………………（2772）
　馬忠 ……………………………………（2776）
　王平 ……………………………………（2779）
　　句扶 …………………………………（2781）
　張嶷 ……………………………………（2782）

卷四四　蜀書十四

　蔣琬 ……………………………………（2793）
　　子斌 …………………………………（2795）
　　　斌弟顯 ……………………………（2796）
　　劉敏 …………………………………（2796）
　費禕 ……………………………………（2800）
　姜維 ……………………………………（2806）

卷四五　蜀書十五

　鄧芝 ……………………………………（2825）
　張翼 ……………………………………（2829）
　宗預 ……………………………………（2836）
　　廖化 …………………………………（2839）
　楊戲 ……………………………………（2841）
　　王嗣 …………………………………（2869）
　　常播 …………………………………（2870）
　　衛繼 …………………………………（2870）

卷四六　吴書一

孫堅 …………………………………………（2875）

孫策 …………………………………………（2897）

卷四七　吴書二

吴主權 ………………………………………（2927）

卷四八　吴書三 三嗣主

孫亮 …………………………………………（3021）

孫休 …………………………………………（3033）

孫晧 …………………………………………（3052）

卷四九　吴書四

劉繇 …………………………………………（3109）

　子基 ………………………………………（3116）

太史慈 ………………………………………（3119）

士燮 …………………………………………（3130）

　弟壹 ………………………………………（3130）

　　䵋 ………………………………………（3130）

　子徽 ………………………………………（3135）

　壹子匡 ……………………………………（3136）

卷五〇　吴書五 妃嬪

孫破虜吴夫人 ………………………………（3139）

　弟景 ………………………………………（3140）

吴主權謝夫人 …………………………………（3143）
權徐夫人 ……………………………………（3144）
　　祖真 …………………………………（3144）
　　父琨 …………………………………（3144）
權步夫人 ……………………………………（3146）
權王夫人 ……………………………………（3148）
權王夫人 ……………………………………（3148）
權潘夫人 ……………………………………（3149）
孫亮全夫人 …………………………………（3150）
孫休朱夫人 …………………………………（3152）
孫和何姬 ……………………………………（3154）
孫晧滕夫人 …………………………………（3156）

卷五一　吳書六 宗室

孫靜 …………………………………………（3159）
　　子瑜 …………………………………（3161）
　　　皎 …………………………………（3163）
　　　奐 …………………………………（3166）
孫賁 …………………………………………（3170）
　　子鄰 …………………………………（3173）
孫輔 …………………………………………（3176）
孫翊 …………………………………………（3178）
　　子松 …………………………………（3178）
孫匡 …………………………………………（3179）
孫韶 …………………………………………（3181）

孫桓 …………………………………………（ 3189 ）

卷五二　吳書七

張昭 …………………………………………（ 3193 ）
　弟子奮 ……………………………………（ 3208 ）
　子承 ………………………………………（ 3208 ）
　休 …………………………………………（ 3211 ）
顧雍 …………………………………………（ 3212 ）
　子邵 ………………………………………（ 3222 ）
　孫譚 ………………………………………（ 3225 ）
　承 …………………………………………（ 3230 ）
諸葛瑾 ………………………………………（ 3231 ）
　子融 ………………………………………（ 3239 ）
步騭 …………………………………………（ 3242 ）
　子闡 ………………………………………（ 3254 ）

卷五三　吳書八

張紘 …………………………………………（ 3261 ）
　子玄 ………………………………………（ 3271 ）
　孫尚 ………………………………………（ 3271 ）
嚴畯 …………………………………………（ 3275 ）
　裴玄 ………………………………………（ 3277 ）
程秉 …………………………………………（ 3278 ）
　徵崇 ………………………………………（ 3278 ）
闞澤 …………………………………………（ 3280 ）

唐固 ································ （3282）
　　薛綜 ································ （3283）
　　　子珝[1] ···························· （3295）
　　　　瑩 ······························ （3295）

卷五四　吳書九

　　周瑜 ································ （3303）
　　魯肅 ································ （3324）
　　呂蒙 ································ （3339）

卷五五　吳書十

　　程普 ································ （3359）
　　黃蓋 ································ （3362）
　　韓當 ································ （3365）
　　蔣欽 ································ （3368）
　　周泰 ································ （3371）
　　陳武 ································ （3373）
　　　子脩 ······························ （3375）
　　　　表 ······························ （3375）
　　董襲 ································ （3378）
　　甘寧 ································ （3381）
　　淩統 ································ （3389）
　　徐盛 ································ （3394）

――――――

　　〔1〕珝：百衲本、中華書局校點本目錄皆作"翊"，正文則作"珝"，今從正文改。

潘璋 …………………………………………………（3397）

丁奉 …………………………………………………（3399）

卷五六　吳書十一

朱治 …………………………………………………（3405）

朱然 …………………………………………………（3411）

　子績 ………………………………………………（3419）

呂範 …………………………………………………（3422）

　子據 ………………………………………………（3429）

朱桓 …………………………………………………（3431）

　子異 ………………………………………………（3436）

卷五七　吳書十二

虞翻 …………………………………………………（3441）

　子汜 ………………………………………………（3475）

　　忠 ………………………………………………（3475）

　　聳 ………………………………………………（3475）

　　昺 ………………………………………………（3475）

陸績 …………………………………………………（3480）

張溫 …………………………………………………（3485）

駱統 …………………………………………………（3496）

陸瑁 …………………………………………………（3500）

吾粲 …………………………………………………（3507）

朱據 …………………………………………………（3509）

卷五八　吳書十三

陸遜 ·· （3515）

　子抗 ·· （3541）

卷五九　吳書十四 吳主五子

孫登 ·· （3561）

孫慮 ·· （3570）

孫和 ·· （3572）

孫霸 ·· （3583）

孫奮 ·· （3585）

卷六〇　吳書十五

賀齊 ·· （3591）

全琮 ·· （3603）

呂岱 ·· （3610）

周魴 ·· （3619）

鍾離牧 ··· （3629）

卷六一　吳書十六

潘濬 ·· （3639）

陸凱 ·· （3648）

　弟胤 ·· （3671）

卷六二　吳書十七

是儀 ·· （3675）

胡綜 …………………………………………（3680）
　　徐詳 …………………………………………（3696）

卷六三　吳書十八
　　吳範 …………………………………………（3697）
　　劉惇 …………………………………………（3703）
　　趙達 …………………………………………（3704）

卷六四　吳書十九
　　諸葛恪 ………………………………………（3713）
　　　聶友 ………………………………………（3748）
　　滕胤 …………………………………………（3749）
　　孫峻 …………………………………………（3751）
　　　留贊 ………………………………………（3753）
　　孫綝 …………………………………………（3756）
　　濮陽興 ………………………………………（3770）

卷六五　吳書二十
　　王蕃 …………………………………………（3773）
　　樓玄 …………………………………………（3778）
　　賀邵 …………………………………………（3780）
　　韋曜 …………………………………………（3791）
　　華覈 …………………………………………（3806）

前　言

楊耀坤

一

《三國志》共六十五卷，其中《魏書》三十卷，《蜀書》十五卷，《吳書》二十卷。記述了漢獻帝建安元年（196）曹操執政至吳末帝孫皓天紀四年（280）吳國滅亡共85年的史事。

作者陳壽，字承祚，巴西安漢（今四川南充市）人，生於蜀漢後主建興十一年（233），卒於晋惠帝元康七年（297），終年六十五歲。

陳壽少時就很好學，曾以同郡史學家譙周爲師。譙周是一位知識淵博的學者，曾據舊典作《古史考》二十五卷，以糾《史記》之誤。① 陳壽在譙周的影響下，主要

---

①　見《晋書》卷八二《司馬彪傳》。

學習研究《尚書》《左傳》《公羊傳》《穀梁傳》等古代文獻典籍。在譙周教過的很多學生當中，陳壽、文立、李虔、羅憲等最爲優秀。諸生把文立比作顔回，把陳壽、李虔比爲游、夏，把羅憲比爲子貢。① 因爲孔子的學生子游、子夏對古代文獻典籍很熟悉，故以"文學"著稱。② 陳壽也熟悉古代文獻典籍，特別對《史記》《漢書》更爲精熟，③ 所以被喻爲游、夏。陳壽還很聰明機警，文筆又好。《華陽國志·陳壽傳》説他"聰警敏識，屬文富艷"。

陳壽在蜀漢後主時期，曾任衛將軍主簿、東觀秘書郎、散騎侍郎與黃門侍郎，④ 散騎侍郎與黃門侍郎在三國時期爲權要之職。但自宦官黃皓竊取權柄後，陳壽就遭排斥。《晉書·陳壽傳》云："宦人黃皓專弄威權，大臣皆曲意附之，壽獨不爲之屈，由是屢被譴黜。"蜀漢政權正是在黃皓的竊據下，走上了滅亡的道路。

蜀漢後主炎興元年（263），政權被曹魏滅亡。這時陳壽三十一歲。兩年後，曹魏政權亦被司馬氏的晉王朝所取代。晉王朝開國之君即晉武帝司馬炎。

蜀漢未亡時，陳壽父親已去世。在喪期中，陳壽得了病，曾使侍婢調製藥丸而被外人看見。當時人認爲此事違背了禮教，便對陳壽加以貶責。這在強調孝道、重視喪禮的西晉，尤被統治者計較。故蜀漢滅亡後數年，

---

① 見《晉書》卷九一《文立傳》。
② 見《論語·先進》。文學即指古代文獻。
③ 見《華陽國志》卷一一《後賢志·陳壽傳》。
④ 見《華陽國志》卷一一《後賢志·陳壽傳》。

陳壽一直未被録用。泰始三年（267），晋武帝召陳壽的同學原蜀漢巴東太守羅憲入朝，進位冠軍將軍、假節。泰始四年，晋武帝又召羅憲到華林園陪宴。在宴飲中，晋武帝先問羅憲蜀漢大臣子弟的情況，又問蜀土先輩宜舉薦叙用的人。羅憲遂推薦了陳壽、常忌、杜軫等人。① 同時黄門侍郎張華又欣賞陳壽的才學，② 就爲他所遭受的貶議作了辯解。故陳壽於泰始四年或五年被舉孝廉，出任佐著作郎，兼本郡中正。③

自東漢初年以後，蜀郡鄭伯邑、趙彦信，漢中陳申伯、祝元靈，廣漢王文表等，皆博學洽聞之士，而又留意鄉邦文獻和人物。他們曾撰《巴蜀耆舊傳》，叙述巴蜀的耆舊先賢。陳壽認爲尚有不足之處，遂並巴、蜀、漢中，合撰《益部耆舊傳》十卷。散騎常侍文立上表呈之，晋武帝認爲很好，便升陳壽爲著作郎，仍兼本郡中正。④

在陳壽任著作郎期間，中書監荀勖、中書令和嶠又奏使陳壽撰定蜀相諸葛亮故事。陳壽遂着手整理諸葛亮著作，不久調任平陽侯相。⑤ 在平陽侯相任上，⑥ 陳壽將

---

① 見《三國志》卷四一《蜀書·霍峻傳》裴注引《襄陽記》。
② 《晋書》卷八二《陳壽傳》謂"司空張華"，實誤。詳見楊耀坤《陳壽評傳》之考證（南京大學出版社1998年版）。以下引用此書，徑稱《陳壽評傳》。
③ 此與《晋書》卷八二《陳壽傳》所叙不同，詳見《陳壽評傳》考證。
④ 見《華陽國志》卷一一《後賢志·陳壽傳》。
⑤ 此事之記載，《晋書》與《華陽國志》之《陳壽傳》皆有誤。詳見《陳壽評傳》之考證。
⑥ 見《三國志》卷三五《蜀書·諸葛亮傳》載陳壽上表。

整理完成的《諸葛亮集》二十四篇於泰始十年（274）二月上奏朝廷，又再被調任著作郎，仍兼本郡中正。其後咸寧（275—280）中，即將赴荊州就任鎮南大將軍的杜預，以陳壽史才通博，向晉武帝薦之爲黃門侍郎或散騎侍郎。但在此之前，經李密推薦，晉武帝已用壽良爲散騎侍郎，故曰："昨適用蜀人壽良具員，且可以爲侍御史。"① 侍御史即治書侍御史，爲御史中丞之副，執掌監察、彈劾。此後，陳壽遂上《官司論》七篇，依據典故，議所因革。又上《釋諱》《廣國論》。②

太康元年（280），晉武帝滅了孫吳。至此，自獻帝初平以來，歷經九十年左右的戰亂、分裂國家又重歸統一。此時之陳壽四十八歲，正好對此九十餘年的歷史作一總結。他遂着手整理三國史事，最終撰成"魏、吳、蜀三書六十五卷，號《三國志》"③，深得時人好評，謂其"善叙事，有良史之才"④。夏侯湛當時正著《魏書》，見陳壽之作，深感不如，便將所撰毀棄，並不再續作。張華對《三國志》尤加欣賞，向陳壽説："當以《晉書》相付耳。"⑤ 並將薦舉陳壽爲中書郎。權臣荀勖嫉妒張華，因而遷憎於壽，加之《三國志》的《魏書》部分不合荀勖之意。荀勖便授意吏部，出調陳壽爲長廣太守。⑥ 長廣郡在青州，治所不

---

① 《華陽國志》卷一一《後賢志·陳壽傳》。
② 《華陽國志》卷一一《後賢志·陳壽傳》。
③ 《華陽國志》卷一一《後賢志·陳壽傳》。
④ 《晉書》卷八二《陳壽傳》。
⑤ 《晉書》卷八二《陳壽傳》。
⑥ 見《晉書》卷八二《陳壽傳》、《華陽國志》卷一一《後賢志·陳壽傳》。

其縣（今山東即墨市西南）。陳壽便以母年老，辭不就官。其後母亡，陳壽遵母命，葬母於洛陽。時議者又以陳壽不歸葬母於家鄉，加以貶責，陳壽因而又數年未爲官。① 其後，梁、益二州大中正何攀爲之辯護，② 朝廷纔任命陳壽爲太子中庶子，而陳壽尚未到任，即於元康七年病逝。③

二

陳壽能寫出《三國志》，絕非偶然。《三國志》是一部紀傳體史書。中國紀傳體史書始創於司馬遷的《史記》。《史記》用"本紀""表""書""世家""列傳"五種體例，記載社會各方面的史事。本紀列於書首，按年月次序編寫帝王簡史並記載當時重大的政治、軍事、經濟、外交等事件。"表"用表格形式列載人物事件。"書"載典章制度及天文、律曆、河渠等。"世家"主要載王侯封國之史事。"列傳"主要爲人物傳記和少數民族的歷史。這五個部分，分則自成獨立體系，合則相輔相成，成爲一個有機整體。但全書的主要部分是"紀"和"傳"，篇幅也最多，故此種體裁得名爲"紀傳體"。因紀傳體具有上述優點，所以也是《史記》一問世就深受人們贊賞的一個重要原因。《史記》奠定了紀傳體的堅實

---

① 見《晉書》卷八二《陳壽傳》、《華陽國志》卷一一《後賢志·陳壽傳》。
② 見《晉書》卷四五《何攀傳》及《陳壽評傳》之考釋。
③ 《晉書》卷八二《陳壽傳》、《華陽國志》卷一一《後賢志·陳壽傳》有不同之説，見《陳壽評傳》之考證。

基礎。至東漢時班固修《漢書》，又將"書"改爲"志"，並刪去"世家"，從此紀傳體遂演變爲"本紀""表""志""列傳"四種體例。《史記》又爲通史，自黄帝叙至漢武帝時，而《漢書》則爲斷代史。所以《史記》《漢書》就成了後世史書的典範。陳壽少年時，在譙周的指導下，對《史記》《漢書》特別精熟。他深入研究二書的體例、別裁、通識和撰寫方法，打下了日後撰寫《三國志》的基礎。

在陳壽撰《三國志》前，已有一些人寫過三國史著作。在魏國，魏文帝黄初（220—226）中和魏明帝太和（227—233）中，曾命衛覬、繆襲草創紀傳而多年不成。後又命韋誕、應璩、王沈、阮籍、孫該、傅玄等共同撰寫，最後由王沈總其成，定爲《魏書》四十四卷。但此書"多爲時諱，殊非實録"。① 在吴國，吴大帝孫權末年曾命丁孚、項峻撰《吴書》，但二人俱非史才，不能勝任。至少帝孫亮時，更命韋曜、周昭、薛瑩、梁廣、華覈等同撰。後來韋曜撰成《吴書》稿五十五卷，叙贊尚未動筆，就被孫皓所殺。② 王沈《魏書》和韋曜《吴書》都是受命而撰，故爲官修。此外，尚有魏人魚豢私撰的《魏略》三十八卷，叙曹操至魏末一代史事。③ 這些著述都是陳壽撰寫魏、吴二國史的主要依據材料。祇有蜀國，

---

① 《史通》卷一二《古今正史》。
② 見《三國志》卷五五《吴書·薛綜附薛瑩傳》。
③ 見《舊唐書》卷四六《經籍志》及《陳壽評傳》之考證。

因未置史官，無有著述，① 故蜀漢一代史事，祇有靠陳壽自己采訪搜集。陳壽是蜀人，又在蜀漢任過東觀秘書郎等職，並且對鄉邦文獻素來留心，又曾撰過《益部耆舊傳》，編過蜀相諸葛亮故事，成《諸葛亮集》二十四篇；在太康初，陳壽還編輯過《漢名臣奏》三十卷；②《魏名臣奏事》四十卷、目一卷。③ 凡此種種，都是陳壽撰寫三國史的有利條件。

陳壽雖爲著作郎，但並未受命撰寫《三國志》，他之所撰，實爲私作。雖然張華、荀勖、夏侯湛看過《三國志》，但陳壽並未上奏朝廷。而荀勖對其《魏書》部分不滿意，還要把他調出朝廷，出任長廣太守。可能陳壽因母喪去職歸家後，纔將《三國志》寫成定本。所以在他死後，纔可能有尚書郎兼梁州大中正范頵上表朝廷説："故治書侍御史陳壽作《三國志》，辭多勸誡，明乎得失，有益風化，雖文艷不如相如，而質直過之，願垂采録。"朝廷遂"詔下河南尹、洛陽令，就家寫其書"而藏於官府。④

《三國志》全書祇有紀、傳而無表、志，但已具備紀傳體的主要部分，並且寫得很出色，深受時人贊許。《三國志》的確優於其前後或同時問世的三國史著作，故劉勰《文心雕龍·史傳篇》説："及魏代三雄，紀傳互出，

---

① 見《三國志》卷三三《蜀書·後主傳評》。關於此事有争議，見《陳壽評傳》之辨析。
② 見《舊唐書》卷四六《經籍志》。
③ 見《隋書》卷三三《經籍志》。
④ 見《晋書》卷八二《陳壽傳》。

《陽秋》《魏略》之屬，《江表》《吳録》之類，或激抗難徵，或疏闊寡要。惟陳壽三志，文質辨洽，荀、張比之於遷、固，非妄譽也。"《晋書》卷八二《傳論》也説："丘明既没，班、馬迭興，奮鴻筆於西京，騁直詞於東觀，自斯以降，分明競爽，可以繼明先典者，陳壽得之乎！江、漢英靈信有之矣。"的確，《三國志》可上承史、漢，與《史記》《漢書》並駕齊驅。故後世之讀史者，尤重"前四史"。但是，歷來也有指責陳壽及《三國志》的。具體説來，陳壽《三國志》的長短得失，主要有下列幾個方面。

（一）英雄史觀。西漢自武帝以後，儒家思想成爲正統思想，其中董仲舒的"天人感應""君權神授"説，以及五行家的五德終始説，更是官方的統治思想。至東漢，這種官方的統治思想又與讖緯神學相結合，牢固地控制着人們的思想，各種著述多在維護、宣揚這種思想。史籍中班固的《漢書》，就是這種思想的積極宣揚者。如《漢書·高帝紀贊》就明確説："漢承堯運，德祚已盛，斷蛇著符，旗幟上赤，協於火德，自然之應，得天統矣。"班固的這種觀點，即其父班彪《王命論》中所鼓吹者。直到漢末荀悦撰《漢紀》，還將《王命論》載入。但是，漢末之時，儒家思想的正統地位已發生動摇，讖緯神學也已没落，各家思想復歸活躍。曹魏正始（240—249）中興起的玄學，即是在總結了道家、儒家、法家、名家、墨家、雜家等後形成的。玄學的興起，即標誌着儒家一統思想局面的結束。這不能不對史學家的歷史觀產生影響。

陳壽在西晉初撰寫《三國志》時，還不能完全擺脫"君權神授"說之影響，書中還有"君權神授"說之痕跡，但在各紀傳的評論中，卻完全表現出他的英雄史觀。如《魏書·武帝紀評》論曹操說：

> 漢末，天下大亂，雄豪並起，而袁紹虎視四州，強盛莫敵。太祖運籌演謀，鞭撻宇內，攬申、商之法術，該韓、白之奇策，官方授材，各因其器，矯情任算，不念舊惡，終能總御皇機，克成洪業者，惟其明略最優也。抑可謂非常之人，超世之傑矣！

這完全是在講人的因素，沒有天意。又如《蜀書·先主傳評》論劉備說：

> 先主之弘毅寬厚，知人待士，蓋有高祖之風，英雄之器焉。及其舉國托孤於諸葛亮，而心神無貳，誠君臣之至公，古今之盛軌也。機權幹略，不逮魏武，是以基宇亦狹。

這裏把漢高祖劉邦也說成英雄，較之《漢書·高祖紀贊》，截然不同；對蜀國區域之狹小，也是從劉備的"機權幹略"去找原因，沒有歸之於天意。再如《吳書·吳主傳評》論孫權說："孫權屈身忍辱，任才尚計，有句踐之奇，英人之傑矣。故能自擅江表，成鼎峙之業。"這也很明確地肯定了孫權之建國江南，是由於他是英傑，並非天意。但在《魏書·武帝紀》中，記建安五年

（200）官渡之戰後，又有這樣一段："初，桓帝時有黃星見於楚、宋之分，遼東殷馗善天文，言後五十歲當有真人起於梁、沛之間，其鋒不可當。至是凡五十年，而公破紹，天下莫敵矣。"又《魏書·三少帝紀》陳留王咸熙二年（265）十二月壬戌云："天祿永終，曆數在晉。詔群公卿士具儀設壇於南郊，使使者奉皇帝璽綬冊，禪位於晉嗣王，如漢、魏故事。"這些當然都屬於"君權神授"説。這與陳壽撰寫的《魏書》，主要是依據王沈《魏書》有關，可能王沈《魏書》即如此撰寫。特別是魏晉替代之時，曹魏王朝並未腐朽衰敗，晉之代魏，實爲強取豪奪，陳壽身爲晉臣自然無法直書，祇有歸之天意，也是不難理解的。

（二）勸善益治。范頵上表中所説的"《三國志》辭多勸誡，明乎得失，有益風化"，這正是陳壽的修史目的。《三國志》的勸誡，既有對君主的，也有對臣民的。針對君主的如《蜀書·諸葛亮傳》所載諸葛亮的《出師表》，就是對後主劉禪的勸誡。《出師表》一開始就勸後主"宜開張聖聽，以光先帝遺德，恢弘志士之氣，不宜妄自菲薄，引喻失義，以塞忠諫之路也"；又指出："宮中府中俱爲一體，陟罰臧否，不宜異同。若有作奸犯科及爲忠善者，宜付有司論其刑賞，以昭陛下平明之理，不宜偏私，使内外異法也。"最後沉痛地指出："親賢臣，遠小人，此先漢所以興隆也；親小人，遠賢臣，此後漢所以傾頹也。先帝在時，每與臣論此事，未嘗不歎息痛恨於桓、靈也。"又如在《魏書》的《陳群傳》《高柔傳》《辛毗傳》《楊阜傳》《高堂隆傳》等，記載了不少勸誡魏明帝的言辭表疏。再如《吴書》的《張昭傳》《陸凱傳》《賀邵傳》《華覈傳》及其他有關傳中，也有不少勸誡君主之奏疏。甚至在《陸凱傳》末，還載有一篇諫孫晧二十事疏，對孫晧之弊政昏淫，做了全面深刻的揭露。但此疏是否爲陸凱所作，當時已難斷定。陳壽在傳中説："予連從荆、揚來者得凱所諫晧二十事，博問吴人，多云不聞凱有此表。又按其文殊甚切直，恐非晧之所能容忍也。或以爲凱藏之篋笥，未敢宣行，病困，晧遣董朝省問欲言，因以付之。虚實難明，故不著於篇，然愛其指擿晧事，足爲後戒，故鈔列於《凱傳》左云。"陳壽對即使不能斷定作者之文，因其確有勸誡價值，也儘量設法録入。由此可見陳壽之重勸誡。

陳壽除多載勸誡君主之言辭表疏外，還自撰勸誡之文。如三國中，魏明帝"廣采衆女，充盈後宫"。① 吴末帝孫晧更是"後宫千數，而采擇無已"。② 西晋初晋武帝也很好色。在他即帝位後，即廣采擇天下女入後宫。太康元年（280）平吴後，太康二年即詔選孫晧妓妾宫女五千人入後宫，"自此掖庭殆將萬人。而並寵者衆，帝莫知所適，常乘羊車，恣其所之，至便宴寢。宫人乃取竹葉插户，以鹽汁灑地，而引帝車"。③ 陳壽針對上述三帝王之好色，在《魏書·后妃傳序》中説：

　　《易》稱"男正位乎外，女正位乎内；男女正，

---

① 《三國志》卷二四《魏書·高柔傳》。
② 《三國志》卷五〇《吴書·滕夫人傳》裴注引《江表傳》。
③ 《晋書》卷三一《武悼楊皇后附胡貴嬪傳》。

天地之大義也"。古先哲王，莫不明后妃之制，順天地之德，故二妃嬪媯，虞道克隆，任、姒配姬，周室用熙，廢興存亡，恒此之由。《春秋説》云天子十二女，諸侯九女，考之情理，不易之典也。而末世奢縱，肆其侈欲，至使男女怨曠，感動和氣，惟色是崇，不本淑懿，故風教陵遲，而大綱毀泯，豈不惜哉！嗚呼，有國有家者，其可以永鑒矣！

這雖是針對上述三帝王而發的，對後世帝王也是很好的勸誡辭。

《三國志》中，除多載勸誡帝王之言辭表疏外，還大量載入勸誡各級官吏之言辭書劄，舉凡廉明、公正、節用、輕刑、薄賦、勸農、安民、興修水利、發展生產等等都有涉及。《三國志》的確是勸善益治之作。

（三）秉筆公正。陳壽身爲晉臣而撰寫三國史，不能不受晉朝政治的束縛，卻能正視三國獨立存在的事實。西晉承接曹魏，故當時人多將吳、蜀二國視爲僞國，而陳壽卻不然，他承認三國分立的事實。朱彝尊在《曝書亭集·陳壽論》中就指出："壽獨齊魏於吳、蜀，正其名曰'三國'……其識迥拔乎流俗之表。"錢大昕在《潛研堂文集·三國志辨疑序》中也説："夫晉之祖宗所北面而事者，魏也。蜀之滅，晉實爲之。吳蜀既亡，群然一詞指爲僞朝。乃承祚不爲不僞之，且引魏以匹二國，其秉筆之公，視南、董何多讓焉。"劉咸炘在《三國志知意·總論》中也説："承祚以魏爲紀，在當時實不爲奇，固非有心貶蜀尊魏也。雖然，三分之局，前此未有，其事勢固與古不同,各自爲書,命名爲三國,乃承祚之創例。"

陳壽之秉筆公正,除正視三國各自獨立之史實外,還表現在他對人物之評論。《三國志》紀、傳之評論,大多公允恰當。如評曹操說:"官方授材,各因其器,矯情任算,不念舊惡,終能總御皇機,克成洪業者,惟其明略最優也。抑可謂非常之人,超世之傑矣。"評劉備說:"弘毅寬厚,知人待士,蓋有高祖之風,英雄之器焉。"但是,"機權幹略,不逮魏武,是以基宇亦狹"。評論孫權說:"屈身忍辱,任才尚計,有句踐之奇,英人之傑矣。故能自擅江表,成鼎峙之業。然性多嫌忌,果於殺戮。"評論諸葛亮說:"撫百姓,示儀軌,約官職,從權制,開誠心,布公道……善無微而不賞,惡無纖而不貶,庶事精練,物理其本,循名責實,虛偽不齒……可謂識治之良才,管、蕭之亞匹矣。然連年動衆,未能成功,蓋應變將略,非其所長歟!"這些評論,在今天看來還是比較公允有識的。但是,也有人指責陳壽修史不公。這主要是由《晉書‧陳壽傳》中的一段傳聞和《魏書‧毛脩之傳》中的一個民間傳說引起的。《晉書‧陳壽傳》載:

> 或云丁儀、丁廙有盛名於魏,壽謂其子曰:"可覓千斛米見與,當爲尊公作佳傳。"丁不與之,竟不爲立傳。壽父爲馬謖參軍,謖爲諸葛亮所誅,壽父亦坐被髡,諸葛瞻又輕壽,壽爲亮立傳,謂亮將略非長,無應敵之才,言瞻惟工書,名過其實。議者以此少之。

《魏書·毛脩之傳》則謂北魏太武帝時，東晉降將毛脩之對崔浩說："昔在蜀中，聞長老言，壽曾爲諸葛亮門下書佐，被撻百下，故其論武侯云'應變將略，非其所長'。"當時崔浩對此說即加反駁云："承祚之評亮，乃有故義過美之譽，案其迹也，不爲負之，非挾恨之矣。"諸葛亮"欲以邊夷之衆抗衡上國。出兵隴右，再攻祁山，一攻陳倉，疏遲失會，摧衂而反；後入秦川，不復攻城，更求野戰。魏人知其意，閉壘堅守，以不戰屈之。知窮勢盡，憤結攻中，發病而死。由是言之，豈合古之善將見可而進，知難而退者乎？"① 在事實面前，毛脩之也承認崔浩所言正確。其實，陳壽曾爲諸葛亮書佐被撻百下之說，純係無稽之談。陳壽生於蜀漢後主建興十一年，而諸葛亮死於建興十二年。諸葛亮死時，陳壽纔兩歲，怎麼能作門下書佐？說諸葛亮"應變將略，非其所長"，也並非陳壽一人之論，當時袁準已有此說。袁云："亮，持本者也，其於應變，則非所長也。"② 甚至當時還有人完全否定諸葛亮之北伐。《三國志·諸葛亮傳》注引張儼《默記·述佐篇》云：

> 諸葛丞相誠有匡佐之才，然處孤絶之地，戰士不滿五萬，自可閉關守險，君臣無事。空勞師旅，無歲不征，未能進咫尺之地，開帝王之基，而使國內受其

---

① 《魏書》卷四三《毛脩之傳》。
② 《三國志》卷三五《蜀書·諸葛亮傳》裴注引《袁子》。

荒殘，西土苦其役調。魏司馬懿才用兵衆，未易可輕，量敵而進，兵家所慎；若丞相必有以策之，則未見坦然之勳，若無策以裁之，則非明哲之謂，海内歸向之意也。

當然此說不盡恰當。諸葛亮之北伐，是他興復漢室事業的重要部分，也是以攻爲守保全蜀漢的必要措施。但因蜀漢國小力弱，諸葛亮不敢冒險行事，以至過於小心謹慎。如魏延曾向諸葛亮建議，由他率領萬人從子午道北取長安，然後諸葛亮從斜谷進兵，則咸陽以西，全可奪取；而諸葛亮"以爲此縣危，不如安從坦道，可以平取隴右，十全必克而無虞，故不用延計"。① 軍事上有時就需敢於冒險，出奇制勝，一味謹慎，講求平穩，非必勝之道。陳壽、袁準說諸葛亮應變非其所長，是符合事實的。後世學者亦多有此論。朱彝尊《曝書亭集·陳壽論》即云："街亭之敗，壽直書馬謖違亮節度，舉動失宜，爲張郃所破，初未嘗以父參謖軍被罪，借私隙咎亮。至謂應變將略非其所長，則張儼、袁準之論皆然，非壽一人之私言也。"趙翼《廿二史劄記·陳壽論諸葛亮》條更謂陳壽校訂《諸葛亮集》之上表，對諸葛亮歌頌備至；在《諸葛亮傳》中又對諸葛亮評價甚高，"固知其折服於諸葛深矣。而謂其以父被髡之故以此寓貶，真不識輕重者"。王鳴盛《十七史商榷·陳壽史皆實錄》條更謂"亮六出祁山，終無一勝，則可見節制之師，於進取稍鈍，

---

① 《三國志》卷四〇《蜀書·魏延傳》裴注引《魏略》。

自是實録"。

至於《晉書·陳壽傳》所載陳壽索米立傳的傳聞，歷史上是有人相信的，如北周柳虯，唐代劉知幾、劉允濟，宋代陳振孫等。劉知幾在《史通·曲筆》篇中就指責説："班固受金而始書，陳壽借米而方傳。此又記言之奸賊，載筆之凶人。"陳振孫在《直齋書録解題·三國志》條中也説陳壽"乞米作佳傳，以私憾毀諸葛父子，難乎免物議矣"。但也有不少人或懷疑或否定《晉書》之説。如北宋晁公武在《郡齋讀書志》中懷疑説："至於謂其銜諸葛孔明髡父而爲貶辭；求丁氏之米不獲，不立儀、廙傳之類，亦未必然也。"清代的朱彝尊、杭世駿、王鳴盛、錢大昕、趙翼、潘眉、俞正燮等著名學者，更提出充分的理由，否定了《晉書》的記載。現代學者更提出了有力的證據，説明陳壽索米立傳之説純屬虛構。《史學史研究》1981年第3期刊載陶懋柄《陳壽曲筆説辨誣》一文指出，《三國志·魏書·陳思王傳》明確記載："文帝即王位，誅丁儀、丁廙并其男口。"既然丁家全部男口早在曹丕即王位的建安末年就被誅殺了，怎麼到西晉又冒出二丁之子呢？並且傳説中的丁氏子又無名字，正可見其虛構。而《晉書》載此説也加了"或云"一詞，表明《晉書》作者也並未確信其説，祇不過該書作者"好采稗野，隨手掇拾，聊助談資耳"！①

（四）尊崇故國。陳壽《三國志》雖然正視了三國鼎立的事實，但對三個政權的寫法不完全相同，故自東晉

---

① 王鳴盛：《十七史商榷》卷三九《陳壽史皆實録》。

以來，就有人批評陳壽，認爲陳壽在《三國志》中，對魏國的國君和追尊的國君都立"紀"，即《魏書》的《武帝紀》《文帝紀》《明帝紀》《三少帝紀》等，而對蜀漢和吳國的國君乃立"傳"，即《蜀書》的《先主傳》《後主傳》，《吳書》的《吳主傳》《三嗣主傳》等；並且，《魏書》對劉備和孫權稱帝都不記載，而在《蜀書》《吳書》中，蜀、吳二國國君即位，都必記明魏國年號，這就表明陳壽是以魏爲正統。自東晉習鑿齒作《漢晉春秋》，對陳壽在《三國志》中以魏爲正統提出非議，主張以蜀漢爲正統。至南宋朱熹以後，都贊同習鑿齒而非難陳壽。朱熹作《通鑑綱目》，即以蜀漢紀年，宋蕭常著《續後漢書》，元人郝經也著《續後漢書》，明代謝陛又作《季漢書》，都以蜀漢爲正統。其實，陳壽、習鑿齒、朱熹等人以魏或以蜀漢爲正統，都與他們當時所處的政治環境密切相關。尤其是陳壽之以魏爲正統，實迫於壓力而不得不爲之。關於這一點，《四庫全書總目提要·史部·三國志》條中有一段比較中肯的説明：

> 以勢而論，則鑿齒帝漢順而易，壽欲帝漢逆而難。蓋鑿齒時晉已南渡，其事有類乎蜀，爲偏安者争正統，此孚於當代之論者也；壽則身爲晉武之臣，而晉武承魏之統，僞魏是僞晉矣，其能行於當代哉！此猶宋太祖篡立近於魏，而北漢、南唐迹近於蜀，故北宋諸儒皆有所避而不僞魏；高宗以後，偏安江左，近於蜀，而中原魏地全入於金，故南宋諸儒乃紛紛起而帝蜀。此皆當論其世，未可以一格繩也。

這個分析總的說來是正確的。爭正統者，表面上看，是在爲歷史上的某一政權而爭，實質上是各自爲成書時的政治服務的。但是，若僅以東晉、南宋所處形勢與蜀漢相同，習、朱等人就爲蜀漢爭正統，那麽，孫吳所處的形勢不是更與東晉、南宋相同嗎？爲什麽不以吳爲正統呢？可見，爲蜀漢爭正統者，還有一條更主要的理由，即認爲蜀漢劉備是漢宗室之後，並且劉備又以復興漢室爲己任，理所當然應將正統歸於他。如何處理此問題以及類似的歷史上分立政權的正統問題，北宋大史學家司馬光在其編修的《資治通鑑》中有較合理的意見，他在與劉恕（和他一道修《資治通鑑》者）的信中說：

> 魏、吳、蜀、宋、齊、梁、陳、後魏、秦、夏、涼、燕、北齊、後周、五代諸國，地醜德齊，不能相一，名號鈞敵，本非君臣者，皆用列國之法，彼此抗衡，無所抑揚，没皆稱殂，王公稱卒，庶幾不誣事實，稍近至公。至於劉備雖承漢，族屬疏遠，不能紀其世數名字，亦猶（南朝）宋高祖自稱楚元王後，（南唐）李昇自稱吳王恪後，是非難明，今並同之列國；不得與漢光武、晉元帝爲例。①

司馬光這個意見在封建正統觀中算是比較公允的。並且，陳壽身處晉世，迫於政治壓力，在形式上也不能不把正統歸於曹魏，而實際上他並不承認蜀漢是僞國，

---

① 高似孫《史略》卷四《史評》引。

他在書中不少地方用巧妙而隱晦的筆法，寄托了對蜀漢故國之尊崇與愛戀之情。這一點，清人論述得比較深刻。朱彝尊在《曝書亭集·陳壽論》中說：

> 魏之受禪也，劉廙、辛毗、華歆、劉若輩頌功德，李伏、許之上符瑞，先後動百餘人，其文見裴松之注，至今遺碑在許，大書深刻，而陳壽盡削之，不以登載。至先主王漢中，即帝位武擔，蜀之群臣請封之辭、勸進之表、告祀皇天后土之文，大書特書，明著昭烈之紹漢統，予蜀以天子之制，足見良史用心之苦也。

尚鎔《三國志辨微》還補充說："魏、吳皆有立太子之册，皆削而不書，獨書此貶魏之語，亦所以尊蜀也。妃子傳及諸葛亮等傳，累載册文，皆尊蜀之微意。"錢大昕在《三國志辨疑序》中謂《三國志》"先蜀而後吳，又於《楊戲傳》末載《季漢輔臣贊》，亹亹數百言，所以尊蜀殊於魏、吳也。存季漢之名者，明乎蜀之實漢也"。錢大昕在《潛研堂文集·跋三國志》中更謂：

> 陳承祚蜀人也，其書雖帝魏，而未嘗不尊蜀。於蜀二君，書先主、後主而不名，於吳諸君，則曰權、曰亮、曰休、曰晧，皆直斥其名。蜀之甘皇后、敬哀皇后皆稱后，而吳之后妃但稱夫人。其書法區別如此。李令伯《陳情表》之稱蜀爲僞朝，承祚不惟不僞之，又以蜀兩朝不立史官，故於蜀事特詳。

趙翼《廿二史劄記》、梁章鉅《三國志旁證》亦有相同之説。即使不同意清人説陳壽有帝蜀之意的劉咸炘，也在《三國志知意·總論》中説：

> 按是書大體帝魏，固不可稍掩，異吳於蜀，亦與帝蜀無關。獨此二端，誠似暗尊蜀者，足以見承祚懷舊之心……要之，承祚誠有不忘故國之心，而實無季漢正統之見。

總之，陳壽在《三國志》中的不少地方，寄託了他對蜀漢故國的尊崇與愛戀，表現了他的愛國思想。

（五）取材嚴謹。陳壽在撰寫《三國志》時，取材相當嚴謹。當時雖有王沈《魏書》、魚豢《魏略》、韋曜《吳書》等衆多著作可資利用，又有大量傳聞可供參考，但陳壽並不盲目信從，而要仔細研考，在弄清史實的基礎上，纔下筆撰寫。以下僅舉兩例以見一斑。

（1）曹操擊敗袁紹攻下鄴城後，曹丕娶了袁熙妻甄氏。最初曹丕對甄氏非常寵愛，後來曹丕代漢爲帝，嬪妃增多，對甄氏之寵愛遂不如初，甄氏因而有怨言。曹丕得知大怒，黄初二年（221）遂遣使至鄴賜死甄氏。對這段史實，陳壽在《三國志·魏書·文昭甄皇后傳》中作了如實記載。其中對甄氏之死記載云：

> 延康元年（220）正月，文帝即王位，六月南征，后留鄴。黄初元年（220）十月，帝踐阼。踐阼之後，山陽公奉二女以嬪於魏，郭后、李、陰貴人並愛幸，

后愈失意，有怨言。帝大怒，二年六月，遣使賜死，葬於鄴。

王沈《魏書》對這段史事卻作了完全相反的記載：

> 有司奏建長秋宫，帝璽書迎后，詣行在所，后上表曰："妾聞先代之興，所以饗國久長，垂祚後嗣，無不由后妃焉。故必審選其人，以興内教。今踐阼之初，誠宜登進賢淑，統理六宫。妾自省愚陋，不任粢盛之事，加以寢疾，敢守微志。"璽書三至而后三讓，言甚懇切。時盛暑，帝欲須秋涼乃更迎后。會后疾遂篤，夏六月丁卯，崩於鄴。帝哀痛咨嗟，策贈皇后璽綬。①

王沈的這段記載，言之鑿鑿，既有甄氏之上表，又有魏文帝之璽書璽綬，似乎非常真實，但卻全是虛構的，裴松之作注時就作了如下的批駁：

> 臣松之以爲《春秋》之義，内大惡諱，小惡書。文帝之不立甄氏，及加殺害，事有明審。魏史若以爲大惡邪，則宜隱而不言，若謂爲小惡邪，則不應假爲之辭，而崇飾虛文乃至於是，異乎所聞於舊史。推此而言，其稱卞、甄諸后言行之善，皆難以實論。陳氏刪落，良有以也。

---

① 《三國志》卷五《魏書·文昭甄皇后傳》裴注引。

（2）《三國志·蜀書·後主傳》謂建安二十四年（219）劉備爲漢中王，立其子劉禪爲王太子。劉備於章武元年（221）稱帝，又以劉禪爲皇太子。至章武三年劉備去世，劉禪繼帝位，時年十七，改年號爲建興元年（223）。魚豢《魏略》卻有如下一段文字記述劉禪早期的經歷：

> 初，備在小沛，不意曹公卒至，遑遽棄家屬，後奔荆州。禪時年數歲，竄匿，隨人西入漢中，爲人所賣。及建安十六年，關中破亂，扶風人劉括避亂入漢中，買得禪，問知其良家子，遂養爲子，與娶婦，生一子。初禪與備相失時，識其父字玄德。比舍人有姓簡者，及備得益州而簡爲將軍，備遣簡到漢中，舍都邸。禪乃詣簡，簡相檢訊，事皆符驗。簡喜，以語張魯，魯爲洗沐送詣益州，備乃立以爲太子。初備以諸葛亮爲太子太傅，及禪立，以亮爲丞相，委以諸事，謂亮曰："政由葛氏，祭則寡人。"亮亦以禪未閑於政，遂總内外。①

這段記載乍看起來似乎很真實，既有時間、地點，又有人名姓氏，情節還曲折生動，但卻是不真實的，裴松之已作了有力的辯駁。因劉禪在即帝位的第二年，諸

---

① 《三國志》卷三三《蜀書·後主傳》裴注引。

葛亮曾與杜微書，書中有"朝廷今年始十八"之説，① 諸葛亮的話是不會錯的，正與《三國志·蜀書·後主傳》説劉禪十七歲即位相符。建興元年劉禪十七歲，二年十八歲，則應生於建安十二年（207）。劉禪爲甘夫人所生，《三國志·蜀書·先主甘皇后傳》明確記載甘夫人隨劉備在荆州生劉禪，而建安十二年正是劉備在荆州之時，建安十三年曹操率軍南下荆州，劉備敗於當陽長阪，當時趙雲身抱嬰孩劉禪，又保護其母甘夫人，俱得免難，與劉備相聚，② 是劉禪未曾與劉備相失，且年齡也相符。如按《魏略》所載，劉備敗於小沛在建安五年，③ 若此時劉禪已數歲，則至即位的建興元年，應爲三十歲左右。這與諸葛亮所説的劉禪的年齡不符，又與趙雲在長阪保劉禪母子之事不合。顯然《魏略》所載爲虛構，故陳壽不取。

（六）多有迴護。陳壽撰寫《三國志》，雖然秉筆公正，取材謹嚴，但由於政治原因，在某些地方卻爲司馬氏隱惡迴護。這就是所謂的曲筆，也是歷來對陳壽指責最多之處。例如劉知幾在《史通·直書》篇中説："當宣、景開基之始，曹、馬構紛之際，或列營渭曲，見屈武侯，或發仗雲台，取傷成濟，陳壽、王隱咸杜口無言。"這確是事實。清人趙翼在《廿二史劄記》中專列了《三國志多迴護》一條，舉出若干事實，説明《三國志》在爲魏晉統治者隱惡迴護。例如少帝齊王曹芳之被廢，全爲司馬師之意，

---

① 《三國志》卷四二《蜀書·杜微傳》。
② 《三國志》卷三六《蜀書·趙雲傳》。
③ 見《三國志》卷一《魏書·武帝紀》和《三國志》卷三二《蜀書·先主傳》。

而《三國志·魏書·齊王芳紀》卻載郭太后之令，似乎是郭太后有意廢曹芳。從《齊王芳紀》注引《魏略》看，郭太后是被逼迫的。又如司馬昭派賈充、成濟等殺少帝高貴鄉公曹髦，而《三國志·魏書·高貴鄉公紀》僅載爲："高貴鄉公卒，年二十。"並載了一篇太后令，言高貴鄉公悖逆無道，"自陷大禍"，最後還載司馬昭上太后奏，稱"高貴鄉公率將從駕入兵，拔刀鳴金鼓向臣所止；懼兵刃相接，即敕將士不得有所傷害，違令以軍法從事。騎督成倅弟太子舍人濟，橫入兵陣傷公，遂至隕命；輒收濟行軍法"。這不僅完全掩蓋了司馬昭之主謀罪責，還使司馬昭成了討賊功臣。而裴松之注引《漢晉春秋》《魏氏春秋》《魏末傳》、干寶《晉紀》等皆有真實的記載。兩相對照，《高貴鄉公紀》之迴護尤甚。

《三國志》除爲晉室司馬氏迴護外，也爲曹魏政權的開創者迴護。趙翼《廿二史劄記·三國志書法》條云："蓋壽修書在晉時，故於魏晉革易之處，不得不多所迴護，不得不先爲魏迴護。"爲魏迴護之事例，《廿二史劄記·三國志多迴護》條列舉了不少事例。如魏與蜀的戰爭，對魏國常是諱敗誇勝，最明顯的如街亭之役、祁山之役等，都對魏國失利之處不記載，等等。

陳壽爲魏晉迴護，主要原因有三：第一，陳壽是晉臣，迫於政治壓力，不得不迴護。第二，有經典古訓可依。周襄王二十年（前632），晉楚城濮之戰後，晉文公召周襄王至踐土，率諸侯朝王，《春秋》卻記載爲"天王狩於河陽"。《史記·周本紀》周襄王二十年云："晉文公召襄王，襄王會之河陽、踐土，諸侯畢朝，書諱曰：'天王狩於河陽。'"《史記·孔子世家》亦云："踐土之會，實召周天子，而《春秋》諱之曰'天子狩於河陽'。"又《左傳·僖公二十八年》亦云："是會也，晉侯召王，以諸侯見，且使王狩。仲尼曰：'以臣召君，不可以訓。'故書曰'天王狩于河陽'，言非其地也，且明德也。"這是爲尊者諱之事例。《穀梁傳·成公九年》則明確提出諱之原則："爲尊者諱恥，爲賢者諱過，爲親者諱疾。"第三，陳壽《三國志》的魏書部分，主要依據王沈《魏書》。而此書爲曹魏官修，當然要爲曹魏迴護；王沈又是司馬氏黨羽，自然袒護司馬氏。《史通·古今正史》篇即謂"其書多爲時諱，殊非實録"。陳壽據以成書，便多有迴護。

陳壽在《三國志》中，不能不在明顯處爲曹魏及司馬氏迴護，而某些隱晦之處，卻用巧妙的筆法，透露歷史的真相。例如錢大昕《潛研堂文集》卷二《何晏論》以及陳澧《東塾讀書記》卷一四《三國》條，都認爲何晏在政治上是有作爲的，但因他是司馬氏政敵，陳壽不敢爲他立傳，並在書中敘何晏事時"不無誣辭"。但陳壽卻在《齊王芳紀》中載了一篇何晏"有大儒之風"的《論政事疏》及孔乂奏，這是本紀中不宜有的，而陳壽特載之。這就是陳壽有意讓後世知道何晏一點真貌的深意。又如陳壽在《高貴鄉公紀》中，特載高貴鄉公曹髦於太學與諸儒辯論經義之大段文字，說明高貴鄉公是個好學深思而有頭腦的君主，並非不學無術的平庸之輩。李慈銘在《越縵堂日記》同治癸酉十二月初九日中，盛稱陳壽這一段記載："承祚史裁最簡，此獨不厭其詳；且高貴爲司馬氏之所最惡，而絕不顧忌，此其所以爲良史也。"又《高貴鄉公紀》中雖然書

"高貴鄉公卒",但載了司馬昭奏,也就透露了高貴鄉公被殺的真相。因此,我們不能因《三國志》中有迴護之處,就否定了陳壽秉筆公正、取材謹嚴的修史態度。

(七)文筆簡潔。文筆簡潔,是《三國志》歷來爲人們公認的特點。中國古代史書,尤其崇尚簡潔,以簡潔爲最佳作品的必備條件。劉知幾《史通·叙事》篇云:"夫國史之美者,以叙事爲工,而叙事之工者,以簡要爲主……文約而事豐,此述作之尤美者。"《三國志》正是這類作品。《三國志》之簡潔,除文字簡練外,還表現在兩方面,一是全書前後貫串,事不重複,見於《魏書》的,則《蜀書》《吳書》不重出,見於《蜀書》《吳書》的也同樣處理。又同書中,傳與傳之間皆不重複。二是載文精粹。《三國志》各紀傳中選録的文章,大多很重要,有的具有歷史意義,有的兼有文學價值。而在《三國志》以前或以後的有些史書,載文都有"穢累"之弊。[①] 例如趙翼《廿二史劄記》卷六《三國志書事得實處》説:"《獻帝傳》禪代時有李伏、劉廙、許芝等勸進表十一道,(曹)丕下令固辭亦十餘道,壽志亦盡删之,惟存九錫文一篇,禪讓策一通而已。故壽書比宋、齊、梁、陳諸書較爲簡净。"固然"九錫文""禪讓策"也無什麽意義,但陳壽僅各載一篇,以示其所謂禪讓之程式,也還是必要的。其他較長的載文,如諸葛亮的《出師表》,曹植的《求自試表》《通親親表》,陸凱諫孫晧"二十事疏"以及杜恕、高堂隆等人的上疏等,都是有歷史意義或具文學價值的重要作品。

---

① 《史通》卷五《載文》。

《三國志》雖有文筆簡潔之長，但對人物的描寫，卻不够生動傳神，較之司馬遷《史記》，甚至班固《漢書》，就覺遜色。李慈銘在《越縵堂日記》咸豐己未二月初三中說："承祚固稱良史，然其意務簡潔，故裁制有餘，文采不足。當時人物，不減秦漢之際，乃子長作《史記》，聲色百倍，承祚此書暗然無華。范蔚宗《後漢書》較爲勝矣。"這個評論是恰當的。同時，由於"意務簡潔"，又造成了過於簡略，致使後人瞭解某些史事有不透徹之感。

　　此外，《三國志》爲人物立傳，涉及面很廣，凡是三國時期在政治、經濟、軍事上的重要人物以及在學術思想、文學藝術、科學上有貢獻的人物，都根據具體情況，或立專傳，或用附傳，對少數民族也立有一些專傳或附傳。但是，可能因三國歷史複雜及資料欠缺，《三國志》也遺漏了一些重要人物和少數民族。例如曹操施行的屯田制，是曹操能够戰勝其他對手的重要經濟措施，而屯田制的倡議者是棗祗。棗祗除有此大功績外，早年跟隨曹操也很有業績，故棗祗死後曹操特下令褒獎他。但陳壽即未給棗祗立傳，僅在《武帝紀》和《任峻傳》中提到棗祗。又如大名醫張仲景和華佗同時，而陳壽僅爲華佗立傳卻忽略了張仲景。劉知幾《史通·人物》篇對此就大加指責，認爲是"網漏吞舟，過爲迂闊"。再如馬鈞，在當時是"天下之名巧"，他改革織綾機，作指南車、翻車等，"其巧百倍於常"，而陳壽也未給馬鈞立傳。至於桓範、何晏，都是魏晋間政治上和學術思想上的重要人物，可能因桓、何二人是司馬氏之政敵，陳壽不敢給他們立傳。在少數民族方面，陳壽雖對東北地區的少數民族作了《烏丸鮮卑東夷傳》，而對西部地區的氐、羌以及西域諸國均未作傳，又東吳境內的山越、蜀漢境內的南中少數民族，當時非常活躍，事迹頗多，而陳壽也未給他們立傳。《三國志》沒有表、志，也是一個缺陷，這可能因陳壽資料搜集不夠而未作，或許像惲敬所說的，是陳壽有意不作，現已無從確知了。不過，作志很難，南朝江淹曾說過："史之所難，無出於志。"①資料欠缺是難以完成的。

由於《三國志》有上述缺漏以及過於簡略，故在《三國志》成書約一百三十年後，南朝宋文帝便命裴松之爲《三國志》作注，以補其不足。

三

裴松之，字世期，祖籍河東聞喜縣（今山西文喜縣），但其祖父裴昧已遷居江南。松之生於東晉簡文帝咸安二年（372），卒於宋文帝元嘉二十八年（451），終年八十歲。

裴松之出身於世代官僚家庭，自幼就"博覽群書，立身簡素"，二十歲時便在東晉爲官。宋文帝初年，裴松之爲中書侍郎，即受命注《三國志》。松之遂"鳩集傳記，增廣異聞"，於元嘉六年（429）精心撰成了《三國志注》，宋文帝看後稱贊說："此爲不朽矣。"②

關於《三國志注》的主旨、作法，裴松之在《上三國

---

① 《史通》卷一二《古今正史》引。
② 《宋書》卷六四《裴松之傳》。

志注表》中有概括的叙述。他説：

> 臣前被詔，使采三國異同以注陳壽《國志》。壽書銓叙可觀，事多審正。誠遊覽之苑囿，近世之嘉史。然失在於略，時有所脱漏，臣奉旨尋詳，務在周悉。上搜舊聞，傍摭遺逸。按三國雖歷年不遠，而事關漢、晋。首尾所涉，出入百載。注記紛錯，每多舛互。其壽所不載，事宜存録者，則罔不采取以補其闕；或同説一事而辭有乖雜，或出事本異，疑不能判，並皆抄内以備異聞；若乃紕繆顯然，言不附理，則隨違矯正以懲其妄；其時事當否及壽之小失，頗以愚意有所論辯。

可見裴松之《三國志注》的主要目的，在於對《三國志》所載史事，作補闕、備異、懲妄、論辯。清人撰《四庫全書總目提要》對《三國志注》的内容則概括爲六個方面："一曰引諸家之論以辨是非；一曰參諸書之説以覈訛異；一曰傳所有之事詳其委曲；一曰傳所無之事補其闕佚；一曰傳所有之人詳其生平；一曰傳所無之人附以同類。"實際上後面所説的四類，就是裴松之表中所説的補闕。《三國志注》的主要内容，仍是裴松之所説的四大類：

（一）補闕。《三國志》中，對某些重要史實和重要人物没有提及，或雖提及而過略者，裴松之則儘可能搜集資料予以補充。例如《武帝紀》建安十五年注引《魏

《武故事》補充曹操十二月己亥令，① 建安二十二年注引王沈《魏書》補充了八月令，這對後人瞭解曹操的經歷、思想和用人方針都是很有幫助的。又如《杜夔傳》注引傅玄序補充了馬鈞的生平事迹，《王朗附肅傳》注引《魏略》補充了賈洪、薛夏二人的傳記。再如《三嗣主孫晧傳》末注引《晋陽秋》補充了孫晧降於王濬時，"濬收其圖籍。領州四，郡四十三，縣三百一十三，户五十二萬三千，吏三萬二千，兵二十三萬，男女口二百三十萬，米穀二百八十萬斛，舟船五千餘艘，後宫五千餘人"。這些吴滅亡時國力的基本情況，是瞭解吴國歷史的極其重要的數據。在蜀《後主傳》注引王隱《蜀記》也補充了蜀漢滅亡時的各種重要的數據。至於補充《三國志》叙述過略者，在注中就更多了。例如《武帝紀》建安元年載："是歲用棗祗、韓浩等議，始興屯田。"屯田是一代大事，如此記載實在太略，雖然在《任峻傳》中所載稍詳，也僅謂："是時歲饑旱，軍食不足，羽林監潁川棗祗建置屯田，太祖以峻爲典農中郎將，募百姓屯田於許下，得穀百萬斛，郡國列置田官，數年中所在積粟，倉廩皆滿……軍國之饒，起於棗祗而成於峻。"這樣的記載仍嫌簡略。裴松之在《武帝紀》中注引王沈《魏書》，在《任峻傳》中注引《魏武故事》，對屯田制的歷史背景、內容、作用以及屯田倡議者棗祗的事迹，都作了補充。又如《荀彧傳》載荀彧說曹操征討徐州陶謙的事爲："前討徐州，威罰實行。"但其詳情不可得知。裴松之注引

---

① 嚴可均《全三國文》題《讓縣自明本志令》。

《曹瞞傳》補充了曹操在徐州大肆屠殺的經過。再如《烏丸鮮卑東夷傳》注引《魏略·西戎傳》補充了西方氐、羌以及西域諸國的情況。

（二）備異。同一史事或同一人物，各家記載有出入，甚至根本相反，而又不能定其是非者，裴注則俱載之，以備參考。其中又分爲兩種情況：

（1）其他記載與《三國志》相異者。例如《張邈傳》載："邈詣袁術請救，未至，自爲其兵所殺。"而《獻帝春秋》卻載："袁術議尊號，邈謂術曰：'漢據火德，絶而復揚……公居軸處中，入則享於上席，出則爲衆目之所屬……何爲捨此而欲稱制？恐福不盈眥，禍將溢世。'"裴松之在録完這段記載後説："按本傳邈詣術，未至而死。而此云諫稱尊號，未詳孰是。"又如《袁術傳》載袁術"殺揚州刺史陳温，領其州"。而《英雄記》載："陳温字元悌，汝南人，先爲揚州刺史，自病死。袁紹遣袁遺領州，敗散，奔沛國，爲兵所殺。袁術更用陳瑀爲揚州，瑀既領州……拒術不納。術退保陰陵，更合軍攻瑀，瑀懼，走歸下邳。"裴松之録完這段記載後説："如此，則温不爲術所殺，與本傳不同。"

（2）其他記載之間互異者。例如《郭嘉傳》注引王沈《魏書》謂劉備投曹操後，曹操以備爲豫州牧，有人勸曹操説："備有英雄志，今不早圖，後必爲患。"曹操遂問郭嘉，郭嘉卻阻擋説："今備有英雄名，以窮歸己而害之，是以害賢爲名，則智士將自疑，回心擇主，公誰與定天下？夫除一人之患，以沮四海之望，安危之機，不可不察！"曹操遂采納了郭嘉的建議。而《傅子》卻説劉備來投曹操，郭嘉對曹操説："備有雄才而甚得衆心。張飛、關羽者，皆萬人之敵也，爲之死用。嘉觀之，備終不爲人下，其謀未可測也。古人有言：'一日縱敵，數世之患'，宜早爲之所。"曹操没有采納郭嘉的意見。裴松之在録完《魏書》與《傅子》的記載後説："案《魏書》所云與《傅子》正相反。"

（三）懲妄。凡各書記載不同，或某書記載錯誤，而裴松之經過比較研究後，能定其是非者，則一一指出。其中又可分爲三種情況：

（1）《三國志》記載正確，其他記載錯誤者。例如《魏延傳》謂諸葛亮病危時，密與長史楊儀等佈置死後退兵的安排，並令魏延斷後，而諸葛亮死後，魏延不願退軍，也不願受楊儀的指揮，遂與楊儀發生衝突而被殺。魚豢《魏略》卻記載説，諸葛亮病危時令魏延在他死後代爲指揮軍隊，而楊儀平時與魏延不和，"見延攝行軍事，懼爲所害，乃張言延欲舉衆北附，遂率其衆攻延，延本無此心，不戰軍走，追而殺之"。裴松之在録完《魏略》這段記載後説："此蓋敵國傳聞之言，不得與本傳争審。"

（2）《三國志》記載錯誤，其他書記載正確者。例如《孫堅傳》謂孫堅死於漢獻帝初平三年（192）。《孫策傳》謂孫策死於建安五年（200），終年二十六歲，則孫策應生於漢靈帝熹平四年（175）。而《吳録》載孫策上朝廷表中有"臣年十七，喪失所怙"的話。孫策十七歲，則應在初平二年（191）。又張璠《後漢紀》及《吳曆》都記載孫堅死於初平二年。裴松之經過上述一番考證後指出："張璠

《漢紀》及《吳曆》並以堅初平二年死，此爲是而本傳誤也。"

（3）《三國志》未記載，而其他書錯誤者。例如《典略》云："中常侍唐衡欲以女妻汝南傅公明，公明不娶，轉以與彧。父緄慕衡勢，爲彧娶之。彧爲論者譏之。"裴松之注說："《漢紀》云唐衡以桓帝延熹七年死，計彧於時年始二歲，則彧婚之日，衡之沒久矣，慕勢之言爲不然也。"再如《王粲附阮瑀傳》注引《文士傳》云："太祖雅聞瑀名，辟之，不應，連見逼促，乃逃入山中。太祖使人焚山，得瑀。"裴松之注："案魚氏《典略》、摯虞《文章志》並云瑀建安初辭疾避役，不爲曹洪屈。得太祖召，即投杖而起。不得有逃入山中，焚之乃出之事也。"

（四）論辯。裴松之不但依據各書所載之不同而定其是非，還按當時之情理對某些錯誤記載做出判斷。例如《武帝紀》建安五年記載官渡之戰時曹操"兵不滿萬"。裴松之對此論辯云：

　　魏武初起兵，已有衆五千，自後百戰百勝，敗者十二三而已矣。但一破黃巾，受降卒三十餘萬，餘所吞并，不可悉紀；雖征戰損傷，未應如此之少也。夫結營相守，異於摧鋒決戰。本紀云："紹衆十餘萬，屯營東西數十里。"魏太祖雖機變無方，略不世出，安有以數千之兵，而得逾時相抗者哉？以理而言，竊謂不然。紹爲屯數十里，公能分營與相當，此兵不得甚少，一也。紹若有十倍之衆，理應當悉力圍守，使出入斷絕，而公使徐晃等擊其運車，公又自擊淳于瓊等，揚旌往還，曾無抵閡，明紹力不能制，是不得甚少，二也。諸書皆云公坑紹衆八萬，或云七萬。夫八萬人奔散，非八千人所能縛，而紹之大衆皆拱手就戮，何緣力能制之？是不得甚少，三也。將記述者欲以少見奇，非其實錄也。

又在《荀彧傳》中記載兗州之叛時，荀彧曾說到曹操"十萬之衆"。裴松之在此又說："益知官渡之役，不得云兵不滿萬也。"

四

《三國志》傳世後，即不斷有人閱讀研究，並撰寫了一些研究成果。東晉時，即有徐衆《三國志評》三卷、王濤《三國志序評》三卷、何常侍（琦）《論三國志》九卷。① 晉人的這三部著作，均早已散佚，詳情不可得知，但從書名看，當是作者讀《三國志》時對書中人和事的一些評論。從裴松之《三國志注》中所引徐衆《三國志評》也可看出這一點。南朝除裴松之注《三國志》外，史部目錄中未見其他著作。北魏則有張始均改寫《三國志》的《魏書》部分爲編年體，凡三十卷。此書蓋毁於北魏孝明帝神龜二年（519）二月鮮卑羽林虎賁焚燒張彝府第之時。②

---

① 見《隋書·經籍志》及姚振宗《考證》與《晉書》卷八八《何琦傳》。

② 均見《魏書》卷六四《張彝傳》。

《隋書·經籍志》又著録盧宗道《魏志音義》一卷。《北齊書》卷二二《盧文偉傳》載盧宗道事有云："懷道弟宗道，性粗率，重任俠，歷尚書郎、通直散騎常侍，後行南營州刺史……後坐酷濫除名。"未言有著作，故姚振宗《隋書經籍志考證》云："未知即此宗道否也。"此書亦不完整，僅有《魏志》部分，並且在於注音釋義，可能爲初學者所作。

唐代，在《舊唐書·經籍志》與《新唐書·藝文志》中，未見唐人的《三國志》研究著作，僅在劉知幾《史通》中有不少研究結論，如《史通·本紀》篇、《稱謂》篇、《直書》篇等皆有論述。唐代研究《三國志》的人不多，但《三國志》已被定爲士子必讀、精讀書之一，也是策試内容之一。《唐六典》卷四注云："習《史記》者、《漢書》者、《東觀記》者、《三國志》者，皆須讀文精熟，言音典正，策試十通，取粗解注義，經通六，史通三。"

在北宋，有不少人不滿意《三國志》。其中以《三國志》簡略，裴松之注繁蕪，想將二者合爲一體者，有吕南公、鄭知幾、陳亮等。① 王安石亦建議歐陽修重撰三國史云："五代之事無足采者，此何足煩公！三國可喜事甚多，悉爲陳壽所壞，可更爲之。"歐陽修雖然同意，而實未撰作。② 至於唐庚的《三國雜事》，有些類似徐衆的《三國志評》，主要是對《三國志》及裴注中所叙人物事件的評論。

---

① 見陳振孫《直齋書録解題·三國志》條。
② 見唐庚《三國雜事序》，亦見高似孫《史略》。

南宋時，因朝廷偏安江南，故人們大多不滿《三國志》以魏爲正統，欲改寫《三國志》，爲蜀漢爭正統。高似孫即撰有《蜀漢書》，① 而書已亡佚，詳情不可得知。《宋史·藝文志》著録有李杞《改修三國志》六十七卷、宗諫《三國采要》六卷、師古《三國志質疑》十四卷、楊天惠《三國人物論》三卷，但諸書均已亡佚，詳情亦不可得知。南宋人改寫《三國志》，至今尚存且具代表性的，是蕭常的《續後漢書》。此書僅改了《三國志》的體例，以蜀漢爲正統而爲帝紀，以魏、吳爲僞政權，仿《晋書》之體例而爲載記。計有帝紀二卷、年表二卷、列傳十八卷、吳載記十一卷、魏載記九卷、義例一卷、音義四卷，凡四十七卷。之所以取名《續後漢書》，蕭常在書目前云："常謹案：前史《藝文志》謂班固史爲《漢書》，范曄史爲《後漢書》，昭烈繼獻帝而作，其書宜曰《續後漢書》。"至於史實方面，蕭書則未超出《三國志》與裴松之注。

　　元代初年，又有郝經撰《續後漢書》九十卷。此書亦以蜀漢爲正統，爲之立紀，魏、吳皆入列傳，計有年表一卷、帝紀二卷、列傳七十九卷、録八卷，凡九十卷。此書撰成時，仍稱《三國志》，後乃改名《續後漢書》（郝經撰此書時，未得見蕭常《續後漢書》）。又郝經撰成此書後，即命其門生苟宗道爲之作注，今書中稱"原注"者，即爲苟注。在史實方面，此書大體未超出《三國志》與裴松之注，而其卷數之所以多達九十卷，除因增加陳壽書所無的八録與年表外，又增加了不少漢、晋人之傳。故清代四庫

---

① 見《史略》。

館臣在整理此書的按語中説："至其分晰門目，進退失倫，尤多乖迕。"此書撰成後，得到元統治者的重視，即爲之刊行。但不知何故，至明代中葉即已亡佚。清乾隆中修《四庫全書》時僅從《永樂大典》中輯出，並加以整理，已有殘闕，爲今所傳之本。

元代除郝經改編《三國志》成《續後漢書》外，還有張樞刊定《三國志》成六十五卷及撰寫《續後漢書》七十三卷，又有趙居信撰《蜀漢本末》三卷。①

明代謝陛也尊蜀漢爲正統，改編《三國志》爲《季漢書》。全書凡六十卷，自獻帝至少帝爲本紀，漢室諸臣爲內傳；魏、吳之君爲世家，諸臣爲外傳；董卓、袁紹、袁術、公孫瓚等爲載記；又以依附董卓、袁紹等人爲雜傳。還撰《兵戎始末》與《人物生歿》二表。但從史料而言，也基本未超出《三國志》與裴松之注，價值不大。此外，明人研究《三國志》的著作不多，且多與研究其他典籍合并。如朱明鎬撰《史料》六卷，其範圍上起《三國志》，下迄元史，但每史各爲一編。

古代的《三國志》研究，到清代達到了高潮。清人對《三國志》的研究，用功甚勤，成果累累，總計有關專著達六十餘種。其研究內容又相當廣泛，舉凡字句的校勘考訂、詞義的訓釋、典故的注解、意義的闡發、史事的補充、

---

① 俱見錢大昕《補元史藝文志》。

地理的詮釋、表志的補修等，全都涉及了。①

　　現代學者研究《三國志》者不少，但將研究成果撰成專著的卻不多。20世紀20年代劉咸炘撰有《三國志知意》

---

① 現據著作的性質，分爲專著札記類與補表補志類。專著札記類計有：何焯《三國志校》、《義門讀書記·三國志》三卷，陳景雲《三國志辨誤》三卷，牛運震《讀史糾謬》一卷，杭世駿《三國志補注》六卷，趙一清《三國志注補》六十五卷，盧文弨《三國志續考證》一卷，錢大昕《廿二史考異·三國志考異》三卷，王鳴盛《十七史商榷·三國志商榷》四卷，趙翼《廿二史劄記·三國志劄記》一卷半，錢大昭《三國志辨疑》三卷，潘眉《三國志考證》八卷，侯康《三國志補注續》一卷，沈欽韓《三國志補注訓詁》八卷、《釋地理》八卷、《劄記》一卷，梁章鉅《三國志旁證》三十卷，郭麐《三國志蒙拾》二卷，康發祥《三國志補義》十三卷，李慈銘《三國志劄記》一卷，周壽昌《三國志注證遺》四卷補四卷，尚鎔《三國志辨微》二卷續三卷，錢儀吉《三國志證聞》三卷，林國贊《三國志裴注述》二卷、《讀三國志雜誌》四卷，周星詒《三國志考證校語》一卷，楊晨《三國志劄記》一卷，黃紹昌《三國志音釋》，丁謙《三國志烏桓鮮卑東夷附魚豢魏略西戎傳地理考釋》一卷，徐紹楨《三國志質疑》六卷，沈家本《三國志瑣言》四卷、《三國志注所引書目》二卷，史珥《三國志剿說》四卷，鄒樹榮《三國志偶辨》一卷，阮劉文如《三國魏志疑年錄》《蜀志疑年錄》《吳志疑年錄》各一卷，趙曉榮《三國闡微》二卷，李祖陶《讀三國志書後》一卷，李澄宇《讀三國志蠡述》三卷。補表補志類計有：萬斯同《三國大事年表》《三國季漢方鎮年表》《三國諸王世表》《魏國將相大臣年表》《魏方鎮年表》《漢將相大臣年表》《吳將相大臣年表》，周嘉猷《三國紀年表》，黃大華《三國志三公宰輔年表》，周明泰《三國志世系表》，洪飴孫《三國職官表》，洪亮吉《補三國疆域志》，吳增僅《三國郡縣表附考證》，謝鍾英《三國大事表》《補三國疆域志補注》《三國疆域志疑》，湯裕芬《補三國疆域志今釋》，范本禮《吳疆域圖説》，侯康《補三國藝文志》，陶憲曾《補侯康三國藝文志補》，姚振宗《三國藝文志》，陶元珍《三國世系表補遺附訂訛》《三國食貨志》。

一卷。① 此書主要評論《三國志》的體例及諸家評論的長短得失。30年代，盧弼撰有《三國志集解》六十五卷。此書仿王先謙《漢書補注》與《後漢書集解》之體例，彙集前代學者對《三國志》和裴松之注的研究成果，對《三國志》正文和裴松之注文作了詳細的校勘、考證、詮釋，可謂集《三國志》研究之大成。盧氏此書雖撰於30年代，而至50年代中始由中華書局出版。與盧氏同時的還有易培基《三國志補注》，也是50年代在臺灣出版。60年代初，繆鉞師撰《三國志選》。此書爲高等學校歷史系本科史學名著選讀教材之一，共選文19篇。80年代初，繆鉞又主編《三國志選注》，篇幅較《三國志選》增加一倍多，共選文43篇，讀者對象爲中學以上文化程度者，故注釋較《三國志選》詳。《選注》本除全部吸取《選》本研究成果外，又有一些新的研究成果。80年代初還有周一良的《三國志札記》。此著最先發表於《文史》第九輯，後又收入1985年3月中華書局出版的《魏晉南北朝史札記》。《三國志札記》主要考訂名物制度與訓釋語詞，所考極爲精審，所釋亦甚精確。90年代初有吳金華《三國志校詁》，由江蘇古籍出版社出版。此書主要對《三國志》及裴松之注作校勘、訓詁，也兼及某些名物制度及史事之考訂。其中尤以訓釋魏晉習俗語最爲精當。2000年底上海古籍出版社還出版了吳金華所著《三國志叢考》。此書結集了作者多年研究《三國志》的論著，對校勘訓釋《三國志》及裴注甚顯功力。2001年6月由巴蜀書社出版的趙幼文《三國

---

① 載《推十書》。

志校箋》,對《三國志》的整理校勘用功甚深。該書以同治十年成都書局翻刻的殿本《三國志》爲底本,再以百衲本、馮夢楨本、毛氏汲古閣本、陳仁錫刻本爲參校本,並汲取大量的類書及據《三國志》改寫的著作(如蕭常《續後漢書》、郝經《續後漢書》等),對《三國志》及裴松之注作了全面的整理校勘,甚有價值。

由於《三國志》内容豐富,研究成果豐碩,又因注釋體例所限,很難全面吸收入注,本書絓漏之處,在所難免,企盼專家讀者教正。

又按,本書在校注過程中,我妻揭克倫與我商議注文,校對全書,功不可没,故共同署名。

例 言

一、以中華書局校點本爲版式底本,再與百衲本、殿本、盧弼《集解》本及部分中華再造善本相互校勘,擇善而從,並徑注明所從之本,不再徵引前人之校。校语中所说的"各本"或"某某本等"即指此四種版本。校勘中,還利用了《藝文類聚》《册府元龜》《太平御覽》等類書及《建康實録》《群書治要》,蕭常、郝經之《續後漢書》等。若注者已徵引後,又見時人徵引者,則注明某某所引,以免掠美之嫌。校語均在注文中。

二、正文與裴松之注同樣注釋,且互不重複。

三、一般語詞不注,難解者及易生歧義者則注釋。生僻字,用漢語拼音注出讀音並注明字義;異體字、假借字、避諱字,若所校四種版本中有一種作正體字者,則徑從該本,不再出注;若四種版本皆同,則不改字,並注明異體字之正字、假借字之所通字、避諱字之避諱原因。校增字用方括號（〔　〕）括之，校刪字用圓括號（（　））括之。

四、成語典故及典章制度，作扼要注釋，非引原文不足以說明者，則引出原文。

五、官名，主要參考吕宗力主編的《中國歷代官制大辭典》（北京出版社1994年1月出版），凡引用者不再注明出處；據《續漢書·百官志》《晋書·職官志》《宋書·百官志》及《通典》作注者，亦不再注明出處。又注中涉及漢末魏晋之宰相，主要參考祝總斌《兩漢魏晋南北朝宰相制度研究》（中國社會科學出版社1990年10月出版）之説，爲了統一注釋體例，亦不逐條注明出處。

六、地名，主要參考魏嵩山主編的《中國歷史地名大辭典》（廣東教育出版社1995年5月出版），引用處不再注明。

七、人名，三國以前人名，不常見、不加注有礙於理解閱讀者，則據本文所需作簡要注釋。三國時的人名，凡本書有傳或附傳者概不作注，不礙理解閱讀者也不作注；若需注釋者，其事迹較集中地叙述於本書某傳或裴注中，則衹注明見本書某傳或裴注引某書；如在本書無集中叙述者，則作簡注。

八、裴注所引書名，衹在本書中第一次出現時作注，以後一律不注。

九、注中引用清人及現代學者的著作，若著作名稱冠有"三國志"者，一概省去，衹作簡稱，如陳景雲《三國志辨誤》簡稱《辨誤》，趙一清《三國志注補》

簡稱《注補》，盧弼《三國志集解》簡稱《集解》，張元濟《三國志校勘記》簡稱《校勘記》，周一良《三國志札記》簡稱《札記》，吳金華《三國志校詁》簡稱《校詁》，趙幼文《三國志校箋》簡稱《校箋》等。又清人和今人專著，凡標明《三國志》之紀、傳者，則在同紀同傳中注釋引用時，均省去該專著之卷數。注中引用的論文，祇注明論文名，所載論文之刊名、期數，一律省去，俱見於引用論著目録。又前人引書，往往祇稱作者不標書名，而有些作者著書多種，爲了準確無誤，本注徑標所引之書，一般不再注明前人之引。

主要參考文獻

一 古今有關《三國志》著作類

百衲本《三國志》，浙江古籍出版社1998年縮印本。
殿本《三國志》，上海古籍出版社、上海書店1986年縮印本。
盧弼：《三國志集解》，中華書局1982年據1957年古籍出版社排印本影印出版。
校點本《三國志》，中華書局1959年版。
清·陳景雲：《三國志辨誤》，叢書集成初編本。
清·趙一清：《三國志注補》，書目文獻出版社1991年據北京圖書館珍藏手稿本影印出版。
清·杭世駿：《三國志補注》，粵雅堂叢書本。
清·錢大昭：《三國志辨疑》，廣雅書局叢書本。
清·梁章鉅撰，楊耀坤校訂：《三國志旁證》，福建人民出版社2000年版。
清·侯康：《三國志補注續》，廣雅書局叢書本。
清·沈欽韓：《三國志補注訓詁》，北京圖書館藏鈔本。
清·錢儀吉：《三國志證聞》，江蘇書局刊本。
清·康發祥：《三國志補義》，《伯山全集》本。
清·徐紹楨：《三國志質疑》，壽學堂叢書本。

清·李慈銘：《三國志劄記》，《越縵堂讀書劄記》本。
清·周壽昌：《三國志注證遺》，廣雅書局叢書本。
清·沈家本：《三國志瑣言》《三國志注所引書目》，《沈寄簃先生遺書》本。
清·錢儀吉：《三國會要》，上海古籍出版社1991年版。
清·洪飴孫：《三國職官表》，中華書局《二十五史補編》本。
清·吳增僅、楊守敬：《三國郡縣表附考證》，中華書局《二十五史補編》本。
清·謝鍾英：《三國疆域表》，中華書局《二十五史補編》本。
清·洪亮吉、謝鍾英：《補三國疆域志補注》，中華書局《二十五史補編》本。
清·謝鍾英：《三國疆域志疑》，中華書局《二十五史補編》本。
清·侯康：《補三國藝文志》，中華書局《二十五史補編》本。
清·姚振宗：《三國藝文志》，中華書局《二十五史補編》本。
清·丁謙：《三國志烏桓鮮卑東夷傳附魚豢魏略西戎傳地理考證》，浙江圖書館叢書第一集。
劉咸炘：《三國志知意》，成都古籍書店1996年影印《推十書》本。
張元濟：《三國志校勘記》，商務印書館1999年版。
繆鉞主編：《三國志選注》，中華書局1984年版。
周一良：《三國志札記》，《魏晉南北朝史札記》，中華書局1985年版。
趙幼文：《三國志校箋》，巴蜀書社2001年版。
吳金華：《三國志校詁》，江蘇古籍出版社1990年版。
吳金華：《三國志叢考》，上海古籍出版社2000年版。
袁維春：《三國碑述》，北京工藝美術出版社1993年版。
宋·唐庚：《三國雜事》，叢書集成初編本。
宋·蕭常：《續後漢書》，叢書集成初編本。
元·郝經：《續後漢書》，叢書集成初編本。
清·郁松年：《續後漢書劄記》，商務印書館國學基本叢書本。
宋·趙彥衛：《雲麓漫鈔》，叢書集成初編本。

清·顧炎武:《日知錄》,商務印書館國學基本叢書本。
清·顧炎武:《亭林文集》,四部備要本。
清·牛運震:《讀史糾謬》,齊魯書社1989年版。
清·何焯:《義門讀書記》,中華書局1987年版。
清·錢大昕:《廿二史考異》,廣雅書局叢書本。
清·錢大昕:《諸史拾遺》,史學叢書本。
清·錢大昕:《十駕齋養新錄》,江蘇古籍出版社2000年版。
清·錢大昕:《潛研堂文集》,四部叢刊本。
王樹民:《廿二史劄記校證》,中華書局1984年版。
清·趙翼:《陔餘叢考》,甌北全集本。
清·王鳴盛:《十七史商榷》,廣雅書局叢書本。
宋·陳振孫:《直齋書錄解題》,上海古籍出版社1987年點校版。
清·章宗源:《隋書經籍志考證》,中華書局《二十五史補編》本。
清·姚振宗:《隋書經籍志考證》,中華書局《二十五史補編》本。
清·姚鼐:《惜抱軒筆記》,四部備要本。
清·俞正燮:《癸巳存稿》,叢書集成初編本。
清·陳澧:《東塾讀書記》,四部備要本。
清·陳澧:《四庫全書總目提要》,四庫全書本。
張元濟:《校史隨筆》,上海古籍出版社1998年版。

二 古今史地著作類

漢·司馬遷:《史記》,中華書局校點本。
漢·班固:《漢書》,中華書局校點本。
清·丁謙:《漢書西域傳地理考證》,浙江圖書館叢書第一集。
南朝宋·范曄:《後漢書》,中華書局校點本。
清·惠棟:《後漢書補注》,叢書集成初編本。
清·王先謙:《後漢書集解》,中華書局1981年影印1915年虛受堂刊本。

清·顧櫰三：《補後漢書藝文志》，中華書局《二十五史補編》本。
清·丁謙：《後漢書南匈奴傳地理考證》，浙江圖書館叢書第一集。
唐·房玄齡等：《晉書》，中華書局校點本。
吳士鑑：《晉書斠注》，戊辰吳興劉氏嘉業堂刊本。
南朝梁·沈約：《宋書》，中華書局校點本。
北齊·魏收：《魏書》，中華書局校點本。
唐·李延壽：《南史》，中華書局校點本。
唐·李延壽：《北史》，中華書局校點本。
唐·魏徵等：《隋書》，中華書局校點本。
後晉·劉昫等：《舊唐書》，中華書局校點本。
宋·歐陽修、宋祁：《新唐書》，中華書局校點本。
漢·荀悅：《漢紀》，四部叢刊本。
晉·袁宏：《後漢紀》，四部叢刊本。
漢·趙曄：《吳越春秋》，四部叢刊本。
漢·袁康：《越絕書》，四部叢刊本。
漢·劉向：《古列女傳》，四部叢刊本。
《逸周書》，漢魏叢書本。
《國語》，上海古籍出版社1998年點校本。
楊伯峻：《春秋左傳注》，中華書局1981年版。
《竹書紀年》，四庫全書本。
繆文遠：《戰國策新校注》，巴蜀書社1987年版。
任乃強：《華陽國志校補圖注》，上海古籍出版社1987年版。
劉琳：《華陽國志校注》，巴蜀書社1984年版。
唐·許嵩撰，張忱石點校：《建康實錄》，中華書局1986年版。
宋·司馬光：《資治通鑑》，商務印書館涵芬樓影印本。
宋·王應麟：《通鑑地理通釋》，叢書集成初編本。
宋·高似孫：《史略》，古逸叢書影宋本。
清·浦起龍：《史通通釋》，世界書局印行。
唐·杜佑撰，王文錦等點校：《通典》，中華書局1988年版。

宋·鄭樵：《通志》，商務印書館萬有文庫十通本。

元·馬端臨：《文獻通考》，中華書局1986年據萬有文庫十通本影印版。

漢·衛宏：《漢舊儀》，四部備要本。

《三輔黃圖》，四部叢刊本。

楊守敬、熊會貞：《水經注疏》，江蘇古籍出版社1989年版。

范祥雍：《洛陽伽藍記校注》，上海古籍出版社1978年版。

季羨林等：《大唐西域記校注》，中華書局2000年版。

唐·李吉甫：《元和郡縣圖志》，中華書局1983年點校版。

宋·樂史：《太平寰宇記》，四庫全書本。

清·顧祖禹：《讀史方輿紀要》，上海書店出版社1998年影印版。

宋·羅濬：《寶慶四明志》，四庫全書本。

明·曹學佺：《蜀中名勝記》，粵雅堂叢書本。

《大明一統志》，四庫全書本。

《大清一統志》，四部叢刊續編本。

三　經子類書文集類

《周易》，中華書局1979年影印《十三經注疏》本。

宋·朱熹：《周易本義》，世界書局銅版影印本。

金景芳：《周易講座》，吉林大學出版社1987年版。

《尚書》，中華書局1979年影印《十三經注疏》本。

清·孫星衍：《尚書今古文注疏》，四部備要本。

《詩經》，中華書局1979年影印《十三經注疏》本。

《韓詩外傳》，漢魏叢書本。

《周禮》，中華書局1979年影印《十三經注疏》本。

《儀禮》，中華書局1979年影印《十三經注疏》本。

《禮記》，中華書局1979年影印《十三經注疏》本。

元·陳澔：《禮記集注》，世界書局銅版影印本。

《公羊傳》，中華書局1979年影印《十三經注疏》本。
《穀梁傳》，中華書局1979年影印《十三經注疏》本。
清·王聘珍：《大戴禮記解詁》，中華書局1983年版。
魏·何晏：《論語集解》，中華書局影印《十三經注疏》本與《古逸叢書》覆正平本。
宋·邢昺：《論語疏》，中華書局影印《十三經注疏》本與《古逸叢書》覆正平本。
清·劉寶楠：《論語正義》，四部備要本。
宋·朱熹：《論語集注》，上海古籍出版社1987年影印世界書局影印武英殿本。
楊伯峻：《論語譯注》，中華書局1980年版。
宋·朱熹：《孟子集注》，上海古籍出版社1987年影印世界書局影印武英殿本。
楊伯峻：《孟子譯注》，中華書局1960年版。
清·邵晋涵：《爾雅正義》，乾隆餘姚邵氏家塾刻本。
清·郝懿行：《爾雅義疏》，光緒甲申榮縣蜀南閣刊本。
唐·陸德明：《經典釋文》，四部叢刊本。
宋·洪适：《隸釋》，四部叢刊本。
清·王引之：《經義述聞》，王氏家刻本。
清·王引之：《經傳釋詞》，王氏家刻本。
清·宋翔鳳：《小爾雅訓纂》，廣雅書局校刻本。
清·阮元：《經籍籑詁》，世界書局印本。
清·段玉裁：《説文解字注》，上海古籍出版社1981年縮小影印經韻樓藏版。
清·朱駿聲：《説文通訓定聲》，世界書局印本。
漢·揚雄：《方言》，漢魏叢書本。
漢·蔡邕：《獨斷》，漢魏叢書本。
清·畢沅：《釋名疏證》，鎮洋畢氏經訓堂刻本。
清·王先謙：《釋名疏證補》，光緒二十二年刻本。

魏·張揖：《廣雅》，王念孫疏證，中華書局1983年影印嘉慶間王氏家刻本。

南朝梁·顧野王：《玉篇》，張氏澤存堂刻本。

唐·玄應：《一切經音義》，乾隆丙午年咸寧縣署刊本與同治八年武林張氏寶晉齋重刻本。

唐·張懷瓘：《書斷》，四庫全書本。

宋·陳彭年：《廣韻》，古逸叢書仿宋本。

宋·丁度：《集韻》，述古堂影宋抄本。

清·劉淇：《助字辨略》，中華書局1954年版。

《老子》，上海古籍出版社1986年影印光緒初年浙江書局《二十二子》初印本。

《莊子》，上海古籍出版社1986年影印光緒初年浙江書局《二十二子》初印本。

《管子》，上海古籍出版社1986年影印光緒初年浙江書局《二十二子》初印本。

《列子》，上海古籍出版社1986年影印光緒初年浙江書局《二十二子》初印本。

《墨子》，上海古籍出版社1986年影印光緒初年浙江書局《二十二子》初印本。

《孫子兵法》，上海古籍出版社1986年影印光緒初年浙江書局《二十二子》初印本。

郭化若：《孫子譯注》，上海古籍出版社1984年版。

銀雀山漢墓竹簡整理小組編：《孫臏兵法》，文物出版社1975年版。

《荀子》，上海古籍出版社1986年影印光緒初年浙江書局《二十二子》初印本。

《尸子》，上海古籍出版社1986年影印光緒初年浙江書局《二十二子》初印本。

《韓非子》，上海古籍出版社1986年影印光緒初年浙江書局《二十二子》初印本。

《晏子春秋》，上海古籍出版社1986年影印光緒初年浙江書局《二十二子》初印本。

《呂氏春秋》，上海古籍出版社1986年影印光緒初年浙江書局《二十二子》初印本。

《淮南子》，上海古籍出版社1986年影印光緒初年浙江書局《二十二子》初印本。

《山海經》，上海古籍出版社1986年影印光緒初年浙江書局《二十二子》初印本。

漢·賈誼：《新書》，漢魏叢書本。

漢·董仲舒：《春秋繁露》，漢魏叢書本。

漢·孔鮒：《孔叢子》，漢魏叢書本。

漢·陸賈：《新語》，漢魏叢書本。

漢·劉向：《新序》，漢魏叢書本。

漢·劉向：《說苑》，漢魏叢書本。

漢·班固：《白虎通德論》，漢魏叢書本。

漢·王充：《論衡》，漢魏叢書本。

漢·桓譚：《新論》，上海人民出版社1977年校點版。

漢·應劭：《風俗通義》，漢魏叢書本。

漢·徐岳：《數術記遺》，叢書集成初編本。

晉·郭璞：《玄中記》，叢書集成初編本。

晉·張華：《博物志》，叢書集成初編本。

晉·崔豹：《古今注》，叢書集成初編本。

晉·葛洪：《抱朴子》，上海古籍出版社1990年影印明《正統道藏》本。

魏·劉劭：《人物志》，漢魏叢書本。

余嘉錫：《世說新語箋疏》，中華書局1983年版。

徐震堮：《世說新語校箋》，中華書局1984年版。

南朝梁·梁元帝：《金樓子》，叢書集成初編本。

王利器：《顏氏家訓集解》，上海古籍出版社1980年版。

北魏・賈思勰：《齊民要術》，四部叢刊本。
明・李時珍：《本草綱目》，四庫全書本。
《醫宗金鑑》，四庫全書本。
《北堂書鈔》，四庫全書本。
《文館詞林》，適園叢書本。
《群書治要》，四部叢刊本。
唐・歐陽詢撰、汪紹楹校：《藝文類聚》，上海古籍出版社1982年重印本。
《白孔六帖》，四庫全書本。
《初學記》，中華書局1962年點校本。
《太平御覽》，中華書局1960年縮印商務印書館影印宋本。
《册府元龜》，中華書局1960年影印明刻本，中華書局1989年影印宋刻殘本。
《事類賦》，四庫全書本。
《玉海》，四庫全書本。
《楚辭》，四部叢刊本。
南朝梁・劉勰撰，清・黃叔琳注，清・紀昀評：《文心雕龍》，都勵志勉學講舍重校刊本。
趙幼文：《曹植集校注》，人民文學出版社1984年版。
《昭明文選》，李善注，鄱陽胡氏藏版、上海著易堂印行；六臣注，四部叢刊本。
清・嚴可均：《全上古三代秦漢三國六朝文》，中華書局1958年影印光緒間黃崗王毓藻刻本。

四　現代學者有關論著

王國維：《王國維遺書》，上海古籍出版社1983年據商務印書館1940年版影印。
程樹德：《九朝律考》，中華書局1963年版。

湯用彤：《漢魏兩晉南北朝佛教史》，中華書局 1983 年版。

陳寅恪：《寒柳堂集》，上海古籍出版社 1980 年版。

陳寅恪：《金明館叢稿》初編、二編，上海古籍出版社 1980 年版。

呂思勉：《讀史劄記》，上海古籍出版社 1982 年版。

周一良：《魏晉南北朝史札記》，中華書局 1985 年版。

周一良：《魏晉南北朝史論集續編》，北京大學出版社 1991 年版。

唐長孺：《魏晉南北朝史論叢》，生活·讀書·新知三聯書店 1955 年版。

繆鉞：《讀史存稿》，生活·讀書·新知三聯書店 1963 年版。

何茲全：《讀史集》，上海人民出版社 1982 年版。

安作璋、熊鐵基：《秦漢官制史稿》，齊魯書社 1984 年版。

祝總斌：《兩漢魏晉南北朝宰相制度研究》，中國社會科學出版社 1990 年版。

任繼愈主編：《中國道教史》，上海人民出版社 1990 年版。

楊耀坤、伍野春：《陳壽、裴松之評傳》，南京大學出版社 1998 年版。

馬長壽：《烏丸與鮮卑》，上海人民出版社 1962 年版。

黃烈：《中國古代民族史研究》，人民出版社 1987 年版。

田繼周：《秦漢民族史》，四川民族出版社 1996 年版。

白翠琴：《魏晉南北朝民族史》，四川民族出版社 1996 年版。

汪向榮：《邪馬台國》，中國社會科學出版社 1982 年版。

崔連仲主編：《世界史·古代史》，人民出版社 1983 年版。

余太山：《兩漢魏晉南北朝正史西域傳要注》，中華書局 2005 年版。

張星烺編注，朱傑勤校訂：《中西交通史料彙編》第一冊，中華書局 1977 年版。

呂宗力主編：《中國歷代官制大辭典》，北京出版社 1994 年版。

陳垣：《二十史朔閏表》，中華書局 1962 年版。

方詩銘、方小芬：《中國史曆日和中西曆日對照表》，上海辭書出版社 1987 年版。

楊樹達：《詞詮》，中華書局 1954 年版。

中國歷史地圖集編輯組編：《中國歷史地圖集》，中華地圖學社1975年版。

譚其驤主編：《〈中國歷史地圖集〉釋文匯編（東北卷）》，中央民族出版社1988年版。

魏嵩山主編：《中國歷史地名大辭典》，廣東教育出版社1995年版。

蒲孝榮編：《四川歷代政區治地今釋》，四川省哲學社會科學研究所1978年印。

徐中舒：《耒耜考》，"中研院"《歷史語言研究所集刊》（第一本第一分），1928年版。

郭沫若：《新疆出土的晉人寫本〈三國志〉殘卷》，《文物》1972年第8期。

李春遇：《吐魯番出土〈三國志·魏書〉和佛經時代的初步研究》，《敦煌學輯刊》1989年第1期。

劉忠貴：《敦煌寫本〈三國志·步騭傳〉殘卷考略》，《敦煌學輯刊》1984年第1期。

錢劍夫：《〈三國志〉標點本商榷》，《中國語文》1978年第2期。

錢劍夫：《盧弼著〈三國志集解〉校點記》，《文獻》1985年第1期。

趙幼文：《三國志集解辨證》，《中華文史論叢》1982年第2輯。

王廷洽：《應正確認識〈三國志〉裴注的價值》，《上海師範學院學報》1983年第4期。

楊貫一、丁力：《對於赤壁所在地的一點看法》，《中國歷史博物館館刊》1979年第1期。

陳可畏：《論赤壁大戰與赤壁考》，《湖北教育學院學報》1990年第3、4期。

王仁康：《東漢金城郡治地理位置考》，《歷史研究》1978年第10期。

王欣夫：《蛾術軒篋存善本書錄》，《中華文史論叢》1979年第3期。

丁邦鈞：《安徽馬鞍山東吳朱然墓發掘簡報》，《文物》1986年第3期。

陳顯雙：《四川崇慶縣五道渠蜀漢墓》，《文物》1984年第8期。

陶懋炳：《陳壽曲筆說辨誣》，《史學研究》1981年第3期。

上三國志注表[1]

臣松之言：臣聞智周則萬里自賓，鑒遠則物無遺照。雖盡性窮微，深不可識，至於緒餘所寄，則必接乎麤迹。是以體備之量，猶曰好察邇言。畜德之厚，在於多識往行。伏惟陛下道該淵極，神超妙物，暉光日新，郁哉彌盛。雖一貫墳典，怡心玄頤，猶復降懷近代，[2]博觀興廢。將以總括前蹤，貽誨來世。

臣前被詔，[3]使采三國異同以注陳壽《國志》。壽書銓叙可觀，事多審正。誠遊覽之苑囿，近世之嘉史。然

---

〔1〕上三國志注表：百衲本、殿本、盧弼《集解》本在目錄前皆有此表，校點本移於全書末，並轉錄《四庫全書總目提要》《華陽國志·陳壽傳》《晋書·陳壽傳》《宋書·裴松之傳》於其後。今從百衲本等置此表於卷首。不再轉錄《四庫全書總目提要》等。

〔2〕代：百衲本作"誠"，殿本、盧弼《集解》本、校點本作"代"。今從殿本等。

〔3〕被：百衲本作"奉"，殿本、盧弼《集解》本、校點本皆作"被"。今從殿本等。

失在于略，時有所脱漏。臣奉旨尋詳，務在周悉。上搜舊聞，傍摭遺逸。按三國雖歷年不遠，而事關漢、晉。首尾所涉，出入百載。注記紛錯，每多舛互。其壽所不載，事宜存録者，則罔不采取以補其闕。[1]或同説一事而辭有乖雜，或出事本異，疑不能判，並皆抄内以備異聞。若乃紕繆顯然，[2]言不附理，則隨違矯正以懲其妄。其時事當否及壽之小失，頗以愚意有所論辯。[3]自就撰集，已垂期月。寫校始訖，謹封上呈。

竊惟繢事以衆色成文，蜜蠭以兼采爲味，故能使絢素有章，甘踰本質。臣寔頑乏，[4]顧慙二物。雖自罄勵，分絶藻繢，既謝淮南食時之敏，又微狂簡斐然之作。[5]淹留無成，祗穢翰墨，不足以上酬聖旨，少塞愆責。愧懼之深，若墜淵谷。謹拜表以聞，隨用流汗。臣松之誠惶誠恐頓首頓首死罪謹言。

元嘉六年七月二十四日中書侍郎西鄉侯臣裴松之上。

---

〔1〕采取：殿本、盧弼《集解》本、校點本作"畢取"，百衲本作"采取"。今從百衲本。

〔2〕紕繆：百衲本作"紕謬"，殿本、盧弼《集解》本、校點本作"紕繆"。按，二者同，今從殿本等。

〔3〕論辯：百衲本作"論辨"，殿本、盧弼《集解》本、校點本作"論辯"。按，二者同，今從殿本等。

〔4〕頑乏：百衲本作"頑之"，殿本、盧弼《集解》本、校點本作"頑乏"。今從殿本等。

〔5〕微：百衲本作"徵"，殿本、盧弼《集解》本、校點本作"微"。今從殿本等。

三國志 卷一

魏書一[1]

武帝紀第一[2]

太祖武皇帝,[3]沛國譙人也,[4]姓曹,諱操,字孟德,漢相國參之後。〔一〕[5]桓帝世,曹騰爲中常侍、大長秋,[6]封費亭侯。〔二〕[7]養子嵩嗣,官至太尉,[8]莫能審其生出本末。〔三〕嵩生太祖。

〔一〕〔《曹瞞傳》曰〕:[9]太祖一名吉利,小字阿瞞。
王沈《魏書》曰:[10]其先出於黃帝。當高陽世,陸終之子曰安,是爲曹姓。[11]周武王克殷,存先世之後,封曹俠於邾。[12]春秋之世,與於盟會,逮至戰國,爲楚所滅。[13]子孫分流,或家於沛。漢高祖之起,曹參以功封平陽侯,[14]世襲爵土,絶而復紹,[15]至今適嗣國於容城。[16]
〔二〕司馬彪《續漢書》曰:[17]騰父節,[18]字元偉,素以仁厚稱。鄰人有亡豕者,與節豕相類,詣門認之,節不與爭;後所亡豕自還其家,豕主人大慚,送所認豕,并辭謝節,節笑而受之。由是鄉黨貴歎焉。[19]長子伯興,次子仲興,次子叔興。騰字季興,少除黃門從官。永寧元年,[20]鄧太后詔黃門令選中黃門從官年少溫謹者配皇太子書,[21]騰應其選。太子特親愛騰,飲食賞賜與衆有異。順帝即位,爲小黃門,[22]遷至中常侍、大長秋。在省闥三十餘年,歷事四帝,[23]未嘗有過。好進達賢能,終無所毀傷。其所稱薦,若陳留虞放、邊韶,南陽延固、張溫,弘農張奐,潁川堂谿典等,[24]皆致位公卿,而不伐其善。蜀郡太守因計吏修敬於騰,[25]益州刺史种暠於函谷關搜得其牋,[26]上太守,并奏騰內臣外交,所不當爲,請免官治罪。帝曰:"牋自外來,騰書不出,非其罪也。"乃寢暠奏。騰不以介意,常稱歎暠,以爲暠得事上之節。暠後爲司徒,[27]語人曰:"今日爲公,乃曹常侍恩也。"[28]騰之行事,皆此類也。桓帝即位,以騰先帝舊臣,忠孝彰著,[29]封費亭侯,加位特進。[30]太和三年,追尊騰曰高皇帝。

〔三〕《續漢書》曰:嵩字巨高。質性敦慎,所在忠孝。爲司隸校尉,[31]靈帝擢拜大司農、大鴻臚,[32]代崔烈爲太尉。[33]黃初元年,追尊嵩曰太皇帝。

吳人作《曹瞞傳》及郭頒《世語》並云:[34]嵩,夏侯氏之子,夏侯惇之叔父。太祖於惇爲從父兄弟。[35]

[1] 魏書:宋本、元本皆作"魏書",明北監本始作"魏志",清武英殿本(以下簡稱"殿本")也沿襲作"魏志"。而《三國志》本由《魏書》《蜀書》《吳書》三部分組成。《華陽國志·陳壽傳》說:"壽乃鳩合三國史,著魏、吳、蜀三書六十五篇,號《三國志》。"陸雲《與兄平原書》有云:"陳壽《吳書》有《魏賜九錫文》及《分天下文》。"(見《全晉文》卷一〇二)又《三國志·蜀書·董允傳》末裴松之注謂夏侯玄在"《魏書》總名此卷云《諸夏侯曹傳》"。據此,明北監本及殿本作"魏志"不當。(本盧弼《集解》)

[2]《三國志》分爲紀、傳兩大部分,每卷之首,稱某紀或某

傳，如陳壽在《董卓傳》中提及建安十六年（211）馬超、韓遂在關中與諸將起兵對抗曹操，曹操親率軍擊敗諸將。此事因在《武帝紀》中已詳述，陳壽便說"語在《武紀》"。陳壽在《董卓傳》中提及楊奉、董承等奉漢獻帝逃出長安，東返洛陽，在途中因缺乏食物，河内太守張楊以食物奉獻，漢獻帝遂以張楊爲大司馬。其具體情節已在《張楊傳》中叙述，陳壽因說"語在《楊傳》"。在裴松之注中，也常有某紀、某傳之說。直至唐代流傳的《三國志》，仍分爲紀、傳兩大部分，而明代的北監本《三國志》，不知何故，將"紀""傳"字删去，清代殿本沿襲此例，如稱《武帝紀》爲《武帝操》，稱《諸葛亮傳》爲《諸葛亮》。後世盧文弨、沈家本、劉咸炘、盧弼等對此皆有辨證。（参盧弼《集解》）又按，百衲本在合紀合傳中，除每卷的大標題外，又分別於紀主、傳主前有小標題，如卷四《三少帝紀》，紀中齊王芳前又有《齊王紀》，高貴鄉公髦前有《高貴鄉公紀》，陳留王奂前有《陳留王》；又如卷五七《虞陸張駱陸吾朱傳》，傳中在虞翻、陸績、張温、駱統、陸瑁、吾粲、朱據前，分別有《虞翻傳》《陸績傳》《張温傳》《駱統傳》《陸瑁傳》《吾粲傳》《朱據傳》等小標題，而在其他版本的《三國志》中均無這些小標題，1924年新疆鄯善出土的東晋寫本殘卷，在陸績、張温前亦無《陸績傳》《張温傳》小標題，故從諸本不從百衲本。

［3］太祖武皇帝：曹魏對曹操的尊稱。曹操並未做皇帝，其子曹丕代漢稱帝建立魏王朝後，黄初元年（220），追尊他爲武皇帝；黄初四年，定其廟號爲太祖。又在《武帝紀》中，初稱曹操爲太祖；至漢獻帝遷都於許，曹操爲大將軍後，則改稱公（三公之公）；至曹操進爵爲王，又改稱王。（詳殿本《考證》李清植説）

［4］沛國：王國名。治所相縣，在今安徽濉溪縣西北。　譙：縣名。治所在今安徽亳州市。

［5］相國：官名。西漢初，輔助皇帝、綜理朝政的最高長官，後改稱丞相，與太尉、御史大夫並稱三公。　参：曹参，西漢初

人，漢高祖劉邦的功臣，後任相國。（見《漢書》卷三九《曹參傳》）

[6] 中常侍：官名。秩千石，後增爲比二千石，東漢時，由宦官充任，掌傳達詔令、管理文書，權力甚大。　大長秋：官名。秩二千石。皇后的宫官，東漢時多以宦官充任，掌傳達皇后旨令、引見賜予宗室外戚，皇后出行則隨從。

[7] 費亭侯：亭侯，爵名。漢制，列侯大者食縣邑，小者食鄉、亭。東漢後期遂以食鄉、亭者稱爲鄉侯、亭侯。費亭在今河南永城市南。（本謝鍾英《補三國疆域志補注》）

[8] 太尉：官名。東漢時，與司徒、司空並稱三公，共同行使宰相職能，而位列三公之首，名位甚重。或與太傅並録尚書事，綜理全國軍政事務。

[9] 曹瞞傳曰：各本皆無此四字。《太平御覽》卷九三引此注，有此四字。殿本《考證》李龍官曰：“裴注所引皆有書名，此爲脱落無疑。”中華書局校點本（以下簡稱“校點本”）即據以增補。今從之。《曹瞞傳》，《隋書·經籍志》未著録，《舊唐書·經籍志》雜傳類載有《曹瞞傳》一卷，吴人作。章宗源《隋書經籍志考證》據《藝文類聚》百穀部所引，認爲《曹瞞傳》爲吴人被山所撰。盧弼《集解》則認爲“被山”是《藝文類聚》所引《風俗通》之文，不是人名。

[10] 王沈：魏晋人。曹魏黄初（220—226）、太和（227—233）中，命衛覬、繆襲撰魏史之紀傳，多年未成。又命韋誕、應璩、王沈、阮籍、孫該、傅玄等繼修撰，最後由王沈統定爲《魏書》四十四卷，“其書多爲時諱，殊非實録”（《史通·正史篇》）。於宋代已亡佚。

[11] 曹姓：《史記·楚世家》云：“楚之先出自帝顓頊高陽。高陽者，黄帝之孫。”又説，高陽曾孫重黎，帝嚳（kù）高辛氏時爲火正（古官名）。其後重黎被誅，帝嚳又以重黎弟吴回爲火正。“吴回生陸終。陸終生子六人……五曰曹姓。”司馬貞《索隱》説：

"《系本》云：五曰安，是爲曹姓。曹姓，邾是。"又《國語·鄭語》韋昭注："陸終第五子曰安，爲曹姓，封於鄒。"

〔12〕曹俠：百衲本"俠"字作"快"。張元濟《校勘記》謂宋本、元本作"快"，北監本、汲古閣本、殿本、汪氏校本、孔繼涵校本作"俠"。按，盧弼《集解》本、校點本亦作"俠"。盧弼《集解》謂宋本、元本、馮本、吳本作"快"，《新唐書·宰相世系表》作"挾"，均誤。孔穎達引《譜》謂周武王封邾俠爲附庸。作"俠"爲是。今從殿本等。 邾：《左傳·隱公元年》孔穎達疏："《譜》云：邾，曹姓，顓頊之後。有六終，産六子，其第五子曰安。邾即安之後也。周武王封其苗裔邾俠爲附庸，居邾。今魯國鄒縣是也。"

〔13〕爲楚所滅：盧弼《集解》云："馬驌曰：'《路史》云：邾并於魯，鄒滅於楚。'非一國也，未詳孰是。"

〔14〕平陽侯：曹參與漢高祖劉邦起兵後，漢二年（前205），與韓信東攻魏，生獲魏王豹，取平陽，盡定魏地。因封爲平陽侯。（見《史記》卷五四《曹相國世家》）平陽，縣名。治所在今山西臨汾市。

〔15〕絶而復紹：曹參死後，子孫襲平陽侯位。傳至曹宗，因有罪除爵。至哀帝時，又封曹本始爲平陽侯。（見《漢書》卷三九《曹參傳》）

〔16〕適（dí）：通"嫡"。東漢章帝建初二年（77）封曹湛爲容城侯，未幾絶嗣。和帝永元三年（91）再封其後嗣。（本侯康《補注續》） 容城：縣名。治所在今河北容城縣北。

〔17〕司馬彪：西晉人。晉宗室高陽王睦長子，晉武帝時爲秘書郎、丞，曾注《莊子》，作《九州春秋》。又撰《續漢書》八十篇，起於漢光武帝，終於漢獻帝，分爲紀、志、傳三部分。（見《晉書》卷八二《司馬彪傳》）《隋書·經籍志》載爲八十三卷。其中八篇志後人取以附范曄《後漢書》，紀、傳於宋代已亡佚，清人有輯本。

[18] 節：此曹節非漢桓、靈二帝時的宦官曹節。宦官曹節字漢豐，南陽新野人。（本周壽昌《注證遺》）梁章鉅《旁證》則謂曹操之中女名"節"，若騰父名"節"，操不應復以名其女。《藝文類聚》卷九四《獸部》引《續漢書》"曹騰父萌"，"節""萌"字形相近，或本作"萌"，而誤作"節"歟？

[19] 貴歎：趙幼文《三國志校箋》（以下簡稱《校箋》）謂郝經《續後漢書》苟宗道注作"贊歎"。

[20] 永寧：漢安帝劉祜年號（120—121）。

[21] 皇太子：劉保，後爲漢順帝。 配：隨侍，陪伴。 書：讀書，學習。（俱本吳金華《校詁》）

[22] 小黃門：官名。秩六百石，由宦官充任，侍從皇帝左右，受尚書奏事，並關通宮中與外朝事。

[23] 四帝：指漢安、順、沖、質四帝。至桓帝，則爲五帝。

[24] 虞放：漢桓帝時曾爲尚書、司空。（見《後漢書》卷三三《虞延傳》） 邊韶：漢桓帝時曾爲太中大夫。（見《後漢書》卷八〇上《邊韶傳》） 延固：盧弼說"延固"疑爲"延篤"之訛，其郡望相同，"篤"與"固"音相近。《太平御覽》卷四五二引謝承《後漢書》，說延篤字叔固，故延固與延篤或許是一人。（詳盧弼《集解》）延篤在漢桓帝時曾爲議郎、京兆尹。（見《後漢書》卷六四《延篤傳》） 張溫：漢靈帝時曾爲司空。（見本書卷六《董卓傳》注引《傅子》） 張奐：漢桓帝時曾爲大司農、護匈奴中郎將。（見《後漢書》卷六五《張奐傳》） 堂谿典：漢靈帝時曾爲五官中郎將。（見《後漢書》卷六〇下《蔡邕傳》）

[25] 計吏：東漢的郡國，在年終遣吏至京都，向朝廷呈上計簿，彙報本郡國的戶口、錢糧、獄訟、盜賊等情況稱爲上計。所遣之吏稱爲計吏或上計吏。

[26] 种（chóng）暠：事詳《後漢書》卷五六《种暠傳》。盧弼《集解》說，《後漢書》卷七八《曹騰傳》載爲"益州刺史种暠於斜谷搜得其書，上奏太守"。函谷關在弘農郡，非益州刺史轄

地，當以"斜谷"爲是。"上太守"也當從《後漢書》作"上奏太守"，大概是上奏蜀郡太守賄賂内臣宦官之事。

[27] 司徒：官名。東漢時，與太尉、司空並爲三公，共同行使宰相職能，位次太尉。本職掌民政。

[28] 曹常侍恩：盧弼《集解》説，《後漢書·种暠傳》無此語。种暠多次彈劾大將軍梁冀，平生不肯阿附權貴，決不會有此語。

[29] 忠孝：吴金華《校詁》云："專指忠於君主而言。"

[30] 特進：官名。漢制，凡諸侯、大臣功德優盛，朝廷所敬者，加位特進，朝會時在三公下，車服、俸禄仍從本官。

[31] 司隸校尉：官名。秩比二千石，掌糾察京師百官違法者，並治所轄各郡，相當於州刺史。

[32] 大司農：官名。漢列卿之一，秩中二千石。東漢時，掌全國租税收入和國家及帝室的財政開支。　大鴻臚：官名。漢列卿之一，秩中二千石。掌諸侯及少數民族朝貢、郡國上計、行禮贊導、拜授諸侯、弔諡護喪。

[33] 崔烈：本爲冀州名士，漢靈帝時以五百萬錢買得司徒，論者嫌其銅臭。後又爲太尉。（見《後漢書》卷五二《崔駰傳》）

[34] 吴人作曹瞞傳：趙幼文《校箋》謂郝經《續後漢書》苟宗道注引"吴"上有"裴松之曰"四字。依裴氏注例，疑此奪"臣松之案"四字，似應增。按，苟氏在爲郝書作注，如引裴氏之言，自然應標明"裴松之曰"，不然，則成苟氏之説。而裴氏注《三國志》，注中不標明裴氏之語，自然亦是裴氏之言。通觀全書，大凡裴氏論辯之説，皆有"臣松之案"語，而注音釋字解地等，則往往無之。　郭頒：《世説新語·方正篇》劉孝標注："郭頒，西晋人，時世相近，爲《魏晋世語》，事多詳覈。孫盛之徒皆采以著書。"又本書《三少帝紀》裴松之注，説郭頒是晋令史。《隋書·經籍志》載有《魏晋世語》十卷，晋襄陽令郭頒撰。

[35] 太祖於惇爲從父兄弟：歷來對這段記載衆説紛紜。何焯認爲，夏侯惇之子夏侯楙娶曹操女清河公主，夏侯淵之子夏侯衡也

娶曹氏，故曹氏與夏侯氏不可能同宗。曹嵩出於夏侯氏之說，是敵國傳聞，不足爲信。（詳何焯《義門讀書記》卷二六《三國志·魏志》）趙一清則認爲，陳壽在《三國志》中將夏侯氏與曹氏合爲一卷，正暗示曹氏出於夏侯氏。（見趙一清《注補》）潘眉也申此説。（見潘眉《考證》）惲敬卻認爲，曹氏與夏侯氏世代爲婚，夏侯惇、夏侯淵與曹仁、曹洪、曹休、曹真等皆有開國功勛，至曹氏之敗，曹爽與夏侯玄又先後被誅，大權盡歸司馬氏，故合傳以見曹魏之興衰。（見惲敬《大雲山房文稿·書諸夏侯傳後》）劉咸炘又認爲，曹嵩即使是夏侯氏之子，曹氏未嘗不可與夏侯氏爲婚，並且曹嵩爲夏侯氏子，也並不爲醜，爲何要忌諱？曹嵩本爲宦官養子，這是人所共知的，曹氏也未嘗忌諱。不忌諱養子，而忌諱夏侯氏，這不近情理。所以《曹瞞傳》及郭頒《世語》之說不足信，而《三國志》中曹氏與夏侯氏之合傳，惲敬之説得當。（見劉咸炘《知意》）今人吳金華則認爲，本書《吳主傳》注引《魏略》，載孫權與魏臣浩周書，其中有浩周曾建議孫權之子"可上連綴宗室若夏侯氏"之語，證明魏臣浩周都把夏侯氏視爲魏宗室，則曹嵩出自夏侯氏之説，並非敵國傳聞；又本書《文帝紀》載夏侯惇之死，裴松之注引東晉孫盛評語，直以曹丕、夏侯惇爲同姓；又1974年至1979年安徽亳縣城南出土之曹氏墓磚，刻有"夏侯右"者，亦可爲佐證。凡此諸證，都可説明曹嵩出自夏侯氏之説之可信。（見吳金華《校詁》）

太祖少機警，有權數，而任俠放蕩，不治行業，[1]故世人未之奇也；〔一〕惟梁國橋玄、南陽何顒異焉。[2]玄謂太祖曰："天下將亂，非命世之才不能濟也，能安之者，其在君乎！"〔二〕[3]年二十，舉孝廉爲郎，[4]除洛陽北部尉，[5]遷頓丘令，〔三〕[6]徵拜議郎。〔四〕[7]

〔一〕《曹瞞傳》云：太祖少好飛鷹走狗，[8]游蕩無度，其叔父數言之於嵩。太祖患之,後逢叔父於路,乃陽敗面喎口;[9]叔父怪而問其故,太祖曰:"卒中惡風。"叔父以告嵩。嵩驚愕,呼太祖,太祖口貌如故。嵩問曰:"叔父言汝中風,已差乎?"太祖曰:"初不中風,[10]但失愛於叔父,故見罔耳。"嵩乃疑焉。自後叔父有所告,[11]嵩終不復信,太祖於是益得肆意矣。

〔二〕《魏書》曰:太尉橋玄,世名知人,覩太祖而異之,曰:"吾見天下名士多矣,[12]未有若君者也!君善自持。吾老矣!願以妻子爲託。"由是聲名益重。

《續漢書》曰:玄字公祖,嚴明有才略,長於人物。[13]

張璠《漢紀》曰:[14]玄歷位中外,以剛斷稱,謙儉下士,不以王爵私親。光和中爲太尉,以久病策罷,拜太中大夫,[15]卒,家貧乏產業,柩無所殯。當世以此稱爲名臣。

《世語》曰:玄謂太祖曰:"君未有名,可交許子將。"[16]太祖乃造子將,子將納焉,由是知名。

孫盛《異同雜語》云:[17]太祖嘗私入中常侍張讓室,讓覺之;乃舞手戟於庭,踰垣而出。才武絕人,莫之能害。博覽羣書,特好兵法,抄集諸家兵法,名曰《接要》,[18]又注《孫武》十三篇,[19]皆傳於世。嘗問許子將:"我何如人?"子將不答。固問之,子將曰:"子治世之能臣,亂世之姦雄。"[20]太祖大笑。

〔三〕《曹瞞傳》曰:太祖初入尉廨,繕治四門。造五色棒,[21]縣門左右各十餘枚,有犯禁者,不避豪彊,皆棒殺之。[22]後數月,靈帝愛幸小黃門蹇碩叔父夜行,即殺之。京師斂迹,莫敢犯者。近習寵臣咸疾之,然不能傷,於是共稱薦之,故遷爲頓丘令。

〔四〕《魏書》曰:太祖從妹夫濦彊侯宋奇被誅,[23]從坐免官。後以能明古學,[24]復徵拜議郎。先是大將軍竇武、太傅陳蕃謀誅閹官,反爲所害。[25]太祖上書陳武等正直而見陷害,姦邪盈朝,善人壅塞,其言甚切;靈帝不能用。是後詔書敕三府:[26]舉奏州縣政理無效，民爲作謠言者免罷之。三公傾邪，皆希世見用，貨賂並行，彊者爲怨，不見舉奏，弱者守道，多被陷毀。太祖疾之。是歲以災異博問得失，因此復上書切諫，説三公所舉奏專回避貴戚之意。奏上，天子感悟，以示三府責讓之，諸以謠言徵者皆拜議郎。是後政教日亂，豪猾益熾，多所摧毀；太祖知不可匡正，遂不復獻言。

［1］行業：品行、道德。（參吳金華《校詁》）關於曹操機警有權術的事迹與傳説，《世説新語》的《容止篇》《假譎篇》《忿狷篇》等還有一些記載，可供參考。

［2］梁國：王國名。治所睢陽縣，在今河南商丘縣南。　橋玄：漢靈帝光和初官至太尉。（參見《後漢書》卷五一《橋玄傳》）盧弼《集解》引惠棟説："橋"或作"喬"，見《陳球碑》，二字古通用。　南陽：郡名。治所宛縣，在今河南南陽市。　何顒（yóng）：早年與郭林宗等交好，顯名於太學。漢桓帝末靈帝初，因黨禁亡匿。黨禁解，任職於司空府。（詳《後漢書》卷六七《何顒傳》）

［3］能安之者其在君乎：在漢末如此評論曹操者，不僅橋玄一人。盧弼《集解》引《後漢書·李膺傳》：李膺子瓚，曾爲東平相，曹操尚無勢時，李瓚即看中曹操，臨終時對其子李宣等説："時將亂矣，天下英雄莫過曹操。張孟卓與吾善，袁本初汝外親，雖爾，勿依，必歸曹氏。"諸子聽從，皆免於亂。

［4］孝廉：漢代選拔官吏的主要科目。孝指孝子，廉指廉潔之士。原本爲二科，後混同爲一科，也不再限於孝子和廉士。東漢後期定制爲不滿四十歲者不得察舉；被舉者先詣公府課試，以觀其能。郡國每年要向中央推舉一至二人。　郎：郎官的泛稱。西漢光禄勳的屬官郎中、中郎、侍郎、議郎等皆可稱爲郎，無定員，多至千餘人；東漢於光禄勳下又設有五官、左、右中郎將署，合稱三

署，主管諸中郎、侍郎、郎中等，亦無定員，多達二千餘人；又尚書、黃門等機構亦設專職郎官。光禄勳下之郎官，掌守衛皇宫殿廊門戶，出充車騎扈從，備顧問應對，守衛陵園寢廟等，任滿一定期限，即可遷補内外官職。故郎官機構，實爲儲備官吏之機構。

［5］洛陽北部尉：漢制，縣令之下有丞有尉。尉負責察禁盗賊，維持治安。洛陽是東漢的京都（在今洛陽市白馬寺東），是大縣，尉不止一人，有孝廉左尉、孝廉右尉，秩皆四百石。（見《續漢書·百官志》劉昭注引《漢官》）曹操以孝廉爲郎，故得調任洛陽北部尉。

［6］頓丘：縣名。治所在今河南清豐縣西南。

［7］議郎：官名。郎官之一種，屬光禄勳，秩六百石，不入直宿衛，得參與朝政。

［8］太祖：盧弼《集解》引盧文弨説，"太祖"之稱，非《曹瞞傳》本文如此。《曹瞞傳》作於吳人，直稱曹操小字，豈肯稱太祖？此與下文稱公稱王者，乃裴注隨正文之稱。

［9］陽敗面：假裝病容。　喎：嘴歪。

［10］初：本來。劉淇《助字辨略》説："初字，猶云自來，從來。"

［11］有所：百衲本作"所有"，殿本作"有以"，盧弼《集解》本、校點本作"有所"。張元濟《校勘記》謂汲古閣本作"有所"。今從《集解》本等。　告：趙幼文《校箋》謂《太平御覽》卷三六七、卷七四三引皆作"言"。

［12］天下名士：趙幼文《校箋》謂《世説新語·識鑒篇》注引無"天下名"三字。

［13］長於人物：趙幼文《校箋》謂《世説新語·識鑒篇》注引作"長於知人"。

［14］張璠：安定人，東晋秘書郎，參著作。（見《經典釋文·易叙録》）《隋書·經籍志》載有張璠《後漢紀》三十卷，《舊唐書·經籍志》《新唐書·藝文志》同，《宋史·藝文志》未著録，

蓋已亡佚。袁宏《後漢紀自序》中提到張璠書，可知張璠書早於袁宏書。（見沈家本《三國志注所引書目》）

［15］太中大夫：官名。秩比二千石，掌顧問應對。

［16］許子將：即許劭，漢末名士。好評論人物，主持汝南"月旦評"。（見《後漢書》卷六八《許劭傳》）

［17］孫盛：東晋時官至秘書監，曾著《魏氏春秋》《晋陽秋》等。（見《晋書》卷八二《孫盛傳》）又著《異同雜語》，未詳卷數，已佚，《隋書·經籍志》也未著錄。

［18］接要：《隋書·經籍志》《新唐書·藝文志》均著錄《兵書接要》，可見此書隋唐時尚存。清代何焯等認爲此書應名"節要"，因曹操曾祖名節，故曹氏諱"節"改爲"接"。周一良《劄記》則認爲，"接"爲撮取之義，"孟德之接要即擷取其精華之義，非爲諱節而改，'接'字不誤"。

［19］孫武十三篇：即《孫子兵法》十三篇。曹操注，今尚存。

［20］姦雄：胡三省云："言其才絶世也，天下治則盡其能爲世用，天下亂則逞其智爲時雄。"（《通鑑》卷五八漢靈帝中平元年注）

［21］五色棒：沈欽韓《補注訓詁》云："《古今注·車（輿）輻》：棒也。漢朝'執金吾'亦棒也。以銅爲之，黄金塗兩末，謂爲金吾。御史、校尉、郡守、都尉、縣長之類皆以木爲吾焉，用以夾車，故謂之車輻。一曰形似輻，故謂之車輻也。按《鍾會傳》有白棒，《通典》御史中尉有赤棒卒，則車輻棒固自有五色也。"

［22］皆：趙幼文《校箋》謂《北堂書鈔》卷一二四、《太平御覽》卷三五七引俱作"輒"。

［23］灊彊：縣名。治所在今河南臨潁縣東。

［24］後：校點本1982年7月第2版誤作"從"。　古學：古文經學。

［25］反爲所害：漢靈帝初立，大將軍竇武與太傅陳蕃謀誅宦官曹節、王甫等。竇武告之竇太后，太后猶豫不決。謀泄，曹節矯詔誅竇武、陳蕃等。（見《後漢書》卷六九《竇武傳》）

[26] 三府：三公府。東漢以司徒、司空、太尉爲三公。

光和末，[1]黃巾起。[2]拜騎都尉，[3]討潁川賊。[4]遷爲濟南相，[5]國有十餘縣，[6]長吏多阿附貴戚，[7]贓污狼藉，於是奏免其八〔九〕；[8]禁斷淫祀，姦宄逃竄，郡界肅然。〔一〕久之，徵還爲東郡太守；[9]不就，稱疾歸鄉里。〔二〕

〔一〕《魏書》曰：長吏受取貪饕，依倚貴勢，歷前相不見舉；聞太祖至，咸皆舉免，小大震怖，姦宄遁逃，竄入他郡。政教大行，一郡清平。初，城陽景王劉章以有功於漢，[10]故其國爲立祠，青州諸郡轉相倣效，濟南尤盛，至六百餘祠。賈人或假二千石輿服導從作倡樂，[11]奢侈日甚，民坐貧窮，歷世長吏無敢禁絕者。太祖到，皆毀壞祠屋，止絕官吏民不得祠祀。及至秉政，遂除姦邪鬼神之事，世之淫祀由此遂絕。

〔二〕《魏書》曰：於是權臣專朝，貴戚橫恣。太祖不能違道取容，數數干忤，恐爲家禍，遂乞留宿衞。拜議郎，常託疾病，輒告歸鄉里；築室城外，春夏習讀書傳，秋冬弋獵，以自娛樂。

[1] 光和：漢靈帝劉宏年號（178—184）。光和七年，改元中平。通常說黃巾起義在中平元年二月，實際上，這年十月纔改元。當黃巾起義時，還是光和七年，故此稱"光和末，黃巾起"。

[2] 黃巾：張角兄弟領導的農民起義軍，因起義軍用黃巾裹頭，故稱黃巾軍。

[3] 騎都尉：官名。秩比二千石，屬光祿勳，掌監羽林騎兵。

[4] 潁川：郡名。治所陽翟縣，在今河南禹州市。《後漢書》卷七十一《皇甫嵩傳》載：黃巾起，朝廷以嵩爲左中郎將，與右中郎將朱儁各統一軍，共討潁川黃巾。朱儁戰敗，皇甫嵩被圍。當皇

甫嵩突圍時，"會帝遣騎都尉曹操將兵適至，嵩、操與朱儁合兵更戰，大破之"。

[5] 濟南：王國名。治所東平陵，在今山東章丘市西北。相：官名。王國的相，由朝廷直接委派，執掌王國行政大權。相當於郡太守，秩二千石。

[6] 十餘縣：錢大昕認爲，《續漢書·郡國志》載濟南領十縣，或漢末更有增置之縣，故此説十餘縣。（見《廿二史考異》卷一五）徐紹楨《質疑》則認爲，《漢書·地理志》載濟南郡領東平陵等十四縣，而《續漢書·郡國志》無陽丘等四縣。《後漢書》卷一《光武紀》稱，建武六年并省四百餘縣，意即在此所并之中；至建武三十年，以平原之祝阿等六縣增益濟南國，始復有十餘縣。此即據當時所增益之縣言之，非漢末更有增置。

[7] 長（zhǎng）吏：漢代稱秩六百石以上之官吏爲長吏；又稱秩四百石至二百石之縣丞、尉爲長吏。漢代縣令、長之秩爲千石至三百石，故此處所説的"長吏"，即指縣令、長。

[8] 奏免其八九：各本皆作"奏免其八"。殿本《考證》云："《太平御覽》'八'下有'九'字。"潘眉《考證》云："《御覽》九十三引《魏書》作'奏免其八九'，今本脱'九'字。"徐紹楨《質疑》亦云："《太平御覽》'八'下有'九'字。紹楨謹按：上云'國有十餘縣'，此云'奏免其八九'，皆舉其大數言之，疑傳寫者脱'九'字也。"今從潘、徐説增"九"字。

[9] 東郡：治所濮陽縣，在今河南濮陽市西南。

[10] 劉章：西漢初齊悼惠王子，始封爲朱虛侯。後與周勃、陳平誅除諸吕。文帝二年，以功封爲城陽王。（見《漢書》卷三八《齊悼惠王傳》）

[11] 倡樂：潘眉《考證》謂此似後世之迎神賽會。

頃之，冀州刺史王芬、[1]南陽許攸、沛國周旌等連

結豪傑，謀廢靈帝，立合肥侯，[2]以告太祖，太祖拒之。芬等遂敗。〔一〕

〔一〕司馬彪《九州春秋》曰：[3]於是陳蕃子逸與術士平原襄楷會于芬坐，[4]楷曰："天文不利宦者，[5]黃門、常侍（貴）〔真〕族滅矣。"[6]逸喜。芬曰："若然者，芬願驅除。"於是與攸等結謀。靈帝欲北巡河間舊宅，[7]芬等謀因此作難，上書言黑山賊攻劫郡縣[8]，求得起兵。會北方有赤氣，東西竟天，太史上言"當有陰謀，不宜北行"，[9]帝乃止。敕芬罷兵，俄而徵之。芬懼，自殺。

《魏書》載太祖拒芬辭曰："夫廢立之事，天下之至不祥也。古人有權成敗、計輕重而行之者，伊尹、霍光是也。[10]伊尹懷至忠之誠，據宰臣之勢，處官司之上，故進退廢置，計從事立。及至霍光受託國之任，藉宗臣之位，內因太后秉政之重，外有羣卿同欲之勢，昌邑即位日淺，未有貴寵，朝乏讜臣，議出密近，故計行如轉圜，事成如摧朽。今諸君徒見囊者之易，未覩當今之難。諸君自度，結衆連黨，何若七國？[11]合肥之貴，孰若吳、楚？而造作非常，欲望必克，不亦危乎！"

[1] 冀州：東漢末刺史治所常設在鄴縣，在今河北臨漳縣西南鄴鎮東一里半。

[2] 合肥侯：不詳其人。

[3] 九州春秋：《隋書·經籍志》載："《九州春秋》十卷，司馬彪撰，記漢末事。"已佚。

[4] 陳蕃子逸：陳逸事，見《後漢書》卷六六《陳蕃傳》。襄楷：傳見《後漢書》卷三〇下。

[5] 天文不利宦者：古代術士認爲，天象之變化，反映人間的變化，觀察天象，就可預知人間之事。

〔6〕真：各本皆作"貴"。校點本從何焯說據《通鑑》改。今從之。

〔7〕河間舊宅：漢靈帝爲河間孝王開之曾孫，其祖淑，封爲解瀆亭侯，（見《後漢書》卷八《靈帝紀》）故在河間有舊宅。

〔8〕黑山賊：東漢末與黃巾軍同時起義的一支農民軍，以今河北、山西、河南三省的太行山區爲根據地。黑山，在今河南浚縣西北太行山脈中。

〔9〕太史：官名。即太史令，屬太常，秩六百石，掌天文曆法。

〔10〕伊尹：名摯。因助湯伐桀，商朝建立後，爲湯相，號阿衡。（見《史記》卷三《殷本紀》之集解引《帝王世紀》）湯死後，其孫太甲繼爲商王。太甲縱欲無道，伊尹放之桐。居三年，太甲悔過從善，伊尹又迎歸，復爲商王。（見《史記》卷三《殷本紀》）

霍光：字子孟。受漢武帝遺命輔佐昭帝。昭帝卒，無子，霍光迎立昌邑王劉賀。昌邑王淫亂無道，霍光又將他廢棄，另立武帝曾孫劉詢，是爲宣帝。（見《漢書》卷六八《霍光傳》）

〔11〕七國：指西漢初吳、楚、膠西、膠東、菑川、濟南、趙七國。漢景帝初，采納晁錯建議削減諸侯王封地。吳、楚等七國遂於景帝前元三年（前154）聯合起兵反叛，朝廷即遣周亞夫等率軍平息之。（詳《漢書》卷三五《吳王濞傳》）

　　金城邊章、韓遂殺刺史郡守以叛，[1]衆十餘萬，天下騷動。徵太祖爲典軍校尉。[2]會靈帝崩，太子即位，[3]太后臨朝。[4]大將軍何進與袁紹謀誅宦官，[5]太后不聽。進乃召董卓，欲以脅太后，〔一〕卓未至而進見殺。卓到，廢帝爲弘農王而立獻帝，[6]京都大亂。卓表太祖爲驍騎校尉，[7]欲與計事。太祖乃變易姓名，間行東歸。〔二〕出關，[8]過中牟，[9]爲亭長所疑，[10]執詣縣，邑中或竊識之，爲請得解。〔三〕卓遂殺太后及弘農王。[11]太祖至陳留,[12]散家財,合義兵,將以誅卓。冬十二月,始起兵於己吾,[四][13]是歲中平六年也。

〔一〕《魏書》曰:太祖聞而笑之曰:"閹豎之官,古今宜有,但世主不當假之權寵,使至于此。既治其罪,當誅元惡,一獄吏足矣,何必紛紛召外將乎?[14]欲盡誅之,事必宣露,吾見其敗也。"

〔二〕《魏書》曰:太祖以卓終必覆敗,遂不就拜,逃歸鄉里。從數騎過故人成皋呂伯奢;[15]伯奢不在,其子與賓客共劫太祖,取馬及物,太祖手刃擊殺數人。[16]

《世語》曰:太祖過伯奢。伯奢出行,五子皆在,備賓主禮。太祖自以背卓命,疑其圖己,手劍夜殺八人而去。

孫盛《雜記》曰:太祖聞其食器聲,以爲圖己,遂夜殺之。[17]既而悽愴曰:"寧我負人,無人負我!"遂行。[18]

〔三〕《世語》曰:中牟疑是亡人,見拘于縣。時掾亦已被卓書;[19]唯功曹心知是太祖,[20]以世方亂,不宜拘天下雄儁,因白令釋之。

〔四〕《世語》曰:陳留孝廉衛茲以家財資太祖,[21]使起兵,衆有五千人。

[1] 金城:郡名。治所允(qiān)吾(yá),在今甘肅永靖縣西北湟水南岸。 邊章、韓遂:事見本篇建安二十年注引《典略》。《後漢書》卷八《孝靈帝紀》又載,中平元年(184)十月湟中義從胡北宮白玉與先零羌叛,以金城人邊章、韓遂爲軍帥,攻殺護羌校尉伶徵、金城太守陳懿。中平四年四月,涼州刺史耿鄙討金城賊韓遂,鄙兵大敗,遂寇漢陽。漢陽太守傅燮戰没。

[2] 典軍校尉:官名。漢靈帝中平五年,所置西園八校尉之一,爲統領禁軍之將領。

［3］太子：名辯，何皇后所生。

［4］太后：指何太后，漢靈帝的皇后。

［5］大將軍：官名。東漢時常兼錄尚書事，與太傅、太尉等共同主持政務。漢末，位在三公上。梁章鉅《旁證》引黃恩彤說，何皇后是何進之妹，生皇子劉辯。王貴人生皇子劉協。因漢靈帝嫌劉辯輕佻，欲立劉協，命宦官蹇碩爲輔助。靈帝死，蹇碩因策劃殺何進而立劉協未成。劉辯即帝位後，何太后執政，何進因欲趁機殺蹇碩等宦官。這是借國事以報私仇，加之何進優柔寡斷，終於失敗。

［6］弘農：郡名。治所弘農縣，在今河南靈寶市東北。

［7］驍騎校尉：官名。校尉，爲漢代軍職之稱。西漢時，置中壘、屯騎、越騎、步兵、長水、胡騎、射聲、虎賁（bēn）八校尉，專掌特種軍隊。東漢光武帝初，改屯騎爲驍騎，建武十五年（39）又復舊，此時又設置。此外，東漢省中壘，胡騎并長水，虎賁并射聲，共爲五校尉，掌京師宿衛兵，秩比二千石。

［8］關：趙一清、錢儀吉謂指函谷關。盧弼《集解》謂曹操由洛陽東歸，經成皋、中牟而至陳留，所出者爲虎牢關；若函谷關，則在洛陽之西，非東行所經。

［9］中牟：縣名。治所在今河南中牟縣東。

［10］亭長：地方官名。漢代地方十里設一亭，置亭長一人，由縣令、長任命，掌地方治安，巡捕盜賊。

［11］殺太后及弘農王：徐紹楨《質疑》云：據《後漢書》卷九《獻帝紀》，董卓於中平六年九月甲戌廢帝爲弘農王，丙子殺何太后；初平元年（190）正月癸酉殺弘農王，均非一時之事。陳壽因書殺何太后而連及弘農王，蓋欲節省文字，但下文又明言"是歲中平六年也"，則未免失實。此乃文字太簡之病。

［12］陳留：縣名。治所在今河南開封市東南。

［13］己吾：縣名。治所在今河南寧陵縣西南。

［14］外將：趙幼文《校箋》謂《通鑑》、《後漢紀》、郝經《續後漢書》俱作"外兵"。

[15]過：拜訪。　成皋：縣名。治所在今河南滎陽市西北汜水鎮。

[16]手刃：手執兵器。周壽昌《注證遺》謂《魏書》此說不確。以情事而言，呂氏子弟賓客果有劫操之心，則殺人已有備，操一人何能敵之？

[17]殺之：周壽昌《注證遺》謂，以情事而論，郭頒、孫盛之說爲確。伯奢五子皆以父友待操，並無機心，操自疑，故乘其不備而殺之。

[18]無：百衲本、殿本、盧弼《集解》本作"無"，校點本作"毋"。按，二字通。《玉篇·毋部》："毋，莫也。今作無。"今從百衲本等。　遂行：杭世駿、趙一清、梁章鉅皆引《太平御覽》卷四七八梁祚《魏國統》云：初太祖過故人呂伯奢也，遂行日暮，道逢二人，容貌威武，太祖避之路。二人笑曰："觀君有奔懼之色，何也？"太祖始覺其異，乃悉告之。臨別，太祖解佩刀與之，曰："以此表吾丹心，願二賢慎勿言。"（詳梁章鉅《旁證》）

[19]掾（yuàn）：官名。屬吏之通稱。此指中牟縣令之屬吏。

[20]功曹：官名。縣令長之主要屬吏，職總內外。

[21]衛玆：衛臻之父，見本書卷二二《衛臻傳》。

初平元年春正月，[1]後將軍袁術、[2]冀州牧韓馥、〔一〕豫州刺史孔伷、〔二〕[3]兗州刺史劉岱、〔三〕[4]河內太守王匡、〔四〕[5]渤海太守袁紹、[6]陳留太守張邈、東郡太守橋瑁、〔五〕山陽太守袁遺、〔六〕[7]濟北相鮑信〔七〕同時俱起兵，[8]衆各數萬，推紹爲盟主。太祖行奮武將軍。[9]

〔一〕《英雄記》曰：[10]馥字文節，潁川人。爲御史中丞。[11]董卓舉爲冀州牧。于時冀州民人殷盛，兵糧優足。袁紹之在渤海，馥恐其興兵，遣數部從事守之，[12]不得動搖。東郡太守橋瑁詐作京師三公移書與州郡，[13]陳卓罪惡，云："見逼迫，無以自救，企望義兵，解國患難。"馥得移，請諸從事問曰：[14]"今當助袁氏邪，助董卓邪？"治中從事劉子惠曰：[15]"今興兵爲國，何謂袁、董！"馥自知言短而有慚色。子惠復言："兵者凶事，不可爲首；今宜往視他州，有發動者，然後和之。冀州於他州不爲弱也，他人功未有在冀州之右者也。"馥然之。馥乃作書與紹，道卓之惡，聽其舉兵。[16]

〔二〕《英雄記》曰：伷字公緒，陳留人。

張璠《漢紀》載鄭泰説卓云："孔公緒能清談高論，噓枯吹生。"[17]

〔三〕岱，劉繇之兄，事見《吳志》。

〔四〕《英雄記》曰：匡字公節，泰山人。[18]輕財好施，以任俠聞。辟大將軍何進府進符使，匡於徐州發彊弩五百西詣京師。[19]會進敗，匡還州里。起家，拜河内太守。

謝承《後漢書》曰：[20]匡少與蔡邕善。[21]其年爲卓軍所敗，走還泰山，收集勁勇得數千人，欲與張邈合。匡先殺執金吾胡母班。[22]班親屬不勝憤怒，與太祖并勢，共殺匡。

〔五〕《英雄記》曰：瑁字元偉，玄族子。先爲兖州刺史，甚有威惠。

〔六〕遺字伯業，紹從兄。[23]爲長安令。[24]河間張超嘗薦遺于太尉朱儁，[25]稱遺"有冠世之懿，幹時之量。其忠允亮直，固天所縱；若乃包羅載籍，管綜百氏，登高能賦，覩物知名，求之今日，邈焉靡儔"。事在《超集》。[26]

《英雄記》曰：紹後用遺爲揚州刺史，[27]爲袁術所敗。太祖稱："長大而能勤學者，惟吾與袁伯業耳。"語在文帝《典論》。[28]

〔七〕信事見子勛傳。

[1] 初平：漢獻帝劉協年號（190—193）。

[2] 後將軍：官名。位如上卿，與前、左、右將軍掌京師兵衛和邊防屯警。

[3] 豫州：刺史治所譙縣，在今安徽亳州市。

[4] 兗州：刺史治所昌邑縣，在今山東金鄉縣西北。

[5] 河內：郡名。治所懷縣，在今河南武陟縣西南。

[6] 渤海：郡名。治所南皮縣，在今河北南皮縣東北。渤，校點本作"勃"，百衲本、殿本、盧弼《集解》本、《中華再造善本》皆作"渤"。今從百衲本等。下同，不再作注。

[7] 山陽：郡名。治所昌邑縣。

[8] 濟北：王國名。治所盧縣，在今山東濟南市長清區南。起兵：趙幼文《校箋》謂《文選》潘元茂《冊魏公九錫文》李善注及《太平御覽》卷九三引"起"下俱無"兵"字。

[9] 奮武將軍：官名。雜號將軍。

[10] 英雄記：《隋書·經籍志》載《漢末英雄記》八卷，王粲撰。《舊唐書·經籍志》作王粲等撰。姚振宗說此書本名《英雄交爭記》，後人省"交爭"字，加"漢末"字，爲王粲等人撰。沈家本又說，裴注稱《英雄記》，乃省文。（盧弼《集解》引）

[11] 御史中丞：官名。秩千石。東漢時爲御史臺長官，名義上屬少府，掌監察執法。

[12] 部從事：官名。即部郡國從事史，州牧刺史的屬吏，主督促文書，察舉非法。

[13] 移：官方文書的一種。

[14] 諸從事：州牧刺史下有別駕從事、治中從事、簿曹從事、兵曹從事、部從事等屬吏。

[15] 治中從事：官名。州牧刺史的主要屬吏，居中治事，主衆曹文書。　劉子惠：《後漢書》卷七四《袁紹傳》作"劉惠"。又《後漢書·袁紹傳》注引《英雄記》，說劉子惠爲中山人。兗州刺史劉岱與子惠書，有討韓馥之意，韓馥因欲斬子惠，賴諸從事相

救，得不死爲勞徒。

［16］聽其舉兵：《後漢書・袁紹傳》叙韓馥聽袁紹舉兵，係在山東州郡舉兵推袁紹爲盟主之後。《通鑑》卷五九漢靈帝中平六年《考異》云，若袁紹已被推爲盟主，韓馥何敢禁其發兵？《魏志》所叙近是。

［17］噓枯吹生：噓，吹氣。《後漢書》卷七〇《鄭太傳》注："枯者噓之使生，生者吹之使枯。言談論有所抑揚也。"即謂言談雖然動聽，而抑揚褒貶不合實際。

［18］泰山：郡名。治所奉高縣，在今山東泰安市東。

［19］徐州：盧弼《集解》據《後漢書・袁紹傳》"進使府掾太山王匡東發其郡强弩"之説，認爲"其郡"即泰山郡，而泰山郡屬兗州，則此處之"徐州"當爲"兗州"。

［20］謝承：《隋書・經籍志》載："《後漢書》一百三十卷，無帝紀，吳武陵太守謝承撰。"又本書卷五〇《吳主權謝夫人傳》云："弟承拜五官郎中，稍遷長沙東部都尉、武陵太守，撰《後漢書》百餘卷。"此書宋代已佚，清姚之駰等有輯本。

［21］蔡邕：字伯喈，陳留人。（見《後漢書》卷六〇下《蔡邕傳》）

［22］執金吾：官名。秩二千石，掌宫外及京師警衛，皇帝出行則充任護衛及儀仗。

［23］從兄：《後漢書・袁紹傳》注引《英雄記》作"從弟"。

［24］長安：縣名。治所在今陝西西安市西北。

［25］張超：字子並。漢靈帝時，從車騎將軍朱儁征討黃巾，爲別部司馬。（見《後漢書》卷八〇下《張超傳》）　朱儁：字公偉，會稽人。漢靈帝時與皇甫嵩征討黃巾有功，後曾爲太尉。（見《後漢書》卷七一《朱儁傳》）

［26］超集：《隋書・經籍志》載："別部司馬《張超集》五卷，亡。"

［27］揚州：漢末刺史治壽春縣，在今安徽壽縣。

[28] 典論：《隋書·經籍志》載："《典論》五卷，魏文帝撰。"

二月，卓聞兵起，乃徙天子都長安。卓留屯洛陽，遂焚宮室。是時紹屯河內，邈、岱、瑁、遺屯酸棗，[1] 術屯南陽，伷屯潁川，馥在鄴。卓兵彊，紹等莫敢先進。太祖曰："舉義兵以誅暴亂，大衆已合，諸君何疑？向使董卓聞山東兵起，[2] 倚王室之重，據二周之險，[3] 東向以臨天下，雖以無道行之，猶足爲患。今焚燒宮室，劫遷天子，海內震動，不知所歸，此天亡之時也。一戰而天下定矣，不可失也。"遂引兵西，將據成皋。邈遣將衛茲分兵隨太祖。到滎陽汴水，[4] 遇卓將徐榮，[5] 與戰不利，士卒死傷甚多。[6] 太祖爲流矢所中，所乘馬被創，[7] 從弟洪以馬與太祖，得夜遁去。榮見太祖所將兵少，力戰盡日，謂酸棗未易攻也，亦引兵還。

太祖到酸棗，諸軍兵十餘萬，日置酒高會，不圖進取，太祖責讓之，因爲謀曰："諸君聽吾計，使渤海引河內之衆臨孟津，[8] 酸棗諸將守成皋，據敖倉，[9] 塞轘轅、太谷，[10] 全制其險；使袁將軍率南陽之軍軍丹、析，[11] 入武關，[12] 以震三輔：[13] 皆高壘深壁，勿與戰，益爲疑兵，示天下形勢，以順誅逆，可立定也。今兵以義動，持疑而不進，失天下之望，竊爲諸君恥之！"邈等不能用。

太祖兵少，乃與夏侯惇等詣揚州募兵，刺史陳溫、[14] 丹楊太守周昕與兵四千餘人。[15] 還到龍亢，[16] 士卒多叛。[一]至銍、建平，[17]復收兵得千餘人，進屯河内。[18]

〔一〕《魏書》曰：兵謀叛，夜燒太祖帳，太祖手劍殺數十人，餘皆披靡，乃得出營；其不叛者五百餘人。

［1］酸棗：縣名。治所在今河南延津縣西南。

［2］山東：戰國秦漢間人所稱之"山東"，一般指崤山以東。此處"山東"，蓋指太行山以東。如《史記·晉世家》説"晉兵先下山東"，即指太行山以東。

［3］二周：指春秋末葉的西周與東周。周平王東遷，定都於王城，在今洛陽市王城公園一帶。至春秋末葉，王子朝之亂，周敬王徙都成周，在今洛陽白馬寺東。當時遂稱王城爲西周，成周爲東周。（見趙翼《陔餘叢考·東西周》）

［4］滎陽：縣名。治所在今河南滎陽市東北。又按"滎陽"，百衲本作"滎陽"，殿本、盧弼《集解》本、校點本作"滎陽"。盧弼《集解》引王念孫説，凡《史記》《漢書》中"滎陽"字作"滎"者，皆後人所改。又引段玉裁《古文尚書撰異》，謂古"滎澤"字皆從火，不從水，經典、《史記》《漢書》《水經注》"滎"字多作"滎"，蓋唐天寶以後淺人以爲水名不當作火，遂爾紛紛竄改。按各書既多改"滎"爲"滎"，仍應從衆，又《中華再造善本》影印宋刻本亦作"滎"，故從殿本等。以下皆同。　汴水：即今河南滎陽市西索河。

［5］徐榮：遼東人，爲董卓中郎將。見本書卷八《公孫度傳》。

［6］死傷甚多：陳留衛茲隨曹操討董卓，即戰死於此。見本書卷二二《衛臻傳》。

［7］所乘馬：趙幼文《校箋》謂《太平御覽》卷九三引"乘"

上無"所"字。

［8］渤海：指袁紹。袁紹時爲渤海太守。　孟津：關名。在今河南孟津縣東北黃河岸。

［9］敖：地名。在滎陽西北山上。臨黃河有大倉，名敖倉。

［10］轘轅太谷：均爲關名。在洛陽東南險要之地。轘轅關，在今河南偃師縣東南。太谷關，在今洛陽市東南。

［11］袁將軍：指袁術，此時袁術爲後將軍。　丹析：即丹水縣與析縣。丹水縣，治所在今河南淅川縣西南。析縣，治所在今河南西峽縣。

［12］武關：關隘名。在今陝西商州市西南丹江北岸。北接高山，南臨絶澗，自古以來爲兵争要地。

［13］三輔：地區名。漢武帝太初元年（前104），分右内史置京兆尹、右扶風，改左内史爲左馮（píng）翊（yì），合稱三輔。東漢遷都洛陽，以三輔陵廟所在，不改其號，仍稱三輔。轄區在今陝西渭水流域一帶。

［14］陳温：汝南人，爲揚州刺史，被袁紹所殺。見本書卷六《袁術傳》。

［15］丹楊：郡名。東漢丹楊郡，治所宛陵縣，在今安徽宣城市。又按，殿本、盧弼《集解》本"丹楊"作"丹陽"，百衲本、校點本作"丹楊"。《中華再造善本》影印宋刻本亦作"丹楊"。今從百衲本等。本書以後各卷皆同，不再一一校注。因丹楊之名，係因丹楊縣中多赤柳而得名，故縣名、郡名皆應作"丹楊"。（參姚鼐《惜抱軒筆記》卷六）

［16］龍亢：縣名。治所在今安徽懷遠縣西。

［17］銍：縣名。治所在今安徽宿州市西南。　建平：縣名。治所在今河南夏邑縣西南馬頭寺。

［18］屯河内：當時袁紹屯兵河内，胡三省云："從袁紹也。"（《通鑑》卷五九漢獻帝初平元年注）

劉岱與橋瑁相惡，岱殺瑁，以王肱領東郡太守。

袁紹與韓馥謀立幽州牧劉虞爲帝，[1]太祖拒之。〔一〕紹又嘗得一玉印，於太祖坐中舉向其肘，[2]太祖由是笑而惡焉。〔二〕

〔一〕《魏書》載太祖答紹曰："董卓之罪，暴于四海，吾等合大衆、興義兵而遠近莫不響應，[3]此以義動故也。今幼主微弱，制于姦臣，未有昌邑亡國之釁，[4]而一旦改易，天下其孰安之？諸君北面，我自西向。"[5]

〔二〕《魏書》曰：太祖大笑曰："吾不聽汝也。"紹復使人説太祖曰："今袁公勢盛兵彊，二子已長，天下羣英，孰踰於此？"太祖不應。由是益不直紹，圖誅滅之。

[1] 幽州：刺史治所薊縣，在今北京城西南部。劉虞事見本書卷八《公孫瓚傳》及注引《吴書》《英雄記》。

[2] 舉向其肘：趙一清《注補》引《後漢書》卷四八《徐璆傳》注引衛宏説，舉玉印者，是逼奪孫堅妻所藏玉印的袁術，不是袁紹。沈欽韓則認爲，袁紹舉印向曹操時，正當諸軍討董卓時（初平元年），其印不一定是玉璽。而袁術逼奪孫堅妻之玉璽，是在討董卓以後三年之事，並且當時袁術在淮南，怎能舉璽向曹操？衛宏之説謬誤。（盧弼《集解》引）

[3] 而：百衲本作"高"，殿本、盧弼《集解》本、校點本皆作"而"。《中華再造善本》影印宋刻本亦作"而"。今從殿本等。

[4] 昌邑：指昌邑王劉賀。見前霍光注。

[5] 西向：胡三省云："幽州在北，長安在西，故操云然。"（《通鑑》卷六〇漢獻帝初平二年注）

二年春，紹、馥遂立虞爲帝，虞終不敢當。

夏四月，卓還長安。

秋七月，袁紹脅韓馥，取冀州。

黑山賊于毒、白繞、眭固等眭，申隨反。十餘萬衆略魏郡、東郡，[1]王肱不能禦，太祖引兵入東郡，擊白繞于濮陽，[2]破之。袁紹因表太祖爲東郡太守，治東武陽。[3]

[1] 魏郡：治所鄴縣，在今河北臨漳縣西南鄴鎮東一里半。

[2] 濮陽：縣名。治所在今河南濮陽縣西南。

[3] 東武陽：縣名。治所在今山東莘縣東南。錢大昭《辨疑》云："東郡本治濮陽，曹公改治，故特書之。"

三年春，太祖軍頓丘，毒等攻東武陽。太祖乃引兵西入山，攻毒等本屯。〔一〕[1]毒聞之，棄武陽還。[2]太祖要擊眭固，又擊匈奴於夫羅於內黃，[3]皆大破之。〔二〕

〔一〕《魏書》曰：諸將皆以爲當還自救。太祖曰："孫臏救趙而攻魏，[4]耿弇欲走西安攻臨菑，[5]使賊聞我西而還，武陽自解也；不還，我能敗其本屯，虜不能拔武陽必矣。"遂乃行。

〔二〕《魏書》曰：於夫羅者，南單于子也。[6]中平中，發匈奴兵，於夫羅率以助漢。會本國反，殺南單于，於夫羅遂將其衆留中國。因天下撓亂，與西河白波賊合，[7]破太原、河內，[8]抄略諸郡爲寇。

[1] 本屯：于毒等本屯在黑山，曹操引兵西入山，即西入黑山。（詳盧弼《集解》）

[2] 武陽：趙一清《注補》謂即東武陽，因上文省"東"字。

〔3〕匈奴：東漢時匈奴分爲南北二部，南匈奴移居塞內。這裏即指南匈奴。　內黃：縣名。治所在今河南內黃縣西北。

〔4〕孫臏：戰國齊人，孫武之後世孫。齊威王以爲師。其後魏伐趙，趙急，請救於齊。齊威王命田忌將兵救趙。田忌欲引兵赴趙，孫臏曰："今梁趙相攻，輕兵銳卒必竭於外，老弱罷於內。君若引兵疾走大梁，據其街路，衝其方虛，彼必釋趙而自救。是我一舉解趙之圍而收獘於魏也。"田忌從之。魏果去邯鄲，與齊戰於桂陵，大破魏軍。（見《史記》卷六五《孫子吳起列傳》）

〔5〕臨菑（zī）：縣名。又作"臨淄"。治所在今山東淄博市東北臨淄區北。　耿弇（yǎn）：漢光武帝建武初，爲建威大將軍。當時張步據齊地稱王。建武五年（29），光武帝命耿弇率軍討張步。時張步都於劇（今山東昌樂縣西）。耿弇既破斬張步大將軍費邑，張步遂使其弟張藍將精兵二萬守西安（縣名，屬齊郡，在今淄博市臨淄區北），諸郡太守合萬餘人守臨淄。耿弇揚言後日將攻西安，至期卻引兵至臨淄城下，護軍荀梁等以爲宜速攻西安，耿弇曰："不然。西安聞吾欲攻之，日夜爲備；臨淄出不意而至，必驚擾。吾攻之，一日必拔。拔臨淄，即西安孤。張藍與步隔絕，必復亡去。所謂擊一而得二者也。"遂攻臨淄，半日而破。（見《後漢書》卷一九《耿弇傳》）

〔6〕南單于：潘眉《考證》云：南單于名羌渠。（見《晉書》卷一〇一《劉元海載記》）

〔7〕西河：惠棟《後漢書補注》卷四謂西河在洛陽北千二百里。《通鑑》胡注據宋白《續通典》，以爲在河南府河清縣者非。

〔8〕太原：郡名。治所晉陽縣，在今山西太原市西南古城營西古城。

　　夏四月，司徒王允與吕布共殺卓。[1]卓將李傕、郭汜等殺允攻布，[2]布敗，東出武關。傕等擅朝政。

青州黃巾衆百〔餘〕萬入兖州,[3]殺任城相鄭遂,[4]轉入東平。[5]劉岱欲擊之,鮑信諫曰:"今賊衆百萬,百姓皆震恐,士卒無鬬志,不可敵也。觀賊衆羣輩相隨,軍無輜重,唯以鈔略爲資,今不若畜士衆之力,先爲固守。彼欲戰不得,攻又不能,其勢必離散,後選精鋭,據其要害,擊之可破也。"岱不從,遂與戰,果爲所殺。〔一〕[6]信乃與州吏萬潛等至東郡迎太祖領兖州牧。[7]遂進兵擊黃巾于壽張東。[8]信力戰鬬死,僅而破之。〔二〕購求信喪不得,衆乃刻木如信形狀,[9]祭而哭焉。追黃巾至濟北。乞降。冬,受降卒三十餘萬,男女百餘萬口,收其精鋭者,號爲青州兵。

袁術與紹有隙,術求援於公孫瓚,瓚使劉備屯高唐,[10]單經屯平原,[11]陶謙屯發干,[12]以逼紹。太祖與紹會擊,[13]皆破之。

〔一〕《世語》曰:岱既死,陳宮謂太祖曰:[14]"州今無主,而王命斷絶,宮請説州中〔綱紀〕,[15]明府尋往牧之,[16]資之以收天下,此霸王之業也。"宮説別駕、治中曰:[17]"今天下分裂而州無主;曹東郡命世之才也,若迎以牧州,必寧生民。"鮑信等亦謂之然。

〔二〕《魏書》曰:太祖將步騎千餘人,行視戰地,卒抵賊營,戰不利,死者數百人,引還。賊尋前進。黃巾爲賊久,數乘勝,兵皆精悍。太祖舊兵少,新兵不習練,舉軍皆懼。太祖被甲嬰胄,親巡將士,明勸賞罰,衆乃復奮,承間討擊,賊稍折退。賊乃移書太祖曰:"昔在濟南,毁壞神壇,其道乃與中黃太乙同,[18]似若知道,今更迷惑。漢行已盡,黃家當立。天之大運,非君才力所能存也。"太祖見檄書，呵之罪，[19]數開示降路；遂設奇伏，晝夜會戰，戰輒禽獲，賊乃退走。

［1］王允：太原人。《後漢書》卷六六有傳。

［2］李傕（jué）郭汜（sì）：見本書卷六《董卓傳》。

［3］青州：刺史治所臨菑縣。　百餘萬：各本皆作"百萬"。趙幼文《校箋》謂《文選·册魏公九錫文》李善注引《魏志》"萬"上有"餘"字，《太平御覽》卷九三引《魏志》"萬"字上亦有"餘"字。今從趙説補"餘"字。

［4］任城：王國名。治所任城縣，在今山東微山縣西北。

［5］東平：王國名。治所無鹽縣，在今山東東平縣東。

［6］果爲：趙幼文《校箋》謂《太平御覽》卷九三、《册府元龜》卷五五引"爲"下皆有"賊"字。此脱，應據補。

［7］領兗州牧：《後漢書》卷七四《袁紹傳》云，袁紹在建安元年上書中説，他曾承制以曹操領兗州牧。則曹操之領兗州，不但有鮑信、萬潛等人擁戴，還有袁紹假借朝命支持。（參盧弼《集解》）

［8］壽張：縣名。治所在今山東東平縣西南。

［9］衆乃刻木如信形狀：趙幼文《校箋》謂《白孔六帖》卷五五、《太平御覽》卷三九六、卷四七八引俱無"衆"字，《太平御覽》卷三九六引又無"狀"字。

［10］高唐：縣名。治所在今山東禹城市西南。

［11］平原：縣名。治所在今山東平原縣西南。　單經：公孫瓚部將。初平中，公孫瓚以之爲兗州刺史。見本書卷六《公孫瓚傳》。

［12］發干：縣名。治所在今山東冠縣東南。

［13］與紹會擊：何焯説，曹操外爲紹用，實所以保據兗州。（《義門讀書記》卷二六《三國志·魏志》）

〔14〕陳宮：東郡人。初從曹操，後又背叛，被殺。詳見本書卷七《吕布傳》及裴注引魚氏《典略》。

〔15〕宫請説州中綱紀：各本皆作"宫請説州中"。盧弼《集解》謂此句《通鑑》作"宫請説州中綱紀"，胡三省注："綱紀即謂州别駕及治中諸從事也。"趙幼文《校箋》謂郝經《續後漢書》"州中"下亦有"綱紀"二字。今從盧、趙説補。

〔16〕明府：漢代人稱郡太守爲府君，也稱明府君，簡稱明府。曹操當時爲東郡太守，而陳宫是東郡人，故稱操爲明府。

〔17〕别駕：官名。别駕從事史的簡稱，爲州牧刺史的主要屬吏。州牧刺史巡行各地時，别乘傳車從行，故名别駕。

〔18〕中黄太乙：百衲本"乙"字作"一"，殿本、盧弼《集解》本、校點本作"乙"。今從殿本等。沈欽韓《補注訓詁》云："中黄，中央黄老君也。《真誥·甄命授》中央黄老君爲太虚真人，南岳赤君之師。《文子·自然篇》注：太乙，太上道君也。陸佃《鶡冠子注》：泰一，天皇太帝也。"

〔19〕呵之罪：殿本、盧弼《集解》本、校點本作"呵罵之"，百衲本作"呵之罪"，《中華再造善本》影印宋刻本亦作"呵之罪"，郝經《續後漢書》作"呵數其罪"。今從百衲本。

四年春，軍鄄城。[1]荆州牧劉表斷術糧道，[2]術引軍入陳留，屯封丘，[3]黑山餘賊及於夫羅等佐之。術使將劉詳屯匡亭。[4]太祖擊詳，術救之，與戰，大破之。術退保封丘，遂圍之，未合，術走襄邑，[5]追到太壽，[6]決渠水灌城。[7]走寧陵，[8]又追之，走九江。[9]夏，太祖還軍定陶。[10]

下邳闕宣聚衆數千人，[11]自稱天子；徐州牧陶謙與共舉兵，[12]取泰山華、費，[13]略任城。秋，太祖征陶謙,[14]下十餘城,謙守城不敢出。

是歲,孫策受袁術使渡江,數年閒遂有江東。[15]

[1] 鄄城:縣名。治所在今山東鄄城縣北。鄄城是當時黃河邊上一個軍事重地。《水經·河水注》說它是"河上之邑,最爲峻固"。漢兗州刺史本治昌邑,曹操爲兗州牧移治於此。

[2] 荆州:荆州刺史治所本漢壽縣,在今湖南常德市東北;劉表爲荆州牧,遷治所于襄陽縣,在今湖北襄陽市。

[3] 封丘:縣名。治所在今河南封丘縣。

[4] 匡亭:地名。屬平丘縣。平丘縣治所在今河南封丘縣東。

[5] 襄邑:縣名。治所在今河南睢縣。

[6] 太壽:趙一清《注補》云:"太壽不見於兩漢志,大約在寧陵、襄邑之間。"

[7] 決渠水:謝鍾英云:"決睢陽渠水也。"(《補三國疆域志補注》)睢陽渠在今河南商丘市南。

[8] 寧陵:縣名。治所在今河南商丘縣南。

[9] 九江:郡名。西漢治所壽春縣,東漢治所陰陵縣,東漢末又移至壽春縣,在今安徽壽縣。

[10] 定陶:縣名。治所在今山東定陶縣西北。

[11] 下邳闕宣:下邳,縣名。治所在今江蘇睢寧縣西北。顧炎武說:讖文言代漢者當塗高。當塗而高者,闕也。故闕宣自稱天子。(盧弼《集解》引)

[12] 徐州:刺史治所本在郯縣(今山東郯城縣北)。東漢末移治所下邳縣。(本吳增僅《三國郡縣表》)

[13] 泰山:郡名。治所奉高縣,在今山東泰安市東。 華:縣名。治所在今山東費縣東北。 費(bì):侯國名。治所在今山東費縣西北。華、費均屬泰山郡。

[14] 征陶謙:《通鑑》初平四年《考異》說:"《魏武紀》又

曰,陶謙與闕宣共舉兵取泰山華、費,掠任城;《謙傳》亦云,謙始與宣合從,後遂殺之并其衆。按謙據有徐州,撫義勤王,何藉宣數千之衆而與之合從?蓋謙別將與宣共襲曹嵩,故曹操以此爲謙罪而伐之耳。"牛運震《讀史糾謬》卷四又云,陶謙亦一州牧,安有與賊黨舉兵略城之理,觀《後漢書》本傳,乃知謙因賊勢盛,以計取之,初與連合,而後遂并之也。

[15] 江東:長江自西向東流,流至今安徽境,則偏北斜流,至江蘇省鎮江市又東流而下,古稱這段江水東岸之地爲江東(即今長江以南的蘇、浙、皖一帶),西岸之地爲江西(即今皖北和淮河下游一帶)。

興平元年春,[1]太祖自徐州還。初,太祖父嵩去官後還譙,董卓之亂,避難瑯邪,[2]爲陶謙所害,故太祖志在復讎東伐。〔一〕[3]夏,使荀彧、程昱守鄄城,復征陶謙,拔五城,遂略地至東海。[4]還過郯,謙將曹豹與劉備屯郯東,要太祖。太祖擊破之,遂攻拔襄賁,[5]所過多所殘戮。〔二〕

〔一〕《世語》曰:嵩在泰山華縣。太祖令泰山太守應劭送家詣兗州,[6]劭兵未至,陶謙密遣數(千)〔十〕騎掩捕。[7]嵩家以爲劭迎,不設備。謙兵至,殺太祖弟德于門中。嵩懼,穿後垣,先出其妾,妾肥,不時得出;[8]嵩逃于廁,與妾俱被害,闔門皆死。劭懼,棄官赴袁紹。後太祖定冀州,劭時已死。

韋曜《吳書》曰:[9]太祖迎嵩,輜重百餘兩。陶謙遣都尉張闓將騎二百衞送,闓於泰山華、費間殺嵩,取財物,因奔淮南。[10]太祖歸咎於陶謙,故伐之。[11]

〔二〕孫盛曰:夫伐罪弔民,古之令軌;罪謙之由,而殘其屬部,過矣。

［1］興平：漢獻帝劉協年號（194—195）。

［2］瑯（láng）邪（yá）：王國名。治所開陽縣，在今山東臨沂市北。

［3］復讎東伐：梁章鉅《旁證》引《水經·泗水注》：初平四年，曹操攻徐州，破之，拔取慮、睢陵、夏丘等縣，以其父避難被害於此，屠其男女十萬，泗水爲之不流，自是數縣人無行迹。

［4］東海：郡名。治所郯縣，在今山東郯城縣北。

［5］襄賁（féi）：縣名。治所在今山東蒼山縣東南。

［6］應劭：汝南南頓（今河南項城縣西）人。漢靈帝中平六年（189）爲泰山太守。其後，曹嵩及子在泰山境内被殺，劭懼曹操報復，因投袁紹，後死於鄴。《後漢書》卷一八有傳。

［7］數十：各本皆作"數千"。趙幼文《校箋》謂《太平御覽》卷三七八引"千"字作"十"，是也。今從趙說改。

［8］不時：殿本、盧弼《集解》本作"不能"，百衲本、校點本作"不時"。今從百衲本等。

［9］韋曜：又作"韋昭"，本書卷六五有傳。《隋書·經籍志》載："《吳書》二十五卷，韋昭撰。本五十五卷，梁有，今殘缺。"《舊唐書·經籍志》《新唐書·藝文志》又載爲五十五卷。沈家本說，蓋唐又出全本，至宋而亡。《史通·正史篇》說，吳大帝孫權晚年命修《吳書》；至少帝孫亮時又命韋曜、薛瑩、華覈等修撰；至孫晧時又命韋曜獨成其書，共五十五卷。沈家本又說，據《吳志·韋曜傳》及《薛瑩傳》，最後完成《吳書》者，乃華覈而非韋曜，《史通》所言非事實。祇不過《吳書》之體例由韋曜所定，故書成後仍屬於曜。章宗源又說，裴注引《吳書》稱魏爲帝，又稱孫堅、孫策、孫權、孫晧之名，疑非《吳書》原本。（均詳盧弼《集解》引）按，裴注所引各書，多爲節引，其稱謂又與陳壽之正文同，不得因此謂非《吳書》原本。

［10］淮南：即壽春，（本錢大昕《三史拾遺》卷五）治所在

今安徽壽縣。

[11] 伐之：錢大昕《廿二史考異》卷一二云：《後漢書·陶謙傳》說曹操父嵩避難琅邪時，謙別將守陰平，利嵩財寶，遂襲殺之。又按《應劭傳》，謙素怨嵩子操數擊之，乃使輕騎追嵩殺之。二說互異，當以《謙傳》爲正。操欲吞并徐部，文致謙罪，以爲出兵之名耳。韋曜《吳書》謂歸咎於陶謙者，得之。

會張邈與陳宮叛迎呂布，郡縣皆應。荀彧、程昱保鄄城，范、東阿二縣固守，[1]太祖乃引軍還。布到，攻鄄城不能下，西屯濮陽。太祖曰："布一旦得一州，不能據東平，斷亢父、泰山之道乘險要我，[2]而乃屯濮陽，吾知其無能爲也。"遂進軍攻之。布出兵戰，先以騎犯青州兵。青州兵奔，太祖陣亂，[3]馳突火出，[4]墜馬，燒左手掌。司馬樓異扶太祖上馬，遂〔得〕引去。〔一〕[5]未至營止，諸將未與太祖相見，皆怖。太祖乃自力勞軍，令軍中促爲攻具，進復攻之，[6]與布相守百餘日。蝗蟲起，百姓大餓，布糧食亦盡，各引去。

〔一〕袁暐《獻帝春秋》曰：[7]太祖圍濮陽，濮陽大姓田氏爲反間，太祖得入城。燒其東門，示無反意。及戰，軍敗。布騎得太祖而不知是，問曰："曹操何在？"太祖曰："乘黃馬走者是也。"[8]布騎乃釋太祖而追黃馬者。門火猶盛，太祖突火而出。

[1] 范：縣名。治所在今山東梁山縣西北范城。　東阿：縣名。治所在今山東陽谷縣東北阿城鎮。

[2] 亢父：縣名。治所在今山東濟寧市南。亢父之道很險要，蘇秦所謂："亢父之險，車不得方軌，馬不得並行。"（《戰國策·

齊策一》）曹操由徐州還兗州，要從此處經過。

〔3〕陣：校點本作"陳"，百衲本、殿本、盧弼《集解》本、《中華再造善本》皆作"陣"。二字通，今從百衲本等。以下皆同，不再一一作注。

〔4〕馳突火出：沈家本《瑣言》云："陣中何自有火？此語未明。注引袁暐言，太祖入城燒其東門，軍敗，門火猶盛，太祖突火而出。足補傳文之缺。"

〔5〕遂得引去：各本皆無"得"字。吳金華《〈三國志〉待質錄》謂《後漢書·袁紹傳》注引《魏志》有"得"字。本志《韋典傳》記載此事，也稱曹操"乃得引去"。今從吳說據《後漢書·袁紹傳》注引《魏志》補。

〔6〕進復攻之：趙幼文《校箋》謂《册府元龜》卷五五引作"復進攻之"。

〔7〕袁暐：沈家本《三國志注所引書目》謂《隋書·經籍志》載《獻帝春秋》十卷，袁曄撰。兩《唐志》同。《吳書·陸瑁傳》"廣陵袁迪"注："迪孫曄，字思光，作《獻帝春秋》。"與《隋書·經籍志》《舊唐書·經籍志》《新唐書·藝文志》合，又《續漢志注》《後漢書注》《文選注》及《太平御覽》諸書，都作袁曄，而裴松之注屢稱袁暐，不知何故。

〔8〕乘黃馬走者：趙幼文《校箋》謂《太平御覽》卷八九四、《事類賦》卷二一引俱作"騎黃馬者"，疑此"乘"字當作"騎"，"馬"下衍"走"字。

　　秋九月，太祖還鄄城。布到乘氏，[1]爲其縣人李進所破，[2]東屯山陽。於是〔袁〕紹使人說太祖，[3]欲連和。[4]太祖新失兗州，軍食盡，將許之。程昱止太祖，太祖從之。冬十月，太祖至東阿。

　　是歲穀一斛五十餘萬錢，[5]人相食，乃罷吏兵新募者。陶謙死,劉備代之。

［1］乘氏:侯國名。治所在今山東巨野縣西南。

［2］李進:殿本《考證》謂宋本作"季進"。盧弼《集解》謂他所見的宋元本皆作"李進",不知殿本何據。且李氏爲乘氏大姓,見本書卷一八《李典傳》。

［3］袁紹:"紹"字上各本皆無"袁"字。盧弼《集解》引王鳴盛説,謂"紹"字宋本誤作"同",元修本作"爲",疑是"僞"字。一説當作"給",亦通。徐紹楨《質疑》則謂作"紹"不誤。紹使人説太祖連和,欲使遣家居鄴,程昱諫,太祖乃止。事詳本書卷一四《程昱傳》。然此志方叙太祖擊劉詳,征陶謙,攻吕布,忽及紹事,自宜明著其語曰"袁紹",庶乎易明,意傳寫或奪失。盧弼《集解》亦引朱邦衡説"紹"上疑脱"袁"字。今從徐、朱、盧説增"袁"字。

［4］連和:姚範謂當時袁紹欲臣服曹操,説"連和"是舊史言,當時袁曹之間並未交兵,何連和之有?盧弼認爲姚説有理,本書《程昱傳》即載程昱向曹操説"將軍自度能爲之（袁紹）下乎",正指袁紹想控制曹操。(詳盧弼《集解》)

［5］斛(hú):古量器。漢代十斗爲一斛。

二年春,襲定陶。濟陰太守吴資保南城,[1]未拔,會吕布至,又擊破之。夏,布將薛蘭、李封屯鉅野,[2]太祖攻之,布救蘭,蘭敗,布走,遂斬蘭等。布復從東緡與陳宫將萬餘人來戰,[3]時太祖兵少,設伏,縱奇兵擊,大破之。[一]布夜走,太祖復攻,拔定陶,分兵平諸縣。布東奔劉備,張邈從布,使其弟超將家屬保雍丘。[4]秋八月,圍雍丘。冬十月,天子拜太祖兗州牧。[5]十二月，雍丘潰，超自殺，夷邈三族。[6]邈詣袁術請救，爲其衆所殺，兗州平，遂東略陳地。[7]

是歲，長安亂，天子東遷，敗于曹陽，[8]渡河幸安邑。[9]

〔一〕《魏書》曰：於是兵皆出取麥，在者不能千人，[10]屯營不固。太祖乃令婦人守陴，[11]悉兵拒之。屯西有大隄，其南樹木幽深。布疑有伏，乃相謂曰："曹操多譎，勿入伏中。"引軍屯南十餘里。明日復來，太祖隱兵隄裏，出半兵隄外。布益進，乃令輕兵挑戰，既合，伏兵乃悉乘隄，步騎並進，大破之，獲其鼓車，[12]追至其營而還。

[1] 濟陰：郡名。治所定陶縣，在今山東定陶縣西北。

[2] 薛蘭李封：本書卷一八《李典傳》説薛蘭是吕布別駕，李封是治中。　鉅野：縣名。治所在今山東巨野縣東北。

[3] 東緡（mín）：縣名。治所在今山東金鄉縣。

[4] 雍丘：縣名。治所在今河南杞縣。

[5] 兗州牧：錢大昭《辨疑》謂初平三年（192），鮑信等已推曹操權領兗州牧，至此，始受到漢獻帝正式任命。

[6] 三族：一般指父族、母族、妻族。

[7] 陳：王國名。治所陳縣，在今河南淮陽縣。

[8] 曹陽：澗名。又名七里澗，在今河南靈寶市東。（本王先謙《續漢書郡國志集解》）

[9] 安邑：縣名。治所在今山西夏縣西北禹王城。《後漢書》卷七二《董卓傳》謂河內太守張楊貢獻食物，漢獻帝因都安邑。

[10] 能：盧弼《集解》謂"元本'能'作'及'"。楊樹達《詞詮》云："能猶及也，與不字連用，表'不及''不到'之義。"

[11] 陴（pí）：城上短墙。

[12] 鼓車：百衲本作"龍車"，殿本、盧弼《集解》本、校點本均作"鼓車"。今從殿本等。

建安元年春正月，[1]太祖軍臨武平，[2]袁術所置陳相袁嗣降。

太祖將迎天子，諸將或疑，荀彧、程昱勸之，乃遣曹洪將兵西迎，衛將軍董承與袁術將萇奴拒險，[3]洪不得進。[4]

汝南、潁川黃巾何儀、劉辟、黃邵、何曼等，[5]衆各數萬，初應袁術，又附孫堅。二月，太祖進軍討破之，斬辟、邵等，[6]儀及其衆皆降。天子拜太祖建德將軍，[7]夏六月，遷鎮東將軍，[8]封費亭侯。[9]秋七月，楊奉、韓暹以天子還洛陽，〔一〕[10]奉別屯梁。[11]太祖遂至洛陽，衛京都，暹遁走。天子假太祖節鉞，[12]錄尚書事。〔二〕[13]洛陽殘破，董昭等勸太祖都許。[14]九月，車駕出轘轅而東，以太祖為大將軍，封武平侯。自天子西遷，朝廷日亂，至是宗廟社稷制度始立。〔三〕

〔一〕《獻帝春秋》曰：天子初至洛陽，幸城西故中常侍趙忠宅。[15]使張楊繕治宮室，[16]名殿曰楊安殿，[17]八月，帝乃遷居。

〔二〕《獻帝紀》曰：[18]又領司隸校尉。

〔三〕張璠《漢紀》曰：初，天子敗於曹陽，欲浮河東下。侍中、太史令王立曰：[19]"自去春太白犯鎮星於牛斗，[20]過天津，[21]熒惑又逆行守北河，[22]不可犯也。"由是天子遂不北渡河，將自軹關東出。[23]立又謂宗正劉艾曰：[24]"前太白守天關，[25]與熒惑會；金火交會，革命之象也。[26]漢祚終矣，晉、魏必有興者。"立後數言于帝曰："天命有去就，五行不常盛，[27]代火者土也，承漢者魏也，能安天下者，曹姓也，唯委任曹氏而已。"公聞之，使人語立曰："知公忠于朝廷，然天道深遠，幸勿多言。"

［1］建安：漢獻帝劉協年號（196—220）。

［2］武平：縣名。治所在今河南鹿邑縣西北。殿本《考證》謂《太平御覽》無"平"字，則"臨武"即爲地名。而此"臨"字乃"走近""走到"之義，本書中屢見，故盧文弨、沈家本、盧弼皆以爲作"武平"無錯。（詳盧弼《集解》）

［3］衛將軍：官名。東漢時位次大將軍、驃騎將軍、車騎將軍，位亞三公，開府置官屬。

［4］洪不得進：《通鑑考異》云："《魏志》此事在正月，而《荀彧傳》迎天子在都洛（七月）後，今從《傳》。"趙一清《注補》又云："《後漢書·董卓傳》謂董承患韓暹亂政，潛召曹操。此說董承拒曹洪。二說不同，但召曹操本謀出自楊奉，本書《董昭傳》可見。

［5］汝南：郡名。治所平輿縣，在今河南平輿縣北。

［6］斬辟邵等：此處說"斬辟邵等"，似乎劉辟已被殺，而下文建安五年又說："汝南降賊劉辟等叛應紹，略許下。"則劉辟是降而復叛，並未被斬，前後矛盾。（本殿本《考證》李龍官說）沈家本謂此文疑本云"斬邵等，辟、儀及其衆皆降"。傳寫錯亂，"辟"字誤在"邵"字之上。（盧弼《集解》引）

［7］建德將軍：官名。爲臨時設置的雜號將軍，以後不復置。

［8］鎮東將軍：官名。將軍名號之一，東漢末有鎮東、西、南、北將軍各一人。

［9］費亭侯：《續漢書·郡國志》劉昭注引《地道記》謂山陽郡湖陸縣西有費亭，是曹操初封之地。胡三省《通鑑注》則認爲曹操受封之費亭侯乃襲封其祖、父之爵，非初封。清代學者亦各持一

説。侯康則引《藝文類聚》卷五一所載漢獻帝詔書，其中有"以操爲鎮東將軍，領兗州牧，襲父費亭侯嵩爵"之説，證明曹操之封費亭侯乃襲封，非初封。（詳侯康《補注續》）襲封之地在沛國鄼縣之費亭，在今河南永城縣南。（本謝鍾英《補三國疆域志補注》）

［10］楊奉：原爲白波軍頭領，又爲李傕部將。　韓暹：原爲白波軍頭領。其事俱詳見本書卷六《董卓傳》。

［11］梁：縣名。治所在今河南汝州市南。

［12］假太祖節鉞：假節鉞，漢末三國時期，皇帝賜予重臣的一種權力。加此號者，可代行皇帝旨意，掌握生殺特權。

［13］録尚書事：職銜名義。録，總領之意。東漢以來，政歸尚書，録尚書事，則總攬朝政，位上公，在三公上。（本《晋書》卷二四《職官志》）趙一清云："此曹公創爲新制，任兼內外，總攬百揆，故既假節鉞，又録尚書事也。"（《注補》）

［14］許：縣名。後魏文帝更名許昌。治所在今河南許昌縣東。

［15］趙忠：漢末宦官。靈帝時爲中常侍兼大長秋，極得靈帝信任。自建私宅與宮室相當。事見《後漢書》卷七八《宦者列傳》。

［16］繕治宮室：《後漢書》卷七二《董卓傳》注引《獻帝起居注》云："舊時宮殿悉壞，倉卒之際，拾摭故瓦材木，工匠無法度之制，所作並無足觀。"

［17］楊安殿：《後漢書》卷七二《董卓傳》謂張楊以爲己功，因之以爲殿名。楊，校點本作"揚"，百衲本等皆作"楊"。今從百衲本。

［18］獻帝紀：《隋書·經籍志》載，《漢靈、獻二帝紀》三卷，漢侍中劉芳撰，殘缺。梁有六卷。《舊唐書·經籍志》與《新唐書·藝文志》載爲六卷，劉艾撰。是唐代書又全出，而作者乃劉艾，《隋書·經籍志》誤。據《後漢書·獻帝紀》《董卓傳》、袁宏《後漢紀》及本書《武帝紀注》《董卓傳注》，劉艾在漢獻帝興平至建安初曾爲侍中、陝令、董卓長史、彭城相，封爲列侯，又爲宗

正。(本侯康《補後漢書藝文志》、姚振宗《後漢藝文志》)

［19］侍中：官名。秩比二千石，職在侍從皇帝，應對顧問，無定員。

［20］太白：星名。即金星。《漢書·天文志》云："太白曰西方秋金，義也，言也。義虧言失，逆秋令，傷金氣，罰見太白。"鎮星：星名。《史記》作"填星"，即土星，一名地侯。《史記·天官書》云："其一名曰地侯，主歲。""其所居，五星皆從而聚於一舍，其下之國，可以重致天下。禮、德、義、殺、刑盡失，而填星乃爲之動搖。"又説："斗爲文太室，填星廟，天子之星也。" 牛斗：二星名。即牽牛星與北斗星。

［21］天津：星名。《史記·天官書》稱爲"天潢"。《索隱》云："《元命包》曰：'潢主河渠，所以度神，通四方。'宋均云：'天潢，天津也。津，湊也，故主計度也。'"

［22］熒惑：星名。即火星。《漢書·天文志》云："熒惑曰南方夏火，禮也，視也。禮虧視失，逆夏令，傷火氣，罰見熒惑。""一曰，熒惑出則有大兵，入則兵散。周還止息，乃爲其死喪。""熒惑，天子理也，故曰雖有明天子，必視熒惑所在。"

［23］軹關：關名。在今河南濟源市西北十五里，當軹道之險，故稱軹關，是漢末至南北朝之兵争要地。

［24］宗正：官名。秩中二千石，例由宗室擔任。掌皇族親屬事務，編纂宗室王國譜牒，分別嫡庶親疏。凡宗室親貴有罪，須先報宗正，方得處治。

［25］天關：二角星名。《晉書·天文志》云："角二星爲天關，其間天門也，其内天庭也。""左角爲天田，爲理，主刑。""右角爲將，主兵。"

［26］革命之象：《漢書·天文志》云："熒惑從太白，軍憂。"又云："熒惑與太白合則爲喪，不可舉事用兵。"又云："太白經天，天下革，民更王，是爲亂紀，人民流亡。"

［27］五行：五行之説，是古人解釋宇宙萬物構造的學説。

《白虎通·五行》云："五行者，何謂也？謂金、木、水、火、土也。言行者，欲言爲天行氣之義也。"古代又以五行之德配朝代，用以説明朝代興替之規律。其説有二，一爲五行相生説，一爲五行相克説。這裏是用五行相生説，即木生火，火生土，土生金，金生水，水生木。故此説"代火者土也"。又按漢代五行之説，謂漢爲火德，故王立此云："承漢者魏也。"則以魏爲土德。

天子之東也，奉自梁欲要之，不及。冬十月，公征奉，[1]奉南奔袁術，遂攻其梁屯，拔之。[2]於是以袁紹爲太尉，紹恥班在公下，[3]不肯受。公乃固辭，以大將軍讓紹。天子拜公司空，[4]行車騎將軍。是歲用棗祇、韓浩等議，[5]始興屯田。〔一〕[6]

〔一〕《魏書》曰：自遭荒亂，率乏糧穀。諸軍並起，無終歲之計，飢則寇略，飽則棄餘，瓦解流離，無敵自破者不可勝數。袁紹之在河北，軍人仰食桑椹。袁術在江、淮，取給蒲蠃。[7]民人相食，州里蕭條。公曰："夫定國之術，在于彊兵足食，秦人以急農兼天下，[8]孝武以屯田定西域，[9]此先代之良式也。"是歲乃募民屯田許下，得穀百萬斛。[10]於是州郡例置田官，所在積穀。征伐四方，無運糧之勞，遂兼滅羣賊，[11]克平天下。

[1] 公：王鳴盛説：《武帝紀》前段稱曹操爲太祖，自建安元年操爲大將軍是爲三公，則改稱公；至二十一年進爵爲魏王，又改稱王。雖似有理，但既爲本紀，不如一概稱太祖爲直截。（見《十七史商榷》卷四〇）康發祥亦有此意。（見《補義》）盧弼卻認爲稱公稱王及以後的《文帝紀》由稱王而稱帝，正見曹氏篡奪之迹，正是良史之表現。（見盧弼《集解》）

[2] 拔之：《後漢書》卷七二《董卓傳》説獻帝從洛陽東遷，

楊奉、韓暹想攔截，曹操便出兵擊之。楊奉、韓暹遂奔袁術。後楊奉被劉備所殺，韓暹又逃還并州，道中被殺。

［3］班：位次。西漢大將軍位在三公下，東漢後期梁冀爲大將軍，位遂高於三公。自此之後相沿已久，故袁紹以太尉位在大將軍下，不肯接受。（本梁章鉅《旁證》引沈欽韓說）

［4］司空：官名。東漢時，與太尉、司徒並爲三公，共同行使宰相職能，而位列三公之末。本職掌土木營建與水利工程。曹操爲司空，擴大權力，成爲實際的宰相。

［5］棗祗：事見本書卷一四《程昱傳》、卷一六《任峻傳》及裴注引《潁川文士傳》。　韓浩：事見本書卷九《夏侯惇傳》及裴注引《魏書》。

［6］屯田：漢代已有屯田制，但都是軍屯，即士兵戰時打仗，平時耕種。漢末戰亂，糧食缺乏，曹操爲了增加糧食生產，創立民屯制。其辦法是：組織農民耕墾荒地，其收穫物按規定比例交國家；屯田農民不屬地方官管轄，屬專設的屯田官管理，帶有軍事性質。此處"屯田"，即指民屯。

［7］蒲嬴（luǒ）：蚌蛤之屬。《廣雅·釋魚》："蛣、蛤，蒲盧也。""蒲嬴"與"蒲盧"同。（見王念孫《廣雅疏證》卷一〇《釋魚》）

［8］急農：把農業放在首位。秦孝公用商鞅變法，厲行耕戰，秦國遂強，終并天下。

［9］孝武以屯田定西域：漢武帝爲了對匈奴作戰，曾在東起朔方西至令居（今甘肅永登縣西北）的地區，設置屯田，督戍卒屯墾。又爲截斷匈奴右方兵援，進而平定了西域（玉門關以西地區）；並在西域設置屯田，以鞏固對西域的統治。

［10］百萬：趙幼文《校箋》謂《太平御覽》卷八二一引作"數百萬"，《元和郡縣圖志》卷八引又作"百萬"。

［11］賊：趙幼文《校箋》謂《太平御覽》引作"兇"。

呂布襲劉備，取下邳。備來奔。程昱説公曰："觀劉備有雄才而甚得衆心，終不爲人下，不如早圖之。"[1]公曰："方今收英雄時也，殺一人而失天下之心，不可。"

　　張濟自關中走南陽。[2]濟死，從子繡領其衆。

　[1] 不如早圖之：郭嘉、董昭也有此意，分別見本書卷一四《郭嘉傳》注引《傅子》及同卷《董昭傳》。

　[2] 張濟：董卓的部將。董卓被殺後，張濟與李傕、郭汜等攻打呂布，爲董卓報仇。張濟屯弘農，士卒飢餓，遂入南陽。（見本書卷八《張繡傳》）關中：指函谷關以内之地，包括今陝西和甘肅、寧夏、内蒙的部分地區。

　　二年春正月，公到宛。[1]張繡降，既而悔之，復反。公與戰，軍敗，爲流矢所中，長子昂、弟子安民遇害。〔一〕公乃引兵還舞陰，[2]繡將騎來鈔，公擊破之。繡奔穰，[3]與劉表合。公謂諸將曰："吾降張繡等，失不便取其質，[4]以至於此。吾知所以敗。諸卿觀之，自今已後不復敗矣。"遂還許。〔二〕

　〔一〕《魏書》曰：公所乘馬名絶影，爲流矢所中，傷頰及足，并中公右臂。
　《世語》曰：昂不能騎，進馬于公，公故免，而昂遇害。
　〔二〕《世語》曰：舊制，三公領兵入見，[5]皆交戟叉頸而前。[6]初，公將討張繡，入覲天子，時始復此制。公自此不復朝見。[7]

[1] 宛：縣名。治所在今河南南陽市。

[2] 舞陰：縣名。治所在今河南泌陽縣西北。

[3] 穰（ráng）：縣名。治所在今河南鄧州市。

[4] 質：謂人質。當時政府對於諸將，尤其是新降者，常要他們交出妻子作人質。

[5] 入見：趙幼文《校箋》謂《北堂書鈔》卷一二四引"見"下有"者"字。

[6] 前：謁見之義。周一良《晋書札記》云："謂三公在交戟之下謁見天子也。"（《魏晋南北朝史札記》）

[7] 不復朝見：《後漢書》卷一〇下《伏皇后紀》云：自獻帝都許，守位而已，宿衛兵侍，莫非曹氏黨舊姻戚，內外官員多被誅戮。曹操後因事入殿見獻帝，獻帝不勝其憤說："君若能相輔則厚，不爾，幸垂恩相捨。"操失色，俯仰求出。舊儀，三公領兵朝見，令虎賁執刀挾之。操出顧左右，汗流浹背，自後不敢復朝請。

袁術欲稱帝於淮南，使人告呂布。布收其使，上其書。術怒，攻布，爲布所破。秋九月，術侵陳，公東征之。術聞公自來，棄軍走，留其將橋蕤、李豐、梁綱、樂就；[1]公到，擊破蕤等，皆斬之。術走渡淮，公還許。

公之自舞陰還也，南陽、章陵諸縣復叛爲繡，[2]公遣曹洪擊之，不利，還屯葉，[3]數爲繡、表所侵。冬十一月，公自南征，至宛。〔一〕表將鄧濟據湖陽。[4]攻拔之，生擒濟，湖陽降。攻舞陰，下之。

〔一〕《魏書》曰：臨淯水，[5]祠亡將士，歔欷流涕，衆皆感慟。

[1]樂就：何焯謂"樂就"下當有"拒公"二字。盧弼說《後漢書》卷七五《袁術傳》即云"留橋蕤拒操"。（見盧弼《集解》）
　　[2]章陵：縣名。治所在今湖北襄陽市南。
　　[3]葉（shè）：縣名。治所在今河南葉縣西南。
　　[4]湖陽：縣名。治所在今河南唐河縣南。
　　[5]淯（yù）水：即今白河。源出河南嵩縣南伏牛山，東南流經南陽市東。曹操"臨淯水"之處，當在此附近。

　　三年春正月，公還許，初置軍師祭酒。[1]三月，公圍張繡於穰。夏五月，劉表遣兵救繡，以絕軍後。〔一〕公將引還，繡兵來〔追〕，[2]公軍不得進，連營稍前。公與荀彧書曰："賊來追吾，雖日行數里，[3]吾策之，到安衆，[4]破繡必矣。"到安衆，繡與表兵合守險，公軍前後受敵。公乃夜鑿險為地道，悉過輜重，設奇兵。會明，賊謂公為遁也，悉軍來追。乃縱奇兵步騎夾攻，大破之。秋七月，公還許。荀彧問公："前以策賊必破，何也？"公曰："虜遏吾歸師，[5]而與吾死地戰，[6]吾是以知勝矣。"[7]

　　〔一〕《獻帝春秋》曰：袁紹叛卒詣公云："田豐使紹早襲許，若挾天子以令諸侯，四海可指麾而定。"[8]公乃解繡圍。

　　[1]軍師祭酒：官名。古代宴饗祭祀時，先由一位年高望重的長者舉酒致祭，稱祭酒，是尊敬的稱號。後因以為官名。軍師祭酒是參謀軍事的官職。此處之軍師祭酒，乃司空之軍師祭酒，曹操建安元年（196）為司空，三年即置此官。

[2] 追：各本皆無"追"字。校點本從何焯説據《太平御覽》增。今從之。
　　[3] 日行數里：盧弼謂，繡兵來追，決不止日行數里，疑有誤。（詳盧弼《集解》）
　　[4] 安衆：縣名。治所在今河南鎮平縣東南。
　　[5] 遏吾歸師：《孫子兵法·軍争篇》："歸師勿遏。"
　　[6] 死地：《孫子兵法·九地篇》："投之亡地然後存，陷之死地然後生。"意謂把士兵置於没有退路的死地，士兵就會拼命戰鬥，奪取勝利。曹操的意思本此。
　　[7] 吾是以知勝矣：趙幼文《校箋》謂《太平御覽》卷九三引作"吾以是知勝矣"，語意較勝。
　　[8] 指麾：與"指揮"同。此指舉動輕便容易。

　　呂布復爲袁術使高順攻劉備，[1]公遣夏侯惇救之，不利。備爲順所敗。九月，公東征布。[2]冬十月，屠彭城，[3]獲其相侯諧。進至下邳，布自將騎逆擊。大破之，獲其驍將成廉。追至城下，布恐，欲降。陳宫等沮其計，求救于術，勸布出戰，戰又敗，乃還固守，攻之不下。時公連戰，士卒罷，[4]欲還，用荀攸、郭嘉計，遂決泗、沂水以灌城。[5]月餘，布將宋憲、魏續等執陳宫，舉城降，生禽布、宫，[6]皆殺之。太山臧霸、孫觀、吳敦、尹禮、昌豨各聚衆。[7]布之破劉備也，霸等悉從布。布敗，獲霸等，公厚納待，遂割青、徐二州附於海以委焉，[8]分瑯邪、東海、北海爲城陽、利城、昌慮郡。[9]

　　初，公爲兗州，以東平畢諶爲别駕。張邈之叛也，邈劫諶母弟妻子；公謝遣之，曰："卿老母在彼，可去。"諶頓首無二心，公嘉之，爲之流涕。既出，遂亡歸。及布破，諶生得，[10]衆爲諶懼，公曰："夫人孝於其親者，豈不亦忠於君乎！吾所求也。"以爲魯相。〔一〕[11]

〔一〕《魏書》曰：袁紹宿與故太尉楊彪、[12]大長秋梁紹、少府孔融有隙，[13]欲使公以他過誅之。公曰："當今天下土崩瓦解，雄豪並起，輔相君長，人懷怏怏，各有自爲之心，此上下相疑之秋也，雖以無嫌待之，猶懼未信；如有所除，則誰不自危？且夫起布衣，在塵垢之間，爲庸人之所陵蹈，[14]可勝怨乎！高祖赦雍齒之讎而羣情以安，[15]如何忘之？"紹以爲公外託公義，內實離異，深懷怨望。

臣松之以爲楊彪亦曾爲魏武所困，幾至于死，孔融竟不免于誅滅，[16]豈所謂先行其言而後從之哉！[17]非知之難，其在行之，信矣。

[1] 高順：呂布部將，善用兵。詳見本書卷七《呂布傳》及注引《英雄記》。

[2] 征布：本書卷一〇《荀攸傳》注引《魏書》說，當時議論者認爲，劉表、張繡在後，不可遠攻呂布。荀攸則認爲劉表、張繡剛敗，必不敢動，可一舉攻滅呂布。

[3] 彭城：縣名。爲彭城國治所，在今江蘇徐州市。《元和郡縣圖志》卷九謂彭城縣東南六十五里呂梁東岸，有曹公故城，或言曹公築此，以守呂布。西岸有城臨水，是呂布之所固也，號曰呂布固。曹公城在今江蘇銅山縣東南五十六里。（本謝鍾英《補三國疆域志補注》）

[4] 罷（pí）：同"疲"。

[5] 泗、沂：二河流名。泗水源於今山東泗水縣東蒙山南麓，

西流經泗水、曲阜、兗州等縣市，折南經濟寧市南魯鎮及魚臺縣東，轉東南經江蘇沛縣及徐州市，此下略循廢黃河至淮陰市西南入淮河。沂水，即今山東南部、江蘇北部之沂河，唯下游古今略有變遷。古沂水在今江蘇邳州市西南入泗水。曹操引泗、沂水灌下邳城，即指流經今江蘇睢寧縣西北古邳鎮附近的泗、沂故道之水。

[6] 生禽布：《元和郡縣圖志》云："下邳城有三重，大城周回一十二里半，中城周四里，呂布所守也。魏武擒布於白門，即大城之門也。"（盧弼《集解》亦引）

[7] 太山：即泰山，郡名。孫觀、吳敦、尹禮，皆泰山人，初與臧霸屯聚開陽（今山東臨沂市北），後又與臧霸俱歸曹操，均任太守。詳見本書卷一八《臧霸傳》及注引《魏略》《魏書》。　昌豨（xī）：胡三省云：據《蜀志》，昌豨即昌霸，呂布之敗，泰山諸屯帥皆降於曹操，獨豨反側於其間，蓋自恃其才略過於臧霸之徒也。（《通鑑》卷六三漢獻帝建安四年注）

[8] 附於海：指近海之地。

[9] 北海：王國名。治所劇縣，在今山東昌樂縣西。　城陽：郡名。西漢時爲城陽國，東漢并入北海國，此時曹操又分置爲城陽郡。治所東武縣，在今山東諸城市。　利城：郡名。漢代爲縣，此時曹操設爲郡，治所在今江蘇贛榆縣西古城。　昌慮：郡名。漢代爲縣，此時曹操設爲郡，治所在今山東滕州市東南。

[10] 諶生得：趙幼文《校箋》謂《太平御覽》卷二四八引作"生得諶"。

[11] 魯：王國名。治所魯縣，在今山東曲阜市東古城。

[12] 楊彪：弘農華陰（今陝西華陰市東南）人。漢靈帝興平初曾爲太尉、録尚書事。（見《後漢書》卷五四《楊震傳附彪傳》）

[13] 孔融：魯國人，孔子二十一世孫。漢靈帝末年曾爲虎賁中郎將等。獻帝初爲議郎、北海相。漢獻帝遷都許後，又爲將作大匠、少府。後被曹操所殺。（見《後漢書》卷七〇《孔融傳》及本書卷一二《崔琰傳》注引《續漢書》等）

[14] 蹈：各本皆作"陷"，盧弼《集解》本作"蹈"，盧氏並引何焯説宋本作"蹈"。趙幼文《校箋》云："作'蹈'字是。《説文·足部》：'蹈，踐也。'"今從盧弼《集解》本。

　　[15] 雍齒：沛人，從漢高祖劉邦起兵，後叛而復歸，故爲劉邦所不悦。劉邦即帝位後，封賞功臣，而前與劉邦有嫌隙之將士内不自安。劉邦遂用張良計，封雍齒爲侯，群臣皆喜曰："雍齒且爲侯，吾屬無患矣。"（《漢書》卷一《高帝紀下》）

　　[16] 誅滅：殿本、盧弼《集解》本作"誅戮"，百衲本、校點本作"誅滅"。今從百衲本等。

　　[17] 先行其言：《論語·爲政》："子貢問君子。子曰：'先行其言，而後從之。'"

　　四年春二月，公還至昌邑。[1]張楊將楊醜殺楊，眭固又殺醜，以其衆屬袁紹，屯射犬。[2]夏四月，進軍臨河，[3]使史涣、曹仁渡河擊之。[4]固使楊故長史薛洪、河内太守（繆）〔樛〕尚留守，[5]自將兵北迎紹求救，與涣、仁相遇犬城。[6]交戰，大破之，斬固。公遂濟河，圍射犬。洪、尚率衆降，封爲列侯，[7]還軍敖倉。以魏种爲河内太守，[8]屬以河北事。

　　初，公舉种孝廉。兗州叛，[9]公曰："唯魏种且不棄孤也。"及聞种走，公怒曰："种不南走越、北走胡，[10]不置汝也！[11]"既下射犬，生禽种，公曰："唯其才也！"[12]釋其縛而用之。[13]

　　是時袁紹既并公孫瓚，兼四州之地，[14]衆十餘萬，將進軍攻許。諸將以爲不可敵，公曰："吾知紹之爲人，志大而智小，色厲而膽薄，忌克而少威，兵多而分畫不明，將驕而政令不一，土地雖廣，糧食雖豐，適足以爲吾奉也。"秋八月，公進軍黎陽，[15]使臧霸等入青州破齊、北海、東安，[16]留于禁屯河上。九月，公還許，分兵守官渡。[17]冬十一月，張繡率衆降，封列侯。十二月，公軍官渡。

袁術自敗於陳，稍困，袁譚自青州遣迎之。[18]術欲從下邳北過，公遣劉備、朱靈要之。會術病死。程昱、郭嘉聞公遣備，言於公曰："劉備不可縱。"公悔，追之不及。備之未東也，陰與董承等謀反，[19]至下邳，遂殺徐州刺史車冑，[20]舉兵屯沛。[21]遣劉岱、王忠擊之，[22]不克。〔一〕

廬江太守劉勳率衆降，[23]封爲列侯。

〔一〕《獻帝春秋》曰：備謂岱等曰："使汝百人來，其無如我何；曹公自來，未可知耳！"

《魏武故事》曰：[24]岱字公山，沛國人。以司空長史從征伐有功，封列侯。

《魏略》曰：[25]王忠，扶風人，[26]少爲亭長。三輔亂，忠飢乏噉人，隨輩南向武關。值婁子伯爲荆州遣迎北方客人；[27]忠不欲去，因率等仵逆擊之，[28]奪其兵，聚衆千餘人以歸公。拜忠中郎將，[29]從征討。五官將知忠嘗噉人，[30]因從駕出行，令俳取冢間髑髏繫著忠馬鞍，[31]以爲歡笑。[32]

[1] 昌邑：縣名。治所在今山東金鄉縣西北。
[2] 射犬：聚邑名。在今河南修武縣西南。
[3] 進軍：趙幼文《校箋》謂《册府元龜》作"太祖進軍"。《文選·檄吳將校部曲文》引"進"上有"公"字，疑"進"上有脫文。

［4］史涣：沛國人，見本書卷九《夏侯惇傳》及注引《魏書》。

［5］長史：官名。秩千石。漢代三公府設有長史，以輔佐三公。將軍之屬官亦有長史，以總理幕府。張楊曾爲安國將軍和大司馬，故設有長史。　樛尚：各本皆作"繆尚"。潘眉《考證》云："繆當爲樛。《文選》荀彧《檄吳將校部曲》云'薛洪、樛尚，開城就化'。字正作樛，從木旁。李善注：樛音留。"盧弼《集解》云："《董昭傳》作繆。"趙幼文《校箋》則云："潘説是。《通志·氏族略》：'魏有河内太守樛尚。樛，居求切，音六。'《董昭傳》作'繆'，亦爲'樛'字之誤。"今從潘、趙説改。

［6］犬城：百衲本作"大城"，殿本、盧弼《集解》本、校點本均作"犬城"。《中華再造善本》影印宋刻本亦作"犬城"。今從殿本等。犬城，地址未詳，當在射犬之北。

［7］列侯：爵名。漢代二十級爵之最高者。金印紫綬，有封邑，食租稅。功大者食縣，小者食鄉、亭。

［8］种（chóng）：此非"種"字之簡化字。

［9］兖州：趙幼文《校箋》謂《册府元龜》卷一四九"兖"上有"及"字。

［10］越：古代南方的部族，稱爲越或粤，其支系衆多，有百越（百粤）之稱。散居於今廣東、廣西、福建和浙江的部分地區。胡：泛指北方匈奴等少數民族。

［11］不置汝：《水經·清水注》作"不汝置"。意爲不放過你，不饒恕你。

［12］唯其才：《水經·清水注》作"難其才"，語意較順。

［13］釋其縛而用之：何焯云："（曹操）釋畢諶、魏种而用之，皆假以懷四方之士。於時宿儒世胄大抵在河北、漢南也。《評》所謂'矯情任算，不念舊惡'，正指此類。"（《義門讀書記》卷二六《三國志·魏志》）

［14］四州：指冀、青、幽、并四州。相當於今山東北部和河

北、山西的大部分地區。《後漢書》卷七四《袁紹傳》説：建安二年（197），朝廷使將作大匠持節拜紹大將軍，兼督冀、青、幽、并四州。

［15］黎陽：縣名。治所在今河南浚縣東北，是東漢以來的軍事重鎮。《後漢書》卷一六《鄧訓傳》注引《漢官儀》云："中興以幽、豫、并州兵克定天下，故於黎陽立營，以謁者監之。"

［16］齊：王國名。治所即臨淄縣。　東安：原爲縣，建安中一度改爲郡，不久又復爲縣。治所在今山東沂水縣西南。胡三省云："臧霸起於泰山，稱雄於東方者也，故（曹操）使之爲捍，袁氏雖欲自平原而東，無能爲矣。"（《通鑑》卷六三漢獻帝建安四年注）

［17］官渡：地名。在今河南中牟縣東北。

［18］袁譚：袁譚時爲青州刺史，屯於平原。

［19］謀反：劉咸炘《知意》云："縱諱，不當書反，除反外無詞耶？"《後漢書》卷九《獻帝紀》載：建安五年春正月，車騎將軍董承、偏將軍王服、越騎校尉种輯受密詔誅曹操，事泄。壬午，曹操殺董承，夷三族。

［20］殺徐州刺史車冑：《通鑑考異》謂《蜀志·先主傳》先叙董承謀泄，誅死，劉備乃殺車冑。《魏志·武帝紀》則叙劉備殺車冑後之明年，董承方死。袁宏《後漢紀》也謂劉備據下邳在董承死前，故《蜀志·先主傳》所載誤也。侯康《補注續》則認爲，《蜀志·先主傳》所載合理，如劉備與董承密謀誅曹操事未泄漏，劉備必不會先背曹操而殺車冑。盧弼《集解》也認爲侯康之説近事實。

［21］沛：縣名。治所在今江蘇沛縣。

［22］劉岱：本書卷四九《劉繇傳》繇之兄名岱，字公山，東萊人。錢大昭《辨疑》云："此沛國劉岱，亦字公山，非劉繇兄也，東萊劉岱卒於建安三年。"

［23］廬江：郡名。治所本在舒縣，在今安徽廬江縣西南。建安四年劉勳移治所於皖縣，（本吳增僅《三國郡縣表附考證》）在今安徽潛山縣。

[24] 魏武故事：沈家本《三國志注所引書目》云："隋、唐《志》不著録，裴氏所引亦無撰人姓名，《武紀》建安四年、十五年、二十三年及劉表、棗祗、陳思王各傳注並引之。"

[25] 魏略：《舊唐書·經籍志》載《魏略》三十八卷，魚豢撰。《新唐書·藝文志》又載魚豢《魏略》五十卷。《史通·正史篇》謂魏時京兆魚豢私撰，事止明帝。高似孫《史略》對此書極爲稱贊，説它在魏氏五家別史中最有筆力。錢大昕又説此書之標目多與他史異，如有儒宗傳、清介傳、純固傳、勇俠傳、苛吏傳、知足傳、游説傳等等。此書已佚，張鵬一有輯本。張氏並謂此書記載訖於陳留王奂時，《史通》謂事止明帝，殊非事實。（參盧弼《集解》）

[26] 扶風：郡名。即右扶風，治所槐里縣，在今陝西興平市東南。

[27] 婁子伯：婁圭，字子伯。事見本書卷一二《崔琰傳》裴注引《魏略》。

[28] 等伍（wǔ）：殿本、盧弼《集解》本作"等伍"，今從百衲本、校點本作"等伍"。《洪武正韻·姥韻》："伍，通作伍。"《玉篇·人部》："伍，偶敵也。"等伍，猶言"等輩"。

[29] 中郎將：官名。東漢統兵將領之一，位次將軍，秩比二千石。

[30] 五官將：指曹丕。建安十六年曹丕爲五官中郎將。

[31] 令俳取冢間髑髏：趙幼文《校箋》謂《藝文類聚》卷一七、《太平御覽》卷三七四引作"過冢間，無何，令取道邊死人髑髏"。

[32] 歡笑：趙幼文《校箋》謂《藝文類聚》《太平御覽》引"歡"字俱作"戲"。

五年春正月，董承等謀泄，皆伏誅。公將自東征備，諸將皆曰："與公爭天下者，袁紹也。今紹方來而棄之東，紹乘人後，若何？"公曰："夫劉備，人傑也，今不擊，必爲後患。[一]袁紹雖有大志，而見事遲，必不動也。"郭嘉亦勸公，[1]遂東擊備，破之，生禽其將夏侯博。備走奔紹，獲其妻子。[2]備將關羽屯下邳，復進攻之，羽降。昌豨叛爲備，又攻破之。公還官渡，紹卒不出。

〔一〕孫盛《魏氏春秋》云：[3]答諸將曰："劉備，人傑也，將生憂寡人。"

臣松之以爲史之記言，既多潤色，故前載所述有非實者矣，後之作者又生意改之，于失實也，不亦彌遠乎！凡孫盛製書，多用《左氏》以易舊文，[4]如此者非一。嗟乎，後之學者將何取信哉？且魏武方以天下勵志，而用夫差分死之言，[5]尤非其類。

[1] 郭嘉亦勸公：本書卷一四《郭嘉傳》注引《傅子》有郭嘉支持曹操之詳說。

[2] 獲其妻子：盧弼《集解》謂劉備妻子被曹操所虜者，不知其所終，史亦不詳其姓氏。

[3] 魏氏春秋：《隋書·經籍志》載：《魏氏春秋》二十卷，孫盛撰。《舊唐書·經籍志》《新唐書·藝文志》同，僅將"魏氏"誤作"魏武"。此書至宋代亡佚。裴松之批評此書多所改易，虛妄不實。

[4] 左氏：指《春秋左氏傳》，簡稱《左傳》。

[5] 夫差分死之言：《左傳·哀公二十年》：吳王夫差使問趙孟曰："勾踐將生憂寡人，寡人死之不得矣。"分死，必定死。

二月，紹遣郭圖、淳于瓊、顏良攻東郡太守劉延於白馬，[1]紹引兵至黎陽，將渡河。夏四月，公北救延。荀攸説公曰："今兵少不敵，分其勢乃可。公到延津，[2]若將渡兵向其後者，紹必西應之，然後輕兵襲白馬，掩其不備，顏良可禽也。"公從之。紹聞兵渡，即分兵西應之。公乃引軍兼行趣白馬，未至十餘里，良大驚，來逆戰。使張遼、關羽前登，擊破，斬良。遂解白馬圍，徙其民，循河而西。紹於是渡河追公軍，至延津南。公勒兵駐營南阪下，使登壘望之，曰："可五六百騎。"有頃，復白："騎稍多，步兵不可勝數。"公曰："勿復白。"乃令騎解鞍放馬。是時，白馬輜重就道。諸將以爲敵騎多，不如還保營。荀攸曰："此所以餌敵，如何去之！"紹騎將文醜與劉備將五六千騎前後至。諸將復白："可上馬。"公曰："未也。"有頃，騎至稍多，或分趣輜重。公曰："可矣。"乃皆上馬。時騎不滿六百，遂縱兵擊，大破之，斬醜（良）。醜、良皆紹名將也，[3]再戰，悉禽，[4]紹軍大震。公還軍官渡。紹進保陽武。[5]關羽亡歸劉備。

八月，紹連營稍前，依沙塠爲屯，東西數十里。公亦分營與相當。合戰不利。〔一〕時公兵不滿萬，傷者十二三。〔二〕紹復進臨官渡，起土山地道。公亦於內作之，以相應。紹射營中，矢如雨下，行者皆蒙楯，衆大懼。時公糧少，與荀彧書，議欲還許。彧以爲"紹悉衆聚官渡，欲與公決勝敗。公以至弱當至彊，若不能制，必爲所乘，是天下之大機也。且紹，布衣之雄耳，能聚人而不能用。夫以公之神武明哲而輔以大順，何向而不濟"！公從之。

〔一〕習鑿齒《漢晉春秋》曰：[6]許攸説紹曰：[7]"公無與操相攻也。急分諸軍持之，而徑從他道迎天子，則事立濟矣。"紹不從，曰："吾要當先圍取之。"攸怒。

〔二〕臣松之以爲魏武初起兵，[8]已有衆五千，自後百戰百勝，敗者十二三而已矣。但一破黃巾，受降卒三十餘萬，餘所吞并，不可悉紀；雖征戰損傷，未應如此之少也。夫結營相守，異於摧鋒決戰。本紀云："紹衆十餘萬，屯營東西數十里。"魏太祖雖機變無方，略不世出，安有以數千之兵，而得逾時相抗者哉？以理而言，竊謂不然。紹爲屯數十里，公能分營與相當，此兵不得甚少，一也。紹若有十倍之衆，理應當悉力圍守，使出入斷絕，而公使徐晃等擊其運車，公又自出擊淳于瓊等，揚旌往還，曾無抵閡，[9]明紹力不能制，是不得甚少，二也。諸書皆云公坑紹衆八萬，或云七萬。夫八萬人奔散，非八千人所能縛，而紹之大衆皆拱手就戮，何緣力能制之？是不得甚少，三也。將記述者欲以少見奇，非其實録也。按《鍾繇傳》云："公與紹相持，繇爲司隷，送馬二千餘匹以給軍。"本紀及《世語》並云公時有騎六百餘匹，繇馬爲安在哉？

[1] 淳于瓊：校點本1982年7月第2版誤作"淳子瓊"。　白馬：縣名。治所在今河南滑縣東南城關鎮東。位置在當時的黃河南岸，其北岸是黎陽。趙一清《注補》謂顏良攻東郡太守劉延於白馬，蓋是時白馬爲東郡治所。東郡治所本濮陽，曹操爲東郡太守，徙治東武陽。至是又移治白馬。

[2] 延津：津名。是當時黃河的主要渡口，在今河南新鄉市東南，位置在當時白馬、黎陽之西。

[3] 醜良：此句與上句百衲本、《中華再造善本》影印宋刻本

作"斬醜良醜良皆紹名將",殿本、盧弼《集解》本、校點本作"斬醜良醜皆紹名將"。錢大昭《辨疑》云:"斬顏良事在上文,此當云斬醜,不當及良。因下有醜良二字誤。"按,郝經《續後漢書》亦作"斬醜醜良皆紹名將"。今從百衲本與錢説據郝書删去上句"醜"下的"良"字。

[4] 禽:吳金華《校詁》謂"禽"古有殲滅之意。此作斬殺解。

[5] 陽武:縣名。治所在今河南原陽縣東南。《水經·渠水注》謂渠水經陽武縣故城南,東爲官渡水;又經曹太祖壘,北有高臺,名官渡臺,因其地在中牟,又稱中牟臺。建安五年(200),太祖扎營官渡,袁紹進保陽武。後袁紹進臨官渡,起土山地道以逼曹軍營壘,曹公亦起高臺以對抗,即是中牟臺。今臺北土山猶在。土山之東悉是袁紹舊營,遺基並存。

[6] 習鑿齒:東晉襄陽人,曾爲荆州刺史桓温别駕,因觸怒桓温,出爲滎陽太守。當時桓温有代晉野心,鑿齒在郡著《漢晉春秋》指斥之。其書上起漢光武帝,下終晉愍帝。其中三國一段,以蜀爲漢宗室,是正統,曹魏雖繼漢禪晉,卻爲篡逆。至司馬昭滅蜀,纔算漢亡晉興。全書共五十四卷。(見《晉書》卷八二《習鑿齒傳》)《隋書·經籍志》載爲四十七卷,並名《漢晉陽秋》,當是避簡文帝鄭太后阿春之名而改。《舊唐書·經籍志》與《新唐書·藝文志》又載爲五十四卷,與《晉書》合,《史通》對此書多有好評,詳見其《論贊篇》《稱謂篇》《直書篇》等。

[7] 許攸説紹:《後漢書》卷七四上《袁紹傳》載許攸此言爲:"曹操兵少而悉師拒我,許下餘守勢必空弱。若分遣輕軍,星夜掩襲,許拔則操成禽。如其未潰,可令首尾奔命,破之必也。"

[8] 松之以爲:裴松之懷疑甚有道理。後人也多有贊成裴説者,但多爲臆測之説,無確鑿證據,故不引録。可參見盧弼《集解》。

[9] 曾:校點本1982年7月第2版誤作"會"。

孫策聞公與紹相持，乃謀襲許，未發，爲刺客所殺。

汝南降賊劉辟等叛應紹，略許下。紹使劉備助辟，公使曹仁擊破之。備走，遂破辟屯。

袁紹運穀車數千乘至，公用荀攸計，遣徐晃、史渙邀擊，大破之，盡燒其車。公與紹相拒連月，雖比戰斬將，然衆少糧盡，士卒疲乏。公謂運者曰："卻十五日爲汝破紹，不復勞汝矣。"冬十月，紹遣車運穀，使淳于瓊等五人將兵萬餘人（送）〔逆〕之，[1]宿紹營北四十里。紹謀臣許攸貪財，紹不能足，[2]來奔，因説公擊瓊等。左右疑之，荀攸、賈詡勸公。公乃留曹洪守，自將步騎五千人夜往，會明至。瓊等望見公兵少，出陣門外。公急擊之，瓊退保營，遂攻之。紹遣騎救瓊。左右或言"賊騎稍近，[3]請分兵拒之"。公怒曰："賊在背後，乃白！"士卒皆殊死戰，大破瓊等，皆斬之。〔一〕紹初聞公之擊瓊，謂長子譚曰："就彼（攻）〔破〕瓊等，[4]吾攻拔其營，彼固無所歸矣！"乃使張郃、高覽攻曹洪。郃等聞瓊破，遂來降。紹衆大潰，紹及譚棄軍走，渡河。追之不及，盡收其輜重圖書珍寶，虜其衆。〔二〕公收紹書中，得許下及軍中人書，皆焚之。〔三〕冀州諸郡多舉城邑降者。

初，桓帝時有黃星見于楚、宋之分，[5]遼東殷馗，[6]馗，古逵字，見《三蒼》。[7]善天文，言後五十歲當有真人起于梁、沛之間，[8]其鋒不可當。至是凡五十年，而公破紹，[9]天下莫敵矣。

〔一〕《曹瞞傳》曰：公聞攸來，跣出迎之，撫掌笑曰："（子卿遠）〔子遠，卿〕來，[10]吾事濟矣！"既入坐，謂公曰："袁氏軍盛，何以待之？今有幾糧乎？"公曰："尚可支一歲。"攸曰："無是，更言之！"又曰："可支半歲。"攸曰："足下不欲破袁氏邪，何言之不實也！"公曰："向言戲之耳。其實可一月，爲之奈何？"攸曰："公孤軍獨守，外無救援而糧穀已盡，此危急之日也。今袁氏輜重有萬餘乘，在故市、烏巢，[11]屯軍無嚴備；今以輕兵襲之，不意而至，燔其積聚，不過三日，袁氏自敗也。"公大喜，乃選精銳步騎，皆（用）〔執〕袁軍旗幟，[12]銜枚縛馬口，[13]夜從間道出，人（抱）〔把〕束薪，[14]所歷道有問者，（語）〔紿〕之曰：[15]"袁公恐曹操鈔略後軍，遣兵以益備。"（聞）〔問〕者信以爲然，[17]皆自若。既至，[18]圍屯，大放火，營中驚亂。大破之，盡燔其糧穀寶貨，斬督將眭元進、騎督韓莒子、呂威璜、趙叡等首，割得將軍淳于仲簡鼻，[19]未死，殺士卒千餘人，皆取鼻，牛馬割脣舌，以示紹軍。將士皆怛懼。[20]時有夜得仲簡，將以詣麾下，公謂曰："何爲如是？"仲簡曰："勝負自天，何用爲問乎！"公意欲不殺。[21]許攸曰："明旦鑒于鏡，此益不忘人。"[22]乃殺之。

〔二〕《獻帝起居注》曰：[23]公上言："大將軍鄴侯袁紹前與冀州牧韓馥立故大司馬劉虞，刻作金璽，遣故任長畢瑜詣虞，[24]爲說命錄之數。又紹與臣書云：'可都鄴城，當有所立。'擅鑄金銀印，孝廉計吏，皆往詣紹。從弟濟陰太守敍與紹書云：'今海內喪敗，天意實在我家，神應有徵，當在尊兄。南兄臣下欲使即位，[25]南兄言，以年則北兄長，[26]以位則北兄重。便欲送璽，會曹操斷道。'紹宗族累世受國重恩，而凶逆無道，乃至於此。輒勒兵馬，與戰官渡，乘聖朝之威，得斬紹大將淳于瓊等八人首，遂大破潰。紹與子譚輕身迸走。凡斬首七萬餘級，輜重財物巨億。"

〔三〕《魏氏春秋》曰：公云："當紹之彊，孤猶不能自保，而況衆人乎！"[27]

[1] 逆：各本皆作"送"。趙幼文《校箋》謂《太平御覽》卷九三引"送"字作"逆"，是也。本書卷六《袁紹傳》云："會紹遣淳于瓊等將兵萬餘人北迎運車。"則此"送"字實或爲"逆"字之誤，"逆""迎"義同。按，趙說有理。此次戰爭開始時，上文已言"二月，紹遣郭圖、淳于瓊、顏良攻東郡太守劉延於白馬"，是戰爭開始時淳于瓊等已南下，至十月，袁紹遣車從北方運糧南下，爲了安全，又派淳于瓊等將兵萬餘人北迎運車。《說文》："逆，迎也。關東曰逆，關西曰迎。"又本書卷一〇《荀攸傳》亦明言"紹遣淳于瓊等將萬餘兵迎運糧"。今從趙說據《太平御覽》改。

[2] 不能足：盧弼《集解》謂《太平御覽》"足"作"用"。趙幼文《校箋》謂盧氏所據《太平御覽》似爲鮑刻本，宋本《太平御覽》仍作"足"。又周壽昌《注證遺》謂此紀裴松之注引《漢晉春秋》曰：許攸說紹："公無與操相攻也，急分諸軍持之，徑從他道迎天子，則事立濟也。"紹不從，曰："吾要當先圍取之。"攸怒。《荀彧傳》又說，紹退走，審配以許攸家不法，收其妻子，攸怒，叛紹。一人事而紀與傳互異。又按，《後漢書》卷七四上《袁紹傳》載，許攸進謀云云，紹又不能用。會攸家犯法，審配收繫之。攸不得志，遂奔曹操。《崔琰傳》注引《魏略》又謂紹自以强盛，必欲極其兵勢，攸知不可爲，乃亡詣太祖。則又俱與《三國志》異。

[3] 賊騎：趙幼文《校箋》謂《太平御覽》卷九二引無"騎"字。下文"公怒曰：賊在背後"，則此"騎"字不當有。

[4] 破：各本皆作"攻"。盧文弨《續考證》謂《太平御覽》"攻"作"破"。趙幼文《校箋》亦謂《太平御覽》卷九三引"攻"字作"破"。吳金華《校詁》又謂《後漢書·袁紹傳》、《通鑑》卷五五均作"破"。今從盧、趙、吳之說改。

［5］黄星：即土星，又名鎮星或填星。　楚：春秋時之楚地，即今湖北、湖南一帶。　宋：春秋時之宋地，今河南商丘一帶。楚、宋之分，指楚宋分界之處。

［6］遼東：郡名。治所襄平縣，在今遼寧遼陽市老城區。

［7］三蒼：《漢書·藝文志》説，秦丞相李斯作《蒼頡》七章，車府令趙高作《爰歷》六章，太史令胡母敬作《博學》七章。《説文繫傳》因稱此三篇爲《三蒼》。而西漢初，民間書師已將上三篇合并，以六十字爲一章，共爲五十五章，稱爲《蒼頡篇》。故《隋書·經籍志》又載《三蒼》三卷，郭璞注，并解釋説，秦丞相李斯作《蒼頡篇》，漢揚雄作《訓纂篇》，後漢郎中賈魴作《滂喜篇》，故曰《三蒼》。清人閻若璩説，《三蒼》之名，應以《隋書·經籍志》所説爲準，因《爰歷》《博學》合并於《蒼頡》已久，不能復作别識。（詳沈家本《三國志注所引書目》）

［8］梁沛之間：趙幼文謂《文選》陸士衡《皇太子宴玄圃宣猷堂有令賦詩》注引作"譙、沛之間"。（《三國志裴注疏證初稿》下引同）按，今查《文選》注，乃李善注引干寶《搜神記》之文，非引《魏志》之文，故不足據改，可供參考。

［9］公破紹：趙幼文《校箋》謂《藝文類聚》卷一〇、《太平御覽》卷七引"紹"上俱有"袁"字，《文選·永明九年策秀才文》李善注引同。

［10］子遠卿：各本皆作"子卿遠"。而許攸字子遠。校點本依翁同書説改爲"子遠卿"，今從之。

［11］故市：地名。在今河南延津縣界。（本盧弼《集解》）烏巢：地名。其地有烏巢澤而得名。在今河南延津縣東南。

［12］執：各本皆作"用"。趙幼文《校箋》謂《後漢書·袁紹傳》注引《曹瞞傳》及《太平御覽》卷三一五引，"用"字俱作"執"。今從趙説改。

［13］銜枚：古代軍隊夜襲敵人時，爲防止出聲，令士卒口内橫含一小棍，稱爲銜枚。

［14］把：各本皆作"抱"。趙幼文《校箋》謂《後漢書·袁紹傳》注引《曹瞞傳》、《通典·兵七》、《太平御覽》卷三一五引，"抱"字俱作"把"。二字形近易誤。按，《孟子·告子》趙岐注："把，以一手把之也。"今從趙說改。

［15］紿：各本皆作"語"。吳金華《校詁》謂《通典》卷一六〇引作"紿"，是唐人所見《曹瞞傳》寫本作"紿"無疑。趙幼文《校箋》說亦同，並云："紿，欺也。當作'紿'爲是。"今從吳、趙說改。

［16］遣兵：趙幼文《校箋》謂《通典·兵七》、《太平御覽》卷三一五作"還兵"。

［17］問：各本皆作"聞"。趙幼文謂《後漢書·袁紹傳》注引《曹瞞傳》及《太平御覽》卷三一五引，"聞"俱作"問"。此承上文，作"問"字是。今從趙說改。

［18］既至：趙幼文《校箋》謂《太平御覽》卷三一五引"至"下有"紹"字。

［19］淳于仲簡：淳于瓊，字仲簡。

［20］怛：各本皆作"怛"。趙幼文謂《後漢書·袁紹傳》注引及《太平御覽》卷三一五引，"怛"俱作"惶"。怛，悼傷之義，於此無義，"惶"字是。按《廣雅·釋詁下》："怛，驚也。"王念孫《疏證》："怛者，《莊子·大宗師篇》'無怛化'《釋文》云：'怛，驚也。'"故此作"怛"亦通，不煩改字。

［21］意欲不殺：何焯云："靈帝時瓊爲左軍校尉，與魏武皆西園八校尉之一，故欲活之。"（《義門讀書記》卷二六《三國志·魏志》）

［22］此益不忘人：許攸意謂，淳于瓊之鼻已被曹軍所割，如不殺之，後必復仇。

［23］獻帝起居注：《隋書·經籍志》載，《漢獻帝起居注》五卷，未注撰人。《舊唐書·經籍志》《新唐書·藝文志》同。姚振宗謂起居注惟天子得有此制，漢獻帝遜位後，自不得再有起居注。而書

中有稱曹操爲太祖，以及書名題爲獻帝，確是魏人手筆。《史通》有云"及在許都，楊彪頗存注記"。應即楊彪所存。在魏明帝青龍之前，當稱"漢帝起居注"，其後乃加"獻"字。（詳盧弼《集解》）

[24] 任：縣名。治所在今河北任縣東南。

[25] 南兄：指袁術。

[26] 北兄：指袁紹。

[27] 衆人：趙幼文《校箋》謂《群書治要》卷二五引無"衆"字。

六年夏四月，揚兵河上，擊紹倉亭軍，[1]破之。紹歸，復收散卒，攻定諸叛郡縣。〔秋〕九月，[2]公還許。紹之未破也，使劉備略汝南，汝南賊共都等應之。[3]遣蔡楊擊都，[4]不利，爲都所破。公南征備。備聞公自行，走奔劉表，都等皆散。

[1] 倉亭：即倉亭津，古黃河渡口，在今山東陽谷縣境。

[2] 秋九月：各本皆無"秋"字，郝經《續後漢書》有，今據郝書補。

[3] 共（gōng）都：本書卷三二《先主傳》作"龔都"。"共"與"龔"古字通用。（詳錢大昕《廿二史考異》卷一五）

[4] 蔡楊：各本皆作"蔡揚"，而本書《先主傳》從百衲本等作"蔡楊"，故此亦改。

七年春正月，公軍譙，令曰："吾起義兵，爲天下除暴亂。舊土人民，死喪略盡，國中終日行，[1]不見所識，使吾悽愴傷懷。其舉義兵已來，將士絕無後者，求其親戚以後之，授土田，[2]官給耕牛，置學師以教之。爲存者立廟，使祀其先人，魂而有靈，吾百年之後何恨哉！"遂至浚儀，[3]治睢陽渠，[4]遣使以太牢祀橋玄。〔一〕[5]進軍官渡。

紹自軍破後，發病歐血，夏五月死。[6]小子尚代，譚自號車騎將軍，屯黎陽。秋九月，公征之，連戰。譚、尚數敗退，固守。[7]

〔一〕《褒賞令》載公祀文曰：[8]"故太尉橋公，[9]誕敷明德，[10]汎愛博容。國念明訓，士思令謨。靈幽體翳，[11]邈哉晞矣！[12]吾以幼年，[13]逮升堂室，特以頑鄙之姿，爲大君子所納。[14]增榮益觀，皆由獎助，猶仲尼稱不如顏淵，[15]李生之厚歎貫復。[16]士死知己，[17]懷此無忘。又承從容約誓之言：'殂逝之後，[18]路有經由，不以斗酒隻雞過相沃酹，[19]車過三步，腹痛勿怪！'[20]雖臨時戲笑之言，非至親之篤好，胡肯爲此辭乎？匪謂靈忿，能詒己疾，懷舊惟顧，念之悽愴。奉命東征，屯次鄉里，北望貴土，乃心陵墓。裁致薄奠，公其尚饗！"

[1] 國中：指譙地。

[2] 上田：殿本、盧弼《集解》本、校點本作"土田"，百衲本作"上田"。《中華再造善本》影印宋刻本亦作"上田"。趙幼文《校箋》謂紹興本、毛本作"上田"，《太平御覽》卷六三七引亦作"上田"。今從百衲本等。

[3] 浚儀：縣名。治所在今河南開封市。

[4] 睢（suī）陽渠：在今河南商丘縣南。（本盧弼《集解》）

[5] 太牢：古時祭祀，用牛、羊、豬三牲作祭品，稱太牢。有時也專指用作祭品的牛。

[6] 夏五月死：《後漢書》卷九《獻帝紀》謂建安"七年夏五月庚戌，袁紹薨"。

［7］固守:《後漢書》卷七四下《袁紹傳下》李賢注引郭緣生《述征記》:"黎陽城西袁譚城,城南又有一城,是曹公攻譚之所築。"

［8］褒賞令:此褒賞令當爲書名。沈家本云:"案隋、唐'志'皆不著録,裴氏於建安七年'遣使祀橋玄'下引《褒賞令》,是知其爲書名,非他處載公令之出於《魏書》者比也。"(沈家本《三國志注所引書目》)

［9］橋公:盧弼《集解》本作"橋玄",百衲本、殿本、校點本作"橋公"。今從百衲本等。

［10］誕:大。 敷:傳布。《後漢書》卷五一《橋玄傳》此句作"懿德高軌",《文選·頭陁寺碑文》李善注引亦同。(本段所校均本盧弼《集解》,下略不注)

［11］翳:隱没。《後漢書·橋玄傳》此句作"幽靈潛翳"。《文選》潘安仁《寡婦賦》李善注亦同《後漢書》。

［12］晞(xī):消失。《後漢書·橋玄傳》此句作"懇哉緬矣"。《文選》潘安仁《寡婦賦》李善注作"心存目想"。

［13］吾:《後漢書·橋玄傳》作"操"。

［14］特以頑鄙之姿爲大君子所納:《後漢書·橋玄傳》作"特以頑質,見納君子"。

［15］仲尼:孔子,名丘,字仲尼。《論語·公冶長》:"子謂子貢曰:'女與回也孰愈?'對曰:'賜也何敢望回?回也聞一以知十,賜也聞一以知二。'子曰:'弗如也,吾與汝弗如也。'"

［16］賈復:東漢人。少好學,師事舞陰李生。李生奇之,謂門人曰:"賈君之容貌志氣如此,而勤於學,將相之器也。"(《後漢書》卷一七《賈復傳》)

［17］士死知己:古熟語:"士爲知己者死,女爲悦己者容。"(見《戰國策·趙策》)

［18］殂逝:《後漢書·橋玄傳》作"徂没",《水經注》亦同。

［19］沃酹(lèi):把酒灑在地上祭祀神靈。

［20］怪:《後漢書·橋玄傳》作"怨",《水經注》亦同。

八年春三月，攻其郭，乃出戰，擊，大破之，譚、尚夜遁。夏四月，進軍鄴。五月還許，[1]留賈信屯黎陽。己酉，[2]令曰："《司馬法》'將軍死綏'，〔一〕[3]故趙括之母，[4]乞不坐括。是古之將者，[5]軍破于外，而家受罪于內也。自命將征行，但賞功而不罰罪，非國典也。其令諸將出征，敗軍者抵罪，失利者免官爵。"〔二〕

〔一〕《魏書》云：[6]綏，[7]卻也。有前一尺，無卻一寸。
〔二〕《魏書》載庚申令曰：[8]"議者或以軍吏雖有功，德行不足堪任郡國之選，[9]所謂'可與適道，未可與權'。[10]管仲曰：'使賢者食於能則上尊，鬥士食於功則卒輕于死，[11]二者設於國則天下治。'[12]未聞無能之人，不鬥之士，並受祿賞，而可以立功興國者也。故明君不官無功之臣，[13]不賞不戰之士；治平尚德行，[14]有事賞功能。[15]論者之言，[16]一似管窺虎歟！"[17]

[1]還許：《後漢書》卷七四下《袁紹傳下》說袁譚、袁尚與曹操軍"大戰城下，譚、尚敗退。操將圍之，乃夜遁還鄴。操進軍，尚逆擊破操，操軍還許"。《通鑑》不取此說，認為當從《魏志·袁紹傳》，曹操並未敗退。而胡三省注卻說："此諸葛孔明所謂逼於黎陽時也，必有破操軍事，魏人諱而不書耳。"（見《通鑑》卷六四漢獻帝建安八年注）盧弼《集解》則據本書《袁紹傳》《郭嘉傳》謂曹操並無失敗之事，之所以退軍還許，是因為郭嘉建議，不能乘勝再攻袁譚、袁尚，"急之則相持，緩之則爭心生，不如南向荊州"。曹操因而採納郭嘉之議，退軍還許。

[2]己酉：五月二十五日。

[3] 司馬法：記載古代軍事典制之書。《漢書・藝文志》著録《軍禮・司馬法》一百五十五篇。此書已佚，今殘存五篇。《隋書・經籍志》《舊唐書・經籍志》《新唐書・藝文志》，以爲司馬穰苴撰，皆誤。戰國齊景公時，司馬穰苴曾撰《兵法》。其後，齊威王命諸臣輯古代司馬兵法，因附穰苴《兵法》於其中。故《司馬法》爲齊威王諸臣所輯，非司馬穰苴所撰。（本《四庫全書總目提要》）

[4] 趙括：戰國趙名將趙奢之子，自幼熟讀兵書，好談兵法，但無實際軍事才能。秦攻趙，趙王將用趙括代名將廉頗抵禦秦軍，趙括母上書曰：「括不可使爲將。」趙王不聽。趙括母又曰：「王終遣之，即有如不稱，妾得無隨坐乎？」趙王許諾。（見《史記》卷八一《廉頗藺相如列傳》）。

[5] 是：趙幼文謂《白帖》卷五六引「是」下有「知」字，疑此奪。（《三國志裴注疏證初稿》）

[6] 云：校點本作「曰」，百衲本、殿本、盧弼《集解》本均作「云」。今從百衲本等。

[7] 綏：《左傳・文公十二年》杜預注：「古名退軍爲綏。」

[8] 庚申令：《文館詞林》卷六九五題此令爲《魏武帝論吏士行能令》。（自此以下所引《文館詞林》均參盧弼《集解》，不再一一注明）

[9] 堪任：《文館詞林》無「任」字。 之選：《文館詞林》無「之」字。

[10] 權：《文館詞林》「權」下有「者也」二字。

[11] 于：《文館詞林》無「于」字。

[12] 治：《文館詞林》「治」作「乂」，當係唐人編《文館詞林》時避唐諱改。下同。管子之語見《管子・法法》。

[13] 故：《文館詞林》「故」上有「是」字。

[14] 治：《文館詞林》「治」作「太」。亦唐人避諱改。

[15] 賞：《文館詞林》「賞」作「貴」。

[16] 論:《文館詞林》作"議"。

[17] 一似管窺虎歟:《文館詞林》作"一似管窺獸矣"。此亦唐人避諱改。梁章鉅云:"此言'窺虎',而《晉書·王獻之傳》以避唐諱改爲'窺豹'。今人遂但知'窺豹'矣。"(《旁證》)。

秋七月,令曰:[1]"喪亂已來,十有五年,後生者不見仁義禮讓之風,吾甚傷之。其令郡國各脩文學,[2]縣滿五百户置校官,[3]選其鄉之俊造而教學之,[4]庶幾先王之道不廢,[5]而有以益于天下。"

八月,公征劉表,軍西平。[6]公之去鄴而南也,譚、尚爭冀州,譚爲尚所敗,走保平原。尚攻之急,譚遣辛毗乞降請救。諸將皆疑,荀攸勸公許之,〔一〕公乃引軍還。冬十月,到黎陽,爲子整與譚結婚。〔二〕尚聞公北,乃釋平原還鄴。東平吕曠、(吕)〔高〕翔叛尚,[7]屯陽平,[8]率其衆降,封爲列侯。〔三〕

〔一〕《魏書》曰:公云:"我攻吕布,表不爲寇,官渡之役,不救袁紹,此自守之賊也,宜爲後圖。譚、尚狡猾,當乘其亂。縱譚挾詐,不終束手,使我破尚,偏收其地,[9]利自多矣。"[10]乃許之。

〔二〕臣松之案:紹死至此,過周五月耳。譚雖出後其伯,不爲紹服三年,[11]而於再朞之内以行吉禮,[12]悖矣。魏武或以權宜與之約言;今云結婚,未必便以此年成禮。

〔三〕《魏書》曰:譚之圍解,陰以將軍印綬假曠。曠受印送之,公曰:"我固知譚之有小計也。欲使我攻尚,得以其閒略民聚衆,比尚之破,[13]可得自彊以乘我弊也。尚破我盛,何弊之乘乎?"

[1] 令：《文館詞林》卷六九五題此令名爲《魏武帝修學令》。

[2] 文學：指儒家經學。

[3] 校官：即學官，學校。

[4] 俊造：《文館詞林》作"雋選"。俊造，即俊士與造士，此指才學優秀者。《禮記·王制》："命鄉論秀士，升之司徒，曰選士。司徒論選士之秀者而升之學，曰俊士。升於司徒者，不徵於鄉，升於學者，不徵於司徒，曰造士。"

[5] 先王：校點本1982年7月第2版誤作"先生"。

[6] 西平：縣名。治所在今河南西平縣西。

[7] 高翔：百衲本、盧弼《集解》本作"吕詳"；殿本、校點本作"吕翔"；《後漢書》卷七四下《袁紹傳下》作"高翔"，《通鑑》亦作"高翔"。今從殿本等並據《後漢書》《通鑑》改。

[8] 陽平：縣名。治所在今山東莘縣。

[9] 徧：殿本、盧弼《集解》本、校點本皆作"偏"，百衲本作"徧"。今仍從百衲本。

[10] 利自多矣：據本書卷一〇《荀攸傳》與卷二五《辛毗傳》，曹操本想先平荆州，及聽荀攸、辛毗之言後纔引軍北上，與《魏書》此載不同。（詳盧弼《集解》説）

[11] 服三年：服喪三年。古代禮制，父死，子爲父服喪三年。

[12] 再朞（jī）：三年之喪。《禮記·喪服小記》："再期之喪，三年也。" 吉禮：此指婚禮。

[13] 比：校點本無"比"字，百衲本、殿本、盧弼《集解》本皆有。今從百衲本等。比，等到。《正字通·比部》："比，及也。"

九年春正月，濟河，遏淇水入白溝以通糧道。[1]二月，尚復攻譚，留蘇由、審配守鄴。公進軍到洹水，[2]

由降。既至，攻鄴，爲土山、地道。武安長尹楷屯毛城，[3]通上黨糧道。[4]夏四月，留曹洪攻鄴，公自將擊楷，破之而還。尚將沮鵠守邯鄲，〔一〕[5]又擊拔之。[6]易陽令韓範、涉長梁岐舉縣降，[7]賜爵關內侯。[8]五月，毀土山、地道，作圍塹，決漳水灌城；[9]城中餓死者過半。[10]秋七月，尚還救鄴。諸將皆以爲"此歸師，[11]人自爲戰，不如避之"。公曰："尚從大道來，當避之；[12]若循西山來者，[13]此成禽耳。"[14]尚果循西山來，臨滏水爲營。〔二〕[15]夜遣兵犯圍，公逆擊破走之，遂圍其營。未合，尚懼，〔遣〕故豫州刺史陰夔及陳琳乞降，[16]公不許，爲圍益急。[17]尚夜遁，保祁山，[18]追擊之。其將馬延、張顗等臨陳降，衆大潰，尚走中山。[19]盡獲其輜重，得尚印綬節鉞，[20]使尚降人示其家，城中崩沮。八月，審配兄子榮夜開所守城東門內兵。配逆戰，敗，生禽配，斬之，鄴定。公臨祀紹墓，[21]哭之流涕；慰勞紹妻，還其家人寶物，賜雜繒絮，廩食之。〔三〕

〔一〕沮音菹，[22]河朔閒今猶有此姓。鵠，沮授子也。

〔二〕《曹瞞傳》曰：遣候者數部前後參之，皆曰"定從西道，已在邯鄲"。公大喜，會諸將曰："孤已得冀州，諸君知之乎？"皆曰："不知。"公曰："諸君方見不久也。"

〔三〕孫盛云：昔者先王之爲誅賞也，將以懲惡勸善，永彰鑒戒。紹因世艱危，遂懷逆謀，上議神器，下干國紀。荐社汙宅，[23]古之制也，而乃盡哀于逆臣之冢，加恩于饕餮之室，爲政之道，於斯蹟矣。夫匿怨友人，前哲所恥，[24]稅驂舊館，[25]義無虛涕，茍道乖好絕，何哭之有！昔漢高失之於項氏，[26]魏武遵謬於此舉，豈非百慮之一失也。[27]

[1] 淇水：原爲黃河支流，由今浚縣西南八十里宿胥對岸流入黃河。　白溝：本爲一小水，在今河南浚縣西，發源處接近淇水，東北流，下接內黃以下的古清河。曹操進攻袁尚，爲便於通糧運，遂於淇水入黃河之口，用大枋木作堰以斷之，使其東入白溝。此後，上起枋堰，下包括今河北威縣以南的清河，皆稱白溝。

[2] 洹（huán）水：即今河南北部衛河支流安陽河。

[3] 武安：縣名。治所在今河北武安縣西南。　毛城：地名。在今河北涉縣西北。

[4] 上黨：郡名。治所本長子縣，在今山西長子縣西；董卓作亂移治所壺關縣，在今山西長治市北。

[5] 邯鄲：縣名。治所在今河北邯鄲市西南。

[6] 擊拔之：何焯說："破楷，則高幹并州之援北斷；拔邯鄲，則袁熙幽州之援東絕。擊楷自將者，運道不通，則堅城大衆有自潰之勢，所係尤大也。"（《義門讀書記》卷二六《三國志·魏志》）

[7] 易陽：縣名。治所在今河北永年縣東南。　涉：侯國名。治所在今河北涉縣西北。

[8] 關內侯：爵名。漢制二十級爵之十九級，次於列侯，衹有封戶收取租稅而無封地。

[9] 漳水：即漳河。古漳河經今河北臨漳縣東北流。

[10] 餓死者過半：詳情見本書卷六《袁紹傳》。

[11] 歸師：《孫子兵法·軍爭篇》："歸師勿遏。"

[12] 當避之：趙幼文謂《白帖》卷五二引"當"上有"則"字。（《三國志裴注疏證初稿》）

[13] 西山：指鼓山，又名滏山，在今河北武安市西南。屬太

［14］此成禽耳：胡三省云："從大道來，則人懷救根本，不顧勝敗，有必死之志。循山而來，則其戰可前可卻，人有依險自全之心，無同力致命之意。操所以料尚者如此。兵法所謂觀敵之動者也。"（《通鑑》卷六四漢獻帝建安九年注）

［15］滏水：即今滏陽河，在河北磁縣。

［16］遣：各本皆無"遣"字。錢大昕謂當有"遣"字。（見《廿二史考異》卷一五）何焯說同。趙一清《注補》亦謂《後漢書·袁紹傳》有"遣"字。校點本即據錢、何說增"遣"字。今從之。

［17］爲圍：趙幼文《校箋》謂《文選》李善注引"圍"上無"爲"字。

［18］祁山：本書卷六《袁紹傳》作"濫口"，《後漢書》卷七四下《袁紹傳下》作"藍口"（"濫"通"藍"），李賢注："相州安陽縣（今河南安陽縣）界有藍嵯山，與鄴相近，蓋藍山之口。"謝鍾英云："當時兵勢，祁山即濫口，一地兩名。"（《補三國疆域志補注》）

［19］中山：王國名。治所盧奴縣，在今河北定州市。

［20］得尚印綬節鉞：趙幼文《校箋》云："《文選》李注引無'得尚'二字。"《太平御覽》卷三五六引《魏武帝上事》曰："尚單騎遁走。捐棄偽節、鈇鉞、大將軍邟鄉侯印各一枚，兜鍪萬九千六百二十枚，其矛盾弓戟不可勝數。"

［21］紹墓：《元和郡縣圖志》卷一六相州鄴謂袁紹墓在臨漳縣西北十六里。

［22］沮音菹（jù）：本書裴松之注，注音、釋義之處不少。可能裴氏先有注音釋義之作，以後未完成。而已有之作仍保留下來。（參梁章鉅《旁證》引紀昀說）

［23］莩社汙宅：《公羊傳·哀公四年》："蒲社者何，亡國之社也。""亡國之社蓋掩之，掩其上而柴其下。"又《禮記·檀弓

下》：邾婁定公曰："寡人嘗學斷斯獄矣。臣弒君，凡在官者殺無赦；子弒父，凡在宮者殺無赦，殺其人，壞其室，污其宮而豬焉。"

[24] 前哲所恥：《論語·公冶長》：子曰："巧言、令色、足恭，左丘明恥之，丘亦恥之；匿怨而友其人，左丘明恥之，丘亦恥之。"

[25] 稅驂：同"說驂"。《禮記·檀弓上》："孔子之衛，遇舊館人之喪，入而哭之哀。出，使子貢說驂而賻之。"

[26] 漢高失之於項氏：漢高祖劉邦既敗項羽於垓下，其部將又追斬項羽於東城，楚地悉定，而魯獨不下。因楚懷王初封項羽爲魯公，魯人欲爲羽堅守，劉邦乃持羽首以視魯人，魯乃降。劉邦遂以魯公禮葬項羽於穀城並爲之發哀，臨哭而去。（見《史記》卷七《項羽本紀》）

[27] 百慮之一失：趙一清《注補》云："《後漢書·孔融傳》，曹操攻屠鄴城，袁氏婦子多見侵略，而操子丕私納袁熙妻甄氏。融乃與操書，稱武王伐紂以妲己賜周公，操不悟，後問出何經典，對曰：'以今度之，想當然耳！'觀此則史多飾詞。孫盛之評，殆爲贅述。"

初，紹與公共起兵，紹問公曰："若事不輯，則方面何所可據？"公曰："足下意以爲何如？"紹曰："吾南據河，北阻燕、代，[1]兼戎狄之衆，[2]南向以爭天下，庶可以濟乎？"公曰："吾任天下之智力，以道御之，無所不可。"〔一〕

〔一〕《傅子》曰：[3]太祖又云："湯、武之王，豈同土哉？[4]若以險固爲資，則不能應機而變化也。"

[1] 燕代：指東漢的幽州。其地大約相當於春秋、戰國的燕、代二國。

[2] 戎狄：古稱西方的游牧部族爲戎，北方的游牧部族爲狄。

此泛指烏桓、鮮卑、南匈奴等部族。

〔3〕傅子：《隋書·經籍志》載，《傅子》百二十卷，晉司隸校尉傅玄撰，《舊唐書·經籍志》、《新唐書·藝文志》所載同。《晉書》卷四七《傅玄傳》載，傅玄西晉人，晉武帝泰始五年（269）爲司隸校尉，後免官卒於家，終年六十二。傅玄一生著述不停，曾"撰論經國九流及三史故事，詳斷得失，各爲區例，名爲《傅子》，爲内、外、中篇，凡四部、六錄，合百四十首，數十萬言"。傅玄作成内篇後，其子傅咸送與司空王沈閲覽，得到王沈的高度評價，謂："足以塞楊、墨之流遁，齊孫、孟於往代。"《傅子》一書在宋代已殘缺。《四庫全書總目提要》謂宋代《崇文總目》僅載二十三篇。《宋史·藝文志》僅載有五卷，其後《遂初堂書目》僅載其名，而元明之後的藏書家連名也未載。《四庫全書》遂從《永樂大典》中抄得文義完具的十二篇，又從其他書抄集四十餘條作爲附錄，總爲一卷，給予高度評價，謂該書關切治道，其精理名言，往往在《論衡》《昌言》之上。清人嚴可均又搜集各書，共輯爲四卷。

〔4〕豈同土：商湯起於亳，周武王起於岐周。又按，土，百衲本作"上"，張元濟《校勘記》云："上之爲言尚也，言不必資險固爲尚也。土字疑誤。"而殿本、盧弼《集解》本、校點本均作"土"，《中華再造善本》影印宋刻本亦作"土"。今從殿本等。同土，謂相同的土地形勢。

九月，令曰："河北罹袁氏之難，其令無出今年租賦！"重豪彊兼并之法，百姓喜悦。〔一〕天子以公領冀州牧，[1]公讓還兗州。[2]

公之圍鄴也，譚略取甘陵、安平、渤海、河間。[3]尚敗，還中山。譚攻之，尚奔故安，[4]遂并其衆。公遺譚書，責以負約，與之絶婚，女還，然後進軍。譚懼，拔平原，走保南皮。[5]十二月，公入平原，略定諸縣。

〔一〕《魏書》載公令曰：[6]"'有國有家者，不患寡而患不均，不患貧而患不安。'[7]袁氏之治也，[8]使豪彊擅恣，親戚兼并；下民貧弱，代出租賦，衒鬻家財，不足應命；[9]審配宗族，至乃藏匿罪人，[10]爲逋逃主。欲望百姓親附，甲兵彊盛，[11]豈可得邪！[12]其收田租畝四升，[13]户出絹二匹、綿二斤而已，[14]他不得擅興發。[15]郡國守相明檢察之，無令彊民有所隱藏，而弱民兼賦也。"[16]

［1］天子以公領冀州牧：《後漢書》卷九《獻帝紀》作"（曹操）自領冀州牧"。梁章鉅《旁證》云：凡本書謂天子以公爲魏公、加九錫、進號魏王等等，《後漢書》皆作曹操自爲、自進。"蓋陳志作於范書前且百年，不能無所迴護。范書修於宋時，已隔兩朝，可以據事直書。"

［2］讓還兗州：胡三省云："當時政自操出，領則真領，而讓非真讓也。"（《通鑑》卷六四漢獻帝建安九年注）

［3］甘陵：王國名。治所甘陵縣，在今山東臨清市東。建安十一年（206）因除爲郡，曹魏時又稱爲清河郡。（本王先謙《續漢書·郡國志集解》） 安平：王國名。治所信都縣，在今河北冀州市。 河間：王國名。治所樂成縣，在今河北獻縣東南。

［4］故安：縣名。治所在今河北易縣東南。趙幼文《校箋》謂《太平御覽》卷九三引，"故安"作"固安"。

［5］南皮：縣名。治所在今河北南皮縣東北。又按，"南皮"下當有"冬"字。

［6］令：《文館詞林》卷六九五題此令爲《魏武帝收田租令》。

［7］"有國"句：此段文見《論語·季氏》。 有國有家者：國指春秋時的諸侯，家指卿大夫。

[8] 治：《文館詞林》作"乂"，係唐人避諱改。

[9] 應命：《文館詞林》作"畢負"。

[10] 至：《文館詞林》"至"下有"微"字。

[11] 甲兵：《文館詞林》作"兵甲"。

[12] 邪：《文館詞林》作"也"。

[13] 其：《文館詞林》"其"下有"令"字。　畝四升：趙幼文《校箋》謂《太平御覽》卷六二六引"畝"下有"收粟"二字。《晉書‧食貨志》、《册府元龜》卷四八七引有"粟"字。

[14] 出絹：趙幼文《校箋》謂《晉書‧食貨志》、《太平御覽》卷六二六引無"出"字。　而已：趙幼文《校箋》謂《册府元龜》卷四八七引無"而已"二字。

[15] 他：趙幼文《校箋》謂《太平御覽》卷六二六、《册府元龜》卷四八七引"他"字作"餘"，《晉書‧食貨志》"他"字作"皆"。

[16] 民：《文館詞林》"民"作"人"，乃唐人避諱改。

　　十年春正月，攻譚，破之，斬譚，誅其妻子，冀州平。〔一〕[1]下令曰："其與袁氏同惡者，與之更始。"令民不得復私讎，禁厚葬，[2]皆一之于法。是月，袁熙大將焦觸、張南等叛攻熙、尚，[3]熙、尚奔三郡烏丸。[4]觸等舉其縣降，封為列侯。初討譚時，民亡椎冰，〔二〕令不得降。頃之，亡民有詣門首者，公謂曰："聽汝則違令，殺汝則誅首，歸深自藏，無為吏所獲。"民垂泣而去；後竟捕得。

　　〔一〕《魏書》曰：公攻譚，旦及日中不決；[5]公乃自執桴鼓，士卒咸奮，應時破陷。

〔二〕臣松之以爲討譚時，川渠水凍，[6]使民椎冰以通船，民憚役而亡。

[1]冀州平：趙一清《注補》云："鄴雖破，而譚猶擾其東偏，故必斬譚，而後書冀州平。"而盧弼《集解》卻認爲，《後漢書·獻帝紀》載"曹操破袁譚於青州，斬之"，則冀州平應作"青州平"。

[2]禁厚葬：梁章鉅《旁證》引《宋書·禮志二》云："漢以後，天下送死奢靡，多作石室、石獸、碑銘等物。建安十年魏武帝以天下雕弊，下令不得厚葬，又禁立碑。"

[3]焦觸張南：詳見本書卷六《袁紹傳》。

[4]三郡烏丸："烏丸"又作"烏桓"，東北地區的少數民族。胡三省云："三郡烏桓，遼西蹋頓、遼東蘇僕延、右北平烏延也。"（《通鑑》卷六四漢獻帝建安十年注）遼西，郡名。治所陽樂縣，在今遼寧義縣西偏南古城子溝。（本《〈中國歷史地圖集〉釋文匯編（東北卷）》）遼東，屬國名。治所昌黎縣，在今遼寧義縣。右北平，郡名。治所土垠縣，在今河北豐潤縣東。

[5]旦：百衲本作"且"，《中華再造善本》影印宋刻本同；殿本、盧弼《集解》本、校點本作"旦"。張元濟《校勘記》云："言其久，當從'旦'。"今從殿本等。

[6]水：盧弼《集解》本作"冰"，百衲本、殿本、校點本作"水"。《中華再造善本》影印宋刻本亦作"水"，而"川渠"作"出渠"。今從百衲本等。

夏四月，黑山賊張燕率其衆十餘萬降，封爲列侯。故安趙犢、霍奴等殺幽州刺史、涿郡太守。[1]三郡烏丸攻鮮于輔於獷平。[一][2]秋八月，公征之，斬犢等，乃渡潞河救獷平，[3]烏丸奔走出塞。

〔一〕《續漢書·郡國志》曰：獷平，縣名，屬漁陽郡。

[1] 涿郡：治所涿縣，在今河北涿州市。
[2] 鮮于輔：始爲幽州牧劉虞從事，後歸曹操。　獷（guǎng）平：縣名。治所在今北京密雲縣東北。
[3] 潞（lù）河：即今河北白河。

九月，令曰：[1]"阿黨比周，先聖所疾也。聞冀州俗，父子異部，更相毀譽。[2]昔直不疑無兄，[3]世人謂之盜嫂；第五伯魚三娶孤女，[4]謂之撾婦翁；[5]王鳳擅權，谷永比之申伯；[6]王商忠議，[7]張匡謂之左道：此皆以白爲黑，欺天罔君者也。吾欲整齊風俗，四者不除，吾以爲羞。"冬十月，公還鄴。

初，袁紹以甥高幹領并州牧，[8]公之拔鄴，幹降，遂以爲刺史。幹聞公討烏丸，乃以州叛，執上黨太守，舉兵守壺（關口）〔口關〕。[9]遣樂進、李典擊之，幹還守壺關城。[10]

[1] 令：《文館詞林》卷六九五題作《魏武帝整齊風俗令》。
[2] 父子異部更相毀譽：父子兄弟各樹黨援，兩不相下。（顧炎武《日知錄》卷一三）
[3] 直不疑：西漢人，文帝時，官至中大夫。朝中有人毀謗直不疑說："不疑狀貌甚美，然特無奈其善盜嫂，何也？"不疑聽後說："我乃無兄。"（《漢書》卷四六《直不疑傳》）
[4] 第五伯魚：第五倫，字伯魚，東漢人。光武帝時，爲淮陽國醫工長，從淮陽王朝京師，光武帝戲謂倫曰："聞卿爲吏，篣婦

公……寧有之邪？"第五倫對曰："臣三娶妻，皆無父。"（《後漢書》卷四一《第五倫傳》）

［5］翁：《文館詞林》作"公"。

［6］王鳳：西漢成帝之舅父，爲大司馬、大將軍，子弟滿朝，專斷朝政，議者多加指責。而谷永欲依附王鳳，卻上奏章説王鳳是"骨肉大臣，有申伯之忠"。（《漢書》卷八五《谷永傳》）　申伯：周宣王舅父。

［7］王商：西漢人，成帝時爲丞相，爲人忠直，爲王鳳所排擠。張匡爲人佞巧，遂迎合王鳳之意，因日蝕上書説王商"作威作福"，"執左道以亂政"。（《漢書》卷八二《王商傳》）

［8］高幹：字元才，陳留人。其事見本書卷二四《高柔傳》注引謝承《後漢書》及卷二一《劉劭傳》注引繆襲《昌言表》等。

［9］壺口關：各本皆作"壺關口"。徐紹楨《質疑》謂本書《袁紹傳》及《後漢書·袁紹傳》並作"壺口關"。壺口關可省稱"壺關"，不能顛倒作"壺關口"，今從徐説改。壺口關在今山西長治縣東南壺口山下。此地山川相錯，地形如壺，故名。

［10］壺關：縣名。治所在今山西長治市北。梁章鉅《旁證》引《太平寰宇記》卷四五云："潞州城漢壺關縣也。《上黨記》曰：曹公之圍壺關，起土於西，城內築界城以遮之。又縣東南有曹公壘，攻高幹所築。"

十一年春正月，公征幹。幹聞之，乃留其別將守城，走入匈奴，求救於單于，[1]單于不受。公圍壺關三月，拔之。幹遂走荆州，上洛都尉王琰捕斬之。[2]

秋八月，公東征海賊管承，至淳于，[3]遣樂進、李典擊破之，承走入海島。割東海之襄賁、郯、戚以益琅邪，[4]省昌慮郡。[一][5]

三郡烏丸承天下亂，[6]破幽州，略有漢民合十餘萬户。袁紹皆立其酋豪爲單于，以家人子爲己女，妻焉。遼西單于蹋頓尤彊，爲紹所厚，故尚兄弟歸之，數入塞爲害。公將征之，鑿渠，自呼沲入泒水，泒音孤。[7]名平虜渠；[8] 又從泃河口泃音句。鑿入潞河，名泉州渠，[9]以通海。

〔一〕《魏書》載十月乙亥令曰：[10] "夫治世御衆，[11]建立輔弼，誠在面從，[12]《詩》稱'聽用我謀，庶無大悔'，[13]斯實君臣懇懇之求也。吾充重任，每懼失中，頻年已來，不聞嘉謀，豈吾開延不勤之咎邪？[14]自今以後，諸掾屬治中、別駕，[15]常以月旦各言其失，[16]吾將覽焉。"

[1] 單（chán）于：匈奴君長之稱號。
[2] 上洛：縣名。治所在今陝西商州市。 都尉：官名。西漢時郡置都尉，輔佐郡守並掌本郡軍事。東漢廢除，僅在邊郡或關塞之地置都尉，並漸漸分縣治民，職如太守。上洛雖非邊郡，而西北有嶢關，蓋險塞之地，故置都尉。
[3] 淳于：縣名。治所在今山東安丘縣東北杞城。
[4] 郯：縣名。盧弼《集解》本誤作"剡"。郯縣治所在今山東郯城縣北。 戚：縣名。治所在今山東微山縣。
[5] 昌慮郡：建安三年（198）九月曹操新置，至此省并。見建安三年注。
[6] 三郡：盧弼《集解》謂"三郡"上疑脫"初"字。
[7] 呼沲：水名。即今河北滹沱河。（本趙一清《注補》）泒水：上游即今沙河，下游循大清河至天津入海。
[8] 平虜渠：上起呼沲，下入泒水。故道西起河北饒陽縣，東至滄州市。（本謝鍾英《補三國疆域志補注》）
[9] 泉州渠：因渠道南起泉州縣（今天津市武清縣西南）故

名。渠水上承潞河，即今天津一帶的海河，下入鮑丘水，合口處在今寶坻縣境內。

[10] 令：《文館詞林》卷六九五題爲《魏武帝令掾屬等月旦各言過令》。

[11] 治世：《文館詞林》作"化俗"，當是唐人避唐太宗、唐高宗諱改。

[12] 誠：《文館詞林》作"試"，誤。 面從：《尚書·益稷》："汝無面從，退有後言。"

[13] 庶無大悔：見《詩·大雅·抑》。舊說此詩爲衛武公告誡周厲王而作。

[14] 開延：謂延請以徵求意見。

[15] 治中：《文館詞林》作"侍中"。乃唐人避唐諱改。

[16] 言：殿本、盧弼《集解》本作"名"，百衲本、校點本、《文館詞林》作"言"。今從百衲本等。

十二年春二月，公自淳于還鄴。[1]丁酉，令曰：[2]"吾起義兵誅暴亂，於今十九年，所征必克，豈吾功哉？乃賢士大夫之力也。天下雖未悉定，吾當要與賢士大夫共定之；而專饗其勞，吾何以安焉！其促定功行封。"於是大封功臣二十餘人，皆爲列侯，其餘各以次受封，及復死事之孤，[3]輕重各有差。〔一〕

〔一〕《魏書》載公令曰：[4]"昔趙奢、竇嬰之爲將也，[5]受賜千金，一朝散之，故能濟成大功，永世流聲。[6]吾讀其文，未嘗不慕其爲人也。與諸將士大夫共從戎事，[7]幸賴賢人不愛其謀，羣士不遺其力，是以夷險平亂，而吾得竊大賞，戶邑三萬。追思（竇嬰）〔趙、竇〕散金之義，[8]今分所受租與諸將掾屬及故戍于陳、蔡者，[9]庶以疇答衆勞，不擅大惠也。宜差死事之孤，以租穀及之。若年殷用足，租奉畢入，將大與衆人悉共饗之。"

　　[1] 還鄴：趙一清《注補》云："袁譚既死，尚、熙遠遁，尚有高幹倔強肘腋，既斬幹，而袁氏親屬盡矣，乃始經營鄴都也。"

　　[2] 令：嚴可均《全三國文》題爲《封功臣令》。

　　[3] 復：復之本義爲"還"。當戰亂之際，人民有流離失所者，安定之後，統治者即令其還本地復故業。而民復業後又負擔不起賦役，故統治者又給予免除。因復業免役二者相因而至，故後世凡免除賦役皆稱爲復。又因復業免除賦役出自統治者的賞賜，故"復"又有賞賜之意。此"復死事之孤"，即賞賜死事之孤。賞賜之物即裴注引公令所說的"以租穀及之"。（本徐紹楨《質疑》）

　　[4] 令：《文館詞林》卷六九五題爲《魏武帝分租賜諸將令》。

　　[5] 趙奢：戰國趙名將，以救韓敗秦功，趙王封之爲馬服君。奢善待部下，凡趙王及宗室賞賜，盡分與部下。（見《史記》卷八一《廉頗藺相如列傳》）　竇嬰：西漢人。景帝時，吳、楚七國作亂，景帝拜嬰爲大將軍，賜與千金。嬰盡陳金於廊下，令軍士取用。破七國兵後，以功封爲魏其侯。（見《史記》卷一〇七《魏其武安侯列傳》）

　　[6] 世：《文館詞林》作"代"。乃唐人避唐諱改。

　　[7] 士大夫：梁章鉅《旁證》引姜宸英云："士大夫謂將士也，見《李廣傳》。"按，《李廣傳》即《史記·李將軍列傳》，中有李廣"引刀自剄，廣軍士大夫一軍皆哭"。

　　[8] 趙竇：各本皆作"竇嬰"。《文館詞林》作"趙、竇"。趙幼文《校箋》又謂《太平御覽》卷六三三引亦作"趙、竇"。按上文既言趙奢、竇嬰散金之事，此亦當連言趙、竇，故從《文館詞林》等改。

　　[9] 陳蔡：指東漢兗州、豫州西部地區。這一地區爲春秋時陳國、蔡國之地。陳國之地，在今河南開封以東，安徽亳州以北一帶。蔡國之地，在今河南上蔡一帶。

將北征三郡烏丸，諸將皆曰："袁尚，亡虜耳，夷狄貪而無親，豈能爲尚用？今深入征之，劉備必説劉表以襲許。萬一爲變，事不可悔。"惟郭嘉策表必不能任備，勸公行。夏五月，至無終。[1]秋七月，[2]大水，傍海道不通，田疇請爲鄉導，公從之。引軍出盧龍塞，[3]塞外道絶不通，乃塹山堙谷五百餘里，經白檀，[4]歷平岡，[5]涉鮮卑庭，東指柳城。[6]未至二百里，虜乃知之。尚、熙與蹋頓、遼西單于樓班、右北平單于能臣抵之等將數萬騎逆軍。[7]八月，登白狼山，[8]卒與虜遇，衆甚盛。公車重在後，被甲者少，左右皆懼。公登高，望虜陳不整，乃縱兵擊之，使張遼爲先鋒，虜衆大崩，斬蹋頓及名王已下，[9]胡、漢降者二十餘萬口。遼東單于速僕丸及遼西、北平諸豪，[10]棄其種人，與尚、熙奔遼東，衆尚有數千騎。初，遼東太守公孫康恃遠不服。及公破烏丸，或説公遂征之，尚兄弟可禽也。公曰："吾方使康斬送尚、熙首，不煩兵矣。"九月，公引兵自柳城還，〔一〕[11]康即斬尚、熙及速僕丸等，傳其首。諸將或問："公還而康斬送尚、熙，何也？"公曰："彼素畏尚等，吾急之則并力，緩之則自相圖，其勢然也。"十一月至易水，[12]代郡烏丸行單于普富盧、上郡烏丸行單于那樓將其名王來賀。[13]

〔一〕《曹瞞傳》曰：時寒且旱，[14]二百里無復水，軍又乏食，殺馬數千匹以爲糧，鑿地入三十餘丈乃得水。既還，科問前諫者，[15]衆莫知其故，人人皆懼。公皆厚賞之，曰："孤前行，乘危以徼倖，雖得之，天所佐也，顧不可以爲常。"[16]諸君之諫，萬安之計，是以相賞，後勿難言之。"

[1] 無終：縣名。治所在今天津薊縣。

[2] 秋七月：徐紹楨《質疑》引郁松年說："秋七月"當在下"引軍出盧龍塞"上。《田疇傳》謂"舊北平郡治在平岡，道出盧龍"，則無終去盧龍不過數百里，而無終乃出塞大道，疇故云"虜將以大軍當由無終"。操輕兵趨利，五月至無終，何故不進，以至秋水梗道；且操署路旁表曰"方今暑夏道路不通"，大水不在秋明矣。蓋操至無終，適值大水，頓軍久之，始易道而進，及出盧龍，則已七月，故以八月登白狼山。盧弼《集解》則認爲，《田疇傳》謂"疇隨軍次無終，時方夏水雨，而海濱洿下，濘滯不通"，蓋軍行至無終，時值夏雨，軍不得進，秋初已成大水，傍海道不通，始繞道盧龍。

[3] 盧龍塞：在今河北遷西縣北喜峰口附近一帶，土色黑，山形似龍，故名盧龍。古時有塞道，自今天津薊縣東北，經遵化，循灤河（古名濡水）河谷出塞，折東趨大凌河流域，是河北平原通向東北塞外的一條交通要道。

[4] 白檀：西漢縣名。西漢屬漁陽郡，東漢省。治所在今河北灤平縣東北。

[5] 平岡：西漢縣名。西漢時，爲右北平郡治所，在今遼寧凌源市西南。

[6] 柳城：西漢縣名。西漢時屬遼西郡，東漢省。治所在今遼寧朝陽市西南十二臺營子。（本《〈中國歷史地圖集〉釋文匯編（東北卷）》）

[7] 能臣抵之：錢大昕云："以《烏丸鮮卑傳》考之，右北平單于乃烏延，非能臣抵之，其名能臣抵之者，則代郡烏丸，非右北平也。"（《廿二史考異》卷一五）趙幼文《校箋》則謂《文選·册

魏公九錫文》李善注引"臣"字作"巨","能""之"二字無。

〔8〕白狼山：即今遼寧喀喇沁左翼東三十里之白鹿山。（本盧弼《集解》說）趙幼文《校箋》謂《水經·大遼水注》引，"登白狼山"下有"望柳城"三字。

〔9〕名王：部族中有名之王。梁章鉅《旁證》引《水經·大遼水注》引《英雄記》謂，曹操一戰斬蹋頓首，擎馬鞍，於馬上抃舞。

〔10〕速僕丸：錢大昕云："《烏丸傳》作蘇僕延，譯音無定字也，彼傳前稱烏丸大人蘇僕延，後稱速附丸，亦即一人，古音附如僕。"（《廿二史考異》卷一五） 北平：即右北平。

〔11〕自柳城還：《藝文類聚》卷五九、《北堂書鈔》卷一五八載陳琳《神武賦並序》，頌揚曹操北征烏丸，消滅袁氏統一冀、青、幽、并之勝利。

〔12〕易水：發源於今河北易縣西，東流至定興縣西南，合於拒馬河。

〔13〕上郡：治所膚施縣，在今陝西榆林市東南。

〔14〕時寒且旱：盧弼云："戰事在八月，又值大雨之後，何以云時寒且旱，似不足信。"

〔15〕科：百衲本作"利"，殿本、盧弼《集解》本、校點本均作"科"。今從殿本等。

〔16〕顧：百衲本作"顧"，殿本、盧弼《集解》本、校點本作"故"。《中華再造善本》影印宋刻本、郝經《續後漢書》亦作"顧"。今從百衲本。王引之《經傳釋詞》卷五："顧，猶但也。"

十三年春正月，公還鄴，作玄武池以肄舟師。[一][1]漢罷三公官，置丞相、御史大夫。[2]夏六月，以公爲丞相。[二][3]

〔一〕肄：以四反。《三蒼》曰："肄，習也。"

〔二〕《獻帝起居注》曰：使太常徐璆即授印綬。[4]御史大夫不領中丞，置長史一人。

《先賢行狀》曰：[5]璆字（孟平）〔孟玉〕，[6]廣陵人。[7]少履清爽，立朝正色。歷任城、汝南、東海三郡，所在化行。被徵當還，爲袁術所劫。術僭號，欲授以上公之位，璆終不爲屈。術死後，璆得術璽，[8]致之漢朝，拜衛尉、太常；[9]公爲丞相，以位讓璆焉。[10]

[1] 玄武池：湖名。故址在今河北臨漳縣西南。梁章鉅《旁證》引《水經·洹水注》謂洹水西經魏武玄武故苑，苑舊有玄武池以習舟楫，又有魚梁釣臺竹木灌叢，而池林已湮沒無遺迹。

[2] 置丞相：西漢初，丞相輔佐皇帝，綜理全國政務。而御史大夫僅次於丞相，如丞相缺位，往往以御史大夫遞補。是時，丞相、御史大夫、太尉並稱三公。哀帝時則以大司馬、大司徒、大司空爲三公。東漢不設丞相和御史大夫，以太尉、司徒、司空爲三公。今罷三公官，復置丞相、御史大夫，而曹操爲丞相，遂總攬朝權。

[3] 以公爲丞相：《後漢書》卷九《獻帝紀》云：建安十三年"夏六月，罷三公官，置丞相、御史大夫。癸巳，曹操自爲丞相。"錢劍夫云："《晉書·食貨志》云：'及獻帝初平中，董卓乃更鑄小錢，由是貨輕而物貴，穀一斛至錢數百萬。至魏武爲相，於是罷之，還用五銖。是時不鑄錢既久，貨本不多，又更無增益，故穀賤無已。'《通典·食貨典八》同。兩書所言，必自有據，當出晉史，或其時私家所記。以操之雄，亦不得沿用卓錢也。承祚此志及范書《獻紀》，蓋有闕文。"（《盧弼著〈三國志集解〉校點記》）

[4] 太常：官名。漢列卿之一，秩中二千石，掌宗廟祭祀禮儀，兼選試博士。

[5] 先賢行狀：沈家本《三國志注所引書目》云："《隋志》不著録，《唐志》雜傳記類《李氏海内先賢行狀》三卷，裴注無

'海内'二字,省文;《世説・德行篇》注引三事亦無'海内'二字,《御覽》人事部引四事稱《海内先賢行狀》、職官部引一事稱《漢魏先賢行狀》,大約所録皆漢魏間人,《武紀》此條引徐璆事與范書《徐璆傳》大略相同,是范氏亦本之《行狀》也。"

[6] 孟玉:各本皆作"孟平",梁章鉅《旁證》説:"《後漢書・徐璆傳》作'字孟玉',疑此'平'字誤。"校點本即據《後漢書》改,今從之。

[7] 廣陵:郡名。治所廣陵縣,在今江蘇揚州市西北蜀崗上。

[8] 術璽:袁術之璽,是孫堅於初平元年(190)在洛陽井中所得,後被袁術逼奪。其事詳見本書卷四六《孫堅傳》注引《吳書》與《山陽公載記》,又見《後漢書》卷四八《徐璆傳》李賢注引衛宏説。

[9] 衛尉:官名。漢列卿之一,秩中二千石,掌宮門警衛,宮中巡警。

[10] 以位讓璆:《後漢書・徐璆傳》亦謂曹操以相位讓徐璆,璆不敢當。盧弼《集解》卻認爲,曹操蓋以司空位讓璆,當時改司空爲御史大夫,徐璆不敢當,便以郗慮爲御史大夫。

秋七月,公南征劉表。八月,表卒,其子琮代,屯襄陽,[1]劉備屯樊。[2]九月,公到新野,[3]琮遂降,備走夏口。[4]公進軍江陵,[5]下令荊州吏民,與之更始。乃論荊州服從之功,侯者十五人,[6]以劉表大將文聘爲江夏太守,[7]使統本兵,引用荊州名士韓嵩、鄧義等。[一][8]益州牧劉璋始受徵役,[9]遣兵給軍。十二月,孫權爲備攻合肥。[10]公自江陵征備,至巴丘,[11]遣張憙救合肥。[12]權聞憙至,乃走。[13]公至赤壁,[14]與備戰,不利。於是大疫,吏士多死者,乃引軍還。[15]備

遂有荆州、江南諸郡。[二][16]

〔一〕衛恒《四體書勢序》曰：[17]上谷王次仲善隸書，[18]始爲楷法。[19]至靈帝好書，世多能者。而師宜官爲最，[20]甚矜其能，每書，輒削焚其札。[21]梁鵠乃益爲版而飲之酒，候其醉而竊其札，鵠卒以攻書至選部尚書。[22]於是公欲爲洛陽令，鵠以爲北部尉。鵠後依劉表。及荆州平，公募求鵠，鵠懼，自縛詣門，[23]署軍假司馬，[24]使在秘書，以勒書自效。[25]公嘗懸著帳中，及以釘壁玩之，謂勝宜官。鵠字孟黃，[26]安定人。[27]魏宮殿題署，皆鵠書也。

皇甫謐《逸士傳》曰：[28]汝南王儁，字子文，少爲范滂、許章所識，[29]與南陽岑晊善。[30]公之爲布衣，特愛儁；儁亦稱公有治世之具。及袁紹與弟術喪母，[31]歸葬汝南，儁與公會之，會者三萬人。公於外密語儁曰："天下將亂，爲亂魁者必此二人也。欲濟天下，爲百姓請命，不先誅此二子，亂今作矣。"儁曰："如卿之言，濟天下者，舍卿復誰？"相對而笑。儁爲人外靜而內明，不應州郡三府之命。[32]公車徵，不到，避地居武陵，[33]歸儁者一百餘家。帝之都許，復徵爲尚書，又不就。劉表見紹彊，陰與紹通，儁謂表曰："曹公，天下之雄也，必能興霸道，繼桓、文之功者也。[34]今乃釋近而就遠，如有一朝之急，遙望漠北之救，不亦難乎！"表不從。儁年六十四，以壽終于武陵，公聞而哀傷。及平荆州，自臨江迎喪，[35]改葬于江陵，表爲先賢也。

〔二〕《山陽公載記》曰：[36]公船艦爲備所燒，引軍從華容道步歸，[37]遇泥濘，道不通，天又大風，悉使羸兵負草填之，騎乃得過。羸兵爲人馬所蹈藉，陷泥中，死者甚衆。軍既得出，公大喜，諸將問之，公曰："劉備，吾儔也。但得計少晚；向使早放火，吾徒無類矣。"備尋亦放火而無所及。

孫盛《異同評》曰：[38]按《吳志》，劉備先破公軍，然後權攻合肥，而此記云權先攻合肥，[39]後有赤壁之事。二者不同，《吳志》爲是。

[1] 襄陽：縣名。按漢末荆州刺史之治所在漢壽（今湖南常德市東），初平元年（190）劉表爲荆州刺史，因江南地方勢力大，劉表未能至漢壽，遂駐襄陽。襄陽即爲荆州刺史之治所。（本《後漢書》卷七四下《劉表傳》）建安十三年（208）曹操占據荆州後，曾一度改設襄陽郡。

[2] 樊：即樊城，在襄陽北，與襄陽隔漢水相對，在今湖北襄陽市樊城區。

[3] 新野：縣名。治所在今河南新野縣。徐紹楨《質疑》謂本書《劉表傳》與《後漢書·劉表傳》，均謂曹操到襄陽，劉琮降。而此説曹操到新野，琮遂降。盧弼《集解》則謂蓋曹操尚在新野，而其前軍已至襄陽，劉琮即降。

[4] 夏口：地名。即今湖北漢口，原漢水入長江處。古時漢水始出嶓冢山稱漾水，南流稱沔水，襄陽以下稱夏水，故入江處稱夏口。（參盧弼《集解》引梁履繩《左通補釋》吳省欽説）

[5] 江陵：縣名。南郡治所，在今湖北荆州市荆州區。

[6] 十五人：即蒯越等十五人。見本書卷六《劉表傳》。

[7] 江夏：郡名。原治所西陵縣，在今湖北新洲縣西。劉表以黄祖爲江夏太守，治所沙羨（yí）縣，在今武昌區西南。黄祖死後，劉琦爲江夏太守，屯夏口，在今武漢市漢水入長江處。此後，魏、吳並置江夏郡。魏文聘爲江夏太守數十年，屯石陽，在今漢川市西北。（本吳增僅《三國郡縣表附考證》）

[8] 韓嵩：劉表舊屬，詳見本書《劉表傳》及注。　鄧義：本書《劉表傳》作"鄧義"。《後漢書·劉表傳》作"鄧羲"。潘眉《考證》云："《劉表傳》鄧義即此人，字當爲羲。"

[9] 益州：刺史治所原在雒縣（今四川廣漢市北），漢末劉焉爲益州牧，徙治所於綿竹（今四川德陽市北），後又徙於成都（今四川成都市）。

〔10〕合肥：縣名。治所在今安徽合肥市西。本書卷四七《孫權傳》敘孫權攻合肥在赤壁之戰後，而赤壁戰前正是曹操大軍南向江南之時，孫權正準備拒敵，不可能用兵攻合肥，《孫權傳》所述爲是。（參朱明鎬《史糾》卷一）

〔11〕巴丘：山名。在今湖南岳陽市。《水經·湘水注》謂湘水至巴丘山入江，山在湘水右岸，有吳之巴丘邸閣，西晉初於此置巴陵縣。

〔12〕張憙：本書《孫權傳》《蔣濟傳》作"張喜"。（參盧弼《集解》）

〔13〕乃走：《通鑑》載此事於建安十四年。《考異》云："《魏志·武紀》十二月權圍合肥，《劉馥傳》云攻圍百餘日，《孫權傳》云逾月不能下。由此言之，權退必在今年明矣。"（見《通鑑》卷六六漢獻帝建安十四年）

〔14〕赤壁：山名。曾爲古戰場之赤壁山確在何地，古今聚訟紛紜。在宋代即有漢陽、漢川、黃州、嘉魚、江夏五說。（見趙彥衛《雲麓漫鈔》卷六）而古今主要之說有二。一是根據《括地志》《通典》《元和郡縣圖志》等，認爲赤壁在湖北蒲圻市（現稱赤壁市），與烏林隔江相對（又有說在嘉魚縣者，其實均指一地，因兩縣政區常有變化。赤壁屬嘉魚時，在縣城西南；屬蒲圻時，在縣城西北。新中國成立後，赤壁即屬蒲圻市）；一是根據《水經注》，進而認爲赤壁即武昌西南之赤磯山。結合當時戰況，赤壁在蒲圻之說較爲可信。（參楊貫一、丁力《對於赤壁所在地的一點看法》，《中國歷史博物館館刊》1979年第1期）

〔15〕引軍還：梁章鉅《旁證》謂《太平御覽》引《英雄記》云：曹公赤壁之役，行至雲夢大澤中，遇大霧，迷失道路。又《江表傳》云：周瑜破魏軍，曹公復書與權曰："赤壁之役，值有疾疫，孤燒船自退，橫使周瑜虛得此名。"

〔16〕江南諸郡：指武陵、長沙、桂陽、零陵四郡。（詳本書卷三二《先主傳》）

［17］四體書勢：《隋書·經籍志》載《四體書勢》一卷，晉長水校尉衛恒撰，《舊唐書·經籍志》《新唐書·藝文志》同。《晉書》卷三六《衛瓘附恒傳》也說衛恒爲《四體書勢》，並載其序全文。此注所引即序文之節錄。

［18］王次仲：秦人。據說他變小篆爲八分書（字方八分），便於書寫。（詳盧弼《集解》）

［19］楷法：模式之法。不是後世所說的楷書。

［20］師宜官：東漢末南陽（治所宛縣，在今河南南陽市）人，善書法，曾受漢靈帝之召入京。（詳張懷瓘《書斷》）

［21］札：《晉書·衛瓘附恒傳》作"柿"，下"札"字亦同。

［22］攻：盧弼《集解》引胡玉縉云："'攻'與'工'通。"
選部尚書：官名。漢光武帝時設尚書吏曹，掌選舉祠祀事。漢靈帝改稱選部尚書，職掌不變。（本《晉書》卷二四《職官志》）

［23］門：趙幼文謂《册府元龜》卷八六一引"門"上有"軍"字。（《三國志裴注疏證初稿》）

［24］軍假司馬：官名。漢制，校尉所領營部，置軍司馬以佐之。不置校尉之部，則置軍司馬爲長官，又置軍假司馬爲副職，協助管理軍務。

［25］勒：百衲本、盧弼《集解》本作"勤"，殿本作"勒"。盧弼《集解》引何焯曰："宋本、《書苑菁華》'勤'作'勒'"。校點本即據何說改"勤"爲"勒"。今從殿本。

［26］黄：百衲本作"皇"，殿本、盧弼《集解》本、校點本作"黄"。今從殿本等。

［27］安定：郡名。治所臨涇縣。在今甘肅鎮原縣東南。

［28］皇甫謐：魏晉人。博覽群書，不願爲官，自號玄晏先生。著有《帝王世紀》《高士傳》《逸士傳》《列女傳》等。《晉書》卷五一有傳。《隋書·經籍志》著録《逸士傳》一卷，《舊唐書·經籍志》《新唐書·藝文志》皆同。

［29］范滂：汝南征羌（今河南郾城東南）人。漢桓帝、靈帝

時，先爲清詔使，又爲光禄勳主事，後爲汝南太守宗資屬吏。在職中揭發貪贓，裁抑豪强，又與太學生結交，反對宦官。後因黨錮，兩次被捕，死於獄中。（見《後漢書》卷六七《范滂傳》）

[30] 岑晊（zhì）：南陽棘陽人。漢桓帝時，爲南陽太守成瑨功曹，因誅漢桓帝張美人之親，成瑨下獄死。岑晊流亡齊、魯間，後又逃竄南下，卒於江夏山中。（見《後漢書》卷六七《岑晊傳》）。

[31] 母：袁紹與袁術不同母。袁紹生母爲袁逢之妾，後被董卓所殺。此爲袁術之生母、袁紹之嫡母。（參盧弼《集解》引周壽昌説）

[32] 三府：三公府。

[33] 武陵：郡名。治所臨沅縣，在今湖南常德市。

[34] 桓文：指春秋時的齊桓公、晉文公。

[35] 迎喪：殿本、盧弼《集解》本"迎喪"上有"而"字，百衲本、校點本無。今從百衲本、點校本等。

[36] 山陽公載記：魏文帝曹丕於黄初元年（220）代漢建魏後，奉漢獻帝爲山陽公。《隋書·經籍志》載，《山陽公載記》十卷，樂資撰。《新唐書·藝文志》同。《舊唐書·經籍志》卻作"山陽載記"，無卷數，蓋誤。

[37] 華容：縣名。治所在今湖北監利縣西北。

[38] 異同評：即《異同雜語》。丁國鈞《補晉書藝文志》謂《三國異同評》又稱《異同雜語》《孫盛雜語》，疑皆一書。

[39] 記：盧弼《集解》謂"記"字疑作"紀"。

十四年春三月，軍至譙，作輕舟，治水軍。秋七月，自渦入淮，[1]出肥水，[2]軍合肥。辛未，令曰："自頃已來，軍數征行，或遇疫氣，吏士死亡不歸，家室怨曠，百姓流離，而仁者豈樂之哉？不得已也。其令死者家無基業不能自存者，縣官勿絶廩，[3]長吏存恤撫循，以稱吾意。"置揚州郡縣長吏，開芍陂屯田。[4]〔冬〕十二月，[5]軍還譙。

[1] 渦（guō）：渦水。古爲浪湯渠支流，經今河南扶溝縣東，又東南流至安徽懷遠縣入淮水。曹丕是時隨從此行，曾作《浮淮賦》。侯康《補注續》、梁章鉅《旁證》皆從《太平御覽》等類書録引此賦序。
[2] 肥水：源出安徽合肥市紫蓬山，北流二十里分爲二，一東流入巢湖，一北流至壽縣入淮。
[3] 縣官：漢代稱天子爲縣官，此指政府。
[4] 芍陂（bēi）：塘名。在今安徽壽縣南。因淠水經白芍亭東與附近諸水積而成湖，故名。春秋時楚相孫叔敖所創建，周圍一百多里，灌溉附近萬頃良田，以後歷代時常修治，爲古代淮南著名水利工程。今安豐塘即其遺址。（參《水經·肥水注》）
[5] 冬：各本皆無"冬"字，按修史通例應有。郝經《續後漢書》即有，今據補。

十五年春，下令曰：[1]"自古受命及中興之君，曷嘗不得賢人君子與之共治天下者乎！[2]及其得賢也，曾不出閭巷，豈幸相遇哉？上之人不求之耳。[3]今天下尚未定，[4]此特求賢之急時也。'孟公綽爲趙、魏老則優，不可以爲滕、薛大夫。'[5]若必廉士而後可用，則齊桓其何以霸世！[6]今天下得無有被褐懷玉而釣于渭濱者乎？[7]又得無盜嫂受金而未遇無知者乎？[8]二三子其佐我明揚仄陋，[9]唯才是舉，吾得而用之。"冬，作銅雀臺。〔一〕[10]

〔一〕《魏武故事》載公十二月己亥令曰：[11]"孤始舉孝廉，年少，自以本非巖穴知名之士，[12]恐爲海内人之所見凡愚，[13]欲爲一郡守，好作政教，以建立名譽，[14]使世士明知之；故在濟南，始除殘去穢，平心選舉，違忤諸常侍。以爲彊豪所忿，[15]恐致家禍，故以病還。去官之後，年紀尚少，顧視同歲中，[16]年有五十，未名爲老，内自圖之，從此卻去二十年，待天下清，乃與同歲中始舉者等耳。[17]故以四時歸鄉里，於譙東五十里築精舍，[18]欲秋夏讀書，冬春射獵，求底下之地，欲以泥水自蔽，絶賓客往來之望，然不能得如意。後徵爲都尉，[19]遷典軍校尉，意遂更欲爲國家討賊立功，欲望封侯作征西將軍，[20]然後題墓道言'漢故征西將軍曹侯之墓'，[21]此其志也。而遭值董卓之難，興舉義兵。是時合兵能多得耳，然常自損，不欲多之；所以然者，兵多意盛，[22]與彊敵争，倘更爲禍始。故汴水之戰數千，[23]後還到揚州更募，亦復不過三千人，[24]此其本志有限也。後領兖州，破降黄巾三十萬衆。又袁術僭號于九江，下皆稱臣，名門曰建號門，衣被皆爲天子之制，兩婦預争爲皇后。志計已定，人有勸術使遂即帝位，露布天下，答言'曹公尚在，未可也'。後孤討禽其四將，[25]獲其人衆，遂使術窮亡解沮，發病而死。及至袁紹據河北，兵勢彊盛，孤自度勢，實不敵之，但計投死爲國，以義滅身，足垂於後。幸而破紹，梟其二子。又劉表自以爲宗室，包藏姦心，乍前乍卻，以觀世事，據有當州，[26]孤復定之，遂平天下。身爲宰相，人臣之貴已極，意望已過矣。今孤言此，若爲自大，欲人言盡，故無諱耳。設使國家無有孤，[27]不知當幾人稱帝，幾人稱王。或者人見孤彊盛，又性不信天命之事，恐私心相評，言有不遜之志，妄相忖度，每用耿耿。齊桓、晋文所以垂稱至今日者，以其兵勢廣大，猶能奉事周室也。《論語》云'三分天下有其二，以服事殷，周之德可謂至德矣'，[28]夫能以大事小也。昔樂毅走趙，[29]趙王欲與之圖燕，樂毅伏而垂泣，對曰：'臣事昭王，猶事大王；臣若獲戾，放在他國，沒世然後已，不忍謀趙之徒隸，況燕後嗣乎！'[30]胡亥之殺蒙恬也，[31]恬曰：'自吾先人及至子孫，積信於秦三世矣；[32]今臣將兵三十餘萬，其勢足以背叛，然自知必死而守義者，不敢辱先人之教以忘先王也。'[33]孤每讀此二人書，未嘗不愴然流涕也。[34]孤祖父以至孤身，皆當親重之任，可謂見信者矣，以及子桓兄弟，[35]過于三世矣。孤非徒對諸君說此也，常以語妻妾，[36]皆令深知此意。孤謂之言：'顧我萬年之後，汝曹皆當出嫁，欲令傳道我心，使他人皆知之。'孤此言皆肝鬲之要也。所以勤勤懇懇敘心腹者，見周公有《金縢》之書以自明，[37]恐人不信之故。然欲孤便爾委捐所典兵衆以還執事，歸就武平侯國，[38]實不可也。何者？誠恐己離兵爲人所禍也。既爲子孫計，又已敗則國家傾危，是以不得慕虛名而處實禍，此所不得爲也。[39]前朝恩封三子爲侯，固辭不受，今更欲受之，非欲復以爲榮，欲以爲外援，爲萬安計。（孤聞）〔吾讀〕介推之避晉封，[40]申胥之逃楚賞，[41]未嘗不舍書而歎，有以自省也。奉國威靈，仗鉞征伐，推弱以克彊，處小而禽大，意之所圖，動無違事，心之所慮，何向不濟，遂蕩平天下，不辱主命，可謂天助漢室，非人力也。然封兼四縣，食戶三萬，何德堪之！江湖未靜，不可讓位；至于邑土，可得而辭。今上還陽夏、柘、苦三縣戶二萬，[42]但食武平萬戶，且以分損謗議，少減孤之責也。"

［1］令：《文館詞林》卷六九五題作《魏武帝舉士令》。

［2］治：《文館詞林》引作"化"，乃唐人避唐高宗李治諱改。（參盧弼《集解》。下同）

［3］不求：各本皆作"不求"，《文館詞林》引作"求取"。

［4］定：《文館詞林》引"定"上有"安"字。

［5］不可以爲滕薛大夫：上句與此句皆孔子之言，見《論

語·憲問》。孟公綽是春秋時魯國大夫。趙、魏，是春秋晉國之卿。老，是卿大夫家臣之長。滕、薛，是春秋二小國。大夫，是擔任國政者。大概孟公綽是廉靜寡欲而短於才幹者，故他爲趙、魏二家的家臣之長，望尊事簡，任之綽綽有餘；如爲滕、薛大夫，雖然國小，也任重事繁，他就難以勝任。此意爲人之德才各有長短，不可求全責備。

[6] 世：《文館詞林》作"也"，此亦唐人避唐太宗李世民諱改。此句指齊桓公任用管仲而稱霸諸侯。管仲少時貧困，與鮑叔牙合夥經商，及分財利，管仲欺鮑叔牙而多取；後管仲事齊公子糾，曾謀害小白（齊桓公），最後又輔佐齊桓公，故管仲有不廉之名。

[7] 被褐懷玉：《文館詞林》"懷"下有"珠"字。此"被褐懷玉"，見於《老子》。褐，粗毛布或麻製成的短衣，古代貧賤之人所穿。此處"被褐懷玉"，喻貧賤而有才智之人。　釣于渭濱：呂尚釣於渭水之濱，周文王求賢得之。後呂尚佐周滅商，建立周朝。

[8] 得無：《文館詞林》作"得無有"。　未遇無知：此處"盜嫂受金而未遇無知"是陳平故事。陳平因魏無知引薦而見劉邦，劉邦命之爲都尉，典護諸將。後周勃、灌嬰等讒毀陳平，説他家居盜嫂（與嫂私通），爲都尉又受諸將賄賂。劉邦責備魏無知，無知曰："楚漢相距，臣進奇謀之士，顧其計誠足以利國家不耳？且盜嫂受金又何足疑乎？"（《史記》卷五六《陳丞相世家》）

[9] 二三子：諸君。　明揚仄陋：《尚書·堯典》："明明揚仄陋。"上"明"指明察，下"明"指貴戚。揚，舉。仄陋，指微賤者。孫星衍《尚書今古文注疏》云："史遷説，爲悉舉貴戚及疏遠隱匿者。"而曹操此令所謂"明揚仄陋"，則強調明察薦舉出身低微之人。

[10] 銅雀臺：臺高十丈，有屋一百間，在樓頂鑄有一丈五尺高的大銅雀。遺址在河北臨漳縣西。（本《水經·濁漳水注》與《河南通志》）

［11］十二月己亥令：嚴可均《全三國文》稱爲《讓縣自明本志令》，後人多以此稱之。

［12］巖穴知名之士：指隱居未仕，而已聞名於世之士人。

［13］恐爲海內人之所見凡愚：意謂恐自己被天下人視爲平凡愚拙之輩。

［14］建立名譽：盧弼《集解》本作"建名立譽"，百衲本、殿本、校點本並作"建立名譽"。今從百衲本等。

［15］以爲：因被。

［16］同歲：同年舉孝廉的人稱同歲。

［17］始舉者：指被舉孝廉時年已五十之人。

［18］精舍：書房。《水經·陰溝水注》說譙城中有曹太祖舊宅，負郭對廛，側隍臨水。盧弼云，據此似魏武故宅不在譙東五十里。所謂臨水即過水。又《元和郡縣圖志》與《太平寰宇記》皆謂魏武築宅於譙東五里，與此言五十里不合，似應作五里。或許居宅在譙東五里，而精舍在譙東五十里。（詳盧弼《集解》）按盧弼後說較妥。曹操本譙人，其舊宅當在譙城附近，而曹操去官後，欲求"底下之地"、"絕賓客往來之望"，故於譙東五十里之鄉間另築精舍。

［19］都尉：騎都尉。

［20］征西將軍：官名。將軍稱號之一。在漢代，征東、征西、征南、征北諸將軍與雜號將軍同。曹魏以後，則四征爲上。

［21］墓道：墓前之神道。此指墓前之石碑。

［22］兵多：校點本作"多兵"，百衲本、殿本、盧弼《集解》本均作"兵多"。今從百衲本等。

［23］汴水之戰：見初平元年（190）曹操與關東諸軍討董卓，曹操敗於滎陽汴水。

［24］三千人：盧弼《集解》引林國贊云：曹操初起兵，僅鮑信一人即舉兵二萬助之，又衛茲、曹仁、曹洪亦共合兵七千餘人，然後與徐榮戰；後至揚州更募兵，又得四千餘人，焉得如《魏武故

［25］四將：指橋蕤、李豐、梁綱、樂就。見前建安二年。

［26］當州：殿本作"荆州"，百衲本、盧弼《集解》本、校點本作"當州"。今從百衲本等。

［27］國家：指皇帝。

［28］可謂至德矣：以上引語見《論語·泰伯》。文字略有出入，是孔子稱讚周文王之言。趙幼文《校箋》又謂《册府元龜》卷四八引"可"上有"其"字，與《論語》合。

［29］樂毅：戰國燕名將。燕昭王任其爲上將軍，率燕、趙、韓、魏、楚五國軍破齊，攻下齊國七十餘城，以功封爲昌國君。昭王死，子惠王不悦樂毅，齊田單乘機離間，惠王遂奪樂毅兵權，以騎劫代之。樂毅恐被害，奔趙國。（見《史記》卷八〇《樂毅列傳》）

［30］況燕後嗣乎：以上樂毅對趙王語，見《太平御覽》卷四二〇引《史記》，而文字有差異，今本《史記》未載。

［31］胡亥：即秦二世。　蒙恬：秦名將。秦始皇時，北禦匈奴有功。二世立，被處死。

［32］三世：指蒙恬祖父驁、父武及恬自己。

［33］先王：指秦始皇。曹操引蒙恬此言見《史記》卷八八《蒙恬列傳》。

［34］未嘗：百衲本作"未曾"，殿本、盧弼《集解》本、校點本作"未嘗"。今從殿本等。

［35］子桓：殿本作"子植"，百衲本、盧弼《集解》本作"子桓"。校點本則據何焯與沈家本説改"子植"爲"子桓"。今從百衲本等。子桓，曹丕字子桓。

［36］常：盧弼《集解》本作"嘗"，百衲本、殿本、校點本作"常"。今從百衲本等。

［37］金縢（téng）：本櫃名。周武王有病，周公禱告祖先，請以己身代武王，禱畢將禱辭藏於金縢櫃中。武王死後，成王年

幼，周公攝政。管叔等流言周公將謀害成王，周公乃避居於東。後成王啟櫃見周公禱辭，知周公忠心，遂迎歸周公。《尚書·金縢》載其事。

[38] 武平侯：曹操封爲武平侯，見前建安元年。

[39] 此所：趙幼文《校箋》謂《册府元龜》卷四八引"所"下有"以"字。郝經《續後漢書》同。

[40] 吾讀：各本皆作"孤聞"。趙幼文《校箋》謂《太平御覽》卷六一六引《魏武本紀》"孤聞"作"吾讀"，疑當據改，乃與下文"未嘗不舍書而歎"句義承。今從趙說改。　介推：即介之推，或介子推，春秋晋人，隨公子重耳流亡國外十九年。重耳歸國，立爲晋文公，遍賞從亡諸臣，獨介推不稱己功，不求封賞，與其母隱没於綿上山中。(本《史記》卷三九《晋世家》)

[41] 申胥：即申包胥，春秋楚大夫。楚昭王時，吳伐楚，攻入郢都。申包胥至秦乞師救援，秦哀公未許，申胥遂依庭墻而哭，七日七夜不絶聲。哀公感其誠，出兵救楚，擊退吳軍。楚昭王回郢獎賞功臣，申胥卻逃而不受。(見《左傳》定公四年、五年)

[42] 陽夏（jiǎ）柘（zhè）苦（hù）：均縣名。在今河南境内。陽夏在太康縣，柘在柘城縣北，苦在鹿邑縣東。

十六年春正月，[一]天子命公世子丕爲五官中郎將，[1]置官屬，爲丞相副。太原商曜等以大陵叛，[2]遣夏侯淵、徐晃圍破之。張魯據漢中，[3]三月，遣鍾繇討之。公使淵等出河東與繇會。[4]

[一]《魏書》曰：庚辰，天子報：減户五千，分所讓三縣萬五千封三子，植爲平原侯，據爲范陽侯，[5]豹爲饒陽侯，[6]食邑各五千户。

[1]五官中郎將：官名。漢代，五官中郎將主管五官郎，屬光祿勳，不置官屬，秩比二千石。此時曹丕爲五官中郎將，置官屬，並爲丞相之副，表示加重榮寵，提高政治地位。

[2]太原：郡名。治所晉陽縣，在今山西太原市西南古城營西古城。　大陵：縣名。治所在今山西文水縣東北武陵村。

[3]漢中：郡名。治所南鄭縣，在今陝西漢中市東。

[4]河東：郡名。治所安邑縣，在今山西夏縣西北禹王城。

[5]范陽：縣名。治所在今河南定興縣南。

[6]豹爲饒陽侯：本書卷二〇《武文世王公傳》所說曹操二十五子中無名豹者，只說"杜夫人生沛穆王林"；而傳中又說沛穆王林"建安十六年封饒陽侯"；又《文選》卷六〇陸機《弔魏武帝文》李善注引《魏略》，說"杜夫人生沛王豹"。據此，沛王豹即沛王林。蓋豹乃初名，林爲後改之名。（本錢大昕《廿二史考異》卷一五）

　　是時關中諸將疑繇欲自襲，馬超遂與韓遂、楊秋、李堪、成宜等叛。[1]遣曹仁討之。超等屯潼關，[2]公敕諸將："關西兵精悍，堅壁勿與戰。"秋七月，公西征，[一]與超等夾關而軍。公急持之，[3]而潛遣徐晃、朱靈等夜渡蒲阪津，[4]據河西爲營。公自潼關北渡，未濟，超赴船急戰。校尉丁斐因放牛馬以餌賊，[5]賊亂取牛馬，公乃得渡，[二]循河爲甬道而南。[6]賊退，拒渭口，[7]公乃多設疑兵，潛以舟載兵入渭，爲浮橋，夜，分兵結營于渭南。賊夜攻營，伏兵擊破之。超等屯渭南，遣信求割河以西請和，[8]公不許。九月，進軍渡渭，[三]超等數挑戰，又不許；固請割地，求送任子，[9]公用賈詡計，僞許之。韓遂請與公相見，公與遂父同歲孝廉，又與遂同時儕輩，於是交馬語移時，不及軍事，但説京都舊故，拊手歡笑。既罷，超等問遂："公何言？"遂曰："無所言也。"超等疑之。[四]他日，公又與遂書，多所點竄，如遂改定者；超等愈疑遂。公乃與克日會戰，先以輕兵挑之，[10]戰良久，乃縱虎騎夾擊，[11]大破之，斬成宜、李堪等。遂、超等走涼州，[12]楊秋奔安定，關中平。諸將或問公曰："初，賊守潼關，渭北道缺，不從河東擊馮翊而反守潼關，[13]引日而後北渡，何也？"公曰："賊守潼關，若吾入河東，賊必引守諸津，則西河未可渡，[14]吾故盛兵向潼關；賊悉衆南守，西河之備虚，故二將得擅取西河；然後引軍北渡，賊不能與吾爭西河者，以有二將之軍也。連車樹柵，爲甬道而南，[五]既爲不可勝，[15]且以示弱。渡渭爲堅壘，虜至不出，所以驕之也；故賊不爲營壘而求割地。吾順言許之，所以從其意，使自安而不爲備，因畜士卒之力，一旦擊之，所謂'疾雷不及掩耳'，[16]兵之變化，固非一道也。"始，賊每一部到，公輒有喜色。賊破之後，諸將問其故。公答曰："關中長遠，若賊各依險阻，征之，不一二年不可定也。今皆來集，其衆雖多，莫相歸服，軍無適主，[17]一舉可滅，爲功差易，吾是以喜。"

〔一〕《魏書》曰：議者多言"關西兵彊，習長矛，非精選前鋒，則不可以當也"。公謂諸將曰："戰在我，非在賊也。賊雖習長矛，將使不得以刺，諸君但觀之耳。"

〔二〕《曹瞞傳》曰：公將過河，前隊適渡，超等奄至，[18]公猶坐胡牀不起。[19]張郃等見事急，共引公入船。河水急，比渡，[20]流四五里，超等騎追射之，矢下如雨。諸將見軍敗，不知公所在，皆惶懼，至見，乃悲喜，或流涕。公大笑曰："今日幾爲小賊所困乎！"

〔三〕《曹瞞傳》曰：時公軍每渡渭，輒爲超騎所衝突，營不得立，地又多沙，[21]不可築（壘）〔城〕。[22]婁子伯說公曰："今天寒，可起沙爲城，以水灌之，可一夜而成。"公從之，乃多作縑囊以運水，[23]夜渡兵作城，比明，城立，[24]由是公軍盡得渡渭。

或疑于時九月，水未應凍。臣松之按《魏書》：公軍八月至潼關，閏月北渡河，則其年閏八月也，至此容可大寒邪！

〔四〕《魏書》曰：公後日復與遂等會語，諸將曰："公與虜交語，不宜輕脫，可爲木行馬以爲防遏。"[25]公然之。[26]賊將見公，悉于馬上拜，秦、胡觀者，前後重沓，[27]公笑謂賊曰："爾欲觀曹公邪？[28]亦猶人也，非有四目兩口，但多智耳！"胡前後大觀。又列鐵騎五千爲十重陳，精光耀日，賊益震懼。

〔五〕臣松之案：漢高祖二年，與楚戰滎陽、京索之間，[29]築甬道屬河以取敖倉粟。應劭曰："恐敵鈔輜重，故築垣牆如街巷也。"[30]今魏武不築垣牆，但連車樹柵以扞兩面。

[1] 李堪：盧弼《集解》本作"李堪"。百衲本、殿本、校點本作"李堪"。今從百衲本等。

[2] 潼關：關隘名。在今陝西潼關縣東北黃河南岸潼關。

[3] 持：抓住。此指拖住馬超等，使之不能擺脫。

[4] 蒲阪津：津渡名。蒲阪縣西的黃河渡口。蒲阪縣治所在今山西永濟市西南蒲州鎮。《通鑑考異》謂《徐晃傳》稱，出謀潛渡蒲阪津者乃徐晃，而此又謂曹操之謀。蓋陳壽欲加稱贊，故兩不相顧。盧弼《集解》則認爲，出謀者爲徐晃，遣晃者乃曹操。陳壽係據事直書，非兩不相顧。

〔5〕丁斐：詳見本書卷九《曹爽傳》注引《魏略》。

〔6〕甬道：兩旁築墻，或用車、樹爲屏障之通道。

〔7〕渭口：古又稱渭汭，即渭水入黄河處，在今陝西華陰市東北。

〔8〕信：使者。非後世所謂的"書信"。中古時多如此用法。（本顧炎武《日知錄》卷三二"信"條）

〔9〕任子：此義同"質子"，即以子爲抵押。

〔10〕輕兵：何焯認爲是"弱者"，"游軍"。（見《義門讀書記》卷二六《三國志·魏志》）吳金華《校詁》據《吳子·論將》及《孫臏兵法·威王問篇》所說的"輕兵"，認爲："'輕兵'乃賤而勇者所率之輕鋭部隊。"

〔11〕虎騎：趙幼文《校箋》謂《文選·檄吴將校部曲文》李善注引"虎"作"彍"，《太平御覽》卷二八五引"虎"又作"驍"。按，虎騎又稱虎豹騎或虎士，是曹操精選壯勇所組成的帳下親兵。這些兵出任征戰，入供宿衛。（參何兹全《魏晉的中軍》，載《讀史集》，上海人民出版社1982年版）

〔12〕涼州：漢靈帝中平以後，迄於建安末，刺史治所隴縣，在今甘肅甘谷縣東。（本王先謙《續漢書·郡國志集解》引馬與龍説）

〔13〕馮（píng）翊（yì）：即左馮翊，漢代所謂"三輔"之一。馮翊原治所高陵縣，在今陝西高陵縣西南。漢獻帝"建安初，關中始開，詔分馮翊西數縣爲左内史郡，治所高陵；以東數縣爲本郡，治所臨晉"。（詳本書卷二三《裴潛傳》注引《魏略》）臨晉縣治所在今陝西大荔縣。

〔14〕西河：指今山西與陝西間自北向南流的一段黄河。

〔15〕爲不可勝：謂造成對方無法取勝的條件。《孫子兵法·形篇》云："先爲不可勝，以待敵之可勝。"

〔16〕疾雷不及掩耳：吳金華《〈三國志集解〉箋記》謂此出《六韜·龍韜》："是以急雷不及掩耳，迅雷不及掩目。"

〔17〕適（dí）主：專主，指統一的主帥。

[18] 奄：盧弼《集解》本作"掩"，百衲本、殿本、校點本作"奄"。今從百衲本等。

[19] 公：趙幼文《校箋》謂《北堂書鈔》卷一二五、《藝文類聚》卷七〇引"公"下俱有"恚"字。

[20] 比渡：百衲本、殿本作"北渡"。盧弼《集解》本、校點本作"比渡"，郝經《續後漢書》亦作"比渡"。今從《集解》本等。

[21] 多：盧弼《集解》謂《太平御覽》作"純"。

[22] 城：各本皆作"壘"。盧弼《集解》謂《水經·渭水注》作"城"。趙幼文《校箋》謂《白孔六帖》卷九、《太平御覽》卷一九〇引"壘"字俱作"城"。今從盧、趙說改。

[23] 運水：今本《水經·渭水注》作"埵水"。吳金華《校詁》謂："運水"，影明本《永樂大典》及明抄本《水經·渭水注》作"搹水"，於義爲勝。意者，《曹瞞傳》本作"搹水"，後人改爲"運水""埵水"。蓋其時"搹"字已罕見。《一切經音義》引《淮南子》許慎注："搹，擔之。"

[24] 城：盧弼《集解》謂《讀史方輿紀要》卷五四謂沙城在華州蒲城縣東沮水側。蒲城縣，治所在今陝西蒲城縣。

[25] 可爲：趙幼文《校箋》謂《册府元龜》卷一〇〇"爲"字作"設"。　木行馬：古時官府門前以木交叉成似欄杆的障礙物，用以擋路，稱爲行馬。

[26] 公然之：趙幼文《校箋》謂《册府元龜》"公"下有"甚"字。

[27] 重沓：胡三省《通鑑釋文辯誤》卷三云："史炤《釋文》曰：'重沓，重足著地也。'余按：《漢書》所謂'重足而立'，言人畏懼之甚，不敢并足著地，故重足而立也。此直謂秦人、胡人夙知曹操之威名，聚而觀之，前後重沓，安有重足著地之事哉？"按，《顏氏家訓·書證》云："重沓，是多饒積厚之意。"則此當爲人多擁擠之意。

［28］爾：百衲本、盧弼《集解》本作"爾"。殿本、校點本作"汝"。今從百衲本等。

［29］京：縣名。治所在今河南滎陽市東南。 索：亭名。屬京縣。（本《續漢書・郡國志》劉昭注引應劭説）按，校點本在"京索"間加頓號，不當，今將頓號移於"滎陽"後。

［30］築垣牆如街巷：此句及上句見《漢書・高帝紀》漢二年五月注引應劭説。

　　冬十月，軍自長安北征楊秋，圍安定。秋降，復其爵位，使留撫其民人。〔一〕十二月，自安定還，留夏侯淵屯長安。

　　〔一〕《魏略》曰：楊秋，黃初中遷討寇將軍，[1]位特進，封臨涇侯，以壽終。

　　[1] 討寇將軍：魏置，第五品。

　　十七年春正月，公還鄴。天子命公贊拜不名，[1]入朝不趨，[2]劍履上殿，如蕭何故事。[3]馬超餘衆梁興等屯藍田，[4]使夏侯淵擊平之。割河内之蕩陰、朝歌、林慮，[5]東郡之衛國、頓丘、東武陽、發干，[6]鉅鹿之廮陶、曲周、南和，[7]廣平（之）、任（城），[8]趙之襄國、邯鄲、易陽以益魏郡。[9]

　　冬十月，公征孫權。[10]

　　[1] 贊拜：古時臣下朝拜天子，司儀在旁唱禮，唱禮時直呼朝拜者姓名。

〔2〕趨：此指小步快走，表示恭敬。

〔3〕蕭何：沛人，助漢高祖劉邦定天下，功第一。劉邦賜予劍履上殿，入朝不趨的待遇。（詳《史記》卷五三《蕭相國世家》）

〔4〕藍田：縣名。治所在今陝西藍田縣西。

〔5〕蕩陰：縣名。治所在今河南湯陰縣西南。　朝歌：縣名。治所在今河南淇縣。　林慮：縣名。治所在今河南林州市。

〔6〕衛國：縣名。治所在今河南清豐縣東南。

〔7〕鉅鹿：郡名。治所廮（yǐng）陶縣，在今河北寧晉縣西南。　曲周：縣名。治所在今河北曲周縣東北。　南和：縣名。治所在今河北南和縣。

〔8〕廣平任：各本皆作"廣平之任城"。錢大昕云："光武并廣平國入鉅鹿郡，此後未見復置，疑'廣平'下衍一'之'字；任城屬兖州，不當以益魏郡，蓋衍一'城'字。"（《廿二史考異》卷一五）謝鍾英亦云："廣平是縣，屬鉅鹿，志衍'之'字，宜刪。任城屬東平，任縣屬鉅鹿，志衍'城'字。"（見《補三國疆域志補注》）按，錢、謝說有理，今從删二字。則廣平、任皆縣名。廣平縣治所在河北雞澤縣東南。任縣治所在今河北任縣東南。

〔9〕趙：王國名。治所邯鄲縣，在今河北邯鄲市西南。　襄國：縣名。治所在今河北邢臺縣西南。

〔10〕公征孫權：梁章鉅《旁證》謂《文選》有陳孔璋《檄吳將校部曲文》，當即此時所作。凌廷堪則認為，陳檄文僅見於《文選》，《三國志》與裴注皆不載；又檄文首稱"尚書令彧"，而荀彧卒於建安十七年，檄文中所言之事，有建安十七年以後至二十年之事，則檄首列彧名未詳。盧弼《集解》則認為《文選》載阮瑀《為曹公作書與孫權》，措詞甚婉，當作於建安十七年征權時，至於陳檄文，有醜詆之言，當為後作。

十八年春正月，進軍濡須口，[1]攻破權江西營，獲權都督公孫陽,[2]乃引軍還。詔書并十四州,[3]復爲九州。夏四月,至鄴。

五月丙申,天子使御史大夫郗慮持節策命公爲魏公〔一〕曰:[4]

朕以不德,少遭愍凶,[5]越在西土,[6]遷於唐、衛。[7]當此之時,若綴旒然,〔二〕宗廟乏祀,社稷無位;羣凶覬覦,[8]分裂諸夏,[9]率土之民,[10]朕無獲焉,即我高祖之命將墜於地。朕用夙興假寐,震悼於厥心,曰"惟祖惟父,股肱先正,〔三〕其孰能恤朕躬"?[11]乃誘天衷,誕育丞相,保乂我皇家,弘濟於艱難,朕實賴之。今將授君典禮,其敬聽朕命。

昔者董卓初興國難,羣后釋位以謀王室,〔四〕[12]君則攝進,首啓戎行,此君之忠於本朝也。後及黃巾反易天常,侵我三州,[13]延及平民,君又翦之以寧東夏,[14]此又君之功也。韓暹、楊奉專用威命,君則致討,克黜其難,遂遷許都,[15]造我京畿,設官兆祀,[16]不失舊物,[17]天地鬼神於是獲乂,此又君之功也。袁術僭逆,肆於淮南,懾憚君靈,用丕顯謀,蘄陽之役,[18]橋蕤授首,稜威南邁,[19]術以隕潰,[20]此又君之功也。迴戈東征,呂布就戮,乘轅將返,[21]張楊殂斃,[22]眭固伏罪,張繡稽服,[23]此又君之功也。袁紹逆亂天常,[24]謀危社稷,憑恃其衆,稱兵内侮,[25]當此之時,王師寡弱,天下寒心,莫有固志，君執大節，[26]精貫白日，奮其武怒，運其神策，致屆官渡，大殲醜類，[五]俾我國家拯于危墜，此又君之功也。濟師洪河，[27]拓定四州，[28]袁譚、高幹，咸梟其首，海盜奔迸，[29]黑山順軌，[30]此又君之功也。烏丸三種，[31]崇亂二世，袁尚因之，逼據塞北，[32]束馬縣車，[33]一征而滅，此又君之功也。劉表背誕，不供貢職，王師首路，威風先逝，百城八郡，[34]交臂屈膝，此又君之功也。馬超、成宜，同惡相濟，濱據河、潼，[35]求逞所欲，殄之渭南，獻馘萬計，[36]遂定邊境，[37]撫和戎狄，此又君之功也。鮮卑、丁零，[38]重譯而至，（單于）〔箄于〕、白屋，[39]請吏率職，此又君之功也。君有定天下之功，重之以明德，[40]班敘海內，宣美風俗，旁施勤教，恤慎刑獄，吏無苛政，民無懷慝；[41]敦崇帝族，表繼絕世，[42]舊德前功，罔不咸秩；雖伊尹格于皇天，[43]周公光于四海，方之蔑如也。

朕聞先王並建明德，[44]胙之以土，[45]分之以民，崇其寵章，備其禮物，所以藩衛王室，左右厥世也。其在周成，管、蔡不靜，[46]懲難念功，乃使邵康公賜齊太公履，[47]東至於海，西至於河，南至於穆陵，[48]北至於無棣，[49]五侯九伯，[50]實得征之，世祚太師，[51]以表東海；爰及襄王，亦有楚人不供王職，[52]又命晉文登爲侯伯，[53]錫以二輅、虎賁、鈇鉞、秬鬯、弓矢，大啓南陽，[54]世作盟主。故周室之不壞，繫二國是賴。[55]今君稱丕顯德，明保朕躬，奉答天命，導揚弘烈，綏爰九域，[56]莫不率俾，[六]功高於伊、周，而賞卑於齊、晉，朕甚恧焉。朕以眇眇之身，託於兆民之上，永思厥艱，若涉淵水，[57]非君攸濟，朕無任焉。今以冀州之河東、河內、魏郡、趙國、中山、常山、鉅鹿、安平、甘陵、平原凡十郡，封君爲魏公。[58]錫君玄土，苴以白茅，爰契爾龜，用建冢社。[59]昔在周室，畢公、毛公入爲卿佐，[60]周、邵師保出爲二伯，[61]外內之任，君實宜之。其以丞相領冀州牧如故。[62]又加君九錫，[63]其敬聽朕命。[64]以君經緯禮律，爲民軌儀，使安職業，無或遷志，是用錫君大輅、戎輅各一，玄牡二駟。君勸分務本，[65]稼人昏作，[七][66]粟帛滯積，大業惟興，是用錫君袞冕之服，[67]赤舃副焉。[68]君敦尚謙讓，俾民興行，少長有禮，上下咸和，是用錫君軒縣之樂，[69]六佾之舞。[70]君翼宣風化，爰發四方，[71]遠人革面，[72]華夏充實，是用錫君朱戶以居。君研其明哲，思帝所難，[73]官才任賢，羣善必舉，是用錫君納陛以登。[74]君秉國之鈞，[75]正色處中，纖毫之惡，靡不抑退，是用錫君虎賁之士三百人。君糾虔天刑，章厥有罪，[八][76]犯關干紀，莫不誅殛，是用錫君鈇鉞各一。君龍驤虎視，旁眺八維，掩討逆節，折衝四海，是用錫君彤弓一，彤矢百，玈弓十，玈矢千。

君以溫恭爲基，孝友爲德，明允篤誠，感于朕思，是用錫君秬鬯一卣，珪瓚副焉。魏國置丞相已下羣卿百寮，皆如漢初諸侯王之制。往欽哉，[77]敬服朕命！簡恤爾衆，時亮庶功，[78]用終爾顯德，對揚我高祖之休命！〔九〕

〔一〕《續漢書》曰：慮字鴻豫，山陽高平人。少受業于鄭玄，[79]建安初爲侍中。

虞溥《江表傳》曰：[80]獻帝嘗特見慮及少府孔融，問融曰："鴻豫何所優長？"融曰：[81]"可與適道，未可與權。"慮舉笏曰："融昔宰北海，政散民流，其權安在也！"[82]遂與融互相長短，以至不睦。[83]公以書和解之。[84]慮從光祿勳遷爲大夫。[85]

〔二〕《公羊傳》曰："君若贅旒然。"贅，猶綴也。[86]何休云："旒，旂旒也。[87]以旒譬者，言爲下所執持東西也。"

〔三〕《文侯之命》曰：[88]"亦惟先正。"鄭玄云："先正，先臣，謂公卿大夫也。"

〔四〕《左氏傳》曰："諸侯釋位以閒王政。"[89]服虔曰："言諸侯釋其私政而佐王室。"

〔五〕《詩》曰："致天之屆，于牧之野。"[90]鄭玄云："屆，極也。"《鴻範》曰："鯀則殛死。"

〔六〕《盤庚》曰："綏爰有衆。"鄭玄曰："爰，於也，安隱於其衆也。"

《君奭》曰："海隅出日，罔不率俾。"率，循也。俾，使也。四海之隅，日出所照，無不循度而可使也。

〔七〕《盤庚》曰："墮農自安，不昏作勞。"鄭玄云："昏，勉也。"

〔八〕"糾虔天刑"語出《國語》，韋昭注曰："糾，察也。虔，敬也。刑，法也。"

〔九〕後漢尚書左丞潘勗之辭也。[91]勗字元茂，陳留中牟人。

《魏書》載公令曰："夫受九錫，廣開土宇，周公其人也。漢之異姓八王者，[92]與高祖俱起布衣，剗定王業，其功至大，吾何可比之？"前後三讓。[93]於是中軍師陵樹亭侯荀攸、[94]前軍師東武亭侯鍾繇、左軍師涼茂、右軍師毛玠、平虜將軍華鄉侯劉勳、[95]建武將軍清苑亭侯劉若、[96]伏波將軍高安侯夏侯惇、[97]揚武將軍都亭侯王忠、[98]奮威將軍〔高〕樂鄉侯（劉）〔鄧〕展、[99]建忠將軍昌鄉亭侯鮮于輔、[100]奮武將軍安國亭侯程昱、[101]太中大夫都鄉侯貫詡、[102]軍師祭酒千秋亭侯董昭、[103]都亭侯薛洪、南鄉亭侯董蒙、關內侯王粲、傅巽、[104]祭酒王選、袁渙、王朗、張承、[105]任藩、杜襲、中護軍國明亭侯曹洪、[106]中領軍萬歲亭侯韓浩、[107]行驍騎將軍安平亭侯曹仁、[108]領護軍將軍王圖、長史萬潛、謝奐、袁霸等勸進曰："自古三代，胙臣以土，受命中興，封秩輔佐，皆所以襃功賞德，爲國藩衛也。往者天下崩亂，羣凶豪起，顛越跋扈之險，不可忍言。明公奮身出命以徇其難，誅二袁篡盜之逆，滅黃巾賊亂之類，殄夷首逆，芟撥荒穢，沐浴霜露二十餘年，書契巳來，未有若此功者。昔周公承文、武之迹，受巳成之業，高枕墨筆，拱揖羣后，商、奄之勤，[109]不過二年，呂望因三分有二之形，[110]據八百諸侯之勢，暫把旄鉞，一時指麾，然皆大啓土宇，跨州兼國。周公八子，[111]並爲侯伯，白牡騂剛，[112]郊祀天地，典策備物，擬則王室，榮章寵盛如此之弘也。逮至漢興，佐命之臣，張耳、吳芮，[113]其功至薄，亦連城開地，南面稱孤。此皆明君達主行之於上，賢臣聖宰受之於下，三代令典，漢帝明制。今比勞則周、呂逸，計功則張、吳微，論制則齊、魯重，言地則長沙多；然則魏國之封，九錫之榮，況於舊賞，[114]猶懷玉而被褐也。[115]且列侯諸將，幸攀龍驥，[116]得竊微勞，佩紫懷黃，[117]蓋以百數，亦將因此傳之萬世，而明公獨辭賞於上，將使其下懷不自安，上違聖朝歡心，下失冠帶至望，忘輔弼之大業，信匹夫之細行，攸等所大懼也。"於是公敕外爲章，但受魏郡。攸等復曰："伏見魏國初封，聖朝發慮，稽謀羣寮，然後策命；而明公久違上指，不即大禮。今既虔奉詔命，副順衆望，又欲辭多當少，讓九受一，[118]是猶漢朝之賞不行，而攸等之請未許也。昔齊、魯之封，奄有東海，疆域井賦，四百萬家，基隆業廣，易以立功，故能成翼戴之勳，立一匡之績。[119]今魏國雖有十郡之名，猶減于曲阜，計其戶數，不能參半，[120]以藩衞王室，立垣樹屏，猶未足也。且聖上覽亡秦無輔之禍，懲曩日震蕩之艱，託建忠賢，廢墜是爲，願明公恭承帝命，無或拒違。"公乃受命。

《魏略》載公上書謝曰："臣蒙先帝厚恩，致位郎署，受性疲怠，[121]意望畢足，非敢希望高位，庶幾顯達。會董卓作亂，義當死難，故敢奮身出命，摧鋒率衆，遂值千載之運，奉役目下。[122]當二袁炎沸侵侮之際，陛下與臣寒心同憂，顧瞻京師，進受猛敵，常恐君臣俱陷虎口，誠不自意能全首領。賴祖宗靈祐，醜類夷滅，得使微臣竊名其間。陛下加恩，授以上相，封爵寵祿，豐大弘厚，生平之願，實不望也。口與心計，幸且待罪，[123]保持列侯，遺付子孫，自託聖世，永無憂責。不意陛下乃發盛意，開國備錫，以貺愚臣，地比齊、魯，禮同藩王，非臣無功所宜膺據，[124]歸情上聞，不蒙聽許，嚴詔切至，誠使臣心俯仰逼迫。伏自惟省，列在大臣，命制王室，身非己有，豈敢自私，遂其愚意，亦將黜退，令就初服。[125]今奉疆土，備數藩翰，非敢遠期，慮有後世；至於父子相誓終身，灰軀盡命，報塞厚恩。天威在顏，悚懼受詔。"

[1] 濡須口：古濡須水在今安徽境，源出巢湖，東南流，經今無爲縣東南入長江。入長江處稱爲濡須口。

[2] 都督：官名。東漢末之軍事長官或領兵將帥。領兵多少和職權大小没有一定。

[3] 十四州：指司、豫、冀、兖、徐、青、荆、揚、益、涼、雍、并、幽、交。復爲九州，是省幽州、并州，以其郡國并於冀州；省司隸校尉及涼州，以其郡國并於雍州；省交州，并入荆州、益州。於是有兖、豫、青、徐、荆、揚、冀、益、雍九州。（本《後漢書》卷九《獻帝紀》李賢注引《獻帝春秋》）又省并後九州所轄之郡，《續漢書·百官志》劉昭注引《獻帝起居注》有具體説明。這次省并，冀州地區擴大，曹操爲冀州牧，勢力增强。

[4] 策：《文選》載有此文，題作潘元茂《册魏公九錫文》，李善注引《説文》曰："册，符命也。"何焯云："關中定而後魏公九錫之事成矣。魏公之命，及丕禪受之際，但録册書而不著其僞讓。承祚之微詞，所以殊於他史者也。"（《義門讀書記》卷二六《三國志·魏志》）《後漢書·獻帝紀》直載此事云："曹操自立爲魏公，加九錫。"

[5] 愍：《文選》作"閔"。憂患之義。

[6] 越在西土：指被董卓劫持到長安。

[7] 遷於唐衛：獻帝到長安後，關中又大亂，獻帝便東出，渡黄河，至安邑、聞喜，又至洛陽。安邑、聞喜在河東，河東乃古唐國地；自聞喜入洛陽，必經河内，河内爲古衛國地，故云"遷於唐衛"。（參《文選》李善注）

[8] 羣凶：指董卓、袁紹、袁術等人。

[9] 分裂諸夏：梁章鉅《旁證》謂《文選》六臣本作"連城帶邑"。（以下所校，多爲《旁證》之校，不再注明）

[10] 率土之民：《文選》作"一人尺土"。

[11] 能：《文選》無"能"字。

[12] 羣后：殿本作"羣臣"，百衲本、盧弼《集解》本、校點本作"羣后"。今從百衲本等。羣后，古稱君主爲后，羣后謂諸侯。此指當時的州牧、郡守。

[13] 三州：指青、冀、兖三州。

[14] 君又勦之：《文選》作"君又討之，剪除其迹"。

［15］遷：《文選》作"建"。

［16］兆祀：爲壇域以祭祀。

［17］舊物：過去的典章文物。

［18］蘄（qí）陽：即蘄縣。謝鍾英云："按《水經注》，蘄水自建城縣東南逕蘄縣，縣在蘄水北，故三國時稱蘄陽也。"（《補三國疆域志補注》）蘄縣治所在今安徽宿州市南蘄縣集。

［19］稜威：百衲本、殿本、校點本均作"稜威"。盧弼《集解》本作"棱威"，今從百衲本等。　南邁：《文選》作"南厲"。

［20］隕：《文選》作"殞"

［21］轅：《文選》作"軒"。

［22］殂：《文選》作"沮"。

［23］服：《文選》作"伏"。

［24］逆亂天常：《文選》作"逆常"，無"亂""天"二字。

［25］稱兵内侮：舉兵向内侵凌朝廷。

［26］執：盧弼《集解》謂袁宏《後漢紀》作"秉"。

［27］洪河：大河，黃河。

［28］四州：指冀、青、兖、并四州。

［29］海盗：指管承。

［30］黑山：指張燕等黑山起義軍。

［31］烏丸三種：即三郡烏丸。

［32］逼據：趙幼文《校箋》云："《後漢紀・靈帝紀》'據'字作'處'。"按，當云《後漢紀・獻帝紀》。

［33］束馬縣車：此語見《管子・封禪篇》。言翻山越嶺之困難，山路險峻，須纏束其馬，鈎懸其車而過。

［34］百城：舉其整數而言，荆州有縣城一百多。　八郡：指荆州所轄的長沙、零陵、桂陽、南陽、江夏、武陵、南郡、章陵等八郡。其中章陵郡不見於《續漢書・郡國志》，乃建安初立，見於本書《趙儼傳》《劉表傳》注引《傅子》等。（參吳增僅《三國郡縣表》）

[35] 潼：潼關。

[36] 馘（guó）：割取敵人的左耳稱馘，故俘虜亦稱馘。

[37] 境：《文選》作"城"，《後漢紀》亦同。

[38] 丁零：古代北方與匈奴相近的少數民族。南北朝時稱爲敕勒或高車。

[39] 箄（bì）于白屋："箄于"各本皆作"單于"。《文選》李善注謂"單于疑字誤"，當從《博物志》作"箄于"。校點本即據李説改，今從之。箄于、白屋都是古代北方少數民族。箄于即後世的契丹，白屋即後世的靺鞨。

[40] 重之：《文選》無"之"字。

[41] 無懷慝（tè）：《文選》作"不回慝"。李善注引《左傳》杜預注："回慝，惡也。"

[42] 表：《文選》作"援"。

[43] 伊尹：商初大賢臣。《尚書·君奭》："時則有若伊尹，格于皇天。"格，至。言伊尹之德高至於天。

[44] 建明德：《左傳·定公四年》：子魚曰："昔武王克商，成王定之，選建明德，以蕃屏周。"建，封建，分封。明德，明德之人。

[45] 胙之以土：《左傳·隱公八年》：衆仲曰："天子建德，因生以賜姓，胙之土而命之氏。"胙，賞賜。

[46] 管蔡：管叔和蔡叔，周武王之弟。成王即位年幼，周公攝政，管叔、蔡叔誹謗周公將篡位；後又和商王紂之子武庚叛亂，被周公平定。（本《史記》卷三三《魯周公世家》） 不静：《文選》作"不靖"。

[47] 邵康公：即邵公奭，曾助周武王滅商，成王時爲太保。賜：《文選》作"錫"。 齊太公：即吕尚，佐周武王滅商，封於齊。 履：踐踏，謂所踐踏之範圍，亦即權力所及之範圍。

[48] 穆陵：關名。後世稱爲大峴關，在今山東臨朐縣東南。

[49] 無棣：齊國北境地名。在今河北鹽山縣和山東無棣

［50］五侯九伯：指天下諸侯。五侯，公、侯、伯、子、男五等爵。九伯，九州之長。以上各句見《左傳·僖公四年》所載管仲對楚使語。

［51］世祚太師：《左傳·襄公十四年》：王使劉定公賜齊侯命曰："世胙大師，以表東海。"胙，通"祚"，位。太師，西周三公之最尊者。

［52］不供王職：不向周天子朝貢述職。

［53］晉文登爲侯伯：《左傳·僖公二十八年》："五月丙午，晉侯及鄭伯盟于衡雍。丁未，獻楚俘于王。""己酉，王享醴。""策命晉侯爲侯伯，賜之大輅之服、戎輅之服、彤弓一、彤矢百、玈弓矢千、秬鬯一卣、虎賁三百人。"

［54］大啓南陽：《左傳·僖公二十五年》："晉侯朝王。王饗醴，命之宥，請隧，弗許。""與之陽樊、溫、原、攢茅之田，晉于是始啓南陽。"啓，開拓。南陽，指今河南太行山南黃河以北地區。

［55］繄（yī）：語氣詞。 二國：指齊、晉二國。《左傳·襄公十四年》：王使劉定公賜齊侯命曰："王室之不壞，伯舅是賴。"

［56］綏爰：趙幼文《校箋》謂《後漢紀》作"綏寧"。

［57］淵水：殿本、盧弼《集解》本、校點本作"淵冰"，百衲本、《文選》作"淵水"。郝經《續後漢書》亦作"淵水"。今從百衲本。《尚書·大誥》："已！予惟小子，若涉淵水。"若涉淵水，比喻心之憂懼。

［58］魏公：梁章鉅《旁證》謂《文選》"魏公"下有"使使持節御史大夫慮授君印綬册書金虎符第一至第五竹使符第一至第十"凡三十一字。蓋因其前已云"五月丙申天子使御史大夫郗慮持節"云云而刪也。

［59］玄土：黑土。 苴（jū）：包裹。 㶣：灼，燒灼。 冢社：即大社。《禮記·祭法》："王爲羣姓立社曰大社。"灼龜以卜，用立冢社。《文選》李善注引《尚書緯》："天子社，東方青，南方

赤，西方白，北方黑。上冒以黄土。將封諸侯，各取方土，苴以白茅以爲社。"漢獻帝封曹操爲魏公，魏在北方，故用白茅包裹玄土賜予曹操以立社。

［60］畢公毛公：畢、毛，周初國名。畢公高，毛公鄭，皆入爲天子公卿。

［61］師保：太師、太保。周公爲太師，邵公爲太保。　二伯：指周公、邵公分陝而治。《公羊傳·隱公五年》："自陝而東者，周公主之；自陝而西者，召公主之。"

［62］如故：《文選》"如故"下有"今更下傳璽肅將朕命以允華夏其上故傳武平侯印綬今"二十三字。

［63］九錫：古代天子賜給大臣的最高禮遇。《漢書》卷六《武帝紀》注引應劭云："九錫者，一曰車馬，二曰衣服，三曰樂器，四曰朱戶，五曰納陛，六曰虎賁百人，七曰鈇鉞，八曰弓矢，九曰秬鬯。"

［64］朕命：盧弼《集解》謂《文選》作"後命"。李善注云："《左氏傳》宰孔曰：且有後命。"趙幼文《校箋》謂"朕"字當從《文選》作"後"。考《吳書·孫權傳》載《魏賜九錫文》及《孫權傳》注引《江表傳》載《公孫淵九錫文》皆有"其敬聽後命"之語。是當時策文如此，其用語應相同，此作"朕命"或脫改也。按，趙說雖有理，而《後漢紀·獻帝紀》及《藝文類聚》卷五三載《策魏公九錫文》皆作"朕命"，故因仍不改。

［65］勸分：《左傳·僖公二十一年》：臧文仲曰："非旱備也。修城郭、貶食、省用、務穡、勸分，此其務也。"楊伯峻注："勸分者，勸其有儲積者分施之也。"

［66］穡（sè）人：《文選》作"嗇民"。穡人，農人。

［67］袞（gǔn）：天子、上公所穿繡龍之禮服。　冕（miǎn）：天子、諸侯、卿大夫之禮冠。

［68］舄（xì）：複底鞋。《周禮·天官冢宰·屨人》鄭玄注：鄭司農云："王吉服有九，舄有三等，赤舄爲上。"　副：相配。

［69］軒縣之樂：三面懸掛樂器。周代懸掛樂器的制度，天子宮懸，諸侯軒懸。宮懸，四面懸掛。軒懸，少去一面，即三面懸挂。（本《通鑑》卷六六漢獻帝建安十八年胡三省注）

［70］佾（yì）：舞的行列。周代舞佾的制度，天子八佾，即縱橫皆八人，八八六十四人。諸侯六佾，六六三十六人。（本《通鑑》卷六六漢獻帝建安十八年胡三省注）

［71］發：盧弼《集解》謂袁宏《後漢紀》作"及"。

［72］革面：《文選》作"回面"。回面，謂回面內向。

［73］思帝所難：《尚書·皋陶謨》："惟帝其難之，知人則哲，能官人。"帝，指堯。意謂，知人善任之道，帝堯也以之爲難。

［74］納陛：納，內。陛，帝王登殿之臺階。帝王升陛欲不露，故内之於檐下，稱爲納陛。（參《漢書》卷九九《王莽傳》注引孟康説）

［75］秉國之鈞：此語見《詩·小雅·節南山》。意謂執掌國家大政。

［76］章：露，公布。

［77］往：《文選》"往"上有"君"字。

［78］時亮庶功：謂時時明察衆事。

［79］鄭玄：字康成，北海高密（今山東高密縣西南）人，東漢末的大經學家。

［80］虞溥：字允源，高平昌邑（今山東金鄉縣西北）人。西晋時爲鄱陽内史，大興學校。曾注《春秋》經、傳，撰《江表傳》及文章詩賦數十篇。卒於洛陽。子勃過江，上《江表傳》於元帝，詔藏於秘書。（詳《晋書》卷八二《虞溥傳》）《隋書·經籍志》未著録《江表傳》，今校點本《舊唐書·經籍志》雜史類著録爲五卷，雜傳類卻未著録（沈家本、盧弼謂著録三卷）。又本書《高貴鄉公紀》裴注謂虞溥爲晋之令史，其"《江表傳》粗有條貫"。章宗源《隋書經籍志考證》謂裴松之徵引此書最多，皆述魏蜀吳事，而以吳事尤詳。（參沈家本《三國志裴注所引書目》）

［81］融曰：孔融此語見《論語·子罕》。子曰："可與共學，未可與適道。可與適道，未可與立。可與立，未可與權。"適，往、赴。道，理。權，權衡輕重。

［82］也：殿本作"哉"，百衲本等皆作"也"。今從百衲本。

［83］以至：殿本作"以致"，百衲本等作"以至"。今從百衲本。

［84］和解之：《後漢書》卷七〇《孔融傳》謂孔融多次嘲諷曹操，曹操甚爲不滿。郗慮遂承望風旨，以微法奏免融官。曹操遂假意與孔融書，和解與郗慮之嫌隙。其書俱載《後漢書》。

［85］從：百衲本作"徙"，殿本、盧弼《集解》本、校點本作"從"。今從殿本等。　大夫：此指御史大夫。

［86］贅猶綴也：盧弼《集解》謂：此四字各本皆在"何休云"之上，誤。局本改正。《文選》注在"何休云"之下。校點本亦在"何休云"之下。趙幼文《校箋》則謂"贅猶綴也"疑非何休注，乃裴松之釋文，當在"何休云"之上。按趙説是。今檢《公羊傳·襄公十六年》"君若贅旒然"何休注云："旒，旒旒。贅，繫屬之辭，若今俗名就婿爲贅婿矣。以旒旒喻者，爲下所執持東西。"是"贅猶綴也"非何休之注，乃裴松之之釋。今仍從百衲本等將"贅猶綴也"置於"何休云"上。

［87］旂（qí）：繪龍有鈴之旗。　旒：旂上之飄帶。

［88］文侯之命：《尚書》中之一篇。以下《鴻（洪）範》《盤庚》《君奭》均《尚書》之篇章。

［89］諸侯釋位以間王政：此語見《左傳·昭公二十六年》。

［90］于牧之野：此詩見《詩·魯頌·閟宮》。

［91］尚書左丞：官名。秩四百石，總典尚書臺事務。　潘勗：詳情見本書卷二一《衛覬傳》注引《文章志》。按《文章志》所載，潘爲尚書左丞在建安二十年（215），建安十八年尚爲尚書右丞。

［92］漢之異姓八王：漢高祖劉邦封劉姓以外的八王，即趙王張耳、韓王信、長沙王吳芮、梁王彭越、淮南王英布、燕王臧荼、

齊王韓信、燕王盧綰。

［93］三讓：《藝文類聚》卷五三載有一篇曹操《讓九錫表》，侯康《補注續》及盧弼《集解》均全文轉録。盧氏並云："按表文當爲第二次所上也。"因文長，不轉録。

［94］中軍師：官名。建安中曹操置，爲丞相府重要僚屬，位在前、左、右軍師之上。參軍國大事，並典刑獄。　陵樹亭侯：百衲本、殿本作"王淩謝亭侯"。殿本《考證》何焯曰："'王'字衍文，'淩謝'當爲'陵樹'。苟攸本傳，冀州平，太祖表封爲陵樹亭侯也。"陳景雲、趙一清也有類似之説。校點本即據何、陳、趙之説改。盧弼《集解》本亦作"陵樹亭侯"。今從之。

［95］平虜將軍：官名。魏置爲第三品。劉勳事主要見本書卷一二《司馬芝傳》裴注引《魏略》。

［96］建武將軍：官名。魏置爲第四品。

［97］伏波將軍：官名。魏置爲第五品。　高安侯：本書卷九《夏侯惇傳》作"高安鄉侯"。

［98］揚武將軍：官名。魏置爲第四品。王忠事見本書卷一《武帝紀》建安四年裴注引《魏略》。

［99］奮威將軍：官名。魏置爲第四品。　高樂鄉侯鄧展：各本皆作"樂鄉侯劉展"。潘眉《考證》謂當依《典論》作"鄧展"。沈家本《瑣言》又謂顏師古《漢書叙例》謂鄧展南陽人，建安中爲奮威將軍，封高樂鄉侯。則此"樂鄉侯"上奪一"高"字。今從潘、沈説增改。

［100］建忠將軍：官名。魏置爲第五品。　昌鄉亭侯：盧弼《集解》謂《魏公卿上尊號碑》作"南昌亭侯"。

［101］奮武將軍：官名。魏置，第四品。

［102］太中大夫：官名。魏太中大夫秩千石，第七品。凡大夫、議郎皆掌顧問應對，無常事。　都鄉侯：本書卷一〇《賈詡傳》作"都亭侯"，魏文帝即位，又進爵爲魏壽鄉侯。

［103］軍師祭酒：本書卷一四《董昭傳》作"司空軍祭酒"。

[104] 傅巽：主要見本書卷二一《傅嘏傳》。

[105] 祭酒：本書卷一一《袁渙傳》作"丞相軍祭酒"，卷一三《王朗傳》作"軍祭酒"，卷二三《杜襲傳》作"丞相軍祭酒"。袁渙：百衲本作"袁奐"，殿本、盧弼《集解》本、校點本均作"袁渙"。今從殿本等。　張承：事見本書卷一一《張範傳》，又"祭酒"作"丞相參軍祭酒"。

[106] 中護軍：官名。魏爲第四品。掌禁兵，總統諸將任，主武官選舉，隸領軍。曹操爲丞相時置護軍，建安十二年改爲中護軍。資重者爲護軍將軍，資輕者爲護軍。

[107] 中領軍：官名。魏爲第三品。掌禁兵，主五校、中壘、武衛三營。

[108] 驍騎將軍：官名。東漢爲雜號將軍，統兵出征，事訖即罷。魏置爲中軍將領，有營兵，遂常設，以功高者任之。第四品。

[109] 商奄之勤：指周公攝政時，商紂王子武庚聯合商東方舊屬奄國等起兵反周，周公帶兵東征，平定叛亂。（詳《史記》卷三三《魯周公世家》及《尚書·大誥》孔傳）

[110] 呂望：即呂尚。呂尚輔助周文王，周的勢力不斷擴大。至周文王晚年，天下三分之二的諸侯已從屬於周。呂尚又輔助周武王滅商。當周武王起兵渡河後，"諸侯不期而會盟津者八百諸侯"。（詳《史記》卷四《周本紀》及《論語·泰伯》）

[111] 周公八子：《左傳·僖公二十四年》：富辰曰："昔周公弔二叔之不咸，故封建親戚以蕃屏周。""凡、蔣、邢、茅、胙、祭，周公之胤也。"楊伯峻注："《漢書·王莽傳》謂'成王廣封周公庶子，六子皆有茅土'，是以此六子皆周公庶子。"又按《史記·魯周公世家》謂周公"於是卒相成王，而使其子伯禽代就封於魯"；"周公卒，子伯禽固已前受封，是爲魯公"。司馬貞《索隱》云："周公元子就封於魯，次子留相王室，代爲周公。其餘食小國者六人，凡、蔣、邢、茅、胙、祭也。"是爲周公八子。

[112] 白牡騂（xīng）剛：《詩·魯頌·閟宮》："皇皇后帝，

皇祖后稷，享以騂犧。""秋而載嘗，夏而福衡。白牡騂剛，犧尊將將。"毛傳："騂，赤犧也。"鄭箋："皇皇后帝，謂天也。成王以周公功大，命魯郊祭天，亦配之以君祖后稷，其牲用赤牛純色，與天子同也。"

[113] 張耳：少與漢高祖劉邦有布衣之交。後與陳餘投陳勝，徇河北，據趙地；又與陳餘矛盾，遂歸劉邦。劉邦封之爲趙王。（見《漢書》卷三二《張耳傳》）　吳芮：秦時爲番陽令。秦末舉兵響應諸侯，其將梅鋗曾與劉邦略地，又從入武關，劉邦因封吳芮爲長沙王。（見《漢書》卷三四《吳芮傳》）

[114] 舊賞：指往代對功臣的賞賜。

[115] 懷玉而被褐：語出《老子》"被褐懷玉"。此處借用其詞，意謂功大賞輕，名不副實。

[116] 龍驥：比喻聖賢之人。此指曹操。

[117] 佩紫懷黃：即佩紫綬懷金印。漢制，將軍以上官，皆金印紫綬。

[118] 讓九受一：指讓九錫，受魏郡。

[119] 一匡之績：此指春秋時齊桓公"霸諸侯，一匡天下"（《論語·憲問》孔子語）的業績。

[120] 不能參半：不到三分之一或一半。"參"通"三"。

[121] 怠：百衲本作"殆"，殿本、盧弼《集解》本、校點本作"怠"。今從殿本等。

[122] 奉役目下：言在漢獻帝前供其驅使。

[123] 待罪：任職之謙稱。

[124] 無功：趙一清《注補》云："無，微也。無功，微（功）也。"

[125] 就初服：猶言還爲布衣。

秋七月，始建魏社稷宗廟。[1]天子聘公三女爲貴人，[2]少者待年于國。〔一〕九月，作金虎臺，[3]鑿渠引漳水入白溝以通河。冬十月，分魏郡爲東西部，置都尉。[4]十一月，初置尚書、侍中、六卿。〔二〕[5]

馬超在漢陽，[6]復因羌、胡爲害，氐王千萬叛應超，屯興國。[7]使夏侯淵討之。

〔一〕《獻帝起居注》曰：使使持節行太常、大司農安陽亭侯王邑，齎璧、帛、玄纁、絹五萬匹之鄴納聘，[8]介者五人，皆以議郎行大夫事，副介一人。

〔二〕《魏氏春秋》曰：以荀攸爲尚書令，涼茂爲僕射，毛玠、崔琰、常林、徐奕、何夔爲尚書，王粲、杜襲、衛覬、和洽爲侍中。

[1] 宗廟：《宋書·禮志三》云："漢獻帝建安十八年五月，以河北十郡封魏武帝爲魏公。是年七月，始建宗廟於鄴，自以諸侯禮立五廟也。後雖進爵爲王，無所改易。"

[2] 三女：曹憲、曹節、曹華。　貴人：内官名。漢光武帝始置，位次皇后，金印紫綬。

[3] 金虎臺：臺高八丈，有屋一百零九間，在銅雀臺南。後曹操又在銅雀臺北建冰井臺，總稱三臺。（詳《水經·濁漳水注》）潘眉《考證》云："凡受九錫者，必有金虎符第一至第五，竹使符第一至第十。公以是年受九錫，金虎臺之作所以彰錫命也。金虎臺去銅雀臺六十步。"

[4] 都尉：官名。西漢置，以輔助郡守，並掌本郡軍事。東漢廢除，僅於邊郡關塞置之。而建安十七年，割河内、東郡、鉅鹿、趙國等所屬諸縣以增廣魏郡，因地廣大，故分爲東西二部，置都尉以治之。

[5] 尚書：官名。魏置吏部、左民、客曹、五兵、度支等五曹

尚書，秩皆六百石，第三品，建安十八年初置。其中吏部職任重要，尚書稱吏部尚書，其餘諸曹均稱尚書。魏又有尚書令一人，僕射二人，與五曹尚書合稱八座。　侍中：官名。秩比二千石。職掌門下衆事，侍從左右，顧問應對。漢靈帝時置侍中寺，不再隸屬少府。獻帝時定員六人，與給事黄門侍郎出入禁中，省尚書奏事。曹魏時定爲三品。　六卿：漢代習慣以太常、光禄勳、衛尉、太僕、廷尉、大鴻臚、宗正、大司農、少府等列卿爲九卿，而王國，則省廷尉、少府、宗正三卿，是爲六卿。曹操爲魏王，名義上亦謙置六卿，而建安二十一年裴松之注引《魏書》説"始置奉常、宗正官"；二十二年又注引《魏書》云"初置衛尉官"。則曹操實際上九卿皆備。又九卿之名不盡與漢同。魏六卿，郎中令、太僕、大理、大農、少府、中衛。曹操又將"太常"稱"奉常"，"廷尉"即"大理"。

[6]漢陽：郡名。治所冀縣，在今甘肅甘谷縣東。
[7]興國：聚邑名。在今甘肅秦安縣東北。
[8]玄纁：幣帛之代稱。

十九年春正月，始耕藉田。[1]南安趙衢、漢陽尹奉等討超，[2]梟其妻子，超奔漢中。韓遂（徙）〔從〕金城入氐王千萬部，[3]率羌、胡萬餘騎與夏侯淵戰，擊，大破之，遂走西平。[4]淵與諸將攻興國，屠之。省安東、永陽郡。[5]

安定太守毌丘興將之官，[6]公戒之曰："羌、胡欲與中國通，自當遣人來，慎勿遣人往。善人難得，必將教羌、胡妄有所請求，因欲以自利；不從便爲失異俗意，從之則無益事。"興至，遣校尉范陵至羌中，陵果教羌，使自請爲屬國都尉。[7]公曰："吾預知當爾，

非聖也,[8]但更事多耳。"〔一〕

〔一〕《獻帝起居注》曰:使行太常事大司農、安陽亭侯王邑與宗正劉艾,[9]皆持節,介者五人,齎束帛駟馬,及給事黃門侍郎、掖庭丞、中常侍二人,[10]迎二貴人于魏公國。二月癸亥,又於魏公宗廟授二貴人印綬。甲子,詣魏公宮延秋門,迎貴人升車。魏遣郎中令、少府、博士、御府乘黃廄令、丞相掾屬侍送貴人。[11]癸酉,二貴人至洧倉中,[12]遣侍中丹將冗從虎賁前後駱驛往迎之。[13]乙亥,二貴人入宮,御史大夫、中二千石將大夫、議郎會殿中,魏國二卿及侍中、中郎二人,[14]與漢公卿並升殿宴。

[1] 藉田:殿本等作"籍田",百衲本作"藉田"。按,二者通,朱駿聲《說文通訓定聲·豫部》:"籍,叚借爲藉。"今從百衲本。藉田,古代天子、諸侯徵用民力所耕之田。每年春天,天子諸侯例至田中親耕,以示重視農業。

[2] 南安:郡名。漢靈帝中平五年從漢陽郡分置,治所獂道,在今甘肅隴西縣東南渭水東岸。

[3] 從:各本皆作"徙",於義不通。趙幼文《校箋》謂郝經《續後漢書》"徙"作"從","從"字是,當據改。今從趙說改。

[4] 西平:郡名。漢獻帝建安中,分金城郡置西平郡;又分臨羌縣置西都縣,爲西平郡治所,在今青海西寧市。

[5] 安東:郡名。不知何時所置,其地當在涼州,郡治已不可考。(參盧弼《集解》)

[6] 毌(guàn)丘:複姓。毌丘興見本書卷二八《毌丘儉傳》。

[7] 屬國都尉:官名。西漢於邊郡置屬國都尉,秩比二千石,主管與少數民族有關事務。東漢亦於邊郡置屬國都尉,而漸漸分縣治民,職如太守。

［8］非聖也：《群書治要》卷二五作"非聖人也"。

［9］安陽亭侯：殿本作"安陽侯"，百衲本、盧弼《集解》本、校點本作"安陽亭侯"。今從百衲本等。

［10］給事黃門侍郎：官名。秩六百石，漢獻帝時置六員，掌侍從左右，關通內外，與侍中平省尚書奏事，因出入禁中，職任顯要。　掖庭丞：官名。宦官爲之，輔佐掖庭令管理宮女事務。東漢分置左右。三國魏沿置。

［11］郎中令：官名。漢代諸侯王國置，掌領王大夫、郎官等宿衛王宮，如朝廷之光禄勳，秩千石。　少府：官名。魏少府秩中二千石，第三品，掌宮中御衣、寶貨、珍膳等。　博士：官名。魏置博士四人，秩比六百石，第六品，屬太常。掌引導乘輿，王公以下應追謚者議定之。　乘黃廄（jiù）令：趙一清云："劉逵《魏都賦》注，鄴城西下有乘黃廄。"《宋書·百官志》："乘黃令一人，掌乘輿車及安車諸馬。魏世置，屬太常。"

［12］洧倉：城名。在今河南鄢陵縣西北。

［13］冗從虎賁（bēn）：即中黃門冗從。東漢置中黃門冗從僕射，秩六百石，統領中黃門冗從，掌宿衛宮禁，直守門户，皇帝出行則騎從，夾乘輿車。名義上隸少府。

［14］二卿：趙一清《注補》謂指郎中令與少府二卿。　中郎：指虎賁中郎，秩比六百石，第七品，無定員。

　　三月，天子使魏公位在諸侯王上，改授金璽、赤紱、遠遊冠。〔一〕[1]

〔一〕《獻帝起居注》曰：使左中郎將楊宣亭侯裴茂持節（印）〔即〕授之。[2]

[1] 金璽、赤紱、遠遊冠：乃東漢諸王所佩用。紱，即綬，繫

印環的絲繩。趙一清《注補》云："三者皆諸侯王之飾，曹公是時雖未膺王爵，而已具其制度矣。"

［2］持節即授之：各本"即"作"印"。郁松年《續後漢書札記》卷二云："案'印'當作'即'，謂即鄴授操也。此沿《志注》之誤。"按，郁說是，"印"字應作"即"，今從郁說改。

秋七月，公征孫權。〔一〕

〔一〕《九州春秋》曰：參軍傅幹諫曰："治天下之大具有二，文與武也；用武則先威，用文則先德，威德足以相濟，而後王道備矣。往者天下大亂，上下失序，明公用武攘之，十平其九。今未承王命者，吳與蜀也，吳有長江之險，蜀有崇山之阻，難以威服，易以德懷。愚以為可且按甲寢兵，息軍養士，分土定封，論功行賞，若此則內外之心固，有功者勸，而天下知制矣。然後漸興學校，以導其善性而長其義節。公神武震於四海，若脩文以濟之，則普天之下，無思不服矣。今舉十萬之眾，頓之長江之濱，若賊負固深藏，則士馬不能逞其能，奇變無所用其權，則大威有屈而敵心未能服矣。唯明公思虞舜舞干戚之義，［1］全威養德，以道制勝。"公不從，軍遂無功。幹字彥材，［2］北地人，［3］終於丞相倉曹屬。有子曰玄。

［1］虞舜舞干戚之義：干，盾。戚，斧。《韓非子·五蠹》云："當舜之時，有苗不服，禹將伐之。舜曰：'不可。上德不厚而行武，非道也。'乃修教三年，執干戚舞，有苗乃服。"意謂舜偃武修文，將干戚用為舞具而不用於戰爭，以修德教而感化有苗，有苗乃服。

［2］彥材：傅幹為漢末漢陽太守傅燮之子。《後漢書》卷五八《傅燮傳》李賢注引《幹集》曰："幹字彥林。"與此不同。又本書

卷一三《鍾繇傳》裴注引司馬彪《戰略》有傅幹事。

[3] 北地：按，《後漢書·傅燮傳》，傅氏乃北地靈州人。而《晉書》卷四七《傅玄傳》謂爲北地泥陽人。又按，靈州、泥陽均北地之轄縣，靈州於漢末廢，魏晉不復置，治所在今寧夏靈武縣境。泥陽雖於漢和帝後廢，後又徙置，寄治馮翊，魏晉因之。治所在今甘肅寧縣東南。（俱本《續漢書·郡國志》王先謙《集解》）蓋西晉有泥陽縣，故謂傅玄爲北地泥陽人。

初，隴西宋建自稱河首平漢王，[1]聚衆枹罕，[2]改元，置百官，三十餘年。遣夏侯淵自興國討之。冬十月，屠枹罕，斬建，涼州平。

公自合肥還。

十一月，漢皇后伏氏坐昔與父故屯騎校尉完書，[3]云帝以董承被誅怨恨公，辭甚醜惡，發聞，后廢黜死，[4]兄弟皆伏法。〔一〕

〔一〕《曹瞞傳》曰：公遣華歆勒兵入宮收后，后閉戶匿壁中。歆壞戶發壁，牽后出。帝時與御史大夫郗慮坐，后被髮徒跣過，執帝手曰："不能復相活邪？"帝曰："我亦不自知命在何時也。"帝謂慮曰："郗公，[5]天下寧有是乎！"[6]遂將后殺之，（完）〔兄弟〕及宗族死者數百人。[7]

[1] 隴西：郡名。原治所狄道，漢安帝永初五年（111）徙於襄武縣，在今甘肅臨洮縣。　河首：《後漢書》卷七二《董卓傳》李賢注云："建以居河上流，故稱'河首'也。"趙一清《注補》又云："河首，地名也。《水經·河水注》引司馬彪曰：西羌者，自析支以西，濱於河首左右居。"

［2］枹（fú）罕：縣名。治所在今甘肅臨夏縣西南枹罕鎮。

［3］校尉：盧弼《集解》本誤作"校討"。

［4］后廢黜死：此事之詳情，見《後漢書》卷一〇《獻帝伏皇后紀》，因文長，不轉錄。

［5］公：胡三省云："漢御史大夫，三公也。故以呼之。"（《通鑑》卷六七漢獻帝建安十九年注）

［6］乎：百衲本、殿本作"乎"，盧弼《集解》本、校點本作"邪"。今從百衲本等。

［7］兄弟：各本作"完"。趙一清《注補》云："完卒在（建安）十四年，疑當作'典'字。典，完之子也。或曰，《皇后紀》'兄弟及宗族死者百餘人'，此'完'字是'兄'之訛，又脫'弟'字耳。"趙幼文《校箋》謂郝經《續後漢書》正作"后兄弟及宗族死者百餘人"。按，《後漢書》卷一〇下《獻帝伏皇后紀》謂父伏完"（建安）十四年卒，子典嗣"；"后在位二十年，兄弟及宗族死者百餘人"。今從"或曰"説據《後漢書》與郝經《續後漢書》改。

十二月，公至孟津。天子命公置旄頭，[1]宫殿設鍾虡。[2]乙未，令曰：[3]"夫有行之士未必能進取，[4]進取之士未必能有行也。陳平豈篤行，蘇秦豈守信邪？[5]而陳平定漢業，蘇秦濟弱燕。由此言之，士有偏短，庸可廢乎！有司明思此義，則士無遺滯，官無廢業矣。"又曰："夫刑，百姓之命也，而軍中典獄者或非其人，而任以三軍死生之事，吾甚懼之。其選明達法理者，使持典刑。"於是置理曹掾屬。[6]

［1］旄頭：皇帝出行時，羽林騎兵披髮先驅，稱爲旄頭。

［2］虡（jù）：古時懸掛鐘磬之木架，架上刻飾猛獸，直者稱虡，橫者稱栒（又寫作"簨"）。漢光武帝曾賜東海王强虎賁、旄頭、鐘虡之樂，是榮寵諸王之制。建安十八年（213）五月，漢獻帝加曹操九錫，其中有虎賁三百人，本年又賜曹操旄頭及鐘虡，則榮寵諸王之先例皆已具備。

［3］令：此令《文館詞林》卷六九五與十五年春令合爲一令，題爲《魏武帝舉士令》。

［4］進取：《文館詞林》作"進趣"。下同。

［5］蘇秦：戰國縱橫家。曾説燕、趙、韓、魏、齊、楚六國聯合抗秦。秦從中破壞，六國約解，齊乃乘燕喪伐燕，取十城。蘇秦復説齊王，齊遂歸燕十城。有人便毁蘇秦説："左右賣國反覆之臣也。"（《史記》卷六九《蘇秦列傳》） 豈：《文館詞林》作"寧"。邪：《文館詞林》作"也"。

［6］理曹：典司法刑獄的官署。 掾（yuàn）屬：屬官之通稱。漢魏三公府及其他重要官府，皆置掾屬，分曹治事，正曰掾，副曰屬。

二十年春正月，天子立公中女爲皇后，省雲中、定襄、五原、朔方郡，[1]郡置一縣領其民，合以爲新興郡。[2]

三月，公西征張魯，至陳倉，[3]將自武都入氐；[4]氐人塞道，先遣張郃、朱靈等攻破之。夏四月，公自陳倉以出散關，[5]至河池。[6]氐王竇茂衆萬餘人，恃險不服，五月，公攻屠之。西平、金城諸將麴演、蔣石等共斬送韓遂首。[一][7]秋七月，公至陽平。[8]張魯使弟衛與將楊昂等據陽平關，橫山築城十餘里，攻之不能拔，乃引軍還。賊見大軍退，其守備解散。[9]公乃密遣解儁、高祚等乘險夜襲，[10]大破之，[11]斬其將楊任，進攻衞，衞等夜遁，魯潰奔巴中。[12]公軍入南鄭，[13]盡得魯府庫珍寶。〔二〕巴、漢皆降。復漢寧郡爲漢中；[14]分漢中之安陽、西城爲西城郡，[15]置太守；分錫、上庸郡，[16]置都尉。

〔一〕《典略》曰：[17]遂字文約，始與同郡邊章俱著名西州。[18]章爲督軍從事。遂奉計詣京師，[19]何進宿聞其名，特與相見。遂說進使誅諸閹人，進不從，乃求歸。會涼州宋揚、北宮玉等反，[20]舉章、遂爲主，章尋病卒，[21]遂爲揚等所劫，不得已，遂阻兵爲亂，積三十二年，至是乃死，年七十餘矣。

劉艾《靈帝紀》曰：章，一名（元）〔允〕。[22]

〔二〕《魏書》曰：軍自武都山行千里，升降險阻，軍人勞苦；公於是大饗，莫不忘其勞。

[1] 雲中：郡名。治所雲中縣，在今内蒙古托克托縣東北。定襄：郡名。治所善無縣，在今山西右玉縣南。　五原：郡名。治所九原縣。在今内蒙古包頭市西北。　朔方：郡名。治所臨戎縣，在今内蒙古磴口縣北之黄河東岸。

[2] 新興：郡名。治所九原縣，在今山西忻州市。東漢末年，中原軍閥混戰，匈奴統治者侵擾北邊，自定襄以西，一直到雲中、雁門之間，人口流散，土地荒蕪，故曹操并四郡爲一郡。

[3] 陳倉：縣名。治所在今陝西寶雞市東渭水北岸。

[4] 武都：郡名。治所下辨縣，在今甘肅成縣西。

[5] 散關：關隘名。亦名大散關，在今陝西寶雞市西南的大散嶺上，形勢險要，古爲軍事重地。

[6] 河池：縣名。治所在今甘肅徽縣西。

[7] 斬送韓遂首：盧弼《集解補》引林國贊曰："據《王修

傳》注引《魏略》、《張既傳》注引《典略》、《周群傳》注引《續漢書》，韓遂實病死，諸將不過於身後斬送其首耳。"

[8] 陽平：關名。在今陝西勉縣西北白馬城。今寧強縣亦有陽平關，乃後代移置，非古陽平關。

[9] 其守備解散：趙幼文《校箋》謂《通典·兵七》"示退乘懈掩襲"條下引作"其守備懈"，是也。《太平御覽》卷三一五引作"其守備懈"，無"解散"二字。按，"解散"作"懈"，於義較長，而《太平御覽》所引應爲《曹瞞傳》，故暫不改字。

[10] 解懰：解，音 xiè。懰，讀音未詳，或疑爲"剽"之誤字。

[11] 大破之：本書卷八《張魯傳》裴注引《魏名臣奏》載董昭表，叙述有曹操此次用兵之原委。

[12] 巴中：地名。胡三省注："今巴州，漢巴郡宕渠縣之北界也。三巴之地，此居其中，謂之中巴。"（《通鑑》卷六七漢獻帝建安二十年注）漢宕渠縣治所，在今四川渠縣東北土溪鄉。

[13] 南鄭：縣名。治所在今陝西漢中市東。

[14] 漢寧郡：即漢中郡。張魯據漢中時已有漢寧之稱，但不知何時所改，今又復稱爲漢中。（參《續漢書·郡國志》王先謙《集解》引惠棟説）

[15] 安陽：縣名。治所在今陝西城固縣東。　西城：縣名。治所在今陝西安康市西北漢水北岸。新置之西城郡，即治西城縣。

[16] 錫：縣名。治所在今陝西白河縣東漢江南岸白石河西。上庸郡：潘眉《考證》謂"郡"字衍文。錫、上庸皆漢中屬縣。上庸置郡，乃建安末之事。魏黄初以後又時置時廢。又盧弼《集解》引沈家本説，謂《續漢書·郡國志》劉昭注引《袁山松書》云：建安二十年，分錫、上庸爲上庸郡，置都尉。似此文"郡"字上奪"爲上庸"三字。"郡"字非衍文。上庸縣治所在今湖北竹山縣西南。

[17] 典略：《隋書·經籍志》載："《典略》八十九卷，魏郎中魚豢撰。"《舊唐書·經籍志》正史類又載："《魏略》三十八卷，

魚豢撰"；雜史類"《典略》五十卷，魚豢撰。"而《新唐書·藝文志》則祇載《魏略》五十卷。此所謂之"魏略"，似爲《典略》之誤。（本姚振宗《三國藝文志》）而《舊唐書·經籍志》所載的《魏略》《典略》共八十八卷，即《隋書·經籍志》載的《典略》八十九卷，蓋《隋書·經籍志》多録一卷。（本姚振宗《隋書經籍志考證》）《典略》與《魏略》雖可合行，但二者亦有所别。在裴注中，所引甚多，大凡叙漢末事及未入魏朝者，均稱《典略》，如董卓、袁紹、公孫瓚、吕布、韓遂、荀彧、王粲、陳琳、阮瑀、劉楨、繁欽、路粹以及劉備等等；凡叙曹魏事者，則稱《魏略》。而二者"其事相續，其文相接，故其書亦合行"。（詳沈家本《三國志注所引書目》）

[18] 邊章：《後漢書·董卓傳》李賢注引《獻帝春秋》，謂邊章原名允，韓遂原名約，後因被州通緝，遂改名。

[19] 計：指郡國上報朝廷之計簿。

[20] 北宮玉：《後漢書·靈帝紀》及《董卓傳》作"北宮伯玉"。

[21] 章尋病卒：《後漢書·董卓傳》謂邊章爲韓遂所殺，《通鑑》所載亦同。

[22] 允：百衲本、殿本、盧弼《集解》本均作"元"。趙一清《注補》云："'元'是'允'之訛。"校點本據趙説改，今從之。

八月，孫權圍合肥，張遼、李典擊破之。

九月，巴七姓夷王朴胡、賨邑侯杜濩舉巴夷、賨民來附，[一][1]於是分巴郡，[2]以胡爲巴東太守，[3]濩爲巴西太守，[4]皆封列侯。天子命公承制封拜諸侯守相。[二]

〔一〕孫盛曰：朴音浮。濩音户。

〔二〕孔衍《漢魏春秋》曰：[5]天子以公典任於外，[6]臨事之賞，或宜速疾，[7]乃命公得承制封拜諸侯守相，詔曰："夫軍之大事，在茲賞罰，勸善懲惡，宜不旋時，故《司馬法》曰'賞不逾日'者，[8]欲民速覩爲善之利也。昔在中興，鄧禹入關，承制拜軍祭酒李文爲河東太守，來歙又承制拜高峻爲通路將軍，察其本傳，皆非先請，明臨事刻印也，[9]斯則世祖神明，權達損益，[10]蓋所用速示咸懷而著鴻勳也。[11]（其）〔且〕《春秋》之義，[12]大夫出疆，有專命之事，苟所以利社稷安國家而已。[13]況君秉任二伯，[14]師尹九有，[15]實征夷夏，軍行藩甸之外，[16]失得在於斯須之間，[17]停賞俟詔以滯世務，[18]固非朕之所圖也。自今已後，臨事所甄，當加寵號者，其便刻印章假授，[19]咸使忠義得相獎勵，[20]勿有疑焉。"

[1] 巴：族名。古代居於今四川東北部嘉陵江流域的一種少數民族，亦稱板楯蠻或賨。巴族有七姓，即羅、朴、昝（zǎn）、鄂、度、夕、龔。（本《華陽國志·巴志》）

[2] 巴郡：治所江州縣，在今重慶渝中區。錢大昕云："巴東、巴西二郡，乃劉璋所分，其地久屬益部，但遙假以名耳。朴胡、杜濩尋爲蜀先主所殺，曹公不能有其地也。"（《廿二史考異》卷一五）

[3] 巴東：郡名。治魚復縣，治所在今重慶奉節縣東白帝城。

[4] 巴西：郡名。治所閬中縣，在今四川閬中市。

[5] 孔衍：《晉書》卷九一《孔衍傳》謂孔衍字舒元，孔子二十二世孫。避亂過江，晉元帝引爲安東參軍，專掌記室。衍雖不以文才著稱，卻博覽群書，凡所撰述，百餘萬言。而《傳》未言書名。《隋書·經籍志》古史類載《漢魏春秋》九卷，孔舒元撰。《舊唐書·經籍志》載孔衍所撰"春秋"之書有：《漢春秋》十卷、《後漢春秋》六卷、《後魏春秋》九卷（校點本《校勘記》謂"後"字乃衍文，當刪）。

[6] 於：殿本作"於"；百衲本、盧弼《集解》本作"于"。

盧氏校云："《御覽》卷六三三'于'作'守'。"（以下《太平御覽》未書卷者皆同此卷，均盧弼所校）

[7] 疾：《太平御覽》作"乎"。

[8] 賞不逾日：趙幼文《校箋》謂《太平御覽》卷六三三引"日"字作"月"。《吳志·呂岱傳》亦有"賞不逾月，軍之賞典"之語。而《晉書》卷六六《劉弘傳》引《司馬法》又作"賞不逾時"。

[9] 臨事：趙幼文《校箋》謂《白孔六帖》卷五四、《太平御覽》卷六三三引"事"字作"時"。

[10] 世祖：漢光武帝的廟號。又梁章鉅《旁證》引何焯曰："'世'字上宋本有'出'字。" 神明權達損益：《太平御覽》作"明權達變"。

[11] 著鴻勳也：《太平御覽》作"克成洪勛者也"。

[12] 且：各本作"其"。吳金華《〈三國志集解〉箋記》謂"其"字乖於文法，當從《太平御覽》作"且"。詔文先引《司馬法》，再引"春秋之義"，表示遞進一層。按吳說有理，今據《太平御覽》改。

[13] 所：《太平御覽》作"可"。

[14] 秉任二伯：指西周初年周公、召公分陝之任，借以喻曹操所執之重任。

[15] 師尹：周代諸正官之統稱。此作動詞，督率之意。 九有：九州。

[16] 藩甸：周代王畿之外有甸服、藩服。此指州、郡。

[17] 失得：《太平御覽》作"得失"。

[18] 世務：《太平御覽》作"時務"。

[19] 便：《太平御覽》作"使"。

[20] 相：《太平御覽》作"共"。

冬十月，始置名號侯至五大夫，[1]與舊列侯、關內侯凡六等，以賞軍功。〔一〕

〔一〕《魏書》曰：置名號侯爵十八級，關中侯爵十七級，皆金印紫綬；又置關內外侯十六級，[2]銅印龜紐墨綬；五大夫十五級，銅印環紐，亦墨綬，皆不食租，與舊列侯關內侯凡六等。
臣松之以爲今之虛封蓋自此始。[3]

[1] 名號侯：曹操新置之爵位名。爲虛封，不食租。按，秦置侯爵二十級，即自公士一級至徹侯二十級。漢承秦制，亦設二十級爵。其中徹侯因避武帝諱，改稱通侯或列侯。（見《漢書》卷一九《百官公卿表》）曹操於此時始改制，定侯爵爲六等。

[2] 關內外侯：錢大昕說：“‘內’字疑衍。”（《廿二史考異》卷一五）潘眉《考證》亦云：“關內侯係舊爵，非新置，當作‘又置關外侯’，衍‘內’字。然關外侯不見紀傳。”按《宋書·禮志五》載：“關內、關中名號侯，金印紫綬。”又載：“關外侯，銀印青綬。”是有關外侯之爵。（參盧弼《集解》引俞正燮《癸巳類稿》卷一一）

[3] 虛封蓋自此始：趙一清《注補》云：“《困學紀聞》卷一二云：《漢書·樊噲傳》‘賜爵封號賢成君’顏注云：楚漢之際，權設寵榮，假其位號，或得邑地，或空受爵。則虛封非始於建安也。”

十一月，魯自巴中將其餘衆降。封魯及五子皆爲列侯。[1]劉備襲劉璋，取益州，[2]遂據巴中；遣張郃擊之。
十二月，公自南鄭還，留夏侯淵屯漢中。〔一〕

〔一〕是行也，[3]侍中王粲作五言詩以美其事曰：[4]“從軍有苦樂，但問所從誰。所從神且武，安得久勞師？[5]相公征關右，[6]

赫怒振天威，一舉滅獯虜，[7]再舉服羌夷，西收邊地賊，[8]忽若俯拾遺。陳賞越山嶽，[9]酒肉踰川坻，[10]軍中多饒餘，[11]人馬皆溢肥，徒行兼乘還，空出有餘資。拓土三千里，[12]往反速如飛，歌舞入鄴城，所願獲無違。"

[1] 封魯及五子皆爲列侯：盧弼《集解》謂本書《張魯傳》魯封爲閬中侯。此"及"字疑衍。《後漢書》卷七五《劉焉傳》作"封魯五子及閻圃等皆爲列侯"。本書《張魯傳》亦同。按，閬中侯亦可泛稱列侯，此乃總言之，"及"字不爲衍。

[2] 取益州：徐紹楨《質疑》謂本書《先主傳》劉備取益州在建安十九年。此乃遣張郃擊劉備而追述，並非此年劉備纔取益州。

[3] 是行也：趙幼文《校箋》謂"是行也"上奪書名。考《文選》王仲宣《從軍詩》李善注引作《魏志》，疑爲《魏書》之誤。則此似脫"《魏書》曰"三字。

[4] 五言詩：《文選》卷二七載有王粲此詩，題曰《從軍詩》，凡五首，此爲第一首之前半。

[5] 安：《文選》作"焉"。

[6] 相公：《文選》李善注："曹操爲丞相，故曰相公也。"關右：函谷關以西之地。

[7] 獯（xūn）：殷周稱匈奴爲獯鬻。

[8] 收：百衲本作"牧"，殿本、盧弼《集解》本、校點本作"收"。《中華再造善本》影印宋刻本亦作"收"。今從殿本等。

[9] 山嶽：《文選》作"丘山"。

[10] 坻（chí）：水中高地。

[11] 饒餘（yù）：《文選》作"餘饒"。

[12] 土：《文選》作"地"。

二十一年春二月，公還鄴。〔一〕三月壬寅，公親耕籍田。〔二〕夏五月，[1]天子進公爵爲魏王。〔三〕代郡烏丸行單于普富盧與其侯王來朝。天子命王女爲公主，食湯沐邑。[2]秋七月，匈奴南單于呼廚泉將其名王來朝，[3]待以客禮，遂留魏，使右賢王去卑監其國。八月，以大理鍾繇爲相國。〔四〕[4]

　　〔一〕《魏書》曰：辛未，有司以太牢告至，策勳于廟，甲午始春祠，令曰：[5]"議者以爲祠廟上殿當解履。吾受錫命，帶劍不解履上殿。今有事於廟而解履，[6]是尊先公而替王命，敬父祖而簡君主，[7]故吾不敢解履上殿也。[8]又臨祭就洗，[9]以手擬水而不盥。夫盥以潔爲敬，未聞擬（向）〔而〕不盥之禮，[10]且'祭神如神在'，[11]故吾親受水而盥也。又降神禮訖，下階就蕝而立，[12]須奏樂畢竟，似若不（怨）〔衎〕烈祖，[13]遲祭（不）速訖也，[14]故吾坐俟樂闋送神乃起也。受胙納（神）〔袖〕，[15]以授侍中，此爲敬恭不終實也，[16]古者親執祭事，故吾親納于（神）〔袖〕，終抱而歸也。仲尼曰'雖違衆，吾從下'，[17]誠哉斯言也。"

　　〔二〕《魏書》曰：有司奏："四時講武於農隙。漢承秦制，三時不講，唯十月都試，[18]車（馬）〔駕〕幸長水南門，[19]會五營士爲八陣進退，[20]名曰乘之。[21]今金革未偃，士民素習，自今已後，可無四時講武，但以立秋擇吉日大朝車騎，號曰治兵，上合禮名，下承漢制。"奏可。

　　〔三〕《獻帝傳》載詔曰：[22]"自古帝王，雖號稱相變，爵等不同，至乎襃崇元勳，建立功德，光啓氏姓，延於子孫，庶姓之與親，[23]豈有殊焉。昔我聖祖受命，[24]剏業肇基，造我區夏，鑒古今之制，通爵等之差，盡封山川以立藩屏，使異姓親戚，並列土地，據國而王，所以保乂天命，安固萬嗣。歷世承平，臣主無事。世祖中興而時有難易，是以曠年數百，無異姓諸侯王之位。朕以不德，繼序弘業，遭率土分崩，羣凶縱毒，自西徂東，辛苦卑約。當此之際，唯恐溺入于難，以羞先帝之聖德。賴皇天之靈，俾君秉義奮身，震迅神武，捍朕于艱難，獲保宗廟，華夏遺民，含氣之倫，莫不蒙焉。君勤過稷、禹，[25]忠侔伊、周，[26]而掩之以謙讓，守之以彌恭，是以往者初開魏國，錫君土宇，懼君之違命，慮君之固辭，故且懷志屈意，封君爲上公，欲以欽順高義，須俟勳績。韓遂、宋建，南結巴、蜀，羣逆合從，圖危社稷，君復命將，龍驤虎奮，梟其元首，屠其窟栖。暨至西征，陽平之役，親擐甲冑，深入險阻，芟夷蝥賊，殄其兇醜，蕩定西陲，懸旌萬里，聲教遠振，寧我區夏。[27]蓋唐、虞之盛，三后樹功，[28]文、武之興，[29]旦、奭作輔，[30]二祖成業，[31]英豪佐命；夫以聖哲之君，事爲已任，猶錫土班瑞以報功臣，豈有如朕寡德，仗君以濟，而賞典不豐，將何以答神祇慰萬方哉？[32]今進君爵爲魏王，使使持節行御史大夫、宗正劉艾奉策璽、玄土之社苴以白茅，金虎符第一至第五，竹使符第一至十。[33]君其正王位，以丞相領冀州牧如故。其上魏公璽綬符册。敬服朕命，簡恤爾衆，克綏庶績，以揚我祖宗之休命。"魏王上書三辭，詔三報不許。又手詔曰："大聖以功德爲高美，以忠和爲典訓，故剙業垂名，使百世可希，行道制義，使力行可效，是以勳烈無窮，休光茂著。稷、契載元首之聰明，周、邵因文、武之智用，雖經營庶官，仰歎俯思，其對豈有若君者哉？朕惟古人之功，美之如彼，思君忠勤之績，茂之如此，是以每將鏤符析瑞，陳禮命册，寤寐慨然，自忘守文之不德焉。今君重違朕命，固辭懇切，非所以稱朕心而訓後世也。其抑志撙節，勿復固辭。"

《四體書勢序》曰：梁鵠以公爲北部尉。

《曹瞞傳》曰：爲尚書右丞司馬建公所舉。[34]及公爲王，召建公到鄴，與歡飲，謂建公曰："孤今日可復作尉否？"建公曰：

"昔舉大王時，適可作尉耳。"王大笑。建公名防，司馬宣王之父。[35]

臣松之案司馬彪《序傳》，[36]建公不爲右丞，疑此不然，而王隱《晉書》云趙王篡位，欲尊祖爲帝，博士馬平議稱京兆府君昔舉魏武帝爲北部尉，賊不犯界，如此則爲有徵。

〔四〕《魏書》曰：始置奉常、宗正官。

[1] 五月：《後漢書》卷九《獻帝紀》作："四月甲午，曹操自進號魏王。"

[2] 湯沐邑：古時諸侯朝天子，天子賜以齋戒沐浴之地，稱爲湯沐邑。後世賜予皇后、公主收租之地，亦稱湯沐邑。（本《禮記·王制》鄭玄注及《史記》卷三〇《平準書》、《續漢書·百官志》）

[3] 呼廚泉：潘眉《考證》云："呼厨泉即于夫羅之弟，時于夫羅死，呼厨泉繼立。以于夫羅子豹爲左賢王，見《劉元海傳》（按當云《晉書·劉元海載記》）。《南匈奴傳》云，于夫羅立七年死，弟呼厨泉立。"

[4] 大理：官名。即漢之廷尉，魏國建立後改稱大理，掌司法刑獄。　相國：官名。即丞相，建安十八年魏國建立時置丞相等官，此時改稱丞相爲相國。

[5] 令：《文館詞林》卷六九五引此令，題曰《魏武帝春祠令》。

[6] 解履：《文館詞林》"解履"下有"上殿"二字。

[7] 君主：殿本"主"字作"王"，百衲本、盧弼《集解》本、校點本俱作"主"。今從之。

[8] 故吾：《文館詞林》無"吾"字。　解履上殿：《文館詞林》無"上殿"二字。

[9] 就洗：《太平御覽》卷七六一"就"作"執"。洗，盥洗

器。《儀禮·士昏禮》"設洗於阼階東南"注:"洗所以承盥洗之器,棄水者。"

[10] 擬而不盥:各本皆作"擬向不盥",《文館詞林》同。校點本以爲意不通,改"向"爲"而"。今從之。

[11] 祭神如神在:此語見《論語·八佾》。《文館詞林》"祭"字上有"祭如在"三字。

[12] 蕝:百衲本作"蕞",殿本、盧弼《集解》本、校點本作"幕",《文館詞林》作"坐"。《集韻·薛韻》:"蕝蕞,租悦切。《説文》:'朝會束茅表位曰蕝。'引《春秋國語》'置茅蕝表坐'。或作'蕞'。"則"表蕝而立"猶言"表位而立"。今從百衲本。

[13] 衎:百衲本、殿本、盧弼《集解》本均作"愆"。《文館詞林》作"衎"。校點本即據《文館詞林》改。今從之。《詩·商頌·那》"衎我烈祖"毛傳:"衎,樂也。"

[14] 遲祭速訖:各本皆作"遲祭不速訖"。《文館詞林》作"遲祭有不速訖"。盧弼《集解》引錢儀吉謂"不"字疑衍。校點本即據錢説删"不"字。今從之。

[15] 胙(zuò):祭祀所用之肉。 祂:各本皆作"神"。《文館詞林》作"祂",下面"神"字亦同。校點本即據《文館詞林》改作"祂"。今從之。

[16] 不終實也:殿本《考證》云:"《文類》作'終不實也'。"

[17] 仲尼曰:孔子此語見《論語·子罕》。

[18] 都試:西漢郡國每年八月舉行閲兵,稱爲都試。(本《漢舊儀》)而此言十月,不知何故。

[19] 車駕:各本皆作"車馬"。盧弼《集解》云:"'馬'疑作'駕'。《續禮儀志》注引此作'車駕幸長安水南門'。"按,盧説甚是。今從改。 長水:源出今陝西藍田縣西南,北流至西安市東入灞河。

[20] 五營:當指東漢之北軍五校,即屯騎校尉、越騎校尉、

步兵校尉、長水校尉、射聲校尉。但東漢初已罷郡國兵，（見《後漢書》卷一《光武帝紀》）"無都試之役"，（《續漢書·百官志》）未詳此說之意。

[21] 乘之：《續漢書·禮儀志中》："兵、官皆肄孫、吳兵法六十四陣，名曰乘之。"劉昭注："《月令》，孟冬天子講武，習射御，角力。盧植注曰：'角力，如漢家乘之，引（閺）〔關〕蹋鞠之屬也。'"

[22] 獻帝傳：章宗源謂《隋書·經籍志》未著録，《魏志·武紀》建安二十一年注、《文紀》延康元年注、《明紀》青龍二年注、《袁紹傳》注、《續漢禮儀志》注、《水經·渭水注》、《後漢書·董卓傳》注、《藝文類聚》服飾部等並引《獻帝傳》，無撰人名。惟《初學記》鳥部引一事題劉艾《漢帝傳》。按，《漢志》有《高祖傳》《孝文傳》。艾既爲獻帝作紀，又更名爲傳，蓋仿於此。又《太平御覽》車部引《獻帝傳》董卓以地動問蔡邕事，與《魏志》注引《獻帝紀》同。（見章宗源《隋書經籍志考證》）是《獻帝傳》與《獻帝紀》蓋爲一書，劉艾撰。

[23] 親：趙一清《注補》云："當重一'親'字。"

[24] 聖祖：天子之祖先。此指漢高祖劉邦。

[25] 稷：后稷，周人的始祖。傳説堯舜時爲農官，教民耕種。（本《史記》卷四《周本紀》）　禹：夏禹，夏代的開創者。傳説舜命禹治水，十三年中，三過家門而不入。（本《史記》卷二《夏本紀》）

[26] 伊周：伊尹、周公。

[27] 區夏：百衲本作"區宇"，殿本、盧弼《集解》本、校點本作"區夏"。今從殿本等。

[28] 三后：指禹、稷、契（xiè）。契，商人始祖，傳説助禹治水有功，舜命之爲司徒，掌教化，人民由是而知禮義。（本《史記》卷三《殷本紀》）

[29] 文武：周文王、周武王。

[30] 旦奭（shì）：周公旦、邵公奭。

[31] 二祖：指漢高祖劉邦、漢世祖劉秀。

[32] 萬方：殿本、盧弼《集解》本作"萬民"。百衲本、校點本作"萬方"。今從百衲本等。

[33] 竹使符：吳金華《〈三國志集解〉箋記》謂《文選·潘勗〈冊魏公九錫文〉》作"竹使符第一至第十"，此"十"上脱"第"字。又《漢書》卷四《文帝紀》："初與郡守爲銅虎符、竹使符。"顔師古注："應劭曰：銅虎符第一至第五，國家當發兵，遣使者至郡合符，符合乃聽受之。竹使符，皆以竹箭五枚，長五寸，鐫刻篆書，第一至第五。"師古曰："與郡守爲符者，謂各分其半，右留京師，左以與之。"

[34] 司馬建公：詳見本書卷一五《司馬朗傳》裴注引司馬彪《序傳》。

[35] 司馬宣王：即司馬懿。魏元帝初，其子司馬昭爲晉王後，追尊懿爲宣王。

[36] 序傳：盧弼《集解》引沈家本説，《隋書·經籍志》《舊唐書·經籍志》及《新唐書·藝文志》，均未著録。蓋爲《續漢書》之《序傳》，非單獨之篇，有如《漢書》之《叙傳》。

冬十月，治兵，〔一〕[1]遂征孫權，[2]十一月至譙。

〔一〕《魏書》曰：王親執金鼓以令進退。

[1] 治兵：趙一清《注補》云：《方輿紀要》卷四九謂講武城在河南彰德府臨漳縣故鄴城北漳水上；磁州南二十里亦有講武城，皆曹操所築也。

[2] 征孫權：趙一清《注補》録引《文選》阮瑀《爲曹公作書與孫權》全文作注。盧弼《集解》則謂此書云"離絕以來，於

今三年",且言赤壁之役燒船自還。絕無一語言及二十年合肥之役孫權敗事,則是書當作於十七年征孫權之時。

二十二年春正月,王軍居巢,[1]二月,進軍屯江西郝谿。[2]權在濡須口築城拒守,[3]遂逼攻之,權退走。[4]三月,王引軍還,留夏侯惇、曹仁、張遼等屯居巢。[5]

夏四月,天子命王設天子旌旗,[6]出入稱警蹕。[7]五月,作泮宫。[8]六月,以軍師華歆爲御史大夫。〔一〕[9]冬十月,[10]天子命王冕十有二旒,[11]乘金根車,[12]駕六馬,[13]設五時副車,[14]以五官中郎將丕爲魏太子。

劉備遣張飛、馬超、吳蘭等屯下辯;[15]遣曹洪拒之。

〔一〕《魏書》曰:初置衞尉官。[16]秋八月,令曰:"昔伊摯、傅説出於賤人,[17]管仲,[18]桓公賊也,皆用之以興。蕭何、曹參,[19]縣吏也,韓信、陳平負汙辱之名,[20]有見笑之恥,卒能成就王業,[21]著聲千載。[22]吳起貪將,[23]殺妻自信,散金求官,母死不歸,然在魏,秦人不敢東向,在楚則三晋不敢南謀。今天下得無有至德之人放在民間,及果勇不顧,臨敵力戰;若文俗之吏,高才異質,或堪爲將守;負汙辱之名,見笑之行,或不仁不孝而有治國用兵之術:其各舉所知,勿有所遺。"[24]

[1]居巢:縣名。治所在今安徽巢湖市東北。《通鑑》卷六八漢獻帝建安二十二年胡三省注引宋白説:"巢縣之無爲鎮,曹操攻吳築城於此,無功而退,因號無爲城。"而曹操數次進軍至此。趙一清《注補》引《讀史方輿紀要》卷二六,謂"建安中曹操數與孫氏争衡於此,諸葛武侯所謂四越巢湖不成者也"。趙一清認爲,

四越一在十四年，一在十八年，一在十九年，并此次爲四。而《通鑑考異》又云："《孫權傳》曹公次居巢，攻濡須，並在去冬。今從《魏武紀》。"

［2］江西：謂長江以西之地，與江東相對而言。　郝谿：地名。在居巢東，濡須西。（本謝鍾英《補三國疆域志補注》）

［3］築城拒守：胡三省云："孫權所保者，十七年所築濡須塢也。"（《通鑑》卷六八漢獻帝建安二十二年注）

［4］權退走：趙一清《注補》謂《文選》陳琳《爲魏武檄吳將校部曲文》作於此時。

［5］夏侯惇：本書《夏侯惇傳》云："從征孫權還，使惇督二十六軍留居巢。"

［6］天子旌旗：《續漢書·輿服志上》云："天子玉路，以玉爲飾"，"建太常，十有二旒，九仞曳地，日月升龍，象天明也"。劉昭注："鄭衆曰：'太常，九旗之畫日月者。'鄭玄曰：'七尺爲仞，天子之旗高六丈三尺。'"

［7］警蹕（bì）：古時天子出稱警，入稱蹕。警，警戒。蹕，止行人以清道。

［8］泮（pàn）宮：古時諸侯的學宮。《宋書·禮志一》云："漢獻帝建安二十二年，魏國作泮宮於鄴城南。"

［9］御史大夫：此魏國之御史大夫，而《後漢書》卷九《獻帝紀》書於建安二十二年，不當。（本錢大昕《廿二史考異》卷一〇）

［10］冬十月：趙一清《注補》謂《後漢書·獻帝紀》建安二十二年末云："是歲大役。"又《五行志五》劉昭注云：魏文帝書與吳質曰："昔年疾役，親故多離其災。"

［11］旒（liú）：古代天子、諸侯、大夫、士冕前後所懸的玉串。天子十二旒，諸侯九旒，上大夫七旒，下大夫五旒，士三旒。（本《禮記·禮器》）

［12］金根車：秦、漢皇帝之車，以金爲飾，謂之金根車。崔豹《古今注·輿服》云："金根車，秦制也。閱三代之輿服，謂殷

得瑞山車，一曰金根車，故因作金根車，秦乃增飾而乘御焉。漢因而不改。"

[13] 駕六馬：《續漢書・輿服志上》謂天子之車駕六馬。《宋書・禮志五》亦云："天子所御駕六，其餘副車皆駕四。"

[14] 五時副車：《宋書・禮志五》云："應劭《漢官鹵簿圖》，乘輿大駕，則御鳳皇車，以金根爲副。又五色安車、五色立車各五乘。建龍旗，駕四馬，施八鸞，餘如金根之制，猶周金路也。其車各如方色，所謂五時副車，俗謂爲'五帝車'也。"

[15] 下辯：亦作下辨，縣名。治所在今陝西成縣西。

[16] 衛尉：官名。魏衛尉卿秩中二千石，第三品，掌宮門及宮中警衛。

[17] 伊摯：即伊尹。傳說出身於奴隸，爲有莘氏之陪臣。湯以之爲小臣，後任以國政。摯遂助湯滅夏桀。（本《史記》卷三《殷本紀》及《索隱》引《孫子兵書》）　傅說（yuè）：商王武丁之大臣。初隱於傅巖，爲版築之隸。武丁夢說，求而得之，任以國政，天下大治。（本《史記》卷三《殷本紀》）

[18] 管仲：名夷吾。初事齊公子糾。公子糾與公子小白（齊桓公）爭位戰鬥，管仲箭中小白帶鈎。及桓公即位，公子糾死，管仲被囚。後因鮑叔牙推薦，桓公任以國政，齊國遂盛。（本《史記》卷六二《管晏列傳》及《列子・力命》）

[19] 蕭何曹參：皆漢高祖劉邦功臣。《漢書》卷三九《曹參傳》謂參"秦時爲獄掾，而蕭何爲主吏，居縣爲豪吏矣"。顏師古注云："言參及何並爲吏之豪長也。"

[20] 韓信：淮陰人。家貧無行，不能治生，常從人寄食。淮陰少年侮信曰："信能死，刺我；不能死，出我胯下！"信於是俯出胯下，一市皆笑信以爲怯。後爲劉邦將，破趙，取齊，擊敗項羽。（詳《史記》卷九五《淮陰侯列傳》）

[21] 卒能：盧弼《集解》本作"遂能"，百衲本、殿本、校點本作"卒能"。今從百衲本等。

［22］著聲：殿本、盧弼《集解》本、校點本作"聲著"，百衲本作"著聲"，郝經《續後漢書》亦作"著聲"。今從百衲本。

［23］吳起：戰國衛人。事魯君，齊人攻魯，魯欲以吳起爲將，而起娶齊女爲妻，魯疑之。起遂殺妻以自明，魯卒以爲將。魯又有惡吳起者曰："起之爲人，猜忍人也。其少時，家累千金，游仕不遂，遂破其家。鄉黨笑之，吳起殺其謗己者三十餘人，而東出衛國門。與其母訣，齧臂而盟曰：'起不爲卿相，不復入衛。'遂事曾子。居頃之，其母死，起終不歸。"吳起後事魏文侯。魏文侯以之爲將，擊秦，拔五城。吳起後又至楚，楚悼王以之爲相，遂南平百越，北并陳、蔡，卻三晋，西伐秦。（詳《史記》卷六五《吳起列傳》）

［24］各舉所知無有所遺：陳寅恪云："孟德三令（按：指建安十五年令、十九年十二月乙未令及此令），大旨以爲有德者未必有才，有才者或負不仁不孝貪詐之污名，則是明白宣示士大夫自來所遵奉之金科玉律，已完全破產也。由此推之，則東漢士大夫儒家體用一致，及周孔道德之堡壘無從堅守，而其所以安身立命者，亦全失其根據矣。故孟德三令，非僅一時求才之旨意，實標明其政策所在，而爲一政治社會道德思想上之大變革。""可視爲曹魏皇室大政方針之宣言。"（陳寅恪：《金明館叢稿初編》，上海古籍出版社1980年版，第44—45頁）

二十三年春正月，漢太醫令吉本與少府耿紀、司直韋晃等反，[1]攻許，燒丞相長史王必營，〔一〕[2]必與潁川典農中郎將嚴匡討斬之。〔二〕[3]

〔一〕《魏武故事》載令曰："領長史王必，[4]是吾披荆棘時吏也。忠能勤事，心如鐵石，國之良吏也。蹉跌久未辟之，捨騏驥而弗乘，焉遑遑而更求哉？[5]故教辟之，[6]已署所宜，便以領長史統事如故。"

〔二〕《三輔決錄注》曰：[7]時有京兆金禕字德（禕）〔偉〕，[8]自以世爲漢臣，自日磾討莽何羅，[9]忠誠顯著，名節累葉。覩漢祚將移，謂可季興，乃喟然發憤，遂與耿紀、韋晃、吉本、本子邈、邈弟穆等結謀。紀字季行，少有美名，爲丞相掾，王甚敬異之，遷侍中，守少府。邈字文然，穆字思然，以禕慷慨有日磾之風，又與王必善，[10]因以聞之，[11]若殺必，欲挾天子以攻魏，南援劉備。時關羽彊盛，而王在鄴，留必典兵督許中事。文然等率雜人及家僮千餘人夜燒門攻必，禕遣人爲內應，射必中肩。必不知攻者爲誰，以素與禕善，走投禕，夜唤德（禕）〔偉〕，禕家不知是必，謂爲文然等，錯應曰："王長史已死乎？卿曹事立矣！"必乃更他路奔。一日，[12]必欲投禕，其帳下督謂必曰："今日事竟知誰門而投入乎？"[13]扶必奔南城。[14]會天明，必猶在，文然等衆散，故敗。後十餘日，必竟以創死。

《獻帝春秋》曰：收紀、晃等，將斬之，紀呼魏王名曰："恨吾不自生意，竟爲羣兒所誤耳！"晃頓首搏頰，以至於死。

《山陽公載記》曰：王聞王必死，盛怒，召漢百官詣鄴，令救火者左，不救火者右。衆人以爲救火者必無罪，皆附左；王以爲"不救火者非助亂，救火者〔乃〕實賊也"，[15]皆殺之。

[1] 太醫令：官名。秩六百石，屬少府，掌諸醫。 吉本：周壽昌《注證遺》云："按吉本，《後漢書·耿秉傳》作'吉丕'，注'或作平'。此作'本'。趙氏一清謂爲誤，非也。蓋因魏文諱丕，丕即丕字，故當時特改作本，亦以丕本二字相近也。" 少府：官名。漢列卿之一，秩中二千石。掌宮中御衣、寶貨、珍膳等。 耿紀：《後漢書》卷一九《耿弇附秉傳》謂耿紀初"辟公府，曹操甚敬異之，稍遷少府。紀以操將篡漢，建安二十三年，與大醫令吉丕、丞相司直韋晃謀起兵誅操，不克，夷三族。於時衣冠盛門坐紀罹禍滅者衆矣"。司直：官名。即上所云丞相司直，秩比二千石，掌佐丞相，檢舉不法。

［2］丞相長史王必：胡三省云："魏王操猶領漢丞相而居鄴，故以必爲長史，典兵督許。"（《通鑑》卷六八漢獻帝建安二十二年注）王必建安初爲曹操主簿，見本書卷七《吕布傳》注引《獻帝春秋》。

［3］典農中郎將：官名。東漢末，曹操實行屯田制所置，秩二千石，主管屯田區的農業生産、民政和田租，地位相當於郡太守，但直屬中央大司農。潁川典農中郎將管理許下屯田。

［4］領：盧弼《集解》謂《太平御覽》卷二四八作"府"。吴金華《〈三國志〉待質録》謂從今文末尾的文字看，作"府"爲近實。

［5］更求：盧弼《集解》云："《杜夔傳》有'釋騏驥而不乘，焉皇皇而更索'二語，蓋兩令皆有之。"按，《太平御覽》卷二四八引亦作"更求"。上引吴金華之文又謂曹操今文本《楚辭·九辨》："國有驥而不知乘兮，焉皇皇而更索？"頗疑"求"原作"索"，二字形近，傳寫易混。

［6］故教辟之：趙幼文《校箋》謂《太平御覽》卷二四八引"故"上有"今"字。

［7］三輔決録注：《隋書·經籍志》雜傳類載《三輔決録》七卷，漢太僕趙岐撰，摯虞注。《舊唐書·經籍志》同，《新唐書·藝文志》作十卷。《後漢書·趙岐傳》謂岐著《三輔決録》傳於時。《晋書·摯虞傳》謂虞注解《三輔決録》。沈家本《三國志注所引書目》謂《三國志》中，"裴氏所引皆叙事之文，蓋是虞注，故所引多稱注。東漢風氣，好以韻語品藻人物，范書中所載極多。趙之《決録》，或多取品藻之詞，故簡；虞注則詳叙事迹，故繁。此又《決録》與注之區別"。此書亡佚已久，張澍、茆泮林、黄奭，各有輯本。

［8］德偉：各本皆作"德禕"。盧弼《集解》謂《後漢書·獻帝紀》李賢注引《三輔決録》作"德偉"。盧文弨曰何焯校改作"偉"。趙幼文《校箋》謂蕭常《續後漢書》亦作"德偉"，疑作"偉"字是。考《蜀志》費禕字文偉可證。今從趙説改。下同。

［9］日（mì）磾（dī）：即金日磾，字翁叔，本匈奴休屠王太子，休屠王被殺，日磾及母弟俱被没爲官奴。日磾在黄門養馬，漢武帝見而

奇之，拜爲馬監，又遷侍中、駙馬都尉、光禄大夫。後莽何羅行刺武帝，爲日磾所擒縛。日磾"由是著忠孝節"。（見《漢書》卷六八《金日磾傳》）

[10] 與王必善：盧弼《集解》謂《初學記》引《三輔決録》云：金禕爲郡上計留在許都，時魏武使長史王必將兵衛天子於許都。禕與必善。

[11] 間：殿本、盧弼《集解》本作"聞"，百衲本、校點本作"間"。今從百衲本等。

[12] 一曰：殿本、盧弼《集解》本作"或曰"，百衲本、校點本作"一曰"。今從百衲本等。

[13] 投入：百衲本作"投人"，殿本、盧弼《集解》本、校點本作"投入"。今從殿本等。

[14] 南城：胡三省云："許昌之南城也。"（《通鑑》卷六八漢獻帝建安二十三年注）

[15] 救火者乃實賊也：盧弼《集解》本作"救火者實賊也"。百衲本、殿本、校點本作"救火乃實賊也"，趙幼文《校箋》謂《册府元龜》卷七六〇引作"救火者乃實賊也"。則此脱"者"字。今從《集解》本及趙引。

曹洪破吳蘭，[1]斬其將任夔等。三月，[2]張飛、馬超走（漢中），[3]陰平氐强端斬吳蘭，[4]傳其首。

夏四月，代郡、上谷烏丸無臣氐等叛，[5]遣鄢陵侯彰討破之。〔一〕[6]

〔一〕《魏書》載王令曰："去冬天降疫癘，民有凋傷，軍興於外，墾田損少，吾甚憂之。其令吏民男女：女年七十已上無夫子，若年十二已下無父母兄弟，及目無所見，手不能作，足不能行，而無妻子父兄産業者，廩食終身。幼者至十二止，貧窮不能自贍者，隨口給貸。老耄須待養者，[7]年九十已上，復不事，家一人。"[8]

　　[1] 曹洪破吳蘭：盧弼《集解》云："是役爲曹休之功，見《休傳》。"
　　[2] 三月：百衲本、盧弼《集解》本、校點本皆作"三月"，殿本作"五月"。今從百衲本等。
　　[3] 走：各本"走"下皆有"漢中"二字。《通鑑》卷六八漢獻帝建安二十三年於此無"漢中"二字。胡三省注云："情見勢屈，宜其走也。"盧弼《集解》云："是時夏侯淵屯兵漢中，兩軍相拒於陽平，飛等似無走漢中之理。《通鑑》省此二字爲是。"按，盧弼所云有理，今據《通鑑》刪"漢中"二字。
　　[4] 陰平：道名（漢代，少數民族聚居之縣稱道）。治所在今甘肅文縣西北。
　　[5] 代郡上谷：錢大昕說："按《任城王彰傳》，止言代郡烏丸反，疑'上谷'二字衍也。'無臣氐'即'能臣氐'之訛。"（《廿二史考異》卷一五）
　　[6] 彰：指曹彰，曹操第四子，封鄢陵侯。見本書卷一九《任城王彰傳》。
　　[7] 待養：趙幼文《校箋》謂郝經《續後漢書》作"侍養"。
　　[8] 復不事家一人：免除每家一人之徭役。

　　六月，令曰：[1]"古之葬者，必居瘠薄之地。其規西門豹祠西原上爲壽陵，[2]因高爲基，不封不樹。[3]《周禮》冢人掌公墓之地，[4]凡諸侯居左右以前，卿大夫居後，漢制亦謂之陪陵。[5]其公卿大臣列將有功者，宜陪壽陵，其廣爲兆域，[6]使足相容。"

　　秋七月，治兵，遂西征劉備，九月，至長安。

冬十月，宛守將侯音等反，執南陽太守，劫略吏民，[7]保宛。初，曹仁討關羽，屯樊城，是月使仁圍宛。

[1] 令：《宋書・禮志二》作《魏武帝作終令》。

[2] 西門豹：戰國魏人。魏文侯時爲鄴令，政績甚好，故後人立祠祭祀之。（其政績詳見《史記》卷一二六《滑稽列傳》褚先生補）西門豹祠在鄴縣彰水旁。《水經・濁漳水注》云："漳水又東北徑西門豹祠前。"《宋書・禮志二》無"西門豹祠"四字。　壽陵：古帝王之陵墓皆有名稱，未定名前，稱爲壽陵。

[3] 封：積土成高堆形。《周禮・春官・宗伯》："以爵等爲丘封之度。"鄭玄注："王公曰丘，諸臣曰封。《漢律》曰：列侯墳高四丈，關内侯以下至庶人各有差。"

[4] 冢人：古官名。《周禮・春官・宗伯》："冢人掌墓之地，辨其兆域而爲之圖。先王之葬居中，以昭穆爲左右。凡諸侯居左右以前，卿大夫士居後，各以其族。"

[5] 陪陵：功臣死後葬於皇帝陵墓旁，稱爲陪陵。

[6] 兆域：墳墓的界域。

[7] 吏民：殿本、盧弼《集解》本作"民吏"，百衲本、校點本作"吏民"。今從百衲本等。

二十四年春正月，仁屠宛，斬音。〔一〕

〔一〕《曹瞞傳》曰：是時南陽間苦繇役，[1]音於是執太守（東里袞）〔東里袞〕，[2]與吏民共反，與關羽連和。南陽功曹宗子卿往說音曰："足下順民心，舉大事，遠近莫不望風；然執郡將，逆而無益，何不遣之。吾與子共勠力，比曹公軍來，關羽兵亦至矣。"音從之，即釋遣太守。子卿因夜踰城亡出，遂與太守收餘民圍音，會曹仁軍至，共滅之。

[1]繇:通"徭"。胡三省云:"苦於供給曹仁之軍也。"(《通鑑》卷六八漢獻帝建安二十三年注)

[2]東里袞:姓東里,名袞。百衲本、殿本、盧弼《集解》本"袞"皆作"褒"。梁章鉅《旁證》卷二引何焯説:"'褒'當作'袞',從《三少帝紀》改。"又殿本《考證》云:"《通鑑》作'東里袞'。"校點本即據《三少帝紀》及《通鑑》改。今從之。

夏侯淵與劉備戰於陽平,爲備所殺。三月,王自長安出斜谷,[1]軍遮要以臨漢中,[2]遂至陽平。備因險拒守。〔一〕

〔一〕《九州春秋》曰:時王欲還,出令曰"雞肋",官屬不知所謂。主簿楊脩便自嚴裝,[3]人驚問脩:"何以知之?"脩曰:"夫雞肋,棄之如可惜,食之無所得,以比漢中,知王欲還也。"

[1]斜(yé)谷:斜谷在陝西眉縣西南,爲古褒斜道之北口。古褒斜道,北起斜谷,南至褒谷(褒城鎮北),總計四百七十里,爲秦蜀間險要之道。(本《讀史方輿紀要》卷五六)

[2]遮要:以兵據守險要之處。斜谷道險,曹操恐被劉備之兵所腰截,故先派兵遮要,乃進臨漢中。(本《通鑑》卷六八漢獻帝建安二十四年胡三省注)

[3]楊脩:詳情見本書卷一九《陳思王植傳》裴注引《典略》。

夏五月,引軍還長安。[1]

秋七月,以夫人卞氏爲王后。遣于禁助曹仁擊關羽。八月,漢水溢,灌禁軍,軍没,羽獲禁,遂圍仁。

使徐晃救之。

　　九月，相國鍾繇坐西曹掾魏諷反免。〔一〕

〔一〕《世語》曰：諷字子京，沛人，有惑衆才，[2]傾動鄴都，鍾繇由是辟焉。大軍未反，[3]諷潛結徒黨，又與長樂衛尉陳禕謀襲鄴。[4]未及期，禕懼，告之太子，誅諷，坐死者數十人。[5]

王昶《家誡》曰"濟陰魏諷"，[6]而此云沛人，未詳。

[1] 還長安：本書卷三二《先主傳》謂劉備有得漢中之信心，至曹操到後，"斂衆拒險，終不交鋒，積月不拔，亡者日多"。曹操遂引軍還。

[2] 惑衆才：本書卷六《劉表傳》裴注引《傅子》，謂"魏諷以才智聞"；《劉曄傳》注引《傅子》謂"魏諷有重名，自卿相以下皆傾心交之"。

[3] 大軍未反：指征漢中之軍未返鄴。

[4] 長樂衛尉：官名。漢長樂宮，皇太后所居，設有長樂少府、衛尉、太僕三卿，秩皆二千石。長樂衛尉之職掌，同衛尉卿。

[5] 數十人：《通鑑》作"連坐死者數千人"，而袁宏《後漢紀》又作"數十人"。

[6] 家誡：沈家本《三國志注所引書目》謂《隋書·經籍志》《舊唐書·經籍志》《新唐書·藝文志》皆不著録，而本書《王昶傳》載有誡子姪書，其中也説到濟陰魏諷。則誡子姪書蓋即《家誡》中之部分。

　　冬十月，軍還洛陽。〔一〕[1]孫權遣使上書，以討關羽自效。王自洛陽南征羽，未至，晃攻羽，破之，羽走，仁圍解。王軍摩陂。〔二〕[2]

〔一〕《曹瞞傳》曰：王更脩治北部尉廨，[3]令過于舊。

〔二〕《魏略》曰：孫權上書稱臣，稱説天命。王以權書示外曰："是兒欲踞吾著爐火上邪！"[4]侍中陳羣、尚書桓階奏曰："漢自安帝已來，政去公室，國統數絶，至於今者，唯有名號，尺土一民，皆非漢有，期運久已盡，[5]曆數久已終，[6]非適今日也。是以桓、靈之間，諸明圖緯者，[7]皆言'漢行氣盡，黃家當興'。殿下應期，十分天下而有其九，以服事漢，羣生注望，遐邇怨歎，是故孫權在遠稱臣，此天人之應，異氣齊聲。臣愚以爲虞、夏不以謙辭，[8]殷、周不吝誅放，[9]畏天知命，無所與讓也。"

《魏氏春秋》曰：夏侯惇謂王曰："天下咸知漢祚已盡，異代方起。自古已來，能除民害爲百姓所歸者，即民主也。今殿下即戎三十餘年，功德著於黎庶，爲天下所依歸，應天順民，復何疑哉！"王曰："'施于有政，是亦爲政'。[10]若天命在吾，吾爲周文王矣。"[11]

《曹瞞傳》及《世語》並云桓階勸王正位，夏侯惇以爲宜先滅蜀，蜀亡則吴服，二方既定，然後遵舜、禹之軌，王從之。及至王薨，惇追恨前言，發病卒。

孫盛《評》曰：夏侯惇恥爲漢官，求受魏印，桓階方惇，有義直之節；考其傳記，《世語》爲妄矣。

[1] 軍還洛陽：何焯《義門讀書記》卷二六《三國志·魏志》引陸機《弔魏武帝文》爲據，謂曹操"實以西行不得志而發病，及襄樊圍急，狼狽還救，偃息不遑，登頓而死。史不盡書耳。當以武侯《正議》參證"。盧弼《集解》謂"《正議》見《諸葛亮傳》注引《亮集》"。

[2] 摩陂（bēi）：地名。在今河南郟縣東南。

[3] 北部尉廨（xiè）：指洛陽北部尉廨，爲曹操早年之官署。

[4] 踞吾著爐火上：胡三省云："蓋言漢以火德王，權欲使操

加其上也。然操必以權書示外者，正欲以觀衆心耳。"(《通鑑》卷六八漢獻帝建安二十四年注）趙幼文《校箋》謂《晋書》卷一《宣帝紀》"火"字作"炭"，《太平御覽》卷七五七引亦作"炭"，疑作"炭"字是。著爐炭上喻至危。

〔5〕期運：運數，氣數。

〔6〕曆數：僞古文《尚書·大禹謨》"天之曆數在汝躬"孔傳云："曆數，謂天道。"孔穎達疏："曆數，謂天曆運之數，帝王易姓而興，故言曆數爲天道。"

〔7〕圖緯：圖讖和緯書，亦即讖緯。讖是漢代方士製作的隱語或預言，作爲吉凶的符驗或徵兆。緯是漢代方士化的儒生附會儒家經典，預言吉凶禍福、治亂興衰之作。六經及《孝經》皆有緯書，稱爲七緯。

〔8〕虞夏：指虞舜、夏禹。傳説虞舜受堯禪爲帝，在位三十九年，又禪讓與禹。禹受禪即位，建立夏朝。（本《史記》卷一《五帝本紀》）

〔9〕殷周：指商湯、周武王。夏桀無道，商湯興兵討伐，放逐桀於南方。殷紂王暴虐，周武王起兵伐之，紂自焚而死，周武王遂斬紂首以示衆。（本《史記》卷三《殷本紀》與卷四《周本紀》）

〔10〕是亦爲政：此兩句爲孔子之言。《論語·爲政》或謂孔子曰："子奚不爲政？"子曰："《書》云：'孝乎惟孝，友于兄弟，施于有政。'是亦爲政，奚其爲爲政？"曹操引此語，謂實權在握，不必計較虛位。

〔11〕吾爲周文王：曹操此言，意謂他不取代漢朝。胡三省云："文王三分天下有其二，以服事殷。"（《通鑑》卷六八漢獻帝建安二十四年注）

二十五年春正月，至洛陽。權擊斬羽，傳其首。庚子，王崩于洛陽，年六十六。〔一〕遺令曰：[1]"天下尚未安定，未得遵古也。葬畢，皆除服。[2]其將兵屯戍者，皆不得離屯部。有司各率乃職。斂以時服，[3]無藏金玉珍寶。"謚曰武王。二月丁卯，葬高陵。〔二〕[4]

〔一〕《世語》曰：太祖自漢中至洛陽，起建始殿，伐濯龍祠而樹血出。[5]

《曹瞞傳》曰：王使工蘇越徙美梨，掘之，根傷盡出血。[6]越白狀，[7]王躬自視而惡之，[8]以爲不祥，還遂寢疾。

〔二〕《魏書》曰：太祖自統御海內，芟夷羣醜，其行軍用師，大較依孫、吳之法，而因事設奇，譎敵制勝，[9]變化如神。自作兵書十餘萬言，[10]諸將征伐，皆以新書從事；臨事又手爲節度，從令不克捷，違教者負敗。與虜對陣，意思安閒，如不欲戰然，及至決機乘勝，[11]氣勢盈溢，故每戰必克，軍無幸勝。知人善察，難眩以僞，拔于禁、樂進於行陣之間，取張遼、徐晃於亡虜之內，[12]皆佐命立功，列爲名將；[13]其餘拔出細微，登爲牧守者，不可勝數。是以剏造大業，文武並施，御軍三十餘年，[14]手不捨書，[15]晝則講武策，[16]夜則思經傳，登高必賦，及造新詩，[17]被之管弦，皆成樂章。才力絕人，手射飛鳥，躬禽猛獸，嘗于南皮一日射雉獲六十三頭。[18]及造作宮室，繕治器械，[19]無不爲之法則，皆盡其意。雅性節儉，不好華麗，[20]後宮衣不錦繡[21]，侍御履不二采，帷帳屏風，壞則補納，[22]茵蓐取溫，無有緣飾。攻城拔邑，得靡麗之物，[23]則悉以賜有功，勳勞宜賞，不吝千金，無功望施，分毫不與，四方獻御，與羣下共之。常以送終之制，[24]襲稱之數，繁而無益，俗又過之，故預自制終亡衣服，[25]四篋而已。

《傅子》曰：太祖愍嫁娶之奢僭，公女適人，皆以皁帳，從婢不過十人。

張華《博物志》曰：[26]漢世，安平崔瑗、瑗子寔、弘農張芝、芝弟昶並善草書，[27]而太祖亞之。[28]桓譚、蔡邕善音樂，[29]馮翊山子道、王九真、郭凱等善圍棋，太祖皆與埒能。又好養性法，亦解方藥，招引方術之士，廬江左慈、譙郡華佗、甘陵甘始、陽城郤儉無不畢至，[30]又習啖野葛至一尺，[31]亦得少多飲鴆酒。[32]

《傅子》曰：漢末王公，多委王服，以幅巾爲雅，[33]是以袁紹、（崔豹）〔崔鈞〕之徒，[34]雖爲將帥，皆著縑巾。魏太祖以天下凶荒，資財乏匱，擬古皮弁，[35]裁縑帛以爲恰，[36]合于簡易隨時之義，以色別其貴賤，于今施行，可謂軍容，[37]非國容也。

《曹瞞傳》曰：太祖爲人佻易無威重，[38]好音樂，倡優在側，常以日達夕。被服輕綃，身自佩小鞶囊，[39]以盛手巾細物，時或冠帢帽以見賓客。每與人談論，戲弄言誦，[40]盡無所隱，及歡悅大笑，至以頭沒杯案中，[41]肴膳皆沾汙巾幘，其輕易如此。然持法峻刻，諸將有計畫勝出己者，[42]隨以法誅之，及故人舊怨，[43]亦皆無餘。其所刑殺，輒對之垂涕嗟痛之，終無所活。初，袁忠爲沛相，[44]嘗欲以法治太祖，沛國桓邵亦輕之，[45]及在兖州，陳留邊讓言議頗侵太祖，太祖殺讓，族其家，忠、邵俱避難交州，太祖遣使就太守士燮盡族之。[46]桓邵得出首，拜謝於庭中，太祖謂曰：“跪可解死邪！”遂殺之。嘗出軍，[47]行經麥中，令士卒“無敗麥，犯者死”。騎士皆下馬，持麥以相付，[48]於是太祖馬騰入麥中，[49]勑主簿議罪；主簿對以《春秋》之義，罰不加於尊。[50]太祖曰：“制法而自犯之，何以帥下？然孤爲軍帥，不可（自）殺，[51]請自刑。”因援劍割髮以置地。[52]又有幸姬常從晝寢，枕之臥，告之曰：“須臾覺我。”姬見太祖臥安，未即寤，及自覺，棒殺之。常討賊，[53]廩穀不足，私謂主者曰：“如何？”主者曰：“可以小斛以足之。”[54]太祖曰：“善。”後軍中言太祖欺衆，太祖謂主者曰：“特當借君死以厭衆，[55]不然事不解。”乃斬之，取首題徇曰：“行小斛，盜官穀，斬之軍門。”其酷虐變詐，皆此之類也。[56]

　　[1] 遺令：盧弼《集解》謂曹操遺令尚長，此"僅摘録關係軍國數語"。其餘散見陸機《吊魏武帝文序》、《藝文類聚》卷四〇、《太平御覽》卷六八七、卷八九五、《初學記》卷九、《世説新語·言語篇》注等。盧弼《集解》有轉録。因文長，不再轉録。

　　[2] 除服：脱去喪服。《宋書·禮志二》云："（魏武）帝以正月庚子崩，辛丑即殯。是月（按，當云二月）丁卯葬，葬畢反吉，是不逾月也。"按，前後凡二十八日。

　　[3] 時服：《宋書·禮志二》云："魏武以送終製衣服四篋，題識其上，春秋冬夏日有不諱，隨時以斂。金珥珠玉銅鐵之物，一不得送。"

　　[4] 高陵：曹操陵墓名。趙一清《注補》引《元和郡縣圖志》，謂陵在鄴縣西三十里，又引楊奂《山陵雜記》，説曹操没後，恐人發其冢，乃設疑冢七十二，在漳河上。《方輿紀要》卷四九也説操有疑冢七十二處，在河南彰德府臨漳縣故鄴城北漳水上。自講武城外，森然彌望，高者如小山，布列直至磁洲而止。（參盧弼《集解》引）據《人民日報》2009年12月28日劉瓊《曹操陵墓被確認》一文，謂"12月27日河南省文物局在京發布重大考古發現——在安陽縣安豐鄉西高穴村發掘的一座東漢大墓，爲文獻中記載的魏武王曹操高陵"。但現在學術界尚有爭議，還不能完全肯定就是曹操高陵。

　　[5] 伐濯龍祠而樹血出：吴金華《校詁》謂《宋書·五行志》作"伐濯龍祠樹而血出"，於文較順。

　　[6] 根傷盡出血：盧弼《集解》云："《御覽》九百六十九引《曹瞞傳》作'根盡出血'。"吴金華《〈三國志〉待質録》云："《御覽》無'傷'，或許近是。"

　　[7] 越白狀：趙幼文《校箋》謂《太平御覽》引作"越以狀聞"。

［8］王躬自視而惡之：趙幼文《校箋》謂《太平御覽》引無"而惡"二字。

［9］譎敵：趙幼文《校箋》謂《金樓子·興王》、《太平御覽》卷九三引"譎"字作"量"。

［10］自作兵書：《隋書·經籍志》載有：《續孫子兵法》二卷，魏武帝撰；《兵書略要》九卷，魏武帝撰；《魏武帝兵法》一卷。 十餘萬言：殿本、校點本作"十萬餘言"，百衲本、盧弼《集解》本作"十餘萬言"。今從百衲本等。

［11］乘勝：趙幼文謂《金樓子》"勝"字作"利"。

［12］內：趙幼文《校箋》謂《金樓子》作"中"。

［13］列爲：趙幼文《校箋》謂《太平御覽》卷九三"爲"字作"于"。

［14］御軍：趙幼文《校箋》謂《金樓子》"軍"字作"事"。

［15］手不捨書：本書卷二《文帝紀》裴注引魏文帝《典論·自叙》云："上雅好詩書文籍，雖在軍旅，手不釋卷。"

［16］武策：《群書治要》卷二五作"軍策"。趙幼文《校箋》亦謂《金樓子》、《太平御覽》卷九三、卷五九一引"武"俱作"軍"。

［17］及造新詩：《隋書·經籍志》載："《魏武帝集》二十六卷，梁三十卷，錄一卷。梁又有《武皇帝逸集》十卷，亡；《魏武帝集新撰》十卷。"逯欽立《先秦漢魏晋南北朝詩》輯有曹操詩二十六首。

［18］嘗：百衲本、殿本作"常"，盧弼《集解》本、校點本作"嘗"。按，二字可通，今從《集解》本等。 六十三頭：盧弼《集解》謂郝經《續後漢書》作"三十六頭"。

［19］繕治：殿本、盧弼《集解》本作"繕制"。百衲本、校點本作"繕治"。今從百衲本等。

［20］不好：盧弼《集解》本作"不爲"，百衲本、殿本、校點本作"不好"。今從百衲本等。

［21］衣不錦繡：本書卷一二《崔琰傳》裴注引《世語》謂曹

植"妻衣繡,太祖登臺見之,以違制命,還家賜死。"

[22]補納:《群書治要》卷二五作"補綴"。

[23]靡麗:盧弼《集解》本、校點本作"美麗",百衲本、殿本作"靡麗"。今從百衲本等。

[24]送終之制:趙幼文謂《太平御覽》卷九三引"送"上有"禮"字。

[25]自制終亡:趙幼文《校箋》謂《金樓子》作"自制送終"。

[26]張華:字茂先,范陽方城(今河北固安縣南)人。晋惠帝時曾爲侍中、中書監,封壯武郡公。後又爲司空,領著作。被趙王倫殺害。所著《博物志》十篇及文章並行於世。(詳《晋書》卷三六《張華傳》)《隋書·經籍志》謂《博物志》十卷,張華撰;《張公雜記》一卷,張華撰。梁有五卷,與《博物志》相似,小有不同;《雜記》十一卷,張華撰。《舊唐書·經籍志》《新唐書·藝文志》亦著錄張華《博物志》十卷。趙一清《注補》引王嘉《拾遺記》,謂《博物志》本四百卷,晋武帝令其删削爲十卷。則《隋書·經籍志》所載《雜記》,或許就是删削之餘。《四庫全書總目提要》又謂《續漢志》劉昭注所引《博物記》,與《博物志》顯然是兩書。趙一清則認爲,劉昭注所引全稱《博物記》,僅《輿服志》注中一條稱《博物志》,是二書實爲一書。盧弼《集解》也認爲,本書《鍾會傳》注引《博物記》所載王粲事,與今本《博物志》同,是二書實爲一書。

[27]寔:殿本、盧弼《集解》本作"實"。百衲本、校點本作"寔"。今從百衲本等。

[28]太祖亞之:《晋書》卷三六《衛瓘附恒傳》所載《四體書勢》,謂漢興即有草書,而不知作者姓名。至章帝時,齊相杜度善之。後來崔瑗、崔寔並皆善長。又有弘農張伯英(芝)更爲精巧,所作之書,至晋世仍被視爲珍寶。伯英弟文舒(昶)亦善草書,僅次於伯英。又張懷瓘《書斷》亦謂張芝尤善章草,又創爲今草,精熟神妙,冠絕古今。張芝弟昶,亦類似芝,時人稱之爲亞聖,"魏武帝工章草,雄逸絕倫。子植亦工書"。

[29] 桓譚：字君山，沛國相縣人。兩漢之際的思想家。又解音律，善鼓琴。（見《後漢書》卷二八《桓譚傳》） 蔡邕：《後漢書》卷六〇下《蔡邕傳》謂邕妙於音律，善鼓琴。

[30] 左慈甘始郤儉：俱見本書卷二九《華佗傳》裴注。

[31] 野葛：一種有毒植物。梁章鉅《旁證》云："沈欽韓曰：'野葛'亦作'冶葛'。嵇含《南方草木狀》云：蕹菜如露葵而小，性冷味甘。冶葛有大毒，以蕹汁滴其苗即萎死。世傳魏武能啖冶葛至一尺，云先食此菜。"

[32] 少多：少量，少許。

[33] 幅巾：一幅裹頭之巾。《後漢書》卷二八《馮衍傳》李賢注："不加冠幘，但以一幅巾飾首而已。"

[34] 崔鈞：各本皆作"崔豹"。殿本《考證》："良裘按：'豹'當作'鈞'。《宋書·禮志》可據。鈞與袁紹起兵山東，見《後漢書·崔駰傳》。"盧弼《集解》引盧文弨說，謂朱良裘之按語，乃陳景雲之說，"不當竊之而沒其名也"。校點本即據陳景雲之說改。今從之。

[35] 皮弁（biàn）：古代用白鹿皮製作的冠。

[36] 帢：盧弼《集解》謂《宋書·禮志五》作"㹒"。

[37] 可謂軍容：盧弼《集解》謂《宋書·禮志五》作"本施軍飾"。

[38] 佻易無威重：趙幼文《校箋》謂《太平御覽》卷三九一引"佻"字作"輕"，"重"字作"儀"。

[39] 身自佩：趙幼文《校箋》謂《太平御覽》卷六九一引"身"下無"自"字。 小鞶（pán）囊：盛佩巾的小囊。

[40] 言誦：趙幼文《校箋》謂《太平御覽》卷九三引"誦"字作"辭"。

[41] 頭沒：趙幼文《校箋》謂《太平御覽》卷九三、卷三九一引"沒"字俱作"投"。

[42] 諸將有：趙幼文《校箋》謂《太平御覽》卷九三引"將"

下無"有"字。

［43］舊怨：趙幼文《校箋》謂《太平御覽》卷九三引"怨"字作"惡"。

［44］袁忠：《後漢書·袁安附閎傳》謂袁忠，閎之弟，"初平中，爲沛相，乘車到官，以清亮稱。及天下大亂，忠棄官客會稽上虞"。"後孫策破會稽，忠等浮海南投交阯。獻帝都許，徵爲衛尉，未到，卒"。

［45］桓邵：侯康《補注續》云："《御覽》四百四十七引張輔《名士優劣論》曰：魏武安忍無親，若楊德祖之徒，多見賊害。孔文舉、桓文林等以宿恨見殺。按桓文林者，桓曄之子。《後漢書·桓曄傳》客交阯爲凶人所誣，遂死於合浦獄，不云死於曹操也。疑張輔誤以'桓邵'作'桓曄'。當從《曹瞞傳》爲正。袁忠事附見《後漢書·袁閎傳》。""亦不言爲曹操所殺，或范書略之也。"盧弼《集解》又引黃山説，謂袁忠即使與桓邵同投交阯，未必能率其族往，操又何從盡族之乎？況據《桓榮傳》，初平中客交阯者爲桓曄，非桓邵。曄雖以誣死合浦獄，亦無被族誅事，自係《曹瞞傳》傳聞之誤。

［46］士燮：百衲本誤作"止燮"。

［47］嘗：殿本、校點本作"常"，百衲本、盧弼《集解》本作"嘗"。二字可通。今從百衲本等。

［48］持麥以相付：殿本、盧弼《集解》本、校點本作"付麥以相持"，百衲本作"持麥以相付"。又梁章鉅《旁證》謂《太平御覽》八三八引作"持麥以相付"，文理較勝。今從百衲本。

［49］於是：趙幼文《校箋》謂《藝文類聚》卷一七、卷八五、《白孔六帖》卷五一、《太平御覽》卷九三、卷三七三引"於是"二字作"時"。

［50］加於尊：趙幼文《校箋》謂《白孔六帖》卷五一、《太平御覽》卷九三俱無"於"字。

［51］不可殺：各本"殺"上有"自"字。趙幼文《校箋》謂《藝文類聚》卷一七、卷八五、《白孔六帖》卷五一、《太平御覽》卷九

三、卷三七三、卷六四九、卷八三八引俱無"自"字。今從趙説刪。

[52] 援劍：趙幼文《校箋》謂《白孔六帖》卷五一、《太平御覽》卷九三、卷六四九引"援"字作"拔"。

[53] 常討賊：《藝文類聚》卷八五作"嘗賦"。趙幼文《校箋》謂《白孔六帖》卷五七、《太平御覽》卷八三〇、卷八三七作"常賦"或"嘗賦"。

[54] 可以小斛以足之：趙幼文《校箋》謂《藝文類聚》卷八五、《太平御覽》卷八三〇、《蒙求注》卷一六俱引作"以小斛量之"。

[55] 君：趙幼文《校箋》謂《藝文類聚》卷八五、《太平御覽》卷七六五、卷八三〇、卷八三七俱作"汝"。

[56] 此之類：校點本作"此類"，百衲本、殿本、盧弼《集解》本均作"此之類"。今從百衲本等。又梁章鉅《旁證》謂魏武遺事，裴注所引《曹瞞傳》尚未盡，如《世説新語》之《忿狷》《假譎》以及《英雄記》、陸機《弔魏武帝文》等還有一些記載。

評曰：漢末，天下大亂，雄豪並起，而袁紹虎眎四州，[1]彊盛莫敵。太祖運籌演謀，鞭撻宇内，擥申、商之法術，[2]該韓、白之奇策，[3]官方授材，各因其器，矯情任算，不念舊惡，終能總御皇機，克成洪業者，惟其明略最優也。抑可謂非常之人，超世之傑矣。

[1] 眎：同"視"。

[2] 申：申不害，戰國鄭人。其學本於黃老而主刑名，是法家術派之奠基者。　商：商鞅，戰國衛人。是法家法派的主要奠基者。（俱參《史記》卷六三《老子韓非列傳》）

[3] 韓：韓信，前有注。　白：白起，戰國秦名將，善用兵，前後爲秦戰勝攻取七十餘城。秦昭王封之爲武安君。（本《史記》卷七三《白起列傳》）

三國志 卷二

魏書二

文帝紀第二

　　文皇帝諱丕，[1]字子桓，武帝太子也。中平四年冬，[2]生于譙。〔一〕[3]建安十六年，[4]爲五官中郎將、副丞相。[5]二十二年，立爲魏太子。〔二〕太祖崩，嗣位爲丞相、魏王。〔三〕[6]尊王后曰王太后。改建安二十五年爲延康元年。[7]

　　〔一〕《魏書》曰：帝生時，有雲氣青色而圜如車蓋當其上，終日，望氣者以爲至貴之證，非人臣之氣。年八歲，能屬文。有逸才，遂博貫古今經傳諸子百家之書。[8]善騎射，好擊劍。舉茂才，[9]不行。
　　《獻帝起居注》曰：建安十（五）〔三〕年，[10]爲司徒趙溫所辟。[11]太祖表"溫辟臣子弟，選舉故不以實"。使侍中、守光祿勳郗慮持節奉策免溫官。[12]
　　〔二〕《魏略》曰：太祖不時立太子，太子自疑。[13]是時有高元呂者，善相人，乃呼問之，對曰："其貴乃不可言。"問：[14]

"壽幾何？"元呂曰："其壽，至四十當有小苦，過是無憂也。"後無幾而立爲王太子，[15]至年四十而薨。

〔三〕袁宏《漢紀》載漢帝詔曰：[16]"魏太子丕：昔皇天授乃顯考以翼我皇家，遂攘除羣凶，拓定九州，[17]弘功茂績，光於宇宙，朕用垂拱負扆二十有餘載。[18]天不愁遺一老，[19]永保余一人，早世潛神，哀悼傷切。丕奕世宣明，宜秉文武，紹熙前緒。今使使持節御史大夫華歆奉策詔授丕丞相印綬、魏王璽綬，[20]領冀州牧。方今外有遺虜，遐夷未賓，旗鼓猶在邊境，干戈不得韜刃，斯乃播揚洪烈，立功垂名之秋也。豈得脩諒闇之禮，[21]究曾、閔之志哉？[22]其敬服朕命，抑弭憂懷，旁祇厥緒，時亮庶功，以稱朕意。於戲，[23]可不勉與！"

[1] 文皇帝：錢大昭《辨疑》謂本書卷三《明帝紀》景初詔中明言文帝爲高祖、明帝爲烈祖。而陳壽在《文帝紀》與《明帝紀》中俱不稱祖，蓋因二帝"德不相副，且無功可錄"，由此可見陳壽史筆之謹嚴。劉咸炘《知意》則謂《漢書》之《文帝紀》《武帝紀》俱不書宗號，豈亦削之？魏文帝、魏明帝自有祖號，史家烏能削之，但略而已，褒貶不在削號。

[2] 中平：漢靈帝劉宏年號（184—189）。

[3] 譙：縣名。治所在今安徽亳州市。

[4] 建安：漢獻帝劉協年號（196—220）。

[5] 五官中郎將：官名。漢代，五官中郎將主管五官郎，屬光祿勳，不置官屬。而曹丕爲五官中郎將，置有官屬，并爲丞相之副，表示加重榮寵，提高其政治地位。

[6] 丞相：官名。西漢初，丞相輔佐皇帝，綜理全國政務，與太尉、御史大夫並稱三公。東漢不設丞相和御史大夫，以太尉、司徒、司空爲三公。建安十三年罷三公官，復置丞相、御史大夫。而曹操爲丞相，遂總攬朝權。　魏王：本書卷一五《賈逵傳》謂曹操

死於洛陽，賈逵主辦喪事。鄢陵侯曹彰來奔喪，問先王璽綬何在，賈逵曰："太子在鄴，國有儲副，先王璽綬非君侯所宜問也。"即送喪還鄴。又本書卷二二《陳矯傳》謂曹操於洛陽死後，群臣以爲太子即位當須漢帝詔命。陳矯卻排衆議，次日晨，以魏王后令策命太子爲魏王。

［7］延康：漢獻帝劉協年號（220）。

［8］古今經傳：指漢代的古文經傳（用大篆或戰國文字書寫之經傳）與今文經傳（用漢代通行的隸書書寫之經傳）。

［9］舉茂才：趙幼文《校箋》謂《太平御覽》卷九三引"舉"上有"州"字。茂才，即秀才，東漢人避光武帝劉秀諱改，爲漢代薦舉人材科目之一。東漢之制，州牧刺史歲舉一人。三國沿之，或稱秀才。

［10］十三年：各本皆作"十五年"。趙一清《注補》云："《後漢書·獻帝紀》建安十三年春正月司徒趙溫免。'五'疑當作'三'。"校點本即據趙説改。今從之。

［11］司徒：官名。東漢時，號稱萬石。與太尉、司空並爲三公，共同行使宰相職能，位次太尉。本職掌民政。

［12］侍中：官名。秩比二千石。職掌門下衆事，侍從左右，顧問應對。漢靈帝時置侍中寺，不再隸屬少府。獻帝時定員六人，與給事黃門侍郎出入禁中，近侍帷幄，省尚書事。　光祿勳：官名。秩中二千石。掌宿衛宮殿門户，朝會則皆禁止，及主諸郎之在殿中侍衛者。　郗（xī）慮：見本書卷一《武帝紀》及裴注引《續漢書》。

［13］太子自疑：曹操最初愛曹植之才，欲立爲太子，故曹丕自疑。詳見本書卷一九《陳思王植傳》及卷一〇《賈詡傳》、卷一二《崔琰傳》《毛玠傳》《邢顒傳》等。

［14］問：趙幼文《校箋》謂《藝文類聚》卷一六、《太平御覽》卷一四八引"問"上俱有"因"字。

［15］王太子：百衲本、殿本作"皇太子"，盧弼《集解》本、

校點本作"王太子"。今從《集解》本等。

　　[16] 袁宏：字彥伯。陳郡陽夏（今河南太康縣）人，東晉中後期，曾爲桓温記室，又爲吏部郎、東陽太守。善於文詞，爲一時文宗。撰有《竹林名士傳》及《後漢紀》三十卷。（詳《晋書》卷九二《袁宏傳》）《隋書·經籍志》亦載《後漢紀》三十卷，袁彥伯撰。書現存。裴注稱"漢紀"，乃省文。

　　[17] 拓定：趙幼文《校箋》謂今本《後漢紀》"拓"作"戡"。

　　[18] 垂拱：謂無爲而天下得治。《尚書·武成》説"垂拱而天下治"。孔穎達疏："謂所任得人，人皆稱職，手無所營，下垂其拱。"　負扆（yǐ）：扆是畫有斧形的屏風。古代諸侯朝天子時，天子背扆南面見諸侯。背扆即負扆。

　　[19] 憖（yìn）：同"憖"，寧願。《詩·小雅·十月之交》："不憖遺一老，俾守我王。"後世多以"天不憖遺一老"作爲哀悼大臣之辭。

　　[20] 御史大夫：官名。西漢初位僅次於丞相，如丞相缺位，往往以御史大夫遞補。後改稱大司空。東漢時又稱司空。建安十三年（208），曹操又復置御史大夫。

　　[21] 諒闇：天子、諸侯在喪期中稱諒闇。

　　[22] 曾：指曾子。孔子弟子。曾子通孝道，故孔子傳授其業；撰有《孝經》。曾子有云："親没之後，吾嘗南游於越，得尊官"，"然猶北向而泣者，非爲賤也，悲不見吾親也"。（見《史記》卷六七《仲尼弟子列傳》及張守節《正義》引《韓詩外傳》）　閔：指閔子騫。孔子弟子。也以孝道著稱，孔子有云："孝哉閔子騫！"（《論語·先進》）

　　[23] 於（wū）戲（hū）：同"嗚呼"。

　　　元年二月^[一]壬戌，^[1]以太中大夫賈詡爲太尉，^[2]御

史大夫華歆爲相國,[3]大理王朗爲御史大夫。[4]置散騎常侍、侍郎各四人,[5]其宦人爲官者不得過諸署令;[6]爲金策著令,藏之石室。[7]

〔一〕《魏書》載庚戌令曰:"關津所以通商旅,池苑所以禦災荒,[8]設禁重税,非所以便民;其除池籞之禁,[9]輕關津之税,皆復什一。"辛亥,賜諸侯王將相已下大將粟萬斛,帛千匹,金銀各有差等。遣使者循行郡國,有違理掊克暴虐者,[10]舉其罪。

[1] 二月:《後漢書》卷九《獻帝紀》謂建安二十五年(220)三月改元延康。沈家本《瑣言》謂三月方改元,而此云元年二月,乃追述。因曹操於正月卒,二月以後之事當載於曹丕紀內;延康乃漢號,卻爲曹丕所改。

[2] 太中大夫:官名。秩千石,第七品,掌顧問應對,無常事。 太尉:官名。東漢時,與司徒、司空並稱三公,共同行使宰相職能,而位列三公之首,名位甚重。或與太傅並録尚書事,綜理全國軍政事務。曹魏前期基本如此。第一品。

[3] 相國:官名。即丞相。建安十八年曹操爲魏公建立魏國時設置丞相,建安二十一年改稱相國,黄初元年稱司徒,甘露五年復稱相國,第一品。

[4] 大理:官名。即漢代之廷尉。建安十八年魏國建立後改稱大理,黄初元年復稱廷尉,第三品。掌司法刑獄。

[5] 散騎常侍:官名。延康元年,合散騎、中常侍爲一官,直稱散騎常侍。秩比二千石,第三品。爲門下重職,侍從皇帝左右,諫諍得失,應對顧問,與侍中等共平尚書奏事,有異議得駁奏。
侍郎:即散騎侍郎,官名。曹魏置,第五品。與散騎常侍、侍中、黄門侍郎等侍從皇帝左右,顧問應對,諫諍拾遺,共平尚書奏事。西晉沿置。

［6］諸署：胡三省云：指左、右、中尚方，中黃，左、右藏，左校，甄官，奚官，黃門，掖庭，永巷，御府，鉤盾，中藏府，内者等署。（《通鑑》卷六九魏文帝黃初元年注）各署長官稱令。

［7］石室：國家檔案庫。

［8］荒：百衲本"荒"下有"也"字，殿本、盧弼《集解》本、校點本無。《中華再造善本》影印宋刻本亦無。今從殿本等。

［9］池：指魚池、魚塘。　籞（yù）：禁苑。周圍有籬落，止人往來。

［10］掊（póu）克：以苛稅搜刮民財。

初，漢熹平五年，[1]黃龍見譙，光祿大夫橋玄問太史令單颺：[2]"此何祥也？"颺曰："其國後當有王者興，不及五十年，亦當復見。天事恒象，此其應也。"内黃殷登默而記之。[3]至四十五年，登尚在。三月，黃龍見譙，登聞之曰："單颺之言，其驗兹乎！"〔一〕

〔一〕《魏書》曰：王召見登，謂之曰："昔成風聞楚丘之繇而敬事季友，[4]鄧晨信少公之言而自納光武。[5]登以篤老，服膺占術，記識天道，豈有是乎！"賜登穀三百斛，[6]遣歸家。

［1］熹平：漢靈帝劉宏年號（172—178）。

［2］光祿大夫：官名。秩比二千石，掌顧問應對，無常事，屬光祿勳。　橋玄：梁國睢陽（今河南商丘市南）人，漢靈帝光和初官至太尉。（詳見《後漢書》卷五一《橋玄傳》）　太史令：官名。屬太常，秩六百石，掌天文曆法。　單颺：山陽湖陸（今山東魚臺縣南）人，善天文曆數，漢靈帝時爲太史令。（詳見《後漢書》卷八二下《單颺傳》）

［3］内黃：縣名。治所在今河南内黃縣西北。　殷登：趙一清

《注補》云："姜云，殷登默記當以此時獻之，安知非附會符命以要爵賞者乎！"

[4] 成風：春秋時魯莊公之妾，魯僖公之母。 季友：又稱成季、成季友，魯桓公之幼子，後爲魯大臣。成季將出生時，魯桓公使卜楚丘之父占卜。占卜後説："男也，其名曰友，將爲公室輔。"成季生下時，掌心果有"友"字，故以友爲名。後成風聞季友生時之繇（zhòu，卦兆之占辭），遂結交季友，並將僖公囑託之。後季友果立僖公。（見《左傳·閔公二年》）

[5] 鄧晨：漢光武帝劉秀之姊夫。王莽末年，劉秀曾與兄伯升及鄧晨俱至宛城（今河南南陽市），遇蔡少公，與之閑談。少公頗學圖讖，言劉秀當爲天子。旁有人問："是國師劉秀乎？"劉秀卻戲言："何用知非僕邪？"坐者皆大笑。鄧晨心獨喜，故與劉秀更加親密，後又助劉秀起兵。（見《後漢書》卷一五《鄧晨傳》）

[6] 三百：百衲本作"二百"，殿本、盧弼《集解》本、校點本皆作"三百"。今從殿本等。

己卯，以前將軍夏侯惇爲大將軍。[1]濊貊、扶餘單于、焉耆、于闐王皆各遣使奉獻。〔一〕[2]

〔一〕《魏書》曰：丙戌，令史官奏修重、黎、羲、和之職，[3]欽若昊天，歷象日月星辰以奉天時。

臣松之案：《魏書》有是言而不聞其職也。丁亥令曰："故尚書僕射毛玠、[4]奉常王脩、[5]涼茂、郎中令袁涣、[6]少府謝奂、萬潛、[7]中尉徐奕、國淵等，[8]皆忠直在朝，履蹈仁義，並早即世，而子孫陵遲，惻然愍之，其皆拜子男爲郎中。"[9]

[1] 前將軍：官名。魏前將軍與後、左、右將軍皆第三品。大將軍：官名。東漢時，兼録尚書事，與太傅、太尉共同主持政

務。漢末，位在三公上。三國時權任稍減，但曹魏時仍爲上公，第一品。

[2] 濊貊：古部族名。居於今朝鮮江原道境內。(本《〈中國歷史地理圖集〉釋文匯編（東北卷）》)　扶餘：古部族名。約分佈於今嫩江中下游、北流松花江以及拉林河、阿什河流域一帶。(本《〈中國歷史地理圖集〉釋文匯編（東北卷）》)　焉耆：西域國名。治所員渠城，在今新疆焉耆回族自治縣。　于闐：西域國名。治所西山城（亦稱西城），在今新疆和田縣南下庫馬堤。

[3] 重黎羲和：傳説中上古掌天文曆法之官。傳説上古帝顓（zhuān）項（xū）時，命南正重主管天文，北正黎主管地理。（見《史記》卷一三〇《太史公自序》）"重黎之後，羲氏、和氏世掌天地之官。"（《史記》卷一《五帝本紀》裴駰《集解》引孔安國説）

[4] 尚書僕射（yè）：官名。魏尚書僕射，秩六百石，第三品，建安十八年初置。署尚書事，令不在，則奏下衆事。置二人，則稱左、右僕射。若一人，則稱尚書僕射。

[5] 奉常：官名。秦朝稱爲奉常，漢初改稱太常，建安二十一年（216）魏國又復稱奉常，爲列卿之首，秩中二千石，第三品，掌禮儀祭祀。

[6] 郎中令：官名。建安十八年魏國初置，黃初元年改爲光祿勳。秩中二千石，第三品。掌宿衞宮殿門户，朝會則皆禁止，及主諸郎之在殿中侍衞者。

[7] 少府：官名。建安十八年魏國初置，黃初元年改爲執金吾。秩中二千石，第三品。掌宮中御衣、寶貨、珍膳等。

[8] 中尉：官名。建安十八年魏國置，黃初元年改爲執金吾。秩中二千石，第三品。掌宮室周圍治安。

[9] 郎中：官名。東漢時，秩比三百石，分隸五官、左、右三署中郎將，名義上備宿衞，實爲後備官吏人材。魏、晉雖罷五官、左、右三署中郎將，仍置郎中，州郡所舉秀才、孝廉，多先授郎中，再出補長吏。

夏四月丁巳，饒安縣言白雉見。〔一〕[1]庚午，大將軍夏侯惇薨。〔二〕

〔一〕《魏書》曰：賜饒安田租，勃海郡百户牛酒，[2]大酺三日；[3]太常以太牢祠宗廟。[4]

〔二〕《魏書》曰：王素服幸鄴東城門發哀。[5]

孫盛曰：在禮，天子哭同姓於宗廟門之外。哭於城門，失其所也。[6]

[1] 饒安：縣名。治所在今河北鹽山縣西南。（本謝鍾英《三國疆域表》）

[2] 勃海郡：治所南皮縣，在今河北南皮縣東北。

[3] 大酺（pú）：聚衆飲食稱酺。《史記》卷六《秦始皇本紀》二十五年五月"大酺"《正義》云："天下歡樂，大飲酒也。"

[4] 太常：盧弼《集解》謂《武帝紀》建安二十一年注引《魏書》云："始置奉常。"《文帝紀》黃初元年十一月又説改奉常爲太常，則此仍應稱爲奉常。

[5] 鄴：縣名。治所在今河北臨漳縣西南鄴鎮東一里半。

[6] 失其所：周壽昌《注證遺》謂：夏侯惇死時，曹丕還是魏王，仍奉漢正朔。並且《魏書》已明言"王素服"，孫盛"何得遽以天子之禮繩之"。

五月戊寅，天子命王追尊王祖太尉曰太王，[1]夫人丁氏曰太王后，封王子叡爲武德侯。〔一〕[2]是月，馮翊山賊鄭甘、王照率衆降，[3]皆封列侯。〔二〕[4]

〔一〕《魏略》曰：以侍中鄭稱爲武德侯傅，[5]令曰："龍淵、太阿出昆吾之金，[6]和氏之璧由井里之田；[7]礱之以砥礪，[8]錯之以他山，[9]故能致連城之價，爲命世之寶。[10]學亦人之砥礪也。稱篤學大儒，勉以經學輔侯，宜旦夕入侍，[11]曜明其志。"[12]

〔二〕《魏書》曰：初，鄭甘、王照及盧水胡率其屬來降，[13]王得降書以示朝曰："前欲有令吾討鮮卑者，吾不從而降；又有使吾及今秋討盧水胡者，吾不聽，今又降。昔魏武侯一謀而當，有自得之色，見譏李悝；[14]吾今說此，非自是也，徒以爲坐而降之，其功大於動兵革也。"

[1] 王祖：百衲本、殿本、校點本皆作"皇祖"，盧弼《集解》本作"王祖"。《通鑑》亦作"王祖"。胡三省云："王祖，漢太尉曹嵩也。"（《通鑑》卷六九魏文帝黃初元年注）按，是時曹丕尚爲魏王，當稱王祖。今從《集解》本。

[2] 武德：侯國名。治所在今河南武陟縣東南。

[3] 馮（píng）翊（yì）：郡名。治所臨晉縣，在今陝西大荔縣。

[4] 列侯：爵名。漢代二十級爵之最高者。金印紫綬，有封邑，食租稅。功大者食縣，小者食鄉、亭。

[5] 傅：官名。曹魏縣侯置傅、家令、丞、庶子、文學等。傅爲侯之輔相。

[6] 龍淵太阿：均劍名。《史記·蘇秦列傳》"龍淵、太阿"《集解》引《吳越春秋》云："楚王召風胡子而告之曰：'寡人聞吳有干將，越有歐冶，寡人欲因子請此二人作劍，可乎？'風胡子曰：'可。'乃往見二人，作劍，一曰龍淵，二曰太阿。"

[7] 和氏之璧由井里之田：《晏子春秋·內篇雜上》云："和氏之璧，井里之困也。良工修之，則爲存國之寶。"

[8] 礱（lóng）：磨。　砥礪：磨石。細者稱砥，粗者稱礪。

[9] 錯：《說文》作"厝"，磨刀石，用以治玉。

［10］命世：盧弼《集解》謂《文館詞林》卷六九五"命世"作"曠代"。

［11］侍：《文館詞林》"侍"作"授"。

［12］曜：盧弼《集解》引何焯説，謂"曜"當作"昭"，避晋諱改。

［13］盧水胡：少數部族名。最初居於湟水流域盧溪水一帶，因得此名。漢末三國時期，分佈極爲廣泛。此處所説之盧水胡，係居於渭水北岸一帶者。（參唐長孺《魏晋南北朝史論叢·魏晋雜胡考》）

［14］見識李悝：《吕氏春秋·恃君覽·驕恣》云：魏武侯因謀事恰當，遂大喜曰："大夫之慮莫如寡人矣！"李悝因進言説：以前楚莊王謀事恰當，有大功，退朝卻有憂色。以爲諸侯選取大臣，當比己强，而群臣卻不如己，此乃國亡之徵兆，故憂慮。今君侯卻自喜比群臣强，這妥當嗎？魏武侯即接受李悝諫議。

酒泉黄華、張掖張進等各執太守以叛。[1]金城太守蘇則討進，[2]斬之。華降。〔一〕

〔一〕華後爲兗州刺史，見《王淩傳》。

［1］酒泉：郡名。治所福禄縣，在今甘肅酒泉市。　張掖：郡名。治所觻得縣，在今甘肅張掖市西北。

［2］金城：郡名。治所允（qiān）吾（yá），在今甘肅永靖縣西北湟水南岸。

六月辛亥，治兵于東郊，〔一〕庚午，遂南征。〔二〕

〔一〕《魏書》曰：公卿相儀，王御華蓋，（視）〔親令〕金鼓之節。[1]

〔二〕《魏略》曰：王將出征，度支中郎將新平霍性上疏諫曰：[2]"臣聞文王與紂之事，是時天下括囊无咎，[3]凡百君子，莫肯用訊。今大王體則乾坤，廣開四聰，[4]使賢愚各建所規。伏惟先王功無與比，而今能言之類，不稱爲德。故聖人曰'得百姓之歡心'。兵書曰'戰，危事也'。是以六國力戰，[5]彊秦承弊，函王不争，[6]周道用興。愚謂大王且當委重本朝而守其雌，[7]抗威虎卧，功業可成。而今翔基，便復起兵，兵者凶器，必有凶擾，擾則思亂，亂出不意。臣謂此危，危于累卵。昔夏啓隱神三年，《易》有'不遠而復'，[8]《論》有'不憚改'。[9]誠願大王揆古察今，深謀遠慮，與三事大夫算其長短。[10]臣沐浴先王之遇，又初改政，復受重任，雖知言觸龍鱗，阿諛近福，竊感所誦，危而不持。"奏通，帝怒，[11]遣刺奸就考竟，[12]殺之，[13]既而悔之，追原不及。

[1] 親令金鼓之節：各本"親"作"視"，無"令"字。盧弼《集解》謂《宋書·禮志一》此句作"親令金鼓之節"。錢儀吉謂《宋書》爲是。趙幼文《校箋》又謂《册府元龜》卷一二四引"視"作"親"。《通典·禮三》引作"親持金鼓之節"。疑此"親"誤作"視"又脱"持"字。按，《通典》所載，實見卷七六《禮三十六·軍禮一》，文作"親執金鼓節"。又《晋書·禮志下》作"親令金鼓之節"。今據《宋書》《晋書》之《禮志》改。

[2] 度支中郎將：官名。秩二千石，第六品，掌諸軍兵田，與典農之職相近。典農主屯田，度支主調遣，故其設官略同，隸屬大司農。　新平：郡名。治所漆縣，在今陝西彬縣。

[3] 括囊无咎：《易·坤卦》六四之《象》曰："括囊無咎，慎不害也。"括囊，束緊袋口。猶言謹言慎行，便不會受害。

[4] 四聰：謂四方視聽。《尚書·堯典》云："明四目，達

四聰。"

　　[5] 六國：指戰國時期的齊、楚、燕、韓、趙、魏六國。

　　[6] 豳王：即周太王古公亶父。古公居於豳（今陝西旬邑縣西），薰育戎狄攻之，欲得財物，古公予之。戎狄復攻，欲得地與民。民皆怒，欲戰。古公止之，乃與私屬去豳，至於岐下。豳人又盡歸之。及他旁國聞古公仁，亦多歸之。周因以興。（見《史記》卷四《周本紀》）

　　[7] 本朝：徐紹楨《質疑》云：本朝謂朝廷也。近世或以本朝爲我朝之稱，非古意也。王氏引之已辨之，説見《經義述聞》。

　　[8] 不遠而復：《易·復卦》初九："不遠復，無祇悔。"意謂失之不遠而返回，則不至於悔。

　　[9] 論：《論語》。《論語·學而》云："過則勿憚改。"意謂：有了過錯就不要怕改正。

　　[10] 三事大夫：相當於後世的三公。《詩·小雅·雨無正》云："三事大夫，莫肯夙夜。"鄭箋："三公及諸侯隨王而行者，皆無君臣之禮，不肯晨夜朝暮省王也。"

　　[11] 帝怒：盧弼《集解》云："此時尚未受禪，不應稱帝。"

　　[12] 刺奸：曹操爲丞相，置有右刺奸掾與刺奸令史，掌司法事務。（詳見本書卷二四《高柔傳》與卷一九《陳思王植傳》注引《魏略》）　考竟：《釋名·釋喪制》云："獄死曰考竟，考得其情，竟其命於獄也。"而此下有"殺之"二字，則此"考竟"，應爲拷訊完畢之意。

　　[13] 殺之：何焯云："（霍）性之死，非不幸也，其得禍尤酷者。丕將行禪代之事，而治兵以備非常；又欲飾其迹，託之南征。性不喻而贅言沮衆，丕遂莫能容忍耳。"（《義門讀書記》卷二六《三國志·魏志》）

　　秋七月庚辰，令曰："軒轅有明臺之議，放勳有衢室之問，[1]皆所以廣詢於下也。〔一〕百官有司，其務以職盡規諫，將率陳軍法，朝士明制度，牧守申政事，縉紳考六藝，[2]吾將兼覽焉。"

〔一〕《管子》曰：[3]黃帝立明臺之議者，[4]上觀於兵也；[5]堯有衢室之問者，[6]下聽於民也；[7]舜有告善之旌，而主不蔽也；禹立建鼓於朝，而備訴訟也；[8]湯有總街之廷，[9]以觀民非也；[10]武王有靈臺之囿，[11]而賢者進也：此古聖帝明王所以有而勿失，得而勿忘也。

[1] 放勛：堯名放勛。
[2] 縉紳：士大夫。"縉"同"搢"，插；紳，束腰大帶。古代士大夫插笏（手版）於紳，以備記錄。後世遂以縉紳爲士大夫之代稱。　六藝：指《易》《書》《詩》《禮》《樂》《春秋》等六經。
[3] 管子：《漢書·藝文志》載《筦（管）子》八十六篇，其下云："名夷吾，相齊桓公，九合諸侯，不以兵車也。有列傳。"《隋書·經籍志》又載爲十九卷，今傳本卻爲二十四卷。以下所引見今本《管子·桓公問》。
[4] 明臺：傳說爲黃帝聽政之所。盧弼《集解》謂《初學記》卷一三、《藝文類聚》卷一一引作"明堂"。
[5] 兵：今本《管子》作"賢"。盧弼《集解》云："或曰'兵'疑作'賓'。蓋明堂朝會諸侯之所，以賓禮親邦國，故曰賓。"
[6] 衢室：爲了聽取民言，築於衢道之室。後世泛指帝王聽政之所。
[7] 民：盧弼《集解》謂今本《管子》作"人"，下同。當爲唐人房玄齡作注避諱所改。
[8] 訴訟：今本《管子》作"訊唉"，房玄齡注："訊，問也。

唉，驚問也。"盧弼《集解》引戴望曰："《三國志注》作'備訴訟'，於義爲長。"

[9] 廷：今本《管子》作"庭"。

[10] 民非：今本《管子》作"人誹"。

[11] 囿：今本《管子》作"復"。盧弼《集解》引戴望曰："《類聚》引作'靈臺之宮'，與上'總街之庭'句相對。《初學記》引作'靈臺之候'，即今本'復'字之訛。"

孫權遣使奉獻。蜀將孟達率衆降。武都氐王楊僕率種人內附，[1]居漢陽郡。[一][2]

[一]《魏略》載王自手筆令曰："日前遣使宣國威靈，[3]而達即來。吾惟《春秋》褒儀父，[4]即封拜達，[5]使還領新城太守。[6]近復有扶老攜幼首向王化者。吾聞鳳沙之民自縛其君以歸神農，[7]齒國之衆褊負其子而入豐、鎬，[8]斯豈驅略迫脅之所致哉？乃風化動其情而仁義感其衷，歡心內發使之然也。以此而推，西南將萬里無外，權、備將與誰守死乎？"[9]

[1] 武都：郡名。治所下辨縣，在今甘肅成縣西。

[2] 漢陽：郡名。治所冀縣，在今甘肅甘谷縣東南。

[3] 日：百衲本、殿本、盧弼《集解》本均作"吾"。殿本《考證》謂宋本作"日"。校點本則從何焯說改作"日"。按，《中華再造善本》影印宋刻本即作"日"。今從之。

[4] 褒儀父：《春秋·隱公元年》：三月，"公及邾儀父盟于蔑"。《公羊傳》云："儀父者何？邾婁之君也。何以名？字也。曷爲稱字？褒之也。曷爲褒之？爲其與公盟也。"

[5] 封拜達：本書《劉封傳》謂魏文帝以孟達爲散騎常侍、建武將軍，封平陽亭侯。

［6］新城：郡名。吳增僅《三國郡縣表附考證》云：延康元年八月，孟達降魏，魏文帝合上庸、西城、房陵三郡置新城郡，以達爲太守。是時三郡地尚屬蜀，文帝蓋遥置郡名，使達領之耳。至是年冬月，夏侯尚襲破劉封，平三郡九縣，孟達遂爲新城太守。郡治所房陵縣，在今湖北房縣。

［7］夙沙：古部落名。《吕氏春秋·離俗覽·用民》："夙沙之民自攻其君而歸神農。"高誘注："夙沙，大庭氏之末氏也。其君無道，故自攻之。神農，炎帝。"

［8］豳國：古國名。周先人公劉所立，在今陝西旬邑縣西南。《史記》卷四《周本紀》謂周文王祖古公亶父修后稷公劉之業，積德行義，國人皆戴之。因遭戎狄攻之，遂去豳至於岐下（今陝西岐山縣東北），"豳人舉國扶老携弱，盡復歸古公於岐下"。其後周文王又遷於鎬（今陝西長安縣西北豐鎬村附近）。

［9］與誰：盧弼《集解》謂盧文弨説宜作"誰與"。

甲午，軍次於譙，大饗六軍及譙父老百姓於邑東。[一][1]八月，石邑縣言鳳皇集。[2]

〔一〕《魏書》曰：設伎樂百戲，[3]令曰："先王皆樂其所生，[4]禮不忘其本。譙，霸王之邦，真人本出，[5]其復譙租税二年。"[6]三老吏民上壽，日夕而罷。丙申，親祠譙陵。[7]

孫盛曰：昔者先王之以孝治天下也，内節天性，外施四海，存盡其敬，亡極其哀，思慕諒闇，[8]寄政冢宰，故曰"三年之喪，自天子達於庶人"；[9]夫然，故在三之義惇，臣子之恩篤，雍熙之化隆，經國之道固，聖人之所以通天地，厚人倫，顯至教，敦風俗，斯萬世不易之典，百王服膺之制也。是故喪禮素冠，[10]郰人著庶見之譏，宰予降榱，[11]仲尼發不仁之歎，子顙忘戚，[12]君子以爲樂禍，魯侯易服，[13]《春秋》知其不終，豈不以墜至痛之誠心，喪哀樂之大節者哉？故雖三季之末，[14]七雄之弊，[15]猶未有廢縗斬於旬朔之間，[16]釋麻杖於反哭之日者也。[17]逮於漢文，變易古制，[18]人道之紀，一旦而廢，縗素奪於至尊，四海散其遏密，[19]義感闕於羣后，大化墜於君親；雖心存貶約，慮在經綸，至於樹德垂聲，崇化變俗，固以道薄於當年，風頹於百代矣。且武王載主而牧野不陣，[20]晉襄墨縗而三帥爲俘，[21]應務濟功，服其焉害？魏王既追漢制，替其大禮，處莫重之哀而設饗宴之樂，居貽厥之始而墮王化之基，[22]及至受禪，顯納二女，忘其至恤以誣先聖之典，天心喪矣，將何以終！是以知王齡之不遐，卜世之期促也。

［1］大饗：趙一清《注補》謂《水經·陰溝水注》謂魏文帝以延康元年幸譙，大饗父老，立壇於故宅，壇前樹碑，碑題云"大饗之碑"。（《隸釋》卷一九載有《大饗碑》文）又《太平寰宇記》卷一二謂《大饗碑》鍾繇篆額，曹子建文，梁鵠書，時人稱爲三絶。侯康《補注續》又云，以《大饗碑》考之，大饗乃八月辛未，《魏志》記時誤。

［2］石邑縣：西漢置。治所在今河北獲鹿縣東南。東漢廢。趙一清《注補》謂《續漢書·郡國志》無石邑縣，"此志有之，疑是復立"。

［3］百戲：潘眉《考證》謂當時所陳百戲，備載《大饗碑》中。

［4］先王皆樂其所生：盧弼《集解》引盧文弨曰："'皆'疑作'樂'。"趙幼文《校箋》謂《禮記·檀弓上》："君子曰樂樂其所自生"。《太平御覽》卷五二九引作"先王云'樂其所生'"，疑此脫"云"字、"自"字。"皆"當從盧氏作"樂"。

［5］本出：趙幼文《校箋》謂《太平御覽》卷五三九引"出"字作"土"。

［6］復：免除。詳解見本書卷一《武帝紀》建安十二年"復

死事之孤"注引徐紹楨説。

[7] 譙陵：曹氏祖先在譙之陵。趙一清《注補》引《宋書·禮志三》，謂"漢獻帝延康元年七月，魏文帝幸譙，親祠譙陵，此漢禮也"。

[8] 諒闇（ān）：此謂守喪之廬。

[9] "三年"句：語見《禮記·王制》。

[10] 喪禮素冠：《毛詩·檜風·素冠》小序云："素冠，刺不能三年也。"《詩》云："庶見素冠兮，棘人欒欒兮，勞心慱慱兮。庶見素衣兮，我心傷悲兮，聊與子同歸兮。庶見素韠兮，我心藴結兮，聊與子如一兮。"

[11] 宰予降苴：宰予，字子我，孔子弟子。《論語·陽貨》宰我問："三年之喪，期已久矣。""期可已矣。"子曰："食夫稻，衣夫錦，于女安乎？"曰："安。"（子曰）"女安，則爲之！"宰我出，子曰："予之不仁也！""夫三年之喪，天下之通喪也，予也有三年之愛於其父母乎！"

[12] 子頹忘戚：百衲本、殿本、盧弼《集解》本"頹"作"穨"，校點本作"頹"。按二字同，今從校點本。子頹，周莊王之庶子。《左傳·莊公二十年》載："王子頹享五大夫，樂及遍舞。鄭伯聞之，見虢叔曰：'寡人聞之，哀樂失時，殃咎必至。今王子頹歌舞不倦，樂禍也。"

[13] 魯侯易服：《左傳·襄公三十一年》謂魯襄公於當年六月卒，魯人立公子裯（即昭公）。當時昭公已十九歲，卻無成人之志，而有童子之心。大夫穆叔以爲不可，曰："居喪而不哀，在戚而有嘉容，是謂不度。不度之人，鮮不爲患。若果立之，必爲季氏憂。"武子不聽，仍立之。至將葬襄公時，昭公卻嬉戲無度，"三易衰，衰衽如故衰"。"君子是以知其不能終也"。

[14] 三季：指夏、商、周三代。

[15] 七雄：指戰國七雄（齊、楚、燕、韓、趙、魏、秦）。

[16] 縗（cuī）斬：被於胸前的粗麻布條，服三年之喪者用之。

[17] 麻杖：麻布喪服及居喪所用的竹杖。

[18] 變易古制：《宋書·禮志二》云："漢文帝始革三年喪制。臨終詔曰：天下吏民臨三日，皆釋服。""自是之後，天下遵令，無復三年之禮。"

[19] 遏密：禁絕。《尚書·舜典》云："帝乃殂落，百姓如喪考妣；三載，四海遏密八音。"

[20] 武王載主：周文王死後，武王繼位。後來武王興兵伐紂，乃載文王木主於車中，表示奉文王以伐，不敢自專。後於商郊牧野與紂軍決戰，而紂軍無戰心，皆倒戈以助武王，即滅殷紂。（見《史記》卷四《周本紀》）

[21] 晉襄墨縗：晉文公死，襄公繼位。尚未葬文公，晉執政先軫遂興兵擊秦。襄公本在居喪，著白色喪服，但因軍事，遂變白色爲黑色，即"墨衰絰"。終敗秦軍於殽，俘秦三帥孟明視、西乞術、白乙丙以歸。（見《左傳·僖公三十三年》，又見《史記》卷三九《晉世家》）

[22] 居貽厥之始：貽，遺留。此句意爲居於承受王化之始。《詩·大雅·文王有聲》："詒厥孫謀，以燕翼子。"詒，通"貽"，留下。孫，通"遜"，順也。 墮：盧弼《集解》本、校點本作"墜"，百衲本、殿本作"墮"。今從百衲本等。

冬十月癸卯，[1]令曰：[2]"諸將征伐，士卒死亡者或未收斂，吾甚哀之；其告郡國給櫬櫝殯斂，送致其家，官爲設祭。"〔一〕丙午，行至曲蠡。[3]

〔一〕櫬音襯。[4]《漢書》高祖八月令曰："士卒從軍死，爲櫬。"應劭曰："櫬，小棺也，今謂之櫝。"應璩《百一詩》曰："櫬車在道路，征夫不得休。"陸機《大墓賦》曰："觀細木而悶遲，覩洪櫬而念櫬。"

[1] 十月：各本皆作"十一月"，趙一清《注補》、侯康《補注續》與梁章鉅《旁證》均引《集古録》之考證，謂當是"十月"，衍"一"字。盧文弨、潘眉亦申此説。校點本即據盧、潘之説刪"一"字。按，《中華再造善本》影印宋刻本即作"十月"，今從之。

[2] 令：殿本"令"上有"下"字，百衲本、盧弼《集解》本、校點本無。今從百衲本等。

[3] 曲蠡：地名。在潁陰縣。潁陰縣治所在今河南許昌縣。

[4] 楷音衛：此三字為裴松之所注音，校點本置於"殯斂"下，百衲本等皆置於此。今從百衲本等。

漢帝以衆望在魏，乃召羣公卿士，〔一〕告祠高廟。使兼御史大夫張音持節奉璽綬禪位，册曰："咨！[1]爾魏王！昔者帝堯禪位於虞舜，舜亦以命禹，天命不于常，惟歸有德。漢道陵遲，[2]世失其序，降及朕躬，大亂玆昏，[3]羣兇肆逆，宇内顛覆。賴武王神武，拯玆難於四方，惟清區夏，以保綏我宗廟，豈予一人獲乂，[4]俾九服實受其賜。[5]今王欽承前緒，光于乃德，恢文武之大業，昭爾考之弘烈。皇靈降瑞，[6]人神告徵，誕惟亮采，[7]師錫朕命，[8]僉曰爾度克協于虞舜，用率我唐典，[9]敬遜爾位。於戲！天之曆數在爾躬，[10]允執其中，天禄永終；君其祗順大禮，[11]饗玆萬國，以肅承天命。"〔二〕[12]乃爲壇於繁陽，[13]庚午，[14]王升壇即阼，百官陪位。事訖，降壇，視燎成禮而反。改延康爲黃初，[15]大赦。〔三〕[16]

〔一〕袁宏《漢紀》載漢帝詔曰：[17]"朕在位三十有二載，遭天下蕩覆，幸賴祖宗之靈，危而復存。然仰瞻天文，俯察民心，炎精之數既終，[18]行運在乎曹氏。是以前王既樹神武之績，今王又光曜明德以應其期，[19]是曆數昭明，信可知矣。夫大道之行，天下爲公，選賢與能，[20]故唐堯不私於厥子，而名播於無窮。朕羨而慕焉，今其追踵堯典，禪位于魏王。"

〔二〕《獻帝傳》載禪代衆事曰：左中郎將李伏表魏王曰：[21]"昔先王初建魏國，在境外者聞之未審，皆以爲拜王。武都李庶、姜合羈旅漢中，[22]謂臣曰：'必爲魏公，未便王也。定天下者，魏公子桓，神之所命，當合符讖，[23]以應天人之位。'臣以合辭語鎮南將軍張魯，[24]魯亦問合知書所出，合曰：'孔子《玉版》也。[25]天子曆數，雖百世可知。'是後月餘，有亡人來，寫得册文，卒如合辭。合長于內學，[26]關右知名。魯雖有懷國之心，沈溺異道變化，[27]不果竄合之言。後密與臣議策質，國人不協，或欲西通，魯即怒曰：'寧爲魏公奴，不爲劉備上客也。'言發惻痛，誠有由然。合先迎王師，往歲病亡於鄴。自臣在朝，每爲所親宣說此意，時未有宜，弗敢顯言。殿下即位初年，禎祥衆瑞，日月而至，有命自天，昭然著見。然聖德洞達，符表豫明，實乾坤挺慶，萬國作孚。臣每慶賀，欲言合驗；事君盡禮，人以爲謟。況臣名行穢賤，入朝日淺，言爲罪尤，自抑而已。今洪澤被四表，靈恩格天地，海內翕習，[28]殊方歸服，兆應並集，以揚休命，始終允臧。臣不勝喜舞，謹具表通。"王令曰："以示外。薄德之人，何能致此，未敢當也；斯誠先王至德通於神明，固非人力也。"

魏王侍中劉廙、辛毗、劉曄、尚書令桓階、尚書陳矯、陳羣、給事黃門侍郎王毖、董遇等言：[29]"臣伏讀左中郎將李伏上事，考圖緯之言，以效神明之應，稽之古代，未有不然者也。故堯稱曆數在躬，[30]璇璣以明天道，[31]周武未戰而赤烏銜書，[32]漢祖未兆而神母告符；[33]孝宣仄微，[34]字成木葉；光武布衣，名已勒讖。[35]是天之所命以著聖哲，非有言語之聲，芬芳之臭，可得而知也，徒縣象以示人，微物以效意耳。[36]自漢德之衰，漸染數世，桓、靈之末，皇極不建，暨於大亂，二十餘年。天之不泯，誕生明聖，以濟其難，是以符讖先著，以彰至德。殿下踐阼未暮，而靈象變於上，羣瑞應於下，四方不羈之民，歸心向義，唯懼在後，雖典籍所傳，未若今之盛也。臣妾遠近，莫不鳧藻。"[37]王令曰："犁牛之駮似虎，莠之幼似禾，事有似是而非者，今日是矣。觀斯言事，良重吾不德。"於是尚書僕射宣告官寮，咸使聞知。

辛亥，太史丞許芝條魏代漢見讖緯于魏王曰：[38]"《易傳》曰：'聖人受命而王，黃龍以戊己日見。'七月四日戊寅，黃龍見，此帝王受命之符瑞最著明者也。又曰：'初六，履霜，陰始凝也。又有積蟲大穴天子之宮，厥咎然。'今螽蟲見，應之也。又曰：'聖人以德親比天下，仁恩洽普，厥應麒麟以戊己日至，厥應聖人受命。'又曰：'聖人清淨行中正，[39]賢人福至民從令，[40]厥應麒麟來。'《春秋漢含孳》曰：'漢以魏，魏以徵。'《春秋玉版讖》曰：'代赤者魏公子。'[41]《春秋佐助期》曰：'漢以許昌失天下。'故白馬令李雲上事曰：'許昌氣見于當塗高，當塗高者當昌於許。'當塗高者，魏也；象魏者，兩觀闕是也；當道而高大者魏。魏當代漢。今魏基昌于許，漢徵絕于許，乃今效見，如李雲之言，許昌相應也。《佐助期》又曰：'漢以蒙孫亡。'說者以蒙孫漢二十四帝，[42]童蒙愚昏，[43]以弱亡。或以雜文爲蒙，[44]其孫當失天下，以爲漢帝非正嗣，少時爲董侯，[45]名不正，蒙亂之荒惑，[46]其子孫以弱亡。《孝經中黃讖》曰：'日載東，[47]絕火光。[48]不橫一，[49]聖聰明。四百之外，易姓而王。天下歸功，致太平，居八甲；共禮樂，正萬民，嘉樂家和雜。'此魏王之姓諱，著見圖讖。《易運期讖》曰：'言居東，西有午，兩日並光日居下。其爲主，反爲輔。[50]五八四十，黃氣受，[51]真人出。'言午，許字。兩日，昌字。[52]漢當以許亡，魏當以許昌。今際會之期在許,是其大效也。《易運期》又曰:'鬼在山,[53]禾女連,王天下。'臣聞帝王者,五行之精;易姓之符,代興之會,以七百二十年爲一軌。[54]有德者過之,[55]至于八百,無德者不及,至四百載。是以周家八百六十七年,夏家四百數十年,漢行夏正,迄今四百二十六歲。又高祖受命,數雖起乙未,然其兆徵始于獲麟。獲麟以來七百餘年,天之曆數將以盡終。帝王之興,不常一姓。太微中,黃帝坐常明,而赤帝坐常不見,以爲黃家興而赤家衰,凶亡之漸。自是以來四十餘年,又熒惑失色不明十有餘年。建安十年,彗星先除紫微,[56]二十三年,復掃太微。新天子氣見東南以來,二十三年,白虹貫日,月蝕熒惑,比年己亥、壬子、丙午日蝕,[57]皆水滅火之象也。殿下即位,初踐阼,德配天地,行合神明,恩澤盈溢,廣被四表,格于上下。是以黃龍數見,鳳皇仍翔,麒麟皆臻,白虎效仁,前後獻見于郊甸;甘露醴泉,奇獸神物,衆瑞並出。斯皆帝王受命易姓之符也。昔黃帝受命,[58]風后受《河圖》;[59]舜、禹有天下,鳳皇翔,洛出《書》;[60]湯之王,白鳥爲符;文王爲西伯,赤烏銜丹書;[61]武王伐殷,白魚升舟;[62]高祖始起,白蛇爲徵。巨跡瑞應,皆爲聖人興。觀漢前後之大災,今玆之符瑞,察圖讖之期運,揆河洛之所甄,未若今大魏之最美也。夫得歲星者,[63]道始興。昔武王伐殷,歲在鶉火,[64]有周之分野也。高祖入秦,五星聚東井,[65]有漢之分野也。今玆歲星在大梁,[66]有魏之分野也。而天之瑞應,並集來臻,四方歸附,襁負而至,兆民欣戴,咸樂嘉慶。《春秋大傳》曰:[67]'周公何以不之魯?蓋以爲雖有繼體守文之君,不害聖人受命而王。'周公反政,《尸子》以爲孔子非之,[68]以爲周公不聖,不爲兆民也。京房作《易傳》曰:[69]'凡爲王者,惡者去之,弱者奪之。易姓改代,天命應常,[70]人謀鬼謀,百姓與能。'伏惟殿下體堯舜之盛明,[71]膺七百之禪代,當湯武之期運,值天命之移授,[72]河洛所表,圖讖所載,昭然明白,[73]天下學士所共見也。臣職在史官,考符察徵，圖讖效見，際會之期，謹以上聞。"王令曰："昔周文三分天下有其二，[74]以服事殷，仲尼歎其至德；[75]公旦履天子之籍，聽天下之斷，終然復子明辟，[76]《書》美其人。吾雖德不及二聖，敢忘高山景行之義哉？[77]若夫唐堯、舜、禹之蹟，皆以聖質茂德處之，故能上和靈祇，下寧萬姓，流稱今日。今吾德至薄也，人至鄙也，遭遇際會，幸承先王餘業，[78]恩未被四海，澤未及天下，雖傾倉竭府以振魏國百姓，猶寒者未盡煖，飢者未盡飽。夙夜憂懼，弗敢遑寧，庶欲保全髮齒，長守今日，以沒於地，以全魏國，下見先王，以塞負荷之責。望狹志局，守此而已；雖屢蒙祥瑞，當之戰惶，五色無主。若芝之言，豈所聞乎？心悸手悼，[79]書不成字，辭不宣心。[80]吾聞作詩曰：'喪亂悠悠過紀，白骨縱橫萬里，哀哀下民靡恃，吾將佐時整理，復子明辟致仕。'[81]庶欲守此辭以自終，卒不虛言也。宜宣示遠近，使昭赤心。"

於是侍中辛毗、劉曄、散騎常侍傅巽、[82]衛臻、尚書令桓階、尚書陳矯、陳羣、給事中博士騎都尉蘇林、董巴等奏曰：[83]"伏見太史丞許芝上魏國受命之符；令書懇切，允執謙讓，雖舜、禹、湯、文，義無以過。然古先哲王所以受天命而不辭者，誠急遵皇天之意，副兆民之望，弗得已也。且《易》曰：[84]'觀乎天文以察時變，觀乎人文以化成天下。'又曰：'天垂象，見吉凶，聖人則之；河出圖，洛出書，聖人效之。'[85]以爲天文因人而變，至于河洛之書，著于《洪範》，則殷、周效而用之矣。斯言，誠帝王之明符，天道之大要也。是以由德應錄者代興于前，失道數盡者迭廢于後，《傳》譏萇弘欲支天之所壞，[86]而説蔡墨'雷乘乾'之説，[87]明神器之存亡，非人力所能逮也。[88]今漢室衰替，帝綱墮墜，天子之詔，歇滅無聞，皇天將捨舊而命新，百姓既去漢而爲魏，昭然著明，是可知也。先王撥亂平世，將建洪基；至於殿下，以至德當曆數之運，即位以來，天應人事，粲然大備，神靈圖籍，兼仍往古，休徵嘉兆，跨越前代；是芝所取《中黃》《運期》姓

（緯）〔譚〕之讖，[89]斯文乃著於前世，與漢並見。由是言之，天命久矣，非殿下所得而拒之也。神明之意，候望禋享，[90]兆民顒顒，咸注嘉願，惟殿下覽圖籍之明文，急天下之公義，輒宣令外內，布告州郡，使知符命著明，而殿下謙虛之意。"[91]令曰："下四方以明孤款心，[92]是也。至于覽餘辭，豈余所謂哉？寧所堪哉？諸卿指論，未若孤自料之審也。夫虛談謬稱，鄙薄所弗當也。且聞比來東征，經郡縣，歷屯田，百姓面有饑色，衣或裋褐不完，[93]罪皆在孤；是以上慚衆瑞，下愧士民。由斯言之，德尚未堪偏王，何言帝者也！宜止息此議，無重吾不德，使逝之後，不愧後之君子。"

癸丑，宣告羣寮。督軍御史中丞司馬懿、[94]侍御史鄭渾、羊秘、鮑勛、武周等言：[95]"令如左。伏讀太史丞許芝上符命事，臣等聞有唐世衰，天命在虞，虞氏世衰，天命在夏；然則天地之靈，曆數之運，去就之符，惟德所在。故孔子曰：[96]'鳳鳥不至，河不出圖，吾已矣夫！'今漢室衰，自安、和、沖、質以來，國統屢絕，桓、靈荒淫，祿去公室，此乃天命去就，非一朝一夕，其所由來久矣。殿下踐阼，[97]至德廣被，格于上下，天人感應，符瑞並臻，考之舊史，未有若今日之盛。夫大人者，先天而天弗違，後天而奉天時，天時已至而猶謙讓者，舜、禹所不爲也，故生民蒙救濟之惠，羣類受育長之施。今八方顒顒，大小注望，皇天乃眷，神人同謀，十分而九以委質，義過周文，所謂過恭也。臣妾上下，伏所不安。"令曰："世之所不足者道義也，所有餘者苟妄也；常人之性，賤所不足，貴所有餘，故曰'不患無位，患所以立'，[98]孤雖寡德，庶自免于常人之貴。[99]夫'石可破而不可奪堅，丹可磨而不可奪赤'，[100]丹石微物，尚保斯質，況吾託士人之末列，曾受教于君子哉？且於陵仲子以仁爲富，[101]柏成子高以義爲貴，[102]鮑焦感子貢之言，[103]棄其蔬而槁死，薪者譏季札失辭，[104]皆委重而弗視。吾獨何人？昔周武，大聖也，使叔旦盟膠扃于四内，使召公約微子於共頭，故伯夷、叔齊相與笑之曰：'昔神農氏之有天下，不以人之壞自成，不以人之卑自高。'以爲周之伐殷以暴也。[105]吾德非周武而義慚夷、齊，庶欲遠苟妄之失道，立丹石之不奪，邁於陵之所富，蹈柏成之所貴，執鮑焦之貞至，遵薪者之清節。故曰：'三軍可奪帥，匹夫不可奪志。'[106]吾之斯志，豈可奪哉？"

乙卯，册詔魏王禪代天下曰："惟延康元年十月乙卯，皇帝曰：咨！爾魏王！夫命運否泰，依德升降，三代卜年，著于《春秋》，是以天命不于常，帝王不一姓，由來尚矣。漢道陵遲，爲日已久，安、順已降，世失其序，沖、質短祚，三世無嗣，皇綱肇虧，帝典頹沮。曁于朕躬，天降之災，遭无妄厄運之會，[107]值炎精幽昧之期。變興輦轂，禍由閹宦。董卓乘釁，惡甚澆、殪，[108]劫遷省御，（太僕）〔火撲〕宮廟，[109]遂使九州幅裂，彊敵虎争，華夏鼎沸，蝮蛇塞路。當斯之時，尺土非復漢有，一夫豈復朕民？幸賴武王德膺符運，奮揚神武，芟夷兇暴，清定區夏，保乂皇家。今王纘承前緒，至德光昭，御衡不迷，布德優遠，聲教被四海，仁風扇鬼區，[110]是以四方效珍，人神響應，天之曆數實在爾躬。昔虞舜有大功二十，而放勳禪以天下；大禹有疏導之績，[111]而重華禪以帝位。[112]漢承堯運，有傳聖之義，加順靈祇，紹天明命，釐降二女，以嬪于魏。[113]使使持節行御史大夫事太常音，[114]奉皇帝璽綬，王其永君萬國，敬御天威，允執其中，天禄永終，敬之哉！"於是尚書令桓階等奏曰："漢氏以天子位禪之陛下，陛下以聖明之德，曆數之序，承漢之禪，允當天心。夫天命弗可得辭，兆民之望弗可得違，臣請會列侯諸將、羣臣陪隸，發璽書，順天命，具禮儀列奏。"令曰："當議孤終不當承之意而已。猶獵，還方有令。"

尚書令等又奏曰："昔堯、舜禪於文祖，[115]至漢氏，以師征受命，畏天之威，不敢怠遑，便即位行在所之地。今當受禪代之命，宜會百寮羣司，六軍之士，皆在行位，使咸覩天命。營中促狹，可於平敞之處設壇場，奉答休命。臣輒與侍中、常侍會議禮儀，太史官擇吉日記，復奏。"令曰："吾殊不敢當之，外亦何豫事也！"

侍中劉廙、常侍衛臻等奏議曰：[116]"漢氏遵唐堯公天下之議，[117]陛下以聖德膺曆數之運，天人同歡，[118]靡不得所，宜順靈符，速踐皇阼。問太史丞許芝，今月十七日己未直成，[119]可受禪命，輒治壇場之處，所當施行別奏。"令曰："屬出，見外便設壇場，斯何謂乎？今當辭讓不受詔也。但於帳前發璽書，威儀如常，且天寒，罷作壇士使歸。"既發璽書，王令曰："當奉還璽綬爲讓章。吾豈奉此詔承此貺邪？昔堯讓天下於許由、子州支甫，[120]舜亦讓于善卷、石戶之農、北人無擇，[121]或退而耕潁之陽，或辭以幽憂之疾，或遠入山林，莫知其處，或攜子入海，終身不反，或以爲辱，自投深淵；且顧厲懼大璞之不完，[122]守知足之明分，王子搜樂丹穴之潛處，[123]被熏而不出，[124]柳下惠不以三公之貴易其介，[125]曾參不以晉、楚之富易其仁，[126]斯九士者，咸高節而尚義，輕富而賤貴，故書名千載，于今稱焉。求仁得仁，仁豈在遠？孤獨何爲不如哉？義有蹈東海而逝，不奉漢朝之詔也。亟爲上章還璽綬，宣之天下，使咸聞焉。"己未，宣告羣僚，下魏，又下天下。

輔國將軍清苑侯劉若等百二十人上書曰：[127]"伏讀令書，深執克讓，聖意懇惻，至誠外昭，臣等有所不安。何者？石戶、北人，匹夫狂狷，行不合義，事不經見者，是以史遷謂之不然，誠非聖明所當希慕。且有虞不逆放勳之禪，夏禹亦無辭位之語，故傳曰：'舜陟帝位，若固有之。'斯誠聖人知天命不可逆，曆數弗可辭也。伏惟陛下應乾符運，至德發聞，升昭于天，是三靈降瑞，人神以和，休徵雜沓，萬國響應，雖欲勿用，將焉避之？而固執謙虛，違天逆衆，慕匹夫之微分，[128]背上聖之所蹈，違經識之明文,信百氏之穿鑿,非所以奉答天命,光慰眾望也。臣等昧死以請,輒整頓壇場,至吉日受命,如前奏,分別寫令宣下。"王令曰:"昔柏成子高辭夏禹而匿野,顏闔辭魯幣而遠跡,[129]夫以王者之重,諸侯之貴,而二子忽之,何則?其節高也。故列士徇榮名,義夫高貞介,雖蔬食瓢飲,樂在其中。是以仲尼師王駘,[130]而子產嘉申徒。[131]今諸卿皆孤股肱腹心,足以明孤,而今咸若斯,則諸卿遊于形骸之內,而孤求為形骸之外,其不相知,未足多怪。亟為上章還璽綬,勿復紛紛也。"[132]

輔國將軍等一百二十人又奏曰:"臣聞符命不虛見,眾心弗可違,[133]故孔子曰:'周公其為不聖乎?[134]以天下讓。是天地日月輕去萬物也。'是以舜嚮天下,不拜而受命。今火德氣盡,炎上數終,帝遷明德,祚隆大魏。符瑞昭晢,[135]受命既固,光天之下,神人同應,雖有虞儀鳳,[136]成周躍魚,[137]方今之事,未足以喻。而陛下違天命以飾小行,逆人心以守私志,上忤皇穹眷命之旨,中忘聖人達節之數,下孤人臣翹首之望,非所以揚聖道之高衢,乘無窮之懿勳也。臣等聞事君有獻可替否之道,奉上有逆鱗固爭之義,臣等敢以死請。"令曰:"夫古聖王之治也,[138]至德合乾坤,惠澤均造化,禮教優乎昆蟲,仁恩洽乎草木,日月所照,戴天履地含氣有生之類,靡不被服清風,沐浴玄德;是以金革不起,苛慝不作,風雨應節,禎祥觸類而見。今百姓寒者未煖,飢者未飽,鰥者未室,寡者未嫁;權、備尚存,未可舞以干戚,[139]方將整以齊斧;[140]戎役未息於外,士民未安於內,耳未聞康哉之歌,[141]目未覩擊壤之戲,[142]嬰兒未可託於高巢,[143]餘糧未可以宿於田畝;人事未備,至於此也。夜未曜景星,[144]治未通真人,河未出龍馬,[145]山未出象車,[146]蓂莢未植階庭,[147]蓂莆未生庖廚,[148]王母未獻白環,[149]渠搜未見珍裘;[150]靈瑞未效,又如彼也。昔東戶季子、[151]容成、大庭、軒轅、赫胥之君,[152]咸得以此就功勒名。今諸卿獨不可少假孤精心竭慮,以和天人,以格至理,使彼衆事備,羣瑞效,然後安乃議此乎,何遽相愧相迫之如是也?速爲讓章,上還璽綬,無重吾不德也。"

侍中劉廙等奏曰:"伏惟陛下以大聖之純懿,當天命之曆數,觀天象則符瑞著明,考圖緯則文義煥炳,察人事則四海齊心,稽前代則異世同歸;而固拒禪命,未踐尊位。聖意懇惻,臣等敢不奉詔?輒具章遣使者奉。"令曰:"泰伯三以天下讓,[153]人無得而稱焉,仲尼歎其至德,孤獨何人?"

庚申,魏王上書曰:"皇帝陛下:奉被今月乙卯璽書,伏聽册命,五內驚震,精爽散越,不知所處。臣前上還相位,退守藩國,聖恩聽許。臣雖無古人量德度身自定之志,保己存性,實其私願。不寤陛下猥損過謬之命,發不世之詔,以加無德之臣。且聞堯禪重華,舉其克諧之德,舜授文命,[154]采其齊聖之美,猶下咨四嶽,上觀璿璣。今臣德非虞、夏,行非二君,[155]而承曆數之諮,應選授之命,內自揆撫,無德以稱。且許由匹夫,猶拒帝位,善卷布衣,而逆虞詔。臣雖鄙蔽,敢忘守節以當大命,不勝至願。謹拜章陳情,使行相國永壽少府糞土臣毛宗奏,[156]并上璽綬。"

辛酉,給事中博士蘇林、董巴上表曰:"天有十二次以爲分野,[157]王公之國,各有所屬,周在鶉火,魏在大梁。歲星行歷十二次國,[158]天子受命,諸侯以封。周文王始受命,歲在鶉火,[159]至武王伐紂十三年,歲星復在鶉火,故《春秋傳》曰:'武王伐紂,歲在鶉火;歲之所在,即我有周之分野也。'[160]昔光和七年,歲在大梁,武王始受命爲(時)將,討黃巾。[161]是歲改年爲中平元年。建安元年,歲復在大梁,[162]始拜大將軍。十三年復在大梁,始拜丞相。今二十五年,歲復在大梁,陛下受命。此魏得歲與周文王受命相應。[163]今年青龍在庚子,《詩推度災》曰:'庚者更也,子者滋也,[164]聖命天下治。'[165]又曰:'王者布德於子,治成於丑。'此言今年天更命聖人制治天下,[166]布德於民也。魏以改制天下,與(時)〔詩〕協矣。[167]顓頊受命,[168]歲在豕章，[169]衛居其地，亦在豕韋，故《春秋傳》曰：'衛，顓頊之墟也。'今十月斗之建，則顓頊受命之分也，始魏以十月受禪，[170]此同符始祖受命之驗也。魏之氏族，出自顓頊，與舜同祖，[171]見于《春秋》世家。舜以土德承堯之火，今魏亦以土德承漢之火，於行運，會于堯舜授受之次。[172]臣聞天之去就，固有常分，聖人當之，昭然不疑，故堯捐骨肉而禪有虞，終無怪色，舜發隴畝而君天下，[173]若固有之，其相授受，閒不替漏，[174]天下已傳矣，所以急天命，天下不可一日無君也。[175]今漢期運已終，妖異絕之已審，陛下受天之命，符瑞告徵，[176]丁寧詳悉，反覆備至，雖言語相喻，無以代此。今既發詔書，璽綬未御，固執謙讓，上逆天命，[177]下違民望。[178]臣謹案古之典籍，參以圖緯，魏之行運及天道所在，即尊之驗，在于今年此月，昭晰分明。[179]唯陛下邁思易慮，以時即位，顯告天帝而告天下，[180]然後改正朔，易服色，正大號，天下幸甚。"令曰："凡斯皆宜聖德，故曰：'苟非其人，道不虛行。'天瑞雖彰，須德而光；吾德薄之人，胡足以當之？今讓，冀見聽許，外內咸使聞知。"

壬戌，冊詔曰："皇帝問魏王言：遣宗奉庚申書到，所稱引，聞之。朕惟漢家世踰二十，年過四百，運周數終，行祚已訖，天心已移，兆民望絕，天之所廢，有自來矣。今大命有所厎止，神器當歸聖德，違天不順，逆眾不祥。[181]王其體有虞之盛德，應曆數之嘉會，是以禎祥告符，[182]圖讖表錄，神人同應，受命咸宜。朕畏上帝，致位于王；天不可違，眾不可拒。[183]且重華不逆堯命，大禹不辭舜位，若夫由、卷匹夫，不載聖籍，固非皇材帝器所當稱慕。今使音奉皇帝璽綬，王其陟帝位，無逆朕命，以祗奉天心焉。"

於是尚書令桓階等奏曰："今漢使音奉璽書到，臣等以爲天命不可稽，神器不可瀆。周武中流有白魚之應，[184]不待師期而大號已建，舜受大麓，[185]桑蔭未移而已陟帝位，皆所以祗承天命，若此之速也。故無固讓之義，不以守節爲貴，必道信於神靈，[186]符合於天地而已。[187]《易》曰：[188]'其受命如響，無有遠近幽深，遂知來物，非天下之至精，[189]其孰能與於此？'今陛下應期運之數，爲皇天所子，而復稽滯於辭讓，低回於大號，非所以則天地之道，副萬國之望。臣等敢以死請，輒敕有司修治壇場，擇吉日，受禪命，發璽綬。"令曰："冀三讓而不見聽，何汲汲于斯乎？"

甲子，魏王上書曰："奉今月壬戌璽書，[190]重被聖命，伏聽冊告，肝膽戰悸，不知所措。天下神器，禪代重事，故堯將禪舜，納于大麓，舜之命禹，玄圭告功；[191]烈風不迷，九州攸平，詢事考言，然後乃命，而猶執謙讓于德不嗣。況臣頑固，質非二聖，乃應天統，受終明詔；敢守微節，歸志箕山，不勝大願。謹拜表陳情，使并奉上璽綬。"

侍中劉廙等奏曰："臣等聞聖帝不違時，明主不逆人，故《易》稱通天下之志，斷天下之疑。伏惟陛下體有虞之上聖，承土德之行運，當亢陽明夷之會，[192]應漢氏祚終之數，合契皇極，同符兩儀。[193]是以聖瑞表徵，天下同應，曆運去就，深切著明；論之天命，無所與議，比之時宜，無所與爭。故受命之期，時清日晏，曜靈施光，休氣雲蒸。是乃天道悅懌，民心欣戴，而仍見閉拒，于禮何居？且羣生不可一日無主，[194]神器不可以斯須無統，故臣有違君以成業，下有矯上以立事，臣等敢不重以死請。"王令曰："天下重器，王者正統，以聖德當之，猶有懼心，吾何人哉？且公卿未至乏主，斯豈小事，且宜以待固讓之後，乃當更議其可耳。"

丁卯，冊詔魏王曰："天訖漢祚，辰象著明，朕祗天命，致位於王，仍陳曆數於詔冊，喻符運於翰墨；神器不可以辭拒，皇位不可以謙讓，稽於天命，至於再三。且四海不可以一日曠主，萬機不可以斯須無統，[195]故建大業者不拘小節，知天命者不繫細物，是以舜受大業之命而無遜讓之辭，聖人達節，不亦遠乎！今使音奉皇帝璽綬，王其欽承，以答天下嚮應之望焉。"

相國華歆、太尉賈詡、御史大夫王朗及九卿上言曰：[196]"臣等被召到，伏見太史丞許芝、左中郎將李伏所上圖讖、符命，侍中劉廙等宣敘衆心，人靈同謀。又漢朝知陛下聖化通于神明，聖德參于虞、夏，因瑞應之備至，聽曆數之所在，遂獻璽綬，固讓尊號。能言之倫，莫不抃舞，《河圖》《洛書》，天命瑞應，人事協于天時，民言協于天敘。[197]而陛下性秉勞謙，體尚克讓，明詔懇切，未肯聽許，臣妾小人，莫不伊邑。[198]臣等聞自古及今，有天下者不常在乎一姓；考以德勢，則盛衰在乎彊弱，論以終始，則廢興在乎期運。唐、虞曆數，不在厥子而在舜、禹。舜、禹雖懷克讓之意，迫羣后執玉帛而朝之，兆民懷欣戴而歸之，率土揚歌謠而詠之，故其守節之拘，不可得而常處，達節之權，不可得而久避；是以或遜位而不怍，或受禪而不辭，不怍者未必厭皇寵，不辭者未必渴帝祚，各迫天命而不得已。既禪之後，則唐氏之子爲賓于有虞，虞氏之胄爲客于夏代，[199]然則禪代之義，非獨受之者實應天福，授之者亦與有餘慶焉。漢自章、和之後，世多變故，稍以陵遲，洎乎孝靈，不恒其心，虐賢害仁，聚斂無度，政在嬖豎，視民如讐，遂令上天震怒，百姓從風如歸；[200]當時則四海鼎沸，既没則禍發宮庭，寵勢並竭，帝室遂卑，若在帝舜之末節，猶擇聖代而授之，荆人抱玉璞，[201]猶思良工而刊之，况漢國既往，莫之能匡，推器移君，委之聖哲，固其宜也。漢朝委質，[202]既願禪禮之速定也，[203]天祚率土，必將有主；主率土者，非陛下其孰能任之？所謂論德無與爲比，考功無推讓矣。[204]天命不可久稽，民望不可久違，臣等慺慺，不勝大願。伏請陛下割撝謙之志，[205]脩受禪之禮，副人神之意，慰外内之願。"令曰："以德則孤不足，以時則戎虜未滅。若以羣賢之靈，得保首領，終君魏國，於孤足矣。若孤者，胡足以辱四海？至乎天瑞人事，皆先王聖德遺慶，孤何有焉？是以未敢聞命。"

己巳，魏王上書曰："臣聞舜有賓于四門之勳，[206]乃受禪於陶唐,[207]禹有存國七百之功,[208]乃承祿於有虞。臣以蒙蔽,德非二聖,猥當天統,不敢聞命。敢屢抗疏,略陳私願,庶章通紫庭,得全微節,情達宸極,永守本志。而音重復銜命,申制詔臣,臣實戰悼,不發璽書,而音迫于嚴詔,不敢復命。願陛下馳傳騁驛,召音還臺。不勝至誠,謹使宗奉書。"

相國歆、太尉詡、御史大夫朗及九卿奏曰:[209]"臣等伏讀詔書,於悒益甚。臣等聞《易》稱聖人奉天時,《論語》云君子畏天命,天命有去就,然後帝者有禪代。是以唐之禪虞,命在爾躬,[210]虞之順唐,謂之受終;堯知天命去已,故不得不禪舜,[211]舜知曆數在躬,故不敢不受;不得不禪,奉天時也,不敢不受,畏天命也。漢朝雖承季末陵遲之餘,猶務奉天命以則堯之道,[212]是以願禪帝位而歸二女。而陛下正於大魏受命之初,[213]抑虞、夏之達節,尚延陵之讓退,[214]而所枉者大,[215]所直者小,所詳者輕,所略者重,中人凡士猶爲陛下陋之。[216]沒者有靈,則重華必忿憤于蒼梧之神墓,[217]大禹必鬱悒于會稽之山陰,[218]武王必不悅于(商)〔高〕陵之玄宮矣。[219]是以臣等敢以死請。且漢政在閹宦,祿去帝室七世矣,遂集矢石於其宮殿,而二京爲之丘墟。當是之時,四海蕩覆,天下分崩,武王親衣甲而冠胄,沐雨而櫛風,爲民請命,則活萬國,爲世撥亂,則致升平,鳩民而立長,築宮而置吏,元元無過,罔于前業,[220]而始有造于華夏。陛下即位,光昭文德,以翊武功,勤恤民隱,視之如傷,懼者寧之,勞者息之,[221]寒者以煖,飢者以充,遠人以(恩復)〔德服〕,[222]寇敵以恩降,邁恩種德,光被四表;稽古篤睦,茂于放勳,網漏吞舟,弘乎周文。[223]是以布政未朞,人神並和,皇天則降甘露而臻四靈,后土則挺芝草而吐醴泉,虎豹鹿兔,皆素其色,[224]雉鳩燕雀,[225]亦白其羽,連理之木,同心之瓜,五采之魚,珍祥瑞物,雜遝於其間者,[226]無不畢備。古人有言:'微禹,吾其魚乎!'微大魏,則臣等之白骨交橫于曠野矣。[227]伏省羣臣外內前後章奏,[228]所以陳敘陛下之符命者,莫不條河、洛之圖書,據天地之瑞應,[229]因漢朝之款誠,宣萬方之景附,可謂信矣(省)〔著〕矣;[230]三王無以及,五帝無以加。民命之懸於魏〔邦,民心之繫於魏〕政,[231]三十有餘年矣,此乃千世時至之會,萬載一遇之秋;達節廣度,宜昭於斯際,拘牽小節,[232]不施於此時。久稽天命,[233]罪在臣等。輒營壇場,具禮儀,擇吉日,昭告昊天上帝,秩羣神之禮,須禮祭畢,會羣寮於朝堂,議年號、正朔、服色當施行。"[234]上復令曰:"昔者大舜飯糗茹草,[235]將終身焉,斯則孤之前志也。及至承堯禪,被(珍)〔袗〕裘,[236]妻二女,若固有之,斯則順天命也。羣公卿士誠以天命不可拒,民望不可違,孤亦曷以辭焉?"

庚午,冊詔魏王曰:"昔堯以配天之德,秉六合之重,猶覩曆運之數,移於有虞,委讓帝位,忽如遺跡。今天既訖我漢命,乃眷北顧,帝皇之業,實在大魏。[237]朕守空名以竊古義,顧視前事,猶有慚德,而王遜讓至于三四,朕用懼焉。夫不辭萬乘之位者,知命達節之數也,虞、夏之君,處之不疑,故勳烈垂于萬載,美名傳于無窮。今遣守尚書令、侍中(顗)〔覬〕喻,[238]王其速陟帝位,以順天人之心,副朕之大願。"

於是尚書令桓階等奏曰:"今漢氏之命已四至,[239]而陛下前後固辭,臣等伏以為上帝之臨聖德,期運之隆大魏,斯豈數載?《傳》稱周之有天下,非甲子之朝,殷之去帝位,非牧野之日也,故《詩》序商湯,追本玄王之至,[240]述姬周,上錄后稷之生,[241]是以受命既固,厥德不回。漢氏衰廢,行次已絕,三辰垂其徵,史官著其驗,耆老記先古之占,百姓協歌謠之聲。陛下應天受禪,當速即壇場,柴燎上帝,[242]誠不宜久停神器,拒億兆之願。臣輒下太史令擇元辰,今月二十九日,可登壇受命,請詔三公羣卿,[243]具條禮儀別奏。"令曰:"可。"

〔三〕《獻帝傳》曰:辛未,[244]魏王登壇受禪,公卿、列侯、諸將、匈奴單于、四夷朝者數萬人陪位,燎祭天地、五嶽、四瀆,[245]曰:"皇帝臣丕敢用玄牡昭告于皇皇后帝:[246]漢歷世二十有四,踐年四百二十有六,四海困窮,三綱不立,[247]五緯錯行,[248]靈祥並見,推術數者,慮之古道,咸以爲天之曆數,運終玆世,凡諸嘉祥民神之意,比昭有漢數終之極,[249]魏家受命之符。漢主以神器宜授於臣,憲章有虞,[250]致位于丕。丕震畏天命,雖休勿休。羣公庶尹六事之人,[251]外及將士,洎于蠻夷君長,僉曰:'天命不可以辭拒,神器不可以久曠,羣臣不可以無主,萬機不可以無統。'[252]丕祗承皇象,敢不欽承。卜之守龜,兆有大橫,[253]筮之三易,[254]兆有革兆,[255]謹擇元日,與羣察登壇受帝璽綬,告類于爾大神;[256]唯爾有神尚饗,[257]永(吉)〔答〕兆民之望。[258]祚于有魏世享。"遂制詔三公:"上古之始有君也,必崇恩化以美風俗,然百姓順教而刑辟厝焉。[259]今朕承帝王之緒,其以延康元年爲黃初元年,議改正朔,易服色,殊徽號,同律度量,承土行,大赦天下;自殊死以下,諸不當得赦,皆赦除之。"[260]

《魏氏春秋》曰:帝升壇禮畢,顧謂羣臣曰:"舜、禹之事,吾知之矣。"

干寶《搜神記》曰:[261]宋大夫邢史子臣明於天道,周敬王之三十七年,景公問曰:"天道其何祥?"對曰:"後五(十)年五月丁亥,[262]臣將死;死後五年五月丁卯,吳將亡;亡後五年,君將終;終後四百年,邾王天下。"俄而皆如其言。所云邾王天下者,謂魏之興也。邾,曹姓,魏亦曹姓,皆邾之後。其年數則錯,未知邢史失其數邪,將年代久遠,注記者傳而有謬也?

[1] 咨:嘆詞,無義。

[2] 陵遲:衰落,廢壞。《詩·王風·大車》序:"禮義陵遲,男女淫奔。"孔穎達疏:"陵遲,猶陂陀。言禮義廢壞之意也。"

[3] 兹：盧弼《集解》謂今本袁宏《後漢紀》作"滋"。按，"兹"通"滋"，益，更加之意。

[4] 乂（yì）：《爾雅·釋詁》：乂，治也。

[5] 九服：傳說古代天子所居京都以外之地，按遠近分爲九等，每等方五百里，稱爲一服，有侯服、甸服、男服、采服、衛服、蠻服、夷服、鎮服、藩服等九服。（見《周禮·夏官·職方氏》）後世遂以九服泛指全國。

[6] 靈：盧弼《集解》謂今本《後漢紀》作"天"。

[7] 誕：《爾雅·釋詁》：誕，大也。 亮采：《尚書·堯典》："使宅百揆，亮采惠疇。"孔傳："亮，信；惠，順也。求其人使居百揆之官，信其立功，順其事者。"據此，亮采有選求繼位人之意。

[8] 師錫：《尚書·堯典》"師錫帝曰"孔傳："師，衆；錫，與也。"

[9] 唐典：唐堯之典。

[10] 天之曆數在爾躬：語出《論語·堯曰》。堯曰："咨！爾舜！天之曆數在爾躬，允執其中。四海困窮，天禄永終。"

[11] 天禄永終：盧弼《集解》本"永"字作"允"，今從百衲本等作"永"。 祇順大禮：盧弼《集解》謂今本《後漢紀》作"祇奉大化"。

[12] 以肅承天命：盧弼《集解》謂今本《後漢紀》作"以肅天道"。

[13] 繁陽：亭名。在當時的潁陰縣境，魏文帝代漢後，改名繁昌縣，在今河南臨潁縣西北繁城鎮。

[14] 庚午：據《集古錄》所考《魏受禪碑》，當作"辛未"，即十月二十九日。

[15] 黃初：魏文帝曹丕年號（220—226）。梁章鉅《旁證》引《宋書·符瑞志》云："有黃鳥銜丹書集於尚書臺，於是改元爲黃初。"梁氏又引《藝文類聚》卷一〇引魏傅遐《皇初頌》，謂"當時黃初亦通作皇初"。

[16] 大赦：《文館詞林》卷六六八有《魏文帝改元大赦詔》。

　　[17] 詔：盧弼《集解》謂嚴可均《全三國文》卷二八衛覬《爲漢帝禪位魏王詔》案云：《魏志·衛覬傳》云：頃之還漢朝，勸贊禪代之義，爲文誥之詔。是獻帝諸禪詔，皆衛覬作也。

　　[18] 炎精：指漢朝。漢朝自稱以火德王，乃繼唐火德之運。《文選》卷一一王文考《魯靈光殿賦》云："殷五代之純熙，紹伊唐之炎精。"

　　[19] 曜：今本袁宏《後漢紀》作"裕"。

　　[20] 選賢與能：《禮記·禮運》云："大道之行也，天下爲公，選賢與能，講信修睦。"

　　[21] 左中郎將：官名。魏時秩比二千石，第四品，掌皇帝侍衛。

　　[22] 漢中：郡名。治所南鄭縣，在今陝西漢中市東。

　　[23] 符讖：即讖。是漢代方士製作的隱語或預言，作爲吉凶的符驗或徵兆。

　　[24] 鎮南將軍：官名。魏鎮南將軍，第二品，位次四征將軍，領兵如征南將軍。

　　[25] 孔子玉版：東漢人所造讖緯一類之書，多爲迷信附會之説。

　　[26] 内學：指讖諱。詳見本書卷一《武帝紀》建安二十四年裴注引《魏略》"圖緯"注。

　　[27] 異道：指張魯所傳之五斗米道。

　　[28] 翕（xī）習：親近。

　　[29] 尚書令：官名。曹魏時仍爲尚書臺長官，第三品，不再隸屬少府。仍掌奏、下尚書曹文書衆事，選用署置官吏；總典臺中綱紀法度，無所不統。後又綜理萬機，決策出令。　給事黃門侍郎：官名。秩六百石，第五品。掌侍從左右，關通中外，與侍中俱出入禁中，近侍帷幄，省尚書事。　董遇：殿本、《中華再造善本》影印宋刻本作"童遇"，百衲本、盧弼《集解》本、校點本作"董遇"。今從百衲本等。董遇，詳見本書卷一三《王朗傳》及裴注引《魏略》。

[30] 堯稱:《論語·堯曰》:"堯曰:'咨!爾舜!天之曆數在爾躬,允執其中。"

[31] 璇璣:又稱璇璣玉衡,古代以玉裝飾的觀測天體的儀器。據說堯傳位與舜,舜仍心不自安,便以璇璣玉衡測日月五星天文七政齊與不齊,七政齊,方可受禪。(詳《史記》卷一《五帝本紀》與《集解》《正義》)

[32] 赤烏銜書:《呂氏春秋·有始覽·應同》云:"(周)文王之時,天先見火,赤烏銜丹書集於周社。文王曰火氣勝。"又《史記》卷四《周本紀》謂周武王起兵討紂,渡河,"既渡,有火自上復於下,至於王屋,流為烏,其色赤,其聲魄云"。

[33] 神母告符:《史記》卷八《高祖本紀》謂漢高祖劉邦縱釋酈山勞徒後,酒醉,行小路,遇一大蛇當道,因拔劍斬蛇為兩段,繼續前行。後繼之人至斬蛇處,見一老嫗哭泣,問其哭因,嫗曰:"人殺吾子,故哭之。"又問:"嫗子何為見殺?"嫗曰:"吾子,白帝子也,化為蛇當道,今為赤帝子斬之,故哭。"

[34] 孝宣仄微:漢宣帝劉詢是漢武帝衛太子之孫,巫蠱事後,衛太子等遇害,劉詢因長於民間。漢昭帝死後無子,霍光擁立昌邑王劉賀。劉賀淫亂無道,霍光又廢,遂迎立宣帝。(本《漢書》卷八《宣帝紀》)《漢書·五行志中之下》又云:"昭帝時,上林苑中大柳樹斷仆地,一朝起立,生枝葉,有蟲食其葉,成文字,曰'公孫病已立'。""後昭帝崩,無子,徵昌邑王賀嗣位,狂亂失道,光廢之,更立昭帝兄衛太子之孫,是為宣帝,帝本名病已。"

[35] 名已勒讖:《後漢書》卷一《光武紀上》云:"光武避吏新野,因賣穀於宛。宛人李通等以圖讖說光武云:'劉氏復起,李氏為輔。'"

[36] 徵物:殿本作"徵物",百衲本、盧弼《集解》本、校點本等皆作"徵物"。吳金華《略論易氏〈三國志補注〉》云:"易氏《補注》指出'徵,宋本作徵。'徵物,即以物為驗證,很貼合文義。"按《中華再造善本》影宋本亦作"徵物",今從殿本。

［37］鳧藻：徐紹楨《質疑》云："鳧藻，即'拊噪'之異文，'鳧'故假借字，即'藻'亦莫非假借字耳。'藻'從澡聲，而'澡'則與'噪'并從喿聲，是古本同音，故得相通借也。"拊（fǔ）噪，拍手歡呼，喜悦之意。

［38］太史丞：官名。太史令之屬官，秩二百石，第八品。（本洪飴孫《三國職官表》）

［39］净：盧弼《集解》謂《宋書·符瑞志上》作"静"。（下校同）

［40］福：《宋書·符瑞志上》無此字。

［41］代赤者：殿本作"代赤眉者"（《中華再造善本》影印宋刻本亦同），百衲本、盧弼《集解》本、校點本作"代赤者"。今從百衲本等。

［42］蒙孫：盧弼《集解》謂《宋書·符瑞志上》"蒙孫"下有"直"字。

［43］愚昏：《宋書·符瑞志上》作"愚惑"。

［44］雜文爲蒙：錢大昕謂古書"蒙"與"厖"通，故"蒙"有雜文之訓。（見《廿二史考異》卷一五）

［45］董侯：即後來的漢獻帝劉協。《後漢書》卷一〇《靈思何皇后紀》謂何皇后生皇子辯，王美人生皇子協。何皇后因酖殺王美人，"董太后自養協，號曰董侯"。

［46］蒙亂之荒惑：《宋書·符瑞志上》無"之"字。

［47］日載東：潘眉《考證》云："按日載東者，'暜'（曹）字，故曰魏王姓諱見於圖讖。"

［48］絶火光：《宋書·符瑞志上》作"紀火光"。殿本《考證》李清植云："按火光者，炎也。炎漢之運，至是而終。《宋書》'絶'作'紀'，非是。"

［49］不橫一：殿本《考證》李清植云："不橫一者，丕也，故下文曰魏王姓諱見於圖讖也。"

［50］反爲輔：原《宋書》"反"作"及"。殿本《考證》李

清植云："按主反爲輔者，言漢反臣於魏也。作'及'非是。"按，今校點本《宋書》已據此改爲"反"。

　　[51] 黃氣受：錢大昭《辨疑》云："言漢祚四百餘年，運數已絕，當有黃氣受之。"潘眉《考證》云："魏以土德王，故曰黃氣。受五八四十者，魏享國年數，自黃初元年庚子，至甘露四年己卯，得四十年，次年司馬氏弑高貴鄉公矣。又文帝年四十歲，亦五八四十之數。"按，潘眉此説亦附會，高貴鄉公被弑後，尚有魏元帝之景元五年、咸熙二年，凡六年。如謂魏元帝爲司馬氏所立，不能算作魏朝，而高貴鄉公又何嘗不是司馬氏所立？

　　[52] 昌字：錢大昕説："按《説文》，'昌'從'日'從'曰'，不從兩'日'。尹敏謂讖書中多近鄙別字。此類皆是。"（《廿二史考異》卷一五）

　　[53] 鬼在山：錢大昭《辨疑》云："古魏字作'巍'，故有是説也。《説文》巍從鬼，委聲，漢人作巍字，或姓或郡，皆有山字，見於洪适《隸釋》者不可勝計。"

　　[54] 軌：潘眉《考證》云："軌者，世軌也。世軌有二：一爲唐堯世軌，以七百六十歲爲一軌；一爲文王世軌，以七百二十歲爲一軌，其推算之法同……此云七百二十年爲一軌，蓋用文王世軌。"

　　[55] 過之：百衲本、殿本作"遇之"，盧弼《集解》本、校點本作"過之"。今從《集解》本等。

　　[56] 紫微：星座名。三垣之一。古代天文學將天體恒星分爲三垣、二十八宿及其他星座。三垣即太微垣、紫微垣、天市垣。

　　[57] 丙午日蝕：潘眉《考證》云："丙午二字當衍。《宋書·符瑞志》載許芝曰：建安二十一年五月朔己亥，日蝕；二十四年二月晦壬子，日蝕。日者陽精，月爲侯王，而以亥子日食，皆水滅火之象也。蓋日爲陽精，亥子屬水，故爲水滅火。若丙午日蝕，丙午屬火，與亥子有別，而曰水滅火，其義不合。《宋志》載許芝之言亦不及丙午。《後漢書》卷九《獻帝紀》載日食甚詳，建安至延康

日食凡八,有己亥、壬子,而無丙午,足證此丙午二字之誤。"

[58] 黃帝受命:《史記》卷一《五帝本紀》"蚩尤最爲暴,莫能伐"《正義》引《龍魚河圖》云:"黃帝攝政,有蚩尤兄弟八十一人","誅殺無道,不慈仁。萬民欲令黃帝行天子事,黃帝以仁義不能禁止蚩尤,乃仰天而嘆。天遣玄女授黃帝兵信神符,制伏蚩尤。"

[59] 風后:《史記·五帝本紀》黃帝"舉風后"《集解》引鄭玄曰:"風后,黃帝三公也。"又《正義》引《帝王世紀》云:"(黃帝)得風后於海隅,登以爲相。"又引《藝文志》云:"《風后兵法》十三篇,圖二卷。"

[60] 洛出書:《宋書·符瑞志》云:"當堯之世,舜舉之(即禹)。禹觀於河,有長人白面魚身","授禹《河圖》,言治水之事"。"乃受舜禪,即天子之位。洛出《龜書》六十五字,是爲《洪範》,此謂洛出《書》者也"。

[61] 赤烏:百衲本、校點本作"赤烏",殿本、盧弼《集解》本作"赤鳥"。今從殿本等。

[62] 白魚升舟:《史記·周本紀》謂周武王伐紂,"渡河,中流,白魚躍入王舟中,武王俯取以祭"。

[63] 歲星:即木星。《史記·天官書》云:"察日、月之行以揆歲星順逆。"《索隱》姚氏案:《天官占》云:"歲星,一曰應星,一曰經星,一曰紀星。"《物理論》云:"歲行一次,謂之歲星,則十二歲而星一周天也。"

[64] 鶉(chún)火:星次名。南方有井、鬼、柳、星、張、翼、軫七宿,稱爲赤鳥七宿。首位者稱鶉首,中部者(柳、星、張)稱鶉火,末位者稱鶉尾。《國語·周語下》云:"昔武王伐殷,歲在鶉火。"韋昭注:"鶉火,次名。周分野也。從柳九度至張十六度爲鶉火。"

[65] 東井:星名。即井宿。《詩·小雅·大東》孔穎達疏:"鄭(玄)稱參傍有玉井,則井星在參東,故稱東井。"《漢書·天

文志》云:"漢元年十月,五星聚於東井,以曆推之,從歲星也。此高皇帝受命之符也。故客謂張耳曰:'東井秦地,漢王入秦,五星從歲星聚,當以義取天下。'"

[66] 大梁:星次名。《國語·晉語四》"歲在大梁"韋昭注:"自胃七度至畢,十一度爲大梁。"

[67] 春秋大傳:盧弼《集解》本引馬國翰説,謂《春秋大傳》撰人缺,《漢書·藝文志》《隋書·經籍志》《新唐書·藝文志》均不著目,其書亦佚。此書當爲漢初經師所撰。

[68] 尸子:《漢書·藝文志》著錄《尸子》二十篇,《隋書》《舊唐書》之《經籍志》與《新唐書·藝文志》同。至宋代,全書已佚,清人有輯本。(參汪繼培輯《尸子》序)汪繼培輯《尸子》卷下云:"昔周公反政,孔子非之曰:'周公其不聖乎!以天下讓,不爲兆人也。'"(輯自《長短經·懼誡篇》)

[69] 易傳:《漢書·藝文志》著錄《易經》十三家,其中有《孟氏京房》十一篇,《灾異孟氏京房》六十六篇,五鹿充宗《略説》三篇,《京氏段嘉》十二篇。

[70] 天命應常:吳金華《〈三國志〉管窺》謂"應"字必是"靡"的訛文。

[71] 盛明:盧弼《集解》本作"聖明",百衲本、殿本、校點本作"盛明"。今從百衲本等。

[72] 移授:校點本作"移受",而百衲本、殿本、盧弼《集解》本均作"移授"。今從百衲本等。

[73] 昭然:百衲本作"怛然",盧弼《集解》本作"坦然"。殿本、校點本作"昭然",《中華再造善本》影印宋刻本亦作"昭然"。今從殿本等。

[74] 周文:百衲本、殿本、校點本作"周文",盧弼《集解》本作"文王"。今從百衲本等。

[75] 至德:《論語·泰伯》:孔子曰:"三分天下有其二,以服事殷。周之德,其可謂至德也已矣。"

[76] 復子明辟:《尚書·洛誥》云:"周公拜手稽首曰:'朕復子明辟。'"孔傳云:"周公盡禮致敬,言我復還明君之政于子。子,成王,年二十成人,故必歸政而退老。"

[77] 高山景行之義:《詩·小雅·車舝初》:"高山仰止,景行行止。"鄭箋:"古人有高德者,則慕仰之;有明行者,則而行之。"

[78] 餘業:盧弼《集解》本作"遺業",百衲本、殿本、校點本作"餘業",今從百衲本等。

[79] 手悼:吳金華《校詁》謂"悼"當爲"掉"之借字,"手掉"即"手抖"。

[80] 宣心:百衲本、盧弼《集解》本、校點本作"宣心",殿本作"宣口"。今從百衲本等。

[81] 復子明辟:盧弼《集解》云:"周公因成王之幼,乃有復子明辟之事,漢獻帝即位三十餘年,復子明辟真不知所謂矣。"

[82] 傅巽:事迹主要見本書卷六《劉表傳》及裴注引《傅子》。

[83] 給事中:百衲本、殿本、校點本作"給事中",盧弼《集解》本作"給事"。今從百衲本等。給事中,官名。魏爲第五品,掌顧問應對,位次中常侍,多爲加官。 博士:官名。魏置博士四人,秩比六百石,第六品,屬太常。掌引導乘輿,王公以下應追謚者議定之。 騎都尉:官名。魏時秩比二千石,第六品,掌羽林從騎。無定員,或爲加官。 蘇林:見本書卷二一《劉劭傳》裴注引《魏略》。

[84] 易曰:見《易·賁卦》象傳。

[85] 聖人效之:此《易·繫辭上》之語。而"聖人則之"今本《易》作"聖人象之";"聖人效之"作"聖人則之"。

[86] 讒萇弘:《左傳·定公元年》載:晉女叔寬曰:"周萇弘、齊高張皆將不免。萇弘違天,高子違人。天之所壞,不可支也。"杜預注:"天既厭周德,萇弘欲遷都以延其祚,故曰違天。"

［87］説蔡墨："説"同"悦"。春秋時，魯昭公被季氏驅出國後死於外地，晉國趙簡子問史墨（晉大夫蔡史墨，又稱蔡墨）：季氏驅出其君，而百姓順服，諸侯親附；國君死於外，也無人懲罰他，是何原因？史墨回答説：事物的存在都有其規律。天生季氏輔助魯侯，時間久了，百姓自然順服他；而魯君又世代放縱安逸，季氏卻世代勤勤懇懇，百姓自然忘記國君。社稷没有固定不變的祭祀，君臣没有固定不變的地位，自古以來就是如此。（見《左傳・昭公三十二年》）

［88］逮：百衲本、殿本作"逮"；盧弼《集解》本、校點本作"建"。今從百衲本等。

［89］姓諱：各本皆作"姓緯"。錢大昭《辨疑》云："'緯'當作'諱'。"按，作"姓緯"義不通，在上文許芝上書中引了《孝經中黄讖》後即明言"此魏王之姓諱，著見圖讖"。則作"姓諱"爲是。今從錢説改。

［90］禋（yīn）：《説文》云："潔祀也。一曰精意以享爲禋。"

［91］謙虚之意：趙一清説："此處有脱文。"

［92］孤：百衲本、盧弼《集解》本作"吾"。殿本、校點本作"孤"，今從殿本等。以下"孤自料之審"亦同。

［93］裋（shù）褐（hè）：百衲本作"短褐"，殿本、盧弼《集解》本、校點本作"裋褐"，《中華再造善本》影印宋刻本亦作"裋褐"，今從殿本等。裋褐，粗劣短衣。

［94］督軍御史中丞：盧弼《集解》云："督軍御史中丞似爲兩官。《晉書》卷一《宣帝紀》云：'光武建武初，征伐四方，始權時置督軍御史，事竟罷。'然亦非督軍御史中丞也。軍使者，事訖罷。至桓、靈後，兵事日多，復置之。'"則督軍御史中丞，乃以御史中丞之職督軍者。

［95］侍御史：官名。曹魏時秩六百石，第七品。掌察舉非法，受公卿群吏奏事，有違失者，舉劾之。　羊秘：羊祜之伯父，官至京兆太守。（見《晉書》卷三四《羊祜傳》）　武周：事見本書

《臧霸傳》《胡質傳》及裴注引虞預《晉書》。

[96] 孔子曰：孔子此語見《論語·子罕》。

[97] 踐阼：此指曹丕爲魏王。

[98] "不患"句：此兩句見《論語·里仁》，是孔子之言。意謂：不愁沒有職位，祇愁沒有任職的本領。

[99] 貴：趙一清《注補》謂當作"責"。

[100] 丹可磨而不可奪赤：《呂氏春秋·季冬紀·誠廉》云："石可破也而不可奪堅，丹可磨也而不可奪赤，堅與赤性之有也。"（參趙幼文《〈三國志集解〉辨證》）

[101] 於陵仲子：春秋時之廉士。《世說新語·豪爽篇》"桓公讀《高士傳》"條，劉孝標注引皇甫謐《高士傳》曰："陳仲子字子終，齊人。兄戴相齊，食祿萬鍾。仲子以兄祿爲不義，乃適楚，居於陵。""身自織屨，令妻辟纑，以易衣食。""楚王聞其名，聘以爲相，乃夫婦逃去，爲人灌園。"

[102] 柏成子高：又作"伯成子高"。古代之廉士。《莊子·天地篇》云："堯治天下，伯成子高立爲諸侯。堯授舜，舜授禹，伯成子高辭爲諸侯而耕。禹往見之，則耕在野；禹趨就下風，立而問焉，曰：'昔堯治天下，吾子立爲諸侯，堯授舜，舜授予，而吾子辭爲諸侯而耕，敢問其何故也？'子高曰：'昔堯治天下，不賞而民勸，不罰而民畏，今子賞罰，而民且不仁，德自此衰，刑自此立，後世之亂自此始矣。夫子闔行邪？無落吾事。'俋俋乎耕而不顧。"

[103] 鮑焦：周代之廉士。《韓詩外傳》云："鮑焦衣弊膚見，挈畚持蔬，遇子貢於道。子貢曰：'吾子何以至於此也？'鮑焦曰：'天下之遺德教者衆矣，吾何爲不至於此也！吾聞之，世不己知而行之不已者，爽行也。上不己用而干之不止者，是毀廉也。行爽毀廉，然且弗捨，惑於利者也。'子貢曰：'吾聞之，非其世者，不生其利；污其君者，不履其土，非其世而持其蔬，《詩》曰：溥天之下莫非王土。此誰有之哉？'鮑焦曰：'於戲！吾聞賢者重進而輕

退,廉者易愧而輕死。'於是棄其蔬而立,槁於洛水之上。"

[104] 季札:春秋時吳王壽夢之季子,壽夢欲傳以位,辭不受。封於延陵,故又稱延陵季子。《韓詩外傳》云:"吳延陵季子游於齊,見遺金,呼牧者取之。牧者曰:'子居之高,視之下,貌之君子,而言之野也。吾有君不君,有友不友,當暑衣裘,君疑取金者乎!'延陵子知其爲賢者,請問姓字。牧者曰:'子乃皮相之士也,何足語姓字哉!'遂去。延陵季子立而望之,不見乃止。"

[105] 暴:百衲本、殿本作"恭"。殿本《考證》云:"'恭'疑作'暴'。"盧弼《集解》本、校點本作"暴"。今從《集解》本等。《呂氏春秋·季冬紀·誠廉》云:"武王即位,觀周德,則王使叔旦就膠鬲於次四内,而與之盟曰:加富三等,就官一列。爲三書同辭,血之以牲,埋一於四内,皆以一歸。又使保召公就微子開於共頭之下,而與之盟曰:世爲長侯,守殷常祀,相奉桑林,宜私孟諸。爲三書同辭,血之以牲,埋一於共頭之下,皆以一歸。伯夷、叔齊聞之,相視而笑曰:嘻!異乎哉!此非吾所謂道也。昔者神農氏之有天下也,時祀盡敬,而不祈福也。其於人也忠信,盡治而無求焉。樂正與爲正,樂治與爲治,不以人之壞自成也,不以人之庳自高也。今周見殷之僻亂也,而遽爲之正與治,上謀而行貨,阻丘而保威也,割牲而盟以爲信,因四内與共頭以明行,揚夢以説衆,殺伐以要利,以此紹殷,是以亂易暴也。"

[106] 故曰:此爲孔子之言,見《論語·子罕》。

[107] 无妄厄運:指意外的灾禍。《易·无妄卦》六三:"无妄之灾,或繫之牛,行人之得,邑人之灾。"

[108] 澆(ào)豷(yì):百衲本作"澆偯",殿本作"澆豷",盧弼《集解》本、校點本作"澆豷"。今從《集解》本等。《左傳·襄公四年》:魏絳對晋悼公曰:"寒浞,伯明氏之讒子弟也,伯明後寒棄之,夷羿收之,信而使之,以爲己相。浞行媚于内,而施賂于外,愚弄其民,而虞羿于田。""家衆殺而烹之。""浞因羿室,生澆及豷,恃其讒慝詐僞,而不德于民,使澆用師,

滅斟灌及斟尋氏。處澆于過，處豷于戈。靡自有鬲氏收二國之燼，以滅浞而立少康。少康滅澆于過，后杼滅豷于戈。"

[109] 火撲：百衲本、殿本、盧弼《集解》本均作"太僕"。殿本《考證》朱良裘曰："'太僕'二字於義無取，或'火撲'之訛。"校點本則據何焯之説改。今從之。趙幼文《校箋》則謂魏晋著述未見"火撲"二字爲辭者。考《後漢書·郡國志》引《帝王世紀》曰"火焚宫廟"。疑此"太僕"二字或爲"火焚"之訛。

[110] 鬼區：趙一清《注補》云："鬼區即九區也，古'九''鬼'同字。"

[111] 績：百衲本、殿本作"蹟"，盧弼《集解》本、校點本作"績"。今從《集解》本等。

[112] 重華：舜之名。《史記·五帝本紀》："虞舜者，名曰重華。"

[113] 嬪于魏：下嫁於魏。《尚書·堯典》："釐將二女于嬀汭，嬪于虞。"盧弼《集解》云：曹操二女嫁漢獻帝，爲皇后；獻帝女又嫁曹丕。本書《后妃傳》不見其名。所謂"釐降二女者"，皆襲唐虞禪代之故事而已。

[114] 音：即張音。

[115] 文祖：《史記·五帝本紀》："正月上日，舜受終於文祖。文祖者，堯大祖也。"《集解》鄭玄曰："文祖者，五府之大名，猶周之明堂。"

[116] 常侍：即散騎常侍。

[117] 議：盧弼《集解》引盧文弨云："議"當作"義"。

[118] 歡：百衲本、殿本作"忻"，盧弼《集解》本、校點本作"歡"。今從《集解》本等。

[119] 直成：百衲本、殿本作"宜成"，盧弼《集解》本、校點本作"直成"。殿本《考證》盧明楷曰："《三少帝紀》高貴鄉公注自叙始生禎祥曰'乙未直成，予生'；又曰'厥日直成，應嘉名也'。《漢書·王莽傳》'以戊辰直定，即真天子位'。師古云：'以

建除之次，其日當定。'直成之義，大抵如是。作'宜成'似誤。"今從《集解》本等。

［120］許由子州支甫：皆古之高士。《莊子·讓王篇》云："堯以天下讓許由，許由不受。又讓於子州支父。子州支父曰：'以我爲天子，猶之可也。雖然，我適有幽憂之病，方且治之，未暇治天下也。'"又《史記》卷六一《伯夷列傳》之《正義》引皇甫謐《高士傳》云："許由字武仲。堯聞，致天下而讓焉。乃退而遁於中岳潁水之陽，箕山之下隱。堯又召爲九州長，由不欲聞之，洗耳於潁水濱。"

［121］善卷石户之農北人無擇：皆古之高士。《莊子·讓王篇》云："舜以天下讓善卷，善卷曰：'余立於宇宙之中，冬日衣皮毛，夏日衣葛絺。春耕種形，足以勞動；秋收斂身，足以休食。日出而作，日入而息，逍遥於天地之間，而心意自得，吾何以天下爲哉？悲夫！子之不知余也。'遂不受。於是去而入深山，莫知其處。舜以天下讓其友石户之農，石户之農曰：'捲捲乎后之爲人，葆力之士也。'以舜之德爲未至也。於是夫負妻戴，携子以入於海，終身不反也。"同篇又云："舜以天下讓其友北人無擇。北人無擇曰：'異哉！后之爲人也，居於畎畝之中，而游堯之門。不若是而已，又欲以其辱行漫我。吾羞見之。'因自投清泠之淵。"

［122］顔斶懼大璞之不完：斶，百衲本、校點本1959年12月第1版作"燭"，殿本、盧弼《集解》本、校點本1982年7月第2版作"斶"，今從殿本等。《戰國策·齊策四》載：齊宣王見顔斶，顔斶説以禮賢下士，宣王請以爲師。顔斶固辭去曰："夫玉生於山，制則破焉，非弗寶貴矣，然大璞不完。士生乎鄙野，推選則禄焉，非不尊遂也，然而形神不全。斶願得歸，晚食以當肉，安步以當車，無罪以富貴，清静貞正以自虞。"再拜辭去。君子曰："斶知足矣，歸真反璞，則終身不辱。"又按，大璞，百衲本作"天樸"，殿本作"大璞"，盧弼《集解》本、校點本作"太樸"。《中華再造善本》影印宋刻本亦作"大璞"。又"大"即"太"。今從殿本等。

[123] 王子搜：越國君。《莊子‧讓王篇》云："越人三世弒其君，王子搜患之，逃乎丹穴。而越國無君，求王子搜不得，從之丹穴。王子搜不肯出，越人薰之以艾，乘之王輿。王子搜援綏登車，仰天而呼曰：'君乎！君乎！獨不可以捨我乎！'"

[124] 薰：百衲本作"重"，殿本、盧弼《集解》本、校點本作"薰"。今從殿本等。

[125] 柳下惠：即春秋魯大夫展禽，因食邑柳下，諡惠，故稱柳下惠。《孟子‧盡心上》孟子曰："柳下惠不以三公易其介。"趙岐注："介，大也。柳下惠執弘大之志，不恥污君，不以三公榮位易其大量也。"

[126] 曾參：孔子弟子，名參。《孟子‧公孫丑下》曾子曰："晉、楚之富不可及也。彼以其富，我以吾仁；彼以其爵，我以吾義，吾何慊乎哉！"

[127] 輔國將軍：官名。魏時爲第三品。　清苑侯：潘眉《考證》云："《魏公卿上尊號奏》作'清苑鄉侯'當以碑爲正。考劉若武帝時爲清苑亭侯，至是進爵鄉侯矣。"

[128] 微分：吳金華《校詁》云："分"當作"介"，二字形近易訛。介謂耿介、貞介，指不違禮義之志節。

[129] 顏闔：戰國魯人，守道不仕。盧弼《集解》引《尚友錄》卷五云：顏闔魯人，守道不仕。魯君遣使致幣，闔曰："恐聽誤，而遺使者罪，不若審之。"使者還問，復來求之，則不得矣。

[130] 王駘（tái）：春秋魯人。《莊子‧德充符篇》云："魯有兀者王駘，從之游者與仲尼相若。常季問於仲尼曰：'王駘兀者也，從之游者，與夫子中分魯。立不教，坐不議，虛而往，實而歸，固有不言之教，無形而心成者邪！是何人也？'仲尼曰：'夫子聖人也，丘也直後而未往耳。丘將以爲師，而況不若丘者乎！'"

[131] 申徒：即申徒嘉。《莊子‧德充符篇》載："申徒嘉，兀者也，而與鄭子產同師於伯昏無人。"子產以申徒嘉形殘，不願與之同行處。申徒嘉曰："吾與夫子游十九年矣，而未嘗知吾兀者

也。今子與我游於形骸之內，而子索我於形骸之外，不亦過乎！"子產即歉意曰："子無乃稱！"

［132］紛紛：吳金華《校詁》云：紛紛，猶今言囉嗦。

［133］弗可：校點本作"不可"，百衲本、殿本、盧弼《集解》本皆作"弗可"。今從百衲本等。

［134］周公其爲不聖：汪繼培輯《尸子》卷下云："昔周公反政，孔子非之曰：'周公其不聖乎？以天下讓，不爲兆人也。'"（汪據《長短經·懼誡篇》）

［135］昭晢：百衲本、殿本作"昭晢"，盧弼《集解》本、校點本作"昭晢"。今從百衲本等。《說文·日部》："晢，昭晢，明也。從日，折聲。"段玉裁注："晢字日在下，或日在旁作晣，同耳。"

［136］有舜儀鳳：《宋書·符瑞志上》謂虞舜"及即帝位，蓂莢生於階，鳳皇巢於庭"。

［137］成周躍魚：周武王起兵伐紂，"渡河，中流，白魚躍入王舟中，武王俯取以祭"。（詳《史記》卷四《周本紀》）

［138］夫古：百衲本、殿本、盧弼《集解》本皆作"太古"。盧氏謂馮本、局本作"夫古"。校點本即作"夫古"。今從之。

［139］舞以干戚：干，盾。戚，斧。謂將干戚用爲舞具而不用於戰爭。《韓非子·五蠹》云："當舜之時，有苗不服，禹將伐之。舜曰：'不可。上德不厚而行武，非道也。'乃修教三年，執干戚舞，有苗乃服。"

［140］齊斧：潘眉《考證》云："《晉書音義》引張晏曰：齊斧，征伐斧也，以整齊天下也。"

［141］康哉之歌：《尚書·益稷》載舜君臣作歌，其中一首云："元首明哉，股肱良哉，庶事康哉！"後世因以"康哉"頌揚時世之安寧。

［142］擊壤之戲：《太平御覽》卷七五引魏邯鄲淳《藝經》云："壤，以木爲之，前廣後銳，長尺四，闊三寸，其形如履。將

戲，先側一壤於地，遥于三四十步，以手中壤擊之，中者爲上。"

[143] 嬰兒未可託於高巢：羅泌《路史》謂上古之時，"人結繩而用，托嬰巢中，棲糧隨首"。

[144] 景星：又稱德星。《史記·天官書》云："天精而見景星。景星者，德星也。其狀無常，常出於有道之國。"

[145] 龍馬：古時傳說的瑞馬。《藝文類聚》卷一一《尚書·中侯》云："龍馬銜甲，赤文綠色。"注："龍形象馬，甲所以藏圖也。"又《宋書·符瑞志中》云："龍馬者，仁馬也，河水之精。高八尺五寸，長頸有翼，傍有垂毛，鳴聲九哀。"

[146] 象車：古代指太平盛世出現的一種瑞物。又稱"山車"。《宋書·符瑞志下》云："象車者，山之精也。王者德澤流洽四境則出。"

[147] 蓂（míng）莢：古代傳說的一種瑞草。《宋書·符瑞志下》云："蓂莢，一名歷莢，夾階而生，一日生一葉，從朔而生，望而止，十六日，日落一葉；若月小，則一葉萎而不落。堯時生階。"《符瑞志上》又謂舜"即帝位，蓂莢生於階"。又"階庭"，百衲本作"階塗"，殿本、盧弼《集解》本、校點本作"階庭"。《中華再造善本》影印宋刻本亦作"階庭"，今從殿本等。

[148] 萐（shà）莆：古代所説的一種瑞草。《宋書·符瑞志下》云："萐莆，一名倚扇，狀如蓬，大枝葉小，根根如絲，轉而成風，殺蠅。堯時生於厨。"

[149] 王母未獻白環：《宋書·符瑞志上》謂舜"即帝位，蓂莢生於階，鳳皇巢於庭"。"西王母獻白環、玉玦"。

[150] 渠搜：古西戎之一支。《尚書·禹貢》："織皮昆侖、析支、渠搜，西戎即叙。"孔傳云："織皮毛布有此四國，在荒服之外，流沙之内。"

[151] 東户季子：《淮南子·繆稱訓》云："昔東户季子之世，道不拾遺，耒耜餘糧宿諸畝首，使君子小人各得其宜也。故一人有慶，兆民賴之。"高誘注："東户季子，古之人君。"

[152] 容成大庭軒轅赫胥：《莊子·胠篋篇》云："昔者容成氏……大庭氏、軒轅氏、赫胥氏……當是時也，民結繩而用之。"郭象注："司馬云，此十二氏皆古帝王。"

[153] 泰伯：又作"太伯"。周太王之長子。太王有泰伯、仲雍、季歷三子。季歷賢，其子昌（即周文王）又有聖兆，太王遂有意傳位與季歷而及於昌。泰伯知後，便有意避讓，遂與仲雍俱奔南方，文身斷髮，以示不歸。（本《史記》卷三一《吳太伯世家》）孔子因而稱贊泰伯曰："泰伯其可謂至德也已矣。三以天下讓，民無得而稱焉。"（《論語·泰伯》）

[154] 文命：夏禹名文命。（本《史記》卷二《夏本紀》）

[155] 二君：趙幼文《校箋》謂《藝文類聚》卷一三引"君"字作"后"。

[156] 永壽少府：即永壽宮之少府。魏太后置衛尉、太僕、少府三卿，位在九卿下，隨太后宮爲號。魏文帝黃初元年，尊母武宣卞后爲皇太后，稱永壽宮。

[157] 十二次：古代天文學把周天分爲十二次，用以觀測日、月、五星運行。十二次之名是：星紀、玄枵、娵訾、降婁、大梁、實沈、鶉首、鶉火、鶉尾、壽星、大火、析木。 分野：古代天文學又把十二次的位置與地上州、國的位置相對應，稱爲分野。

[158] 十二次國：趙一清《注補》謂《宋書·符瑞志上》引此文，"國"上有"所在"二字。

[159] 歲在：《宋書·符瑞志上》作"歲星在"。

[160] 即：《宋書·符瑞志上》作"則"。

[161] 武王始受命爲將討黃巾：百衲本、殿本、盧弼《集解》本作"武王始受命爲時將討黃巾"。《宋書·符瑞志上》載蘇林、董巴上表有云："昔光和七年，歲在大梁，武王始受命爲將，討黃巾。"盧弼《集解》云："《宋書·符瑞志》'爲'下無'時'字。趙一清曰'爲'當作'於'。"校點本遂改"爲"爲"於"，其《校記》云："從趙一清說。"按趙一清《注補》云："'時'字衍，

《宋志》無。"盧弼謂"趙一清曰'爲'當作'於'",不知何據;校點本之"從趙一清説",蓋亦本盧弼之言。又按,據《後漢書·靈帝紀》光和七年二月黄巾起兵,三月漢朝廷即遣盧植、皇甫嵩、朱儁等討黄巾。又本書《武帝紀》云:"光和末,黄巾起。拜騎都尉,討潁川賊。"是曹操拜騎都尉時盧植等人已討黄巾,曹操拜騎都尉亦立即進討潁川黄巾,故不得言"於時將討黄巾"。今從趙一清《注補》説據《宋書·符瑞志上》删"時"字。

[162] 歲復在大梁:錢大昕云:"蓋後漢用四分術,歲星日行四千七百廿五分之三百九十八,約三百九十三年,而超五次,則每七十八九年即超一次。自漢元年歲在鶉首,至中平之元,凡三百九十年,當超五次,故中平初得在大梁也。"(《廿二史考異》卷一五)

[163] 周文王:《宋書·符瑞志上》作"周文武"。

[164] 滋:《宋書·符瑞志上》作"兹"。

[165] 聖命天下治:《宋書·符瑞志上》作"聖人制法天下治"。

[166] 制治天下:《宋書·符瑞志上》作"制法天下"。

[167] 詩:各本皆作"時",《宋書·符瑞志上》作"詩",校點本即據以改爲"詩"。今從之。

[168] 顓(zhuān)頊(xū):黄帝之孫,昌意之子。黄帝死,顓頊立,是爲帝顓頊。(見《史記》卷一《五帝本紀》)

[169] 豕韋:星名。又稱爲營室,爲春秋衛國之分野。《廣雅·釋天》云:"營室謂之豕韋。"王念孫《疏證》云:"昭十一年《左傳》云:'歲在豕韋。'案今衛輝府滑縣,古豕韋氏國,春秋時衛地也。衛爲營室之分野,故營室謂之豕韋。"

[170] 始:趙一清《注補》謂"始"字衍文,《宋書·符瑞志上》無。

[171] 與舜同祖:參見本書《武帝紀》卷首裴注引王沈《魏書》注。又按"同祖"百衲本作"同禪",今從殿本等作"同祖"。

[172] 會:趙一清《注補》謂《宋書·符瑞志上》作"合",當從。

［173］君：《宋書·符瑞志上》作"居"。

［174］授受：百衲本、盧弼《集解》本、校點本皆作"受授"。殿本作"授受"，《中華再造善本》影印宋刻本亦作"授受"，而此指堯授舜受，故從殿本。《宋書·符瑞志上》此句作"其相授間不稽漏刻"。

［175］天下：趙一清《注補》謂《宋書·符瑞志上》"天下"上有"明"字，當依增。

［176］告徵：盧弼《集解》云："'告'疑作'吉'。"吳金華《校詁》則謂"告"不誤，"告徵"，顯示徵兆也。

［177］上逆：《宋書·符瑞志上》作"上稽"。

［178］民望：《宋書·符瑞志上》作"民情"。

［179］分明：《宋書·符瑞志上》"分明"下有"謹條奏如左"五字，而本書所引此表之開頭"天有十二次以爲分野"至"堯舜授受之次"一大段，則在下文"天下幸甚"之下。

［180］天帝：《宋書·符瑞志上》作"上帝"。 而告天下：《宋書·符瑞志上》作"佈詔天下"。

［181］違天不順逆衆不祥：百衲本、殿本、盧弼《集解》本皆如此。校點本作"違衆不順逆天不祥"。今從百衲本等。

［182］告符：百衲本作"吉符"；殿本、盧弼《集解》本、校點本作"告符"。今從殿本等。

［183］不可拒：校點本作"不可拂"，百衲本、殿本、盧弼《集解》本作"不可拒"。今從百衲本等。

［184］周武：趙幼文《校箋》謂《藝文類聚》卷一三引"周"上有"昔"字。

［185］舜受大麓：趙幼文《校箋》謂《藝文類聚》引"受"下有"禪"字。按，《尚書·舜典》云："納于大麓，烈風雷雨弗迷。"孔傳："麓，録也。納舜使大録萬機之政，陰陽和，風雨時各以其節，不有迷錯愆伏，明舜之德合於天。"又《戰國策·趙策四》馮忌答趙王有云："昔者堯見舜於草茅之中，席隴畝而蔭庇桑，蔭移而授天

下傳。"

　　[186] 必道：趙幼文《校箋》謂《藝文類聚》引"必"下無"道"字。

　　[187] 符合：趙幼文《校箋》謂《藝文類聚》引"符"上有"而"字。　而已：趙幼文《校箋》謂《藝文類聚》引"而已"作"也"。

　　[188] 易曰：以下之說見《易·繫辭上》。

　　[189] 至精：百衲本、校點本作"至賾"；殿本、盧弼《集解》本作"至精"。《中華再造善本》影印宋刻本亦作"至精"。又《易·繫辭上》亦作"至精"。今從殿本等。

　　[190] 壬戌：百衲本、殿本作"戊戌"。殿本《考證》盧明楷曰："按十月中無戊戌，前云'壬戌冊詔'，疑'戊戌'乃'壬戌'之訛。"盧弼《集解》本、校點本作"壬戌"。今從《集解》本等。

　　[191] 玄圭：古代帝王舉行典禮所用的一種黑色玉器。《尚書·禹貢》云："禹錫玄圭，告厥成功。"孔傳："玄，天色。禹功盡加於四海，故堯賜玄圭，以彰顯之，言天功成。"

　　[192] 亢陽：指陽極盛。《易·乾卦》上九："亢龍有悔。"孔穎達疏："上九，亢陽之至，大而極盛。"　明夷：卦名。《易·明夷卦》："明夷，利艱貞。"孔穎達疏："夷者，傷也。此卦日入地中，明夷之象。施之於人事，暗主在上，明臣在下，不敢顯其明智，亦明夷之義也。"按，上句之"行運"百衲本作"行連"，今從殿本等作"行運"。

　　[193] 兩儀：天地。《易·繫辭上》云："是故易有太極，是生兩儀。"

　　[194] 不可：百衲本作"不可以"；殿本、盧弼《集解》本、校點本作"不可"，《中華再造善本》影印宋刻本亦作"不可"。下同。今從殿本等。

　　[195] 無統：百衲本作"乏統"；殿本、盧弼《集解》本、校點本作"無統"。《中華再造善本》影印宋刻本亦作"無統"。下同。今

從殿本等。

［196］九卿：潘眉《考證》云："《武帝紀》建安十八年初置侍中、尚書、六卿。此云九卿者，二十一年置奉常、宗正二卿，二十二年又置衛尉卿，是時魏已備九卿。然考魏公卿上尊號奏，署名者"，"惟有七卿，無大鴻臚、宗正。此云九卿，亦約舉之耳"。 上言曰：梁章鉅《旁證》云："按此下即《隸釋》所載《魏公卿上尊號表》也。翁覃溪師曰：此亦名《勸進碑》，不書立石年月。顧炎武謂此文當在延康年，而此碑實刻於黃初之後。"

［197］天敘：百衲本、盧弼《集解》本作"天序"，殿本、校點本作"天叙"。今從殿本等。

［198］伊邑：同"于邑""伊鬱"。愁悶之義。

［199］虞氏之胄爲客于夏代：《史記·五帝本紀》云："舜子商均亦不肖，舜乃豫薦禹於天。十七年而崩。三年喪畢，禹亦乃讓舜子，如舜讓堯子。諸侯歸之，然後禹踐天子位。堯子丹朱，舜子商均，皆有疆土，以奉先祀。服其服，禮樂如之。以客見天子，天子弗臣，示不敢專也。"

［200］從風：盧弼《集解》云："風"疑作"亂"。趙幼文《校箋》則云："'百姓'下疑有脫文，盧君疑'風'作'亂'，未的。"吳金華《〈三國志〉斠議》謂易培基《三國志補注》謂何焯校改"風"爲"亂"。吳金華又引《左傳·昭公十三年》及《後漢紀》卷一九皆有"從亂如歸"之語，謂何焯所改恰當。

［201］荆人：指楚人和氏。和氏在山中得一玉璞，先後獻給楚厲王、武王，均被認爲欺詐，被砍去雙脚。至楚文王即位，和氏又抱璞哭於荆山下，楚文王使玉人剖璞加工，果爲寶玉，遂稱爲和氏璧。（見《韓非子·和氏》）

［202］委質：歸順之意。

［203］禪禮：校點本作"禮禪"，今從百衲本等作"禪禮"。

［204］無推讓：盧弼《集解》引何焯謂"無"下有脫字。

［205］撝（huī）謙：謙遜。《易·謙卦》六四："無不利撝謙。"

王弼注："指撝皆謙，不違則也。"

[206] 四門之勳：《尚書·舜典》云："賓于四門，四門穆穆。"孔傳："穆穆，美也。四門，四方之門。舜流四凶族，四方諸侯來朝者，舜賓迎之，皆有美德，無凶人。"

[207] 陶唐：堯之號。《史記·五帝本紀》："帝堯者，放勳。"《集解》引徐廣曰："號陶唐。"

[208] 七百之功：《淮南子·修務訓》謂禹決江疏河，"平治水土，定千八百國"。

[209] 奏曰：此奏表之前部分，裴注未錄。《隸釋》載《魏公卿上尊號奏》之前部分，即裴注未錄之部分，盧弼《集解》已轉錄。因文長不再轉錄。

[210] 命在爾躬：盧弼《集解》謂《隸釋》作"命以在爾"。（下同）

[211] 禪舜：《隸釋》無"舜"字。

[212] 堯之道：《隸釋》無"之"字。

[213] 而陛下：《隸釋》無"而"字。

[214] 讓退：《隸釋》"退"作"體"。

[215] 而所：《隸釋》無"而"字。

[216] 猶爲陛下：盧弼《集解》本"猶"作"皆"，百衲本、殿本、校點本作"猶"。今從百衲本等。

[217] 蒼梧之神墓：《史記·五帝本紀》云："（舜）踐帝位三十九年，南巡狩，崩於蒼梧之野。葬於江南九疑，是爲零陵。"《集解》引《皇覽》："傳曰'舜葬蒼梧，象爲之耕'。《禮記》曰'舜葬蒼梧，二妃不從'。《山海經》曰：'蒼梧山，帝舜葬於陽，丹朱葬於陰。'"

[218] 大禹：《隸釋》"禹"作"夏"。《史記·夏本紀》云："禹東巡狩，至於會稽而崩。"

[219] 高陵之玄宮：百衲本、殿本、盧弼《集解》本等"高陵"皆作"商陵"。《隸釋》作"高陵"。而曹操死後確葬高陵。校點本即

據《隸釋》改。今從之。　玄宮：帝王之墓。

[220] 罔于：殿本作"罔干"，百衲本、盧弼《集解》本、校點本作"罔于"，今從百衲本等。

[221] 息之：《隸釋》作"休之"。

[222] 德服：百衲本、殿本、盧弼《集解》本等均作"恩復"。《隸釋》作"德服"，校點本即據《隸釋》改。今從之。

[223] 弘乎周文：《隸釋》作"裕于周文"。盧弼《集解》引胡玉縉說，謂"網漏吞舟"之說始見於《史記》卷一二二《酷吏傳》，當喻漢初之寬政，"今華歆等以屬周文，非誤記，即勸進不屑言漢高耳"。而《後漢書》卷五六《王龔附暢傳》載張敞奏記，又有"夫明哲之君，網汛吞舟之魚，然後三光明於上，人物悅於下"之說，雖不言漢高，亦不言周文。疑不能定，俟識者審之。

[224] 皆：《隸釋》作"咸"。

[225] 雀：《隸釋》作"爵"。

[226] 雜遝（tà）：百衲本、殿本、盧弼《集解》本皆作"雜沓"，校點據《隸釋》作"雜遝"。今從校點本。按，雜遝同雜沓，均為眾多紛雜之意。又按，曹丕代漢時出現的所謂珍祥瑞物，趙一清《注補》還列舉了《太平御覽》《宋書·符瑞志》等有關記載作注，盧弼《集解》已轉錄。因文長雜，不再轉錄。

[227] 交橫于曠野：《隸釋》"交"上有"既"；"野"作"墅"。

[228] 外內：《隸釋》作"內外"。

[229] 據：《隸釋》作"授"。

[230] 信矣著矣：百衲本、殿本、盧弼《集解》本均作"信矣省矣"；《隸釋》則作"信矣著矣□矣裕矣高矣邵矣"。梁章鉅《旁證》即謂"省"字係似"著"字筆誤。校點本因據《隸釋》改"省"為"著"。今從之。

[231] 民命之懸於魏邦，民心之繫於魏政：各本均作"民命之懸於魏政"，而《隸釋》作"民命之懸於魏邦，民心之繫於魏政"，校點本即據《隸釋》增改。今從之。

［232］拘牽：《隸釋》作"攀狹"。

［233］久稽：殿本作"仰稽"，百衲本、盧弼《集解》本、校點本作"久稽"。今從百衲本等。

［234］當施行：盧弼《集解》謂《隸釋》作"當所以施行"。下又接"臣謹拜表朝堂，臣歆、臣詡（略）誠惶誠懼，頓首頓首，死罪死罪"（略者爲四十四人之名）。

［235］飯糗茹草：《孟子·盡心下》孟子曰："舜之飯糗茹草也，若將終身焉。及其爲天子也，被袗衣，鼓琴，二女果，若固有之。"趙岐注："糗，飯乾糒也。袗，畫也。果，侍也。舜耕陶之時，飯糗茹草，若將終身如是。及爲天子，被畫衣黼黻。絺，綉也。鼓琴，以協音律也。以堯二女自侍，亦不佚豫，如固自當有之也。"

［236］袗裘：各本皆作"珍裘"，而《孟子·盡心下》"珍"作"袗"。盧弼《集解》引胡玉縉説，《説文》"袗"，一曰盛服，從衣，㐱聲。何焯亦有同説。校點本即據何、胡二説改"珍"爲"袗"。今從之。而徐紹楨《質疑》云："'袗''珍'並從㐱聲，疑古本同音通用，故此注引作'珍裘'。"

［237］在：百衲本作"有"，殿本、盧弼《集解》本、校點本作"在"。《中華再造善本》影印宋刻本亦作"在"。今從殿本等。

［238］覬：各本皆作"顗"。趙一清《注補》謂"顗"當作"覬"。本書《衛覬傳》即謂衛覬爲魏國侍中，曹丕爲魏王後又爲尚書，不久便還漢朝勸贊禪代，並代擬文誥之詔。校點本即據趙説改"顗"爲"覬"。今從之。

［239］四至：百衲本作"曰至"，殿本、盧弼《集解》本、校點本作"四至"，《中華再造善本》影印宋刻本亦作"四至"。今從殿本等。

［240］玄王：商始祖契（xiè）。《詩·商頌·長發》"玄王桓撥"毛傳："玄王，契也。桓，大。撥，治。"鄭箋："承黑帝而立子，故謂契爲玄王。"

［241］后稷：周始祖。《詩·大雅·生民》云："載生載育，時

维后稷。"又《序》云："生民，尊祖也。后稷生於姜嫄，文武之功起於后稷，故推以配天焉。"

[242] 柴燎：燒柴祭天。《尚書·舜典》云："歲二月，東巡守，至于岱宗，柴。"孔傳："東巡岱宗。泰山爲四岳所宗，燔柴祭天告至。"

[243] 三公：殿本、盧弼《集解》本作"王公"，百衲本、校點本作"三公"，今從百衲本等。

[244] 辛未：沈家本《瑣言》云："辛未，月二十九日也，與前注合。庚午，月二十八日也，差一日。《宋書·禮志》亦言庚午登壇，《受禪碑》則言辛未受禪。"

[245] 五嶽：《爾雅·釋山》云："泰山爲東嶽，華山爲西嶽，霍山爲南嶽，恒山爲北嶽，嵩高爲中嶽。"又《史記·封禪書》謂東嶽泰山，南嶽衡山，西嶽華山，北嶽恒山，中嶽嵩高。 四瀆：《爾雅·釋水》云："江、河、淮、濟爲四瀆。四瀆者，發源注海者也。"

[246] 玄牡：祭祀用的黑公畜。僞古文《尚書·湯誥》："敢用玄牡，敢昭告于上天神后。"

[247] 三綱：百衲本、殿本作"王綱"；盧弼《集解》本、校點本作"三綱"。今從《集解》本等。《白虎通·三綱六紀》："三綱者，何謂也？謂君臣、父子、夫婦也。"故《含文嘉》曰：'君爲臣綱，父爲子綱，夫爲妻綱。'"

[248] 五緯：古代稱金、木、水、火、土五大行星爲五緯。《周禮·春官·大宗伯》"以實柴祀日月星辰"鄭玄注："星謂五緯，辰謂日月。"賈公彥疏："星謂五緯者，五緯即五星：東方歲星，南方熒惑，西方太白，北方辰星，中央鎮星。言緯者，二十八宿隨天左轉爲經，五星左旋爲緯。"

[249] 比昭：盧弼《集解》引盧文弨云："何校疑'比'作'皆'。"

[250] 憲章：效法。《禮記·中庸》："仲尼祖述堯、舜，憲章文武。"

[251] 庶尹：百官之長。《尚書·益稷》"庶尹允諧"孔傳："尹，正也。衆正官之長，信皆和諧。" 六事之人：《尚書·甘誓》："王曰：嗟！六事之人，予誓告汝。"孔傳："（六卿）各有軍事，故曰六事。"孔穎達疏引鄭玄云："變六卿言六事之人者，言軍吏下及士卒也。""六卿之身及所部之人，各有軍事，故六事之人爲總呼之辭。"

[252] 萬機：殿本、校點本作"萬幾"，百衲本、盧弼《集解》本作"萬機"。今從百衲本等。

[253] 大橫：《史記》卷一〇《孝文本紀》：陳平、周勃等使人迎代王，"代王報太后計之，猶與未定。卜之龜，卦兆得大橫。占曰：'大橫庚庚，余爲天王，夏啓以光。'"《集解》引應劭曰："以荆灼龜，文正橫。"《索隱》又引荀悦云："大橫，龜兆橫理也。"《集解》又引張晏曰："橫謂無思不服。庚，更也。言去諸侯而即帝位也。"

[254] 三易：《周禮·春官·宗伯下》：大卜，"掌三《易》之法：一曰《連山》，二曰《歸藏》，三曰《周易》"。

[255] 革：卦名。《易·革卦》："革，巳日乃孚，元亨，利貞，悔亡。"《彖》曰："天地革而四時成，湯武革命，順乎天而應乎人。革之時大矣哉！"

[256] 類：祭名。《詩·大雅·皇矣》："是類是禡，是致是附。"孔穎達疏："類祭，祭天也。祭天而謂之類者，《尚書》夏侯、歐陽說以事類祭之。"

[257] 神：百衲本作"禪"；殿本、盧弼《集解》本、校點本作"神"。今從殿本等。

[258] 永答：各本"答"作"吉"。吳金華《〈三國志〉管窺》引《晉書·武帝紀》等史籍多例，謂"吉"字應作"答"。今從吳說改。

[259] 然百姓順教：錢劍夫云："'然'下顯然奪去'後'字。"（《〈三國志〉標點本商榷》）吳金華《校詁》又謂無誤，此"然"字相當於承接之詞"於是"。

[260] 皆赦除之：此下《隸釋》載有《魏受禪表》，共九百二十六字，盧弼《集解》有轉録。

[261] 干寶：字令升，東晋人。曾爲始安太守、散騎常侍等。著有《晋紀》，叙西晋一代事，時稱良史。又好陰陽術數，搜集古今神祇靈異人物變化，撰《搜神記》三十卷。（見《晋書》卷八二《干寶傳》）《隋書·經籍志》亦著録《搜神記》三十卷，《舊唐書·經籍志》《新唐書·藝文志》同。《宋史·藝文志》則著録爲十卷，并名爲《搜神總記》。今存本爲二十卷，但多有干寶以後之事，當係後人摻入。

[262] 後五年：各本作"後五十年"。盧弼《集解》引盧文弨曰："'十'字衍，《宋書》無之。"校點本即據盧文弨説刪"十"字。今從之。

黄初元年十一月癸酉，以河内之山陽邑萬户奉漢帝爲山陽公，[1]行漢正朔，[2]以天子之禮郊祭，[3]上書不稱臣，京都有事于太廟，[4]致胙；[5]封公之四子爲列侯。追尊皇祖太王曰太皇帝，[6]考武王曰武皇帝，尊王太后曰皇太后。賜男子爵人一級，[7]爲父後及孝悌力田人二級。[8]以漢諸侯王爲崇德侯，[9]列侯爲關中侯。[10]以潁陰之繁陽亭爲繁昌縣。封爵增位各有差。改相國爲司徒，御史大夫爲司空，[11]奉常爲太常，[12]郎中令爲光禄勳，大理爲廷尉，大農爲大司農。[13]郡國縣邑，多所改易。更授匈奴南單于呼廚泉魏璽綬，賜青蓋車、乘輿、寶劍、玉玦。[14]十二月，初營洛陽宫，戊午幸洛陽。〔一〕[15]

是歲，長水校尉戴陵諫不宜數行弋獵，[16]帝大怒；陵減死罪一等。

〔一〕臣松之案：諸書記是時帝居北宮，以建始殿朝羣臣，[17]門曰承明，陳思王植詩曰"謁帝承明廬"是也。[18]至明帝時，始於漢南宮崇德殿處起太極、昭陽諸殿。

《魏書》曰：以夏數為得天，故即用夏正，[19]而服色尚黃。[20]

《魏略》曰：詔以漢火行也，火忌水，[21]故"洛"去"水"而加"隹"。[22]魏於行次為土，[23]土，水之牡也，[24]水得土而乃流，[25]土得水而柔，故除"隹"加"水"，變"雒"為"洛"。

[1] 山陽：縣名。治所在今河南焦作市東南。《後漢書》卷九《獻帝紀》云："皇帝遜位，魏王丕稱天子。奉帝為山陽公"，"都山陽之濁鹿城"。李賢注："山陽，縣名。屬河內郡，治所在今懷州修武縣西北。濁鹿一名濁城，亦名清陽城，在今懷州修武縣東北。"

[2] 正（zhēng）朔：正，一年的第一月；朔，一月的第一日。正朔即正月初一。古代改朝換代，新王朝表示應天受命，須重定正朔。魏文帝代漢後，雖仍用漢正朔，但從禮遇而言，仍須明確山陽公所用之曆法為漢曆法。

[3] 以天子之禮郊祭：侯康《補注續》云："《文帝集》中載詔曰：朕承符運，受終革命，其敬事山陽公如舜之宗堯，有始有卒，傳之無窮。前群司奏處正朔，欲使一皆從魏制，意所不安，其令山陽公於其國中，正朔、服色、祭祀、禮樂，自如漢典。"

[4] 有事：指有祭祀事。

[5] 致胙（zuò）：給與祭肉。

[6] 追尊：潘眉《考證》云："是時刻金璽追加尊號，不敢開埏，乃為石室，藏璽埏首。見《宋書·禮志》。"

[7] 男子：《後漢書》卷二《明帝紀》"其賜天下男子爵，人二級"李賢注："《前書音義》曰：男子者，謂戶內之長也。"

[8] 父後：繼承父之子。《漢書》卷四《文帝紀》：元年正月，"賜天下民當爲父後者爵一級"。顏師古注："雖非己生正嫡，但爲後者即得賜爵。" 孝悌：孝敬父母敬愛兄長者。 力田：盡力農業者。李賢以爲孝悌、力田皆鄉官。見《後漢書·明帝紀》中元二年注。

[9] 崇德侯：屬名號侯，爲虛封，不食租稅。

[10] 關中侯：爵名。曹魏名號侯爵十八級，關中侯爵十七級，皆金印紫綬，不食租。（詳本書卷一《武帝紀》建安二十年裴注引《魏書》）

[11] 司空：官名。魏國建安十八年置御史大夫，現改爲司空。仍與太尉、司徒並爲三公，共同行使宰相職能，而位列三公之末。本職掌土木營建與水利工程。第一品。

[12] 太常：官名。秩中二千石，第三品。掌禮儀祭祀，選試博士。

[13] 大司農：官名。秩中二千石，第三品。掌國家的財政收支及諸郡縣管理屯田的典農官。

[14] 青蓋車：《續漢書·輿服志》謂青蓋車乃諸皇子爲王者所乘。趙一清《注補》云："魏文賜呼廚泉青蓋車，則諸王之乘也。乘輿、寶劍、玉玦，則逼近天子制也。蓋即位之初，以此寵異招徠之耳。"

[15] 洛陽：縣名。治所在今河南洛陽市東北。

[16] 長水校尉：官名。秩比二千石，第四品，掌宿衛兵。

[17] 建始殿：洛陽之東漢宮殿甚多，分爲南宮與北宮，其間相距七里。南宮有玉堂前後殿等十八殿，北宮有德陽殿等十三殿。此外，南、北宮還有各種官署。（詳見惠棟《續漢書·郡國志補注》）但漢末經董卓之焚毀，宮殿蕩然無存。建安元年（196）漢獻帝返洛陽初，祇能住趙忠宅，至命張楊建楊安殿後，方有簡陋宮殿居住，此後獻帝遷都於許，洛陽宮殿不再有恢復。建安二十五年春，曹操從漢中至洛陽，又纔起建始殿。（見本書《武帝紀》建安

二十五年裴注引《世語》）故黃初元年（220）曹丕代漢初至洛陽時，即在建始殿朝群臣。後便營建洛陽宮，定都洛陽。

［18］謁帝承明廬：曹植此詩，《昭明文選》題爲《贈白馬王彪》。李善注引陸機《洛陽記》曰："承明門，后宮出入之門。吾常怪'謁帝承明廬'，問張公。云：'魏明帝作建始殿，朝會皆由承明門。'"廬，官員值班的住處。《漢書》卷六四《嚴助傳》"君厭承明之廬"注：張晏曰："直宿所止曰廬。"

［19］用夏正：本書卷二五《辛毗傳》云：文帝踐阼，"時議改正朔。毗以魏氏遵舜、禹之統，應天順民；至於湯、武，以戰伐定天下，乃改正朔。孔子曰'行夏之時'，《左氏傳》曰'夏數爲得天正'，何必期於相反。帝善而從之"。夏正，《史記·曆書》云："夏正以正月，殷正以十二月，周正以十一月。"即夏以正月爲歲首，亦即今日農曆的正月。秦及漢初又以十月爲歲首，至漢武帝采用夏正後，歷代沿用。

［20］服色尚黃：魏人自以"行次爲土"，而土色黃。《易·坤卦》文言曰"天玄而地黃"，故言服色尚黃。又《宋書·禮志一》載有魏文帝定正朔、制禮樂、易服色、用牲幣之黃初元年詔。因文長，不轉錄。

［21］漢火行也火忌水：趙幼文《校箋》謂《初學記》卷六、《太平御覽》卷五八引俱無"也火"二字。《水經·洛水注》、郝經《續後漢書》苟注引俱作"漢火行忌水"。

［22］洛去水而加隹：徐紹楨《質疑》謂《說文》"雒"段玉裁注："按：自魏黃初以前，'伊、雒'字皆作此，與雍州'渭、洛'字迥判，曹丕云漢忌水改'洛'爲'雒'，欺世之言也。"又"洛"字注云："按雍州洛水，豫州雒水，其字分別，自古不紊。""後人書豫水作'洛'，其誤起於魏。""丕改'雒'爲'洛'，而又妄言漢變'洛'爲'雒'。""《周禮》《春秋》在漢以前，誰改之乎？《尚書》有豫水無雍水，而蔡邕石經殘碑《多士》作'雒'，鄭注《周禮》引《召誥》作'雒'，是今文、古文《尚書》皆不作

'洛'。自魏人書'雒'爲'洛',而人輒改魏以前書籍,故或致數行之内,'雒''洛'錯出。"又蕭常《續後漢書音義》第一"雒城"下云:"按'雒'以火行而去'水','漢'國號亦從'水',又可易置歟!"是宋人已駁魏人之説。

[23] 土:百衲本作"士",下"土"字亦同。殿本、盧弼《集解》本校點本皆作"土"。《中華再造善本》影印宋刻本亦作"土"。今從殿本等。

[24] 牡:趙幼文《校箋》謂《初學記》卷六、《太平御覽》卷五八引"牡"字俱作"母"。

[25] 而乃流:趙幼文《校箋》謂《北堂書鈔》卷六一、《初學記》卷六引俱無"乃"字。《水經·洛水注》引同。

二年春正月,郊祀天地、明堂。[1]甲戌,校獵至原陵,[2]遣使者以太牢祠漢世祖。[3]乙亥,朝日于東郊。[一]初令郡國口滿十萬者,歲察孝廉一人;[4]其有秀異,無拘户口。辛巳,分三公户邑,封子弟各一人爲列侯。壬午,復潁川郡一年田租。[二][5]改許縣爲許昌縣。[6]以魏郡東部爲陽平郡,[7]西部爲廣平郡。[三][8]

〔一〕臣松之以爲禮天子以春分朝日,秋分夕月;尋此年正月郊祀,[9]有月無日,乙亥朝日,則有日無月,蓋文之脱也。[10]案明帝朝日夕月,皆如禮文,故知此紀爲脱者也。[11]

〔二〕《魏書》載詔曰:"潁川,先帝所由起兵征伐也。官渡之役,四方瓦解,遠近顧望,而此郡守義,丁壯荷戈,老弱負糧。昔漢祖以秦中爲國本,光武恃河内爲王基,今朕復於此登壇受禪,天以此郡翼成大魏。"

〔三〕《魏略》曰:改長安、譙、許昌、鄴、洛陽爲五都;[12]

立石表，西界宜陽，[13]北循太行，[14]東北界陽平，[15]南循魯陽，[16]東界郯，[17]爲中都之地。令天下聽內徙，復五年，[18]後又增其復。

[1] 明堂：古代帝王宣明政教之所。凡朝會、祭祀、慶賞、選士、養老、教學等大典，皆在此舉行。其後宮室漸備，另在近郊東南建明堂，以存古制。《續漢書·祭祀志中》"明堂"劉昭注引鄭玄曰："明堂者，明政教之堂。"又引《孝經援神契》曰："明堂上圓下方，八窗四達，布政之宮，在國之陽。"

[2] 原陵：陵墓名。漢世祖光武帝之陵，《後漢書》卷二《明帝紀》李賢注引《帝王世紀》謂原陵"在臨平亭東南，去洛陽十五里"。當在今河南孟津縣西。

[3] 太牢：古時祭祀，用牛、羊、豬三牲作祭品，稱太牢。有時單用牛也稱太牢。

[4] 孝廉：漢代選拔官吏的主要科目。孝指孝子，廉指廉潔之士。原本爲二科，後混同爲一科，也不再限於孝子和廉吏。東漢後期定制爲不滿四十歲者不得察舉；被舉者先詣公府課試，以觀其能。郡國每年要向中央推舉一至二人。曹魏定爲郡國口滿十萬者舉孝廉一人，其有優異，不拘户口，並不限年齒，老幼皆可。

[5] 潁川郡：治所陽翟縣，在今河南禹州市。

[6] 許昌縣：治所在今河南許昌縣東。

[7] 陽平郡：治所館陶縣。在今河北館陶縣。

[8] 廣平郡：治所曲梁縣，在今河北永年縣東南。

[9] 此年：殿本作"比年"，百衲本等皆作"此年"。

[10] 蓋文之脱：裴松之疑"乙亥"上脱"二月"，而《宋書·禮志一》云："黃初二年正月乙亥，朝日於東門之外。按《禮》，天子以春分朝日於東，秋分夕月於西，今正月，非其時也。""明帝太和元年二月丁亥朔，朝日於東郊，八月己丑，夕月於西郊，此古禮也。"

《晉書·禮志上》所載亦同。又按《二十史朔閏表》，黃初二年正月壬申朔，則乙亥爲正月初四，不在二月。原書無誤。

[11] 脱：殿本作"脱"，百衲本、盧弼《集解》本、校點本皆作"誤"。《中華再造善本》影印宋刻本亦作"脱"，且裴松之上言"蓋文之脱也"，此正應作"脱"，故從殿本。

[12] 五都：趙一清《注補》謂《水經·濁漳水注》云："魏因漢祚，復都洛陽，以譙爲先人本國，許昌爲漢之所居，長安爲西京之遺迹，鄴爲王業之本基，故號五都也。"而王鳴盛卻説："其實長安久不爲都，譙特因是太祖故鄉，聊目爲都，皆非都。真爲都者，許、洛、鄴三處耳。"（《十七史商榷》卷四〇《許鄴洛三都》）

[13] 宜陽：縣名。治所在今河南宜陽縣西福昌鎮。

[14] 太行：山名。漢代指河内郡野王縣（今河南沁陽市）北之太行山。（本《續漢書·郡國志》）

[15] 陽平：縣名。治所在今山東莘縣。

[16] 魯陽：縣名。治所在今河南魯山縣。

[17] 郯：縣名。治所在今山東郯城縣北。

[18] 復：免除賦役。

詔曰："昔仲尼資大聖之才，[1]懷帝王之器，當衰周之末，無受命之運，在魯、衛之朝，[2]教化乎洙、泗之上，[3]悽悽焉，[4]遑遑焉，[5]欲屈己以存道，貶身以救世。于時王公終莫能用之，[6]乃退考五代之禮，[7]脩素王之事，[8]因魯史而制《春秋》，就太師而正《雅》《頌》，[9]俾千載之後，莫不宗其文以述作，[10]仰其聖以成謀咨，[11]可謂命世之大聖，[12]億載之師表者也。[13]遭天下大亂，[14]百祀墮壞，[15]舊居之廟，毁而不脩，褒成之後，[16]絶而莫繼，闕里不聞講頌之聲，[17]四時不覩蒸嘗之位,[18]斯豈所謂崇禮報功,[19]盛德百世必祀者哉!其以議郎孔羨爲宗聖侯,[20]邑百户,奉孔子祀。令魯郡脩起舊廟,[21]置百户吏卒以守衛之。"[22]又於其外廣爲室屋以居學者。[23]

(春)三月,[24]加遼東太守公孫恭爲車騎將軍。[25]初復五銖錢。[26]夏四月,以車騎將軍曹仁爲大將軍。五月,鄭甘復叛,遣曹仁討斬之。六月庚子,初祀五嶽四瀆,咸秩羣祀。〔一〕[27]丁卯,夫人甄氏卒。戊辰晦,日有食之,有司奏免太尉,詔曰:"災異之作,以譴元首,而歸過股肱,豈禹、湯罪己之義乎?[28]其令百官各虔厥職,後有天地之眚,勿復劾三公。"[29]

〔一〕《魏書》:甲辰,以京師宗廟未成,帝親祠武皇帝于建始殿,躬執饋奠,如家人之禮。

[1] 資:盧弼《集解》謂《隸釋》作"姿"。(以下《隸釋》皆參盧氏校)

[2] 在:《隸釋》作"囗生乎"。

[3] 洙:《隸釋》作"汶"。 洙、泗:即洙水與泗水。古時二水自今山東泗水縣北合流西下,至曲阜北,又分爲二水,洙水在北,泗水在南。孔子在魯國即居於洙、泗之間教授弟子。《禮記·檀弓上》曾子對子夏曰:"吾與女事夫子於洙、泗之間。"

[4] 悽悽:《隸釋》作"棲棲"。按,二字可通。悽悽,不遑寧處貌。

[5] 遑遑:《隸釋》作"皇皇"。

[6] 于時:《隸釋》作"當時"。 用之:《隸釋》無"之"字。又上自"在魯、衛之朝"至此句"於時王公終莫能用之",

《宋書·禮志四》無。

［7］退：《隸釋》作"追"。　五代：指唐、虞、夏、商、周五代。

［8］素王：有帝王之德而未爲帝王者。

［9］太師：官名。西周和春秋時期的樂官之長。　雅、頌：《詩經》詩篇之兩大類。正《雅》《頌》，指孔子整理《詩經》。《論語·子罕》孔子曰："自衛反魯，然後樂正，《雅》《頌》各得其所。"

［10］宗：《隸釋》作"采"。

［11］咨：《宋書·禮志四》作"兹"。《説文·口部》："咨，謀事曰咨。"又《尚書·堯典》："咨十有二牧。"孔傳："咨亦謀也。"

［12］之大聖：《隸釋》無"之"字。

［13］者也：《隸釋》"也"作"已"。

［14］遭：《宋書·禮志四》"遭"上有"以"字。

［15］墮壞：《宋書·禮志四》作"隳廢"。

［16］褒成：《後漢書》卷七九上《孔僖傳》云："初，平帝時王莽秉政，乃封孔子後孔均爲褒成侯，追謚孔子爲褒成宣尼。及莽敗，失國。建武十三年，世祖復封均子志爲褒成侯。志卒，子損嗣。永元四年，徙封褒亭侯。""世世相傳，至獻帝初，國絶。"

［17］闕里：地名。在今山東曲阜市城内闕里街。孔子曾講學居住於此。後世亦作曲阜縣之别稱。

［18］蒸嘗：《隸釋》作"烝嘗"。按，"蒸嘗"同"烝嘗"，本指秋、冬之祭，後亦泛指祭祀。

［19］崇禮：《隸釋》"禮"作"化"，《宋書·禮志四》"禮"亦作"化"。又"盛德百世必祀者哉"下《隸釋》又有"嗟呼朕甚閔焉"六字。

［20］宗聖侯：《晋書·禮志上》亦云："魏文帝黄初二年正月，詔以議郎孔羨爲宗聖侯。"

[21] 令魯郡脩起舊廟：《宋書·禮志四》"令"作"命"，又無"起"字。按，《宋書·禮志四》載魏文帝此詔，有"命魯郡修舊廟，置百户吏卒以守衛之"兩句，本書校點本將此兩句置於詔令之外，不當，今改正。

[22] 百户吏卒：侯康《補注續》謂當從漢孔廟守廟百石卒史碑，作"百石卒史"。徐紹楨《質疑》則云："'百户吏卒'即是'百石卒史'。户、石之相混，猶妒、妬本一字，而有從石、從户之異文；若吏、史則相差一畫，傳寫者既易誤之，又倒置其文，遂不可辨爾。漢永興元年有魯相乙瑛請置孔子廟百石卒史碑，顧氏炎武謂杜氏《通典》刻本作'百户吏卒'，《三國志》監本同。據此，則顧氏早能正其誤矣。"

[23] 室屋：《隸釋》作"屋宇"。

[24] 三月：各本"三月"上有"春"字。殿本《考證》陳浩云："前已有'春正月'，此處'春'字宜衍。"何焯亦有同説。校點本即據何説刪"春"字。今從之。

[25] 遼東：郡名。治所襄平縣，在今遼寧遼陽市老城區。車騎將軍：官名。東漢時位比三公，常以貴戚充任。出掌征伐，入參朝政，漢靈帝時常作贈官。魏、晉時位次驃騎將軍，在諸名號將軍上，多作爲軍府名號，加授大臣、重要州郡長官，無具體職掌。二品，開府者位從公，一品。

[26] 初復五銖錢：五銖錢是漢武帝元狩五年（前118）罷半兩錢後所鑄，乃漢代通行貨幣。錢劍夫據《晉書·食貨志》所云"及獻帝初平中，董卓乃更鑄小錢，由是貨輕而物貴，穀一斛至錢數百萬。至魏武爲相，於是罷之，還用五銖"。（《通典·食貨典八》亦同）認爲復用五銖錢是曹操爲相時之事，在《武帝紀》中卻闕載；或者《文帝紀》黃初二年春"初復五銖錢"之文原在本書卷一《武帝紀》中，後纔誤置於本書卷二《文帝紀》。（《盧弼著〈三國志集解〉校點記》）

[27] 秩羣祀：謂祭祀山川之祭品禮器，比照三公諸侯等之規

格。《尚書·堯典》"望秩于山川"孔傳："境内名山大川，如其秩次望祭之。謂五岳牲禮視三公，四瀆視諸侯，其餘視伯子男。"

［28］禹湯罪己：《左傳·莊公十一年》：臧文仲曰："宋其興乎！禹、湯罪己，其興也悖焉。"又《論語·堯曰》載湯祈禱求雨之辭有云："朕躬有罪，無以萬方，萬方有罪，罪在朕躬。"

［29］勿復劾三公：何焯云："自此遂無水旱劾三公之事，然爕理之意微矣。"（《義門讀書記》卷二六《三國志·魏志》）

秋八月，孫權遣使奉章，并遣于禁等還。丁巳，使太常邢貞持節拜權爲大將軍，封吳王，加九錫。冬十月，授楊彪光禄大夫。[一][1]以穀貴，罷五銖錢。[二]〔十一月〕己卯，[2]以大將軍曹仁爲大司馬。[3]十二月，行東巡。是歲築陵雲臺。[4]

〔一〕《魏書》曰：己亥，公卿朝朔旦，[5]并引故漢太尉楊彪，待以客禮，[6]詔曰："夫先王制几杖之賜，[7]所以賓禮黄耇褒崇元老也。[8]昔孔光、卓茂皆以淑德高年，[9]受兹嘉賜。[10]公故漢宰臣，乃祖已來，世著名節，[11]年過七十，行不踰矩，可謂老成人矣，[12]所宜寵異以章舊德。其賜公延年杖及馮几；[13]謁請之日，[14]便使杖入，又可使著鹿皮冠。"[15]彪辭讓不聽，竟著布單衣、皮弁以見。[16]

《續漢書》曰：彪見漢祚將終，自以累世爲三公，[17]恥爲魏臣，遂稱足攣，不復行。積十餘年，帝即王位，欲以爲太尉，令近臣宣旨。彪辭曰："嘗以漢朝爲三公，[18]值世衰亂，不能立尺寸之益，若復爲魏臣，於國之選，亦不爲榮也。"帝不奪其意。黄初（四）〔二〕年，[19]詔拜光禄大夫，秩中二千石，朝見位次三公，如孔光故事。彪上章固讓，帝不聽，又爲門施行馬，[20]致吏卒，以優崇之。年八十四，以六年薨。子脩，事見《陳思王傳》。

〔二〕《魏書》曰：十一月辛未，鎮西將軍曹真命衆將及州郡兵討破叛胡治元多、盧水、封賞等，[21]斬首五萬餘級，獲生口十萬，羊一百一十一萬口，牛八萬，河西遂平。[22]帝初聞胡決水灌顯美，[23]謂左右諸將曰："昔隗囂灌略陽，[24]而光武因其疲弊，進兵滅之。今胡決水灌顯美，其事正相似，破胡事今至不久。"旬日，破胡告檄到，上大笑曰：[25]"吾策之於帷幕之内，諸將奮擊於萬里之外，其相應若合符契。[26]前後戰克獲虜，未有如此也。"

[1] 楊彪：弘農華陰（今陝西華陰市）人，漢獻帝即位初，曾爲司空、司徒、太尉。爲曹操所嫉，曾下獄。出獄復爲太常，數年後又免去，長期不仕。其子楊修又被曹操所殺。（見《後漢書》卷五四《楊震附彪傳》） 光禄大夫：官名。曹魏時秩比二千石，第三品，位次三公。無定員，無固定職守，相當於顧問。諸公告老及在朝重臣加此銜以示優重。

[2] 十一月己卯：各本無"十一月"三字。按《二十史閏朔表》黃初二年（221）十月戊午朔，十一月丁卯朔，己卯應爲十一月十三日，且以上注引《魏書》已言"十一月辛未（初五）"曹真命將事，則此脱"十一月"無疑，故補之。

[3] 大司馬：官名。魏大司馬爲上公，第一品，位在三公上，掌武事。

[4] 陵雲臺：胡三省云："據《水經注》，陵雲臺在洛陽城中金市之東。"（見《通鑑》卷六九魏文帝黃初元年注）此臺之建築，巧妙地運用了古代的力學原理。《世說新語·巧藝》云："陵雲臺，樓觀精巧，先稱平衆木輕重，然後造構，乃無錙銖相負揭。臺雖高峻，常隨風搖動，而終無傾倒之理。魏明帝登臺，懼其勢危，別以大材扶持之，樓即頹壞。論者謂輕重力偏故也。"劉孝標注引《洛陽宮殿簿》曰："陵雲臺上壁方十三丈，高九尺。樓方四丈，高五丈。棟去地十三丈五尺七寸五分也。"

[5] 朔旦：百衲本作"朔日"，殿本、盧弼《集解》本、校點本、《中華再造善本》影印宋刻本作"朔旦"。今從殿本等作"朔旦"。

[6] 待以客禮：趙幼文《校箋》謂《太平御覽》卷七一〇引"客禮"下有"賜之几杖"四字。

[7] 几杖之賜：趙幼文《校箋》謂《太平御覽》引"賜"字作"錫"。按古時賜几杖爲敬老之禮。《禮記·曲禮上》："大夫七十而致事，若不得謝，則必賜之几杖。"

[8] 黃耈（gǒu）：謂老年人。《漢書》卷八六《師丹傳》"黃耈"注："黃耈，老人之稱也。黃謂白髮落更生黃者也。耈，老人面色不淨如垢也。"

[9] 孔光：字子夏，孔子十四世孫。漢成帝、哀帝時曾爲尚書令、御史大夫、丞相、大司徒等。漢平帝初，王莽專制，孔光憂懼辭職，而又以之爲太師。後王莽稱宰衡，孔光固稱疾辭位，太后遂詔："令太師毋朝，十日一賜餐。賜太師靈壽杖，黃門令爲太師省中坐置几，太師入省中用杖，賜餐十七物，然後歸老於第，官屬按職如故。"（詳《漢書》卷八一《孔光傳》）　卓茂：字子康，南陽宛（今河南南陽市）人，西漢末曾爲孔光丞相府史，稱爲長者。後爲密縣令，政績卓著。漢光武帝即位初，即訪求卓茂。時卓茂年已七十餘，遂下詔曰："前密令卓茂，""束身自修，執節淳固，誠能爲人所不能爲。夫名冠天下，當受天下重賞。""今以茂爲太傅，封褒德侯，食邑二千户，賜几杖車馬，衣一襲，絮五百斤。"（見《後漢書》卷二五《卓茂傳》）　皆：趙幼文《校箋》謂《太平御覽》卷七一〇引作"并"。

[10] 賜：殿本、盧弼《集解》本作"賜"。百衲本、校點本作"錫"。趙幼文《校箋》謂《太平御覽》亦引作"錫"。按《中華再造善本》影印宋刻本作"賜"，古二字可通。今從殿本等。

[11] 節：《後漢書》卷五四《楊震附彪傳》注引《續漢書》作"續"。

[12] 老成人：年高有德之人。《詩·大雅·蕩》："雖無老成人，尚有典刑。"孔穎達疏："雖無年老成德之人若伊陟之類，猶尚有先王常事故法可案而用之。"

[13] 馮（píng）几：設於座側便於憑倚之小桌。袁宏《後漢紀》引作"伏几"。

[14] 謁請：袁宏《後漢紀》作"延請"。

[15] 鹿皮冠：鹿皮製作之帽，隱士所戴。

[16] 皮弁：以白鹿皮製作之帽。

[17] 累世爲三公：《後漢書·楊震附彪傳》云："自震至彪，四世太尉，德業相繼，與袁氏俱爲東京名族。"又李賢注引《華嶠書》曰："東京楊氏、袁氏，累世宰相，爲漢名族。"

[18] 嘗以漢朝爲三公：袁宏《後漢紀》作"嘗已爲漢三公"，《通鑑》作"嘗爲漢朝三公"。

[19] 二年：各本作"四年"。按上正文已云："冬十月，授楊彪光禄大夫。"《通鑑》卷六九魏文帝黃初二年亦謂冬十月己亥引見楊彪，"拜光禄大夫，秩中二千石；朝見，位次三公；又令門施行馬，置吏卒，以優崇之"。所叙全與此同，則"二"誤作"四"無疑，故據正文與《通鑑》改。

[20] 行馬：古時用木交叉製成、阻攔人馬通行的木柵，常設於官署之前。胡三省云："魏晉之制，三公及位從公，門施行馬。"（《通鑑》卷六九魏文帝黃初二年注）

[21] 鎮西將軍：魏鎮西將軍第二品，位次四征將軍，領兵如征西將軍。　叛胡：本書卷一五《張既傳》云："涼州盧水胡伊健妓妾、治元多等反，河西大擾。"則"胡"即爲盧水胡。　盧水：百衲本作"蘆水"。

[22] 河西：地區名。指黃河上游以西之地，即今甘肅河西走廊一帶。

[23] 顯美：縣名。治所在今甘肅永昌縣東南。

[24] 隗囂：天水成紀（今甘肅秦安縣）人。新莽末，據有天

水、武都、金城等郡。一度依附劉玄。後自稱西州上將軍。又曾一度歸順漢光武帝劉秀，後又反叛，臣服於公孫述。建武八年（32）光武帝將來歙襲取略陽城（在今甘肅秦安縣東北），隗囂悉其大衆來圍，並激水灌城。光武帝遂率諸軍西征，隗囂潰敗，終於滅亡。（詳《後漢書》卷一三《隗囂傳》與卷一五《來歙傳》）　略陽：殿本作"洛陽"。百衲本、盧弼《集解》本、校點本作"略陽"。今從百衲本等。

[25] 上：各本皆作"上"。趙幼文《校箋》謂《册府元龜》卷一二五作"帝"，是也，與上文"帝初聞"相應。

[26] 符契：殿本、校點本作"符節"，百衲本、盧弼《集解》本作"符契"。今從百衲本等。

三年春正月丙寅朔，日有蝕之。[1]庚午，行幸許昌宮。詔曰："今之計、（考）〔孝〕，[2]古之貢士也；十室之邑，必有忠信，若限年然後取士，[3]是吕尚、周晋不顯於前世也。[4]其令郡國所選，勿拘老幼；儒通經術，吏達文法，到皆試用。有司糾故不以實者。"〔一〕

〔一〕《魏書》曰：癸亥，孫權上書，說："劉備支黨四萬人，馬二三千匹，出秭歸，[5]請往掃撲，以克捷爲效。"帝報曰："昔隗囂之弊，禍發栒邑，[6]子陽之禽，[7]釁起扞關，將軍其元屬威武，勉蹈奇功，以稱吾意。"

[1] 蝕：盧弼《集解》本作"食"，百衲本、殿本、校點本作"蝕"。今從百衲本等。

[2] 計孝：各本皆作"計考"。《通鑑》作"計孝"。胡三省注云："計孝，上計吏及孝廉也。"（《通鑑》卷六九魏文帝黄初三年及注）校點本即據《通鑑》及胡注改。今從之。計吏，漢代的郡

國，在年終遣使至京都向朝廷呈上計簿，彙報本郡國的錢糧、獄訟、盜賊等情況。此事稱爲上計，所遣之吏稱爲計吏或上計吏。

［3］限年：《後漢書》卷六《順帝紀》：陽嘉元年（132）十一月辛卯，"初令郡國舉孝廉，限年四十以上，諸生通章句，文吏能牋奏，乃得應選；若有茂才異行，若顏淵、子奇，不拘年齒"。

［4］呂尚、周晉：胡三省云："呂尚年八十餘，文王以爲師。周太子晉少有令名。"（《通鑑》卷六九魏文帝黃初三年注）又《太平御覽》卷三八五引《尸子》曰："周王太子晉，生八年而服師曠。"

［5］姊歸：縣名。治所在今湖北秭歸縣。

［6］禍發栒（xún）邑：漢光武帝建武六年（30），遣諸將攻隴坻，爲隗囂所敗，遂另遣馮異進軍栒邑（今陝西旬邑縣）。馮異尚未至，隗囂又令其將行巡取栒邑。馮異便迅速進軍，欲搶先占據。其下諸將皆以爲敵兵新勝，不可與爭。馮異卻認爲，如敵得栒邑，則三輔動搖，是我之患，"今先據城，以逸待勞，非所以爭也"。遂速入城，偃旗息鼓。行巡不知，馳赴城下，馮異出其不意，大破敵軍。（見《後漢書》卷一七《馮異傳》）

［7］子陽：公孫述字子陽。據蜀稱帝後，"使將軍侯丹開白水關，北守南鄭；將軍任滿從閬中下江州，東據扞關（在今湖北長陽縣西）。於是盡有益州之地"。建武九年，公孫述又遣田戎、任滿、程汛率軍下江關，拔夷陵、夷道，因據荊門。建武十一年，光武帝征南大將軍岑彭攻之，任滿等大敗，又被部將斬殺。（見《後漢書》卷一三《公孫述傳》）

二月，鄯善、龜兹、于闐王各遣使奉獻，[1]詔曰："西戎即敘，[2]氐、羌來王，[3]《詩》《書》美之。頃者西域外夷並款塞內附，[一]其遣使者撫勞之。"是後西域遂通，置戊己校尉。[4]

〔一〕應劭《漢書注》曰：[5]款，叩也；皆叩塞門來服從。

[1] 鄯善龜（qiū）茲（cí）于闐（tián）：皆西域國名。鄯善治所伊循城，在今新疆若羌縣東米蘭。龜茲，治所延城。漢代延城在今新疆庫車縣，魏晉延城在今新疆沙雅縣北羊達克沁廢城。于闐，治所西山城，在今新疆和田縣南庫馬提。

[2] 西戎即敘：《尚書・禹貢》云："織皮，昆侖、析支、渠搜，西戎即叙。"西戎，泛指西方少數民族。即叙，就次序，謂納入統治。

[3] 氐羌來王：《詩・商頌・殷武》："昔有成湯，自彼氐羌，莫敢不來享，莫敢不來王。"

[4] 戊己校尉：官名。魏時秩比二千石，第四品，職責是安撫西域。治所高昌，在今新疆吐魯番市東。

[5] 應劭：字仲遠，汝南南頓（今河南項城縣北）人。漢靈帝中平六年（189）爲泰山太守。興平元年（194）曹嵩及子德在泰山郡內遇害，劭懼曹操報復，遂北投袁紹，曾爲袁紹軍謀校尉。後卒於鄴。劭博覽多聞，熟悉典故，曾撰《漢儀》《漢官禮儀故事》《風俗通》等，又集解《漢書》，皆傳於世。（詳見《後漢書》卷四八《應奉附劭傳》）沈家本《三國志注所引書目》謂《隋書・經籍志》載："《漢書》一百一十五卷，漢護軍班固撰，太山太守應劭集解；《漢書集解音義》二十四卷，應劭撰。"則應劭《漢書集解音義》是單行本。而顏師古《漢書叙例》卻謂唐時流傳的《漢書集解音義》二十四卷，是晉初莫知氏族的"臣瓚"所撰，後人不知臣瓚所作，乃謂爲應劭等《集解》。

三月乙丑，立齊公叡爲平原王，[1]帝弟鄢陵公彰等十一人皆爲王。[2]初制封王之庶子爲鄉公，[3]嗣王之庶子爲亭侯，公之庶子爲亭伯。[4]甲戌，立皇子霖爲河東王。[5]甲午，行幸襄邑。[6]夏四月戊申，立鄄城侯植爲鄄城王。[7]癸亥，行還許昌宮。五月，以荊、揚江表八郡爲荊州，[8]孫權領牧故也；荊州江北諸郡爲郢州。[9]

閏月，[10]孫權破劉備于夷陵。[11]初，帝聞備兵東下，與權交戰，樹柵連營七百餘里，謂羣臣曰："備不曉兵，豈有七百里營可以拒敵者乎！'苞原隰險阻而爲軍者，[12]爲敵所禽'，此兵忌也。孫權上事今至矣。"[13]後七日，破備書到。

秋七月，冀州大蝗，[14]民饑，使尚書杜畿持節開倉廩以振之。八月，蜀大將黃權率衆降。〔一〕

〔一〕《魏書》曰：權及領南郡太守史郃等三百一十八人，[15]詣荊州刺史奉上所假印綬、棨戟、幢麾、牙門、鼓車。[16]權等詣行在所，[17]帝置酒設樂，引見于承光殿。權、郃等人人前自陳，帝爲論説軍旅成敗去就之分，諸將無不喜悦。賜權金帛、車馬、衣裘、帷帳、妻妾，下及偏裨皆有差。拜權爲侍中、鎮南將軍，封列侯，[18]即日召使驂乘；[19]及封史郃等四十二人皆爲列侯，爲將軍、郎將百餘人。

[1] 齊：郡名。治所臨淄縣，在今山東淄博市東北臨淄區北。平原：王國名。治所平原縣，在今山東平原縣西南。

[2] 鄢陵：縣名。治所在今河南鄢陵縣西北。　十一人皆爲王：錢大昕云："今以諸王傳考之，是年以皇弟封王者，任城王彰、章陵王據、下邳王宇、譙王林、北海王袞、陳留王峻、河間王幹、弋陽王彪、廬江王徽，凡九人，紀云十一人，似誤也。鄄城王植以四月戊申封，與任城諸王不同日，且是縣王，非郡王（自注：任城

諸王皆由公進封，惟植以罪貶侯，故不得郡王），故不在此數。"（《廿二史考異》卷一五）

[3] 鄉公：爵名。曹魏始置。

[4] 公之庶子：《晋書·地理志上》引此段，"公"下有"侯"字。　亭伯：周壽昌《注證遺》謂終魏世，未見亭伯其人；又晋承魏制，《晋書·職官志》載晋武帝咸寧三年定封爵之制，亦無"亭伯"。惜未立王子侯表，已不可考。

[5] 河東：王國名。治所安邑縣，在今山西夏縣西北。錢大昕云："文帝子以黄初三年封王者凡六人，平原王叡、河東王霖、京兆王禮、淮南王邕、清河王貢、廣平王儼，《本紀》惟載叡、霖二人，亦未免闕漏。"（《廿二史考異》卷一五）

[6] 襄邑：縣名。治所在今河南睢縣。

[7] 鄄城：縣名。治所在今山東鄄城縣北。

[8] 江表：即江南。中原人看長江，長江以南爲表、爲外。荆州：此時荆州治所江陵，在今湖北荆州市江陵區。

[9] 郢州：謝鍾英云："《文帝紀》黄初三年以荆州北諸郡爲郢州，其年孫權叛，復爲荆州。"（《補三國疆域志補注》）孫權叛後，魏荆州治所宛縣，在今河南南陽市。

[10] 閏月：潘眉《考證》謂是年閏六月。

[11] 夷陵：縣名。治所在今湖北宜昌市東南。

[12] 苞：通"包"。　原隰：廣平低濕之地。

[13] 上事：胡三省云："謂上奏言兵事。"（《通鑑》卷六九魏文帝黄初三年注）

[14] 冀州：漢末刺史常設治所於鄴，魏黄初中以鄴爲五都之一，移治所於信都縣。（本吳增僅《三國郡縣表附考證》）

[15] 南郡：治所江陵縣，在今湖北荆州市荆州區。按當時蜀漢已失南郡，史郃蓋爲遥領。

[16] 荆州刺史：當時刺史爲夏侯尚。

[17] 行在所：當時魏文帝在許昌。

［18］列侯：本書卷四三《黃權傳》謂爲育陽侯。

［19］驂乘：即陪乘。《漢書》卷四《文帝紀》"令宋昌驂乘"注："乘車之法，尊者居左，御者居中，又有一人處車之右，以備傾側。是以戎事則稱車右，其餘則曰驂乘。"

九月甲午，詔曰："夫婦人與政，亂之本也。自今以後，羣臣不得奏事太后，后族之家不得當輔政之任，又不得横受茅土之爵；以此詔傳後世，若有背違，天下共誅之。"〔一〕庚子，立皇后郭氏。賜天下男子爵人二級；[1]鰥寡篤癃及貧不能自存者賜穀。

〔一〕孫盛曰：夫經國營治，必憑俊喆之輔，賢達令德，必居參亂之任，故雖周室之盛，有婦人與焉。[2]然則坤道承天，南面罔二，三從之禮，謂之至順，至於號令自天子出，奏事專行，非古義也。昔在申、吕，[3]實匡有周。苟以天下爲心，惟德是杖，[4]則親疎之授，至公一也，何至后族而必斥遠之哉？二漢之季世，王道陵遲，故令外戚憑寵，職爲亂階。(於)此自時昏道喪，[5]運祚將移，縱無王、呂之難，[6]豈乏田、趙之禍乎？[7]而後世觀其若此，深懷鴆毒之戒也。[8]至于魏文，遂發一概之詔，可謂有識之爽言，非帝者之宏議。[9]

［1］二級：趙幼文《校箋》謂《通志》"二"字作"一"。

［2］婦人與焉：《史記》卷四《周本紀》"太姜生少子季歷，季歷娶太任，皆賢婦人"《正義》引《列女傳》曰："太姜，太王娶以爲妃，生太伯、仲雍、王季。太姜有色而貞順"，"太王謀事，必于太姜，遷徙必與。太任，王季娶以爲妃。太任之性，端壹誠莊，維德之行。"

［3］申吕：皆太姜之本家。《史記·周本紀》"太姜生少子季

歷"《正義》引《國語注》云："齊、許、申、呂四國，皆姜姓也，四岳之後，太姜之家。"

　　[4] 杖：仗恃，倚仗。《左傳·襄公八年》："杖莫如信。"楊伯峻注："能仗恃者莫如守信。"

　　[5] 此：各本"此"上皆有"於"字，校點本據何焯說刪。今從之。

　　[6] 王呂之難：指西漢初呂后專制，縱容諸呂，幾傾漢祚；而西漢末王太后又重用王氏，終致王莽篡漢。

　　[7] 田趙之禍：春秋時，田氏為齊國大夫。自齊景公時田氏即"行陰德於民，而景公弗禁。由此田氏得齊衆心，宗族益強，民思田氏"。至田和時，遂代齊自立。（見《史記》卷四六《田敬仲完世家》）秦二世寵任趙高，以之為丞相。趙高指鹿為馬，亦無人敢言其非。最後趙高遂與其婿閻樂等逼殺二世於望夷宮。（見《史記》卷六《秦始皇本紀》）

　　[8] 鴆毒：百衲本、殿本作"酖毒"。盧弼《集解》本、校點本作"鴆毒"。今從《集解》本等。

　　[9] 非帝者之宏議：周壽昌《注證遺》云："魏取誡兩漢，殷鑒不遠，呂、王既禍於前，梁、竇復害於後，延至末造，而何進召亂，宗社遂移。故文帝特頒此詔以警後嗣，何得謂非帝者之宏議哉！"

　　冬十月甲子，表首陽山東為壽陵，[1]作終制曰："禮，國君即位為椑，[2]存不忘亡也。[一]昔堯葬穀林，通樹之，禹葬會稽，農不易畝，[二]故葬於山林，則合乎山林。封樹之制，[3]非上古也，吾無取焉。壽陵因山為體，無為封樹，無立寢殿，[4]造園邑，[5]通神道。[6]夫葬也者，[7]藏也，欲人之不得見也。骨無痛癢之知，冢非棲神之宅，禮不墓祭，[8]欲存亡之不黷也，為棺椁足以朽骨，衣衾足以朽肉而已。故吾營此丘墟不食之地，[9]欲使易代之後不知其處。無施葦炭，[10]無藏金銀銅鐵，一以瓦器，合古塗車、芻靈之義。[11]棺但漆際會三過，[12]飯含無以珠玉，[13]無施珠襦玉匣，[14]諸愚俗所爲也。季孫以璵璠斂，孔子歷級而救之，[15]譬之暴骸中原。宋公厚葬，[16]君子謂華元、樂莒不臣，以爲棄君於惡；[17]漢文帝之不發，霸陵無求也；[18]光武之掘，原陵封樹也。[19]霸陵之完，功在釋之；原陵之掘，罪在明帝。是釋之忠以利君，明帝愛以害親也。忠臣孝子，宜思仲尼、丘明、釋之之言，鑒華元、樂莒、明帝之戒，存於所以安君定親，使魂靈萬載無危，斯則賢聖之忠孝矣。自古及今，未有不亡之國，亦無不掘之墓也。[20]喪亂以來，漢氏諸陵無不發掘，至乃燒取玉匣金縷，骸骨并盡，是焚如之刑也，[21]豈不重痛哉！禍由乎厚葬封樹。[22]‘桑、霍爲我戒’，[23]不亦明乎？其皇后及貴人以下，不隨王之國者，有終没皆葬澗西，前又以表其處矣。[24]蓋舜葬蒼梧，[25]二妃不從，延陵葬子，[26]遠在嬴、博，魂而有靈，無不之也，一澗之間，不足爲遠。若違今詔，[27]妄有所變改造施，吾爲戮尸地下，[28]戮而重戮，[29]死而重死。臣子爲蔑死君父，[30]不忠不孝，使死者有知，[31]將不福汝。其以此詔藏之宗廟，副在尚書、秘書、三府。”[32]

是月，孫權復叛。[33]復郢州爲荆州。帝自許昌南征，[34]諸軍兵並進，權臨江拒守。十一月辛丑，行幸宛。庚申晦，日有食之。是歲，穿靈芝池。

〔一〕椑音扶歷反。[35]臣松之按：禮，天子諸侯之棺，各有重數；棺之親身者曰椑。

〔二〕《呂氏春秋》：堯葬于穀林，[36]通樹之；舜葬于紀，[37]市廛不變其肆；禹葬會稽，不變人徒。[38]

[1] 表：謂標出，劃定。　首陽山：古稱首陽山者多處，此當指偃師縣（今河南偃師縣）西北之首陽山。（本《元和郡縣圖志·河南道一》）　壽陵：古帝王之陵墓皆有名稱，而未定名前，稱爲壽陵。

[2] 國君即位爲椑（bì）：《禮記·檀弓上》："君即位而爲椑，歲壹漆之，藏焉。"鄭玄注："椑謂杝棺親尸者。"亦即最裏層之內棺。

[3] 封樹之制：《漢書》卷三六《楚元王附向傳》："《易》曰：'古之葬者，厚衣之以薪，臧之中野，不封不樹。'"顏師古注："厚衣之以薪，言積薪以覆之也。不封，謂不聚土爲墳也。不樹，謂不種樹也。"又按《群書治要》卷二五引此詔，"封樹之制"上無"昔堯葬穀林"至"則合乎山林"等句。

[4] 寢殿：漢代帝王之陵墓有園寢，稱爲寢殿。殿中放置死者生前衣物或仿製品。

[5] 園邑：守護陵園的居民區。

[6] 神道：墓道。意爲神行之道。《後漢書·中山簡王焉傳》"開神道"注："墓前開道，建石柱以爲標，謂之神道。"

[7] 夫葬也者：《群書治要》引無"也"字。

[8] 不墓祭：《後漢書》卷二《明帝紀》永平元年注："《漢官儀》曰：'古不墓祭。'"又王充《論衡·四諱》云："古禮廟祭，今俗墓祀。"

[9] 不食之地：不能耕種或不長莊稼之地。《禮記·檀弓上》成子高曰："我死，則擇不食之地而葬我焉。"鄭玄注："不食，謂

不墾耕。"

　　[10]葦：蘆葦。墊於棺下以防潮濕。《周禮·地官·稻人》："喪紀，共其葦事。"鄭玄注："葦以塻壙禦濕之物。"賈公彥疏："禦水之物，則在棺下用之。"　炭：即木炭。秦漢時富人厚葬，皆用炭置於棺椁之外以防潮濕。《吕氏春秋·孟冬紀·節喪》謂時人厚葬，"棺椁數襲，積石積炭以環其外"。

　　[11]塗車芻靈：《禮記·檀弓下》："塗車、芻靈，自古有之，明器之道也。孔子謂爲芻靈者善，謂爲俑者不仁。"鄭玄注："芻靈，束茅爲人、馬。"又孫希旦《集解》云："塗車、芻靈，皆送葬之物也。塗車即遣車，以彩色塗飾之，以象金玉。

　　[12]棺但漆際會三過：《群書治要》引無此句。際會，棺木交接處。

　　[13]飯含：以珠、玉、貝、米之類放入死者口中，稱爲飯含。

　　[14]珠襦玉匣："匣"又作"柙"。用珠玉製作的死者斂裝。《漢書》卷九三《董賢傳》"珠襦玉匣"注："珠襦，以珠爲襦（短衣），如鎧狀，連縫之，以黃金爲縷；要以下，玉爲柙，至足，亦縫以黃金爲縷。"按，1968年河北滿城從西漢中山靖王劉勝夫婦墓中出土的金縷玉衣，即此一類。

　　[15]季孫：即春秋魯國公族季孫氏。《吕氏春秋·孟冬紀·安死》云："魯季孫有喪，孔子往弔之，入門而左，從客也。主人以璵璠收。孔子徑庭而趨，歷級而上曰：'以寶玉收，譬之猶暴骸中原也。'"（參趙幼文《〈三國志集解〉辨證》）　孔子歷級而救之：《群書治要》引，"孔子"下無"歷級而救之"五字。

　　[16]宋公厚葬：《左傳·成公二年》載："宋文公卒，始厚葬，用蜃炭，益車馬，始用殉，重器備。椁有四阿，棺有翰、檜。君子謂華元、樂舉'於是乎不臣。臣，治煩去惑者也，是以伏死而爭。今二子者，君生則縱其惑，死又益其侈，是棄君於惡也，何臣之爲'？"下句"樂莒"當即"樂舉"。又《群書治要》引"樂莒"作"樂呂"，下同。

［17］以爲棄君於惡：《群書治要》無此句。

［18］霸陵：漢文帝之陵，在長安東南。《漢書·楚元王附向傳》載漢成帝時劉向上疏有云："孝文皇帝居霸陵，北臨廁（廁近霸水），意悽愴悲懷，顧謂群臣曰：'嗟乎！以北山石爲椁，用紵絮斮陳漆其間，豈可動哉！'張釋之進曰：'使其中有可欲，雖錮南山猶有隙；使其中無可欲，雖無石椁，又何感焉？'夫死者無終極，而國家有廢興，故釋之之言，爲無窮計也。孝文寤焉，遂薄葬，不起山墳。"

［19］原陵：漢光武帝之陵，在洛陽城外十五里。《後漢書》卷一《光武帝紀》載：初作壽陵。帝曰："古者帝王之葬，皆陶人瓦器，木車茅馬，使後世之人不知其處。太宗識終始之義，景帝能述遵孝道，遭天下反覆，而霸陵獨完受其福，豈不美哉！今所制地不過二三頃，無爲山陵，陂池裁令水流而已。"又《明帝紀》云："（中元二年）三月丁卯，葬光武皇帝於原陵。"李賢注引《帝王世紀》曰："原陵方三百二十步，高六丈，在臨平亭東南，去洛陽十五里。"

［20］亦無不掘之墓也：《群書治要》引"亦"字作"是"，又無"也"字。

［21］是焚如之刑也：《群書治要》無此句。又校點本無"也"字，百衲本等皆有，今從百衲本等。焚如之刑，王莽所設將人燒死之刑。《漢書》卷九四《匈奴傳下》："莽作焚如之刑，燒殺陳良等。"顏師古注引應劭曰："《易》有焚如、死如、棄如之言，莽依此作刑名也。"

［22］禍由乎厚葬封樹：自此句至"不亦明乎"句，《群書治要》無。

［23］桑霍爲我戒：《漢書》卷五九《張湯傳》謂張湯玄孫張臨，"亦謙儉，每登殿閣，常歎曰：'桑、霍爲我戒，豈不厚哉！'"顏師古注："桑，桑弘羊也。霍，霍禹也。言以驕奢致禍也。"

［24］前又以表其處：自此句至"遠在嬴博"句，《群書治要》無。

[25] 舜葬蒼梧：蒼梧，山名。又名九疑山，在今湖南省寧遠縣南。《禮記·檀弓上》："舜葬於蒼梧之野，蓋三妃未之從也。"孔穎達疏云："舜南巡守，因征有苗而死，以古代不合葬，且天下爲家，故遂葬於蒼梧之野。"又云："《帝王世紀》云：（舜）長妃娥皇，無子；次妃女英，生商均；次妃癸比，生二女，霄明、燭光是也。"

[26] 延陵葬子：《禮記·檀弓下》："延陵季子適齊，於其反也，其長子死，葬於嬴、博之間。"嬴，春秋邑名。在今山東萊蕪市西北。博，春秋邑名。在今山東泰安市東南。

[27] 今詔：《群書治要》無"今"字。

[28] 戮尸：《群書治要》作"戮死"。

[29] 戮而重戮：《群書治要》無此句。

[30] 臣子爲蔑死君父：盧弼《集解》云："盧文弨曰：《文類》'爲'作'而'。"

[31] 使死者有知：此句及下句"將不福汝"，《群書治要》無。

[32] 副：副本。　尚書：官署名。即尚書臺。　秘書：官署名。掌禁中圖書秘籍。

[33] 孫權復叛：徐紹楨《質疑》謂本書卷四七《吳主傳》載魏以九月命曹休、曹真等出軍擊吳。此紀載於十月之後，蓋是時文帝始自許昌南征，孫權之叛，實在九月。

[34] 帝自許昌南征：《文館詞林》卷六六二載有魏文帝《伐吳詔》，盧弼《集解》有轉錄，因文長，不錄。

[35] 椑音扶歷反：百衲本、殿本盧弼《集解》本此五字皆作小字，置於"臣松之按"上，校點本將二者分置，今從百衲本等。

[36] 堯葬于穀林：《史記》卷一《五帝本紀》"堯辟位凡二十八年而崩"《集解》引《皇覽》曰："堯冢在濟陰城陽。"《吕氏春秋·孟冬紀·安死》則云："堯葬於穀林，通樹之。"高誘注："《傳》曰堯葬成陽，此云穀林，成陽山下有穀林。"

[37] 舜葬于紀：《史記·五帝本紀》謂舜"南巡狩，崩於蒼

梧之野。葬於江南九疑"。《呂氏春秋·孟冬紀·安死》則云:"舜葬於紀,市不變其肆。"高誘注:"《傳》曰舜葬蒼梧九疑之山,此云於紀市,九疑山下亦有紀邑。"

[38]不變人徒:此語亦見《呂氏春秋·孟冬紀·安死》。高誘注云:"變,動也。言無所興造,不擾民也。會稽山,在會稽山陰縣(今浙江紹興市)南。"

四年春正月,詔曰:[1]"喪亂以來,兵革未戢,天下之人,互相殘殺。[2]今海內初定,敢有私復讎者皆族之。"築南巡臺于宛。[3]三月丙申,行自宛還洛陽宮。癸卯,月犯心中央大星。〔一〕[4]丁未,大司馬曹仁薨。是月大疫。[5]

〔一〕《魏書》載丙午詔曰:[6]"孫權殘害民物,朕以寇不可長,故分命猛將三道並征。[7]今征東諸軍與權黨呂範等水戰,則斬首四萬,獲船萬艘。大司馬據守濡須,[8]其所禽獲亦以萬數。中軍、征南,[9]攻圍江陵,左將軍張郃等舳艫直渡,[10]擊其南渚,[11]賊赴水溺死者數千人,又爲地道攻城,城中外雀鼠不得出入,此几上肉耳!而賊中癘氣疾病,夾江塗地,恐相染污。昔周武伐殷,旋師孟津,[12]漢祖征隗囂,還軍高平,[13]皆知天時而度賊情也。且成湯解三面之網,[14]天下歸仁。今開江陵之圍,以緩成死之禽。且休力役,罷省縣戍,畜養士民,咸使安息。"

[1]詔:按,此詔乃節錄,非全文。侯康《補注續》、梁章鉅《旁證》均謂《魏文帝集》中之詔,較此爲詳。又盧弼《集解》引《藝文類聚》卷三三、《太平御覽》卷八一所載《禁復私讎詔》,亦較此爲詳。因文長,不錄。

[2]互相:趙幼文《校箋》謂《藝文類聚》卷三三、《太平御

覽》卷四八二引"互"字作"多"。

　　[3] 南巡臺：《水經·淯水注》謂宛大城西北，"地西三里，有古臺，高三丈餘，文帝黃初中，南巡行所築也"。

　　[4] 心：星宿名。爲二十八宿之一，蒼龍七宿的第五宿，有星三顆。中間一顆最亮，即中央大星。《晉書·天文志》云："心三星，天王正位也。中星曰明堂，天子位，爲大辰，主天下之賞罰"，"星明大，天下同。前星爲太子，後星爲庶子。心星直，則王失勢。"

　　[5] 大疫：《宋書·五行志》云："魏文帝黃初四年三月，宛、許大疫，死者萬數。"

　　[6] 載：殿本作"曰"，百衲本、盧弼《集解》本、校點本作"載"。今從百衲本等。

　　[7] 三道：錢大昭《辨疑》云："三道，曹休、張遼、臧霸出洞口，曹仁出濡須，曹真、夏侯尚、張郃、徐晃圍南郡。"

　　[8] 濡須：地名。在今安徽無爲縣東北。

　　[9] 中軍：指中軍大將軍曹真。魏黃初三年（222）置中軍大將軍，第二品，後不常設。　征南：指征南大將軍夏侯尚。東漢末曹操置征南將軍，秩二千石。黃初中位次三公，第二品，資深者爲大將軍。

　　[10] 左將軍：官名。東漢時，位如上卿，與前、後、右將軍掌京師兵衛與邊防屯警。魏晉亦置，第三品。權位漸低，略高於一般雜號將軍，不典禁兵，不與朝政，僅領兵征戰。

　　[11] 南渚（zhǔ）：水中小塊陸地稱渚。此南渚，當即本書卷九《夏侯尚傳》所說的"江中渚"、卷一七《張郃傳》所說的"洲"，亦即《通鑑》卷七〇魏文帝黃初四年正月所說的"江陵中洲"。胡三省在《通鑑》同卷同年注云："江陵中洲即百里洲。其洲自枝江縣西，至上明東及江津。江津北岸即江陵故城。"按，胡氏所言之百里洲，在今湖北枝江縣南長江中。

　　[12] 旋師孟津：《史記》卷四《周本紀》謂周武王即位九年，

起兵伐紂，渡河至中流，白魚躍入舟中；渡河後，又有火自上而下，"至於王屋，流爲烏，其色赤，其聲魄云"。當時諸侯不期而會盟津（即孟津，在今河南孟津縣西南）者八百，皆曰："紂可伐矣。"武王曰："女未知天命，未可也。"乃還師歸。

[13] 還軍高平：《後漢書》卷一下《光武帝紀下》謂建武八年（32），割據隴右的隗囂攻新據略陽的來歙。光武帝遂率軍親征，與竇融所率五郡太守會於高平（今寧夏固原縣）。隗囂敗奔西城後，吳漢、岑彭又圍之。光武帝遂進至上邽（今甘肅天水市）。此時"潁川盜賊寇没屬縣，河東守兵亦叛，京師騷動"。光武帝乃疾速返京。

[14] 三面之網：《史記》卷三《殷本紀》云："湯出，見野張網四面，祝曰：'自天下四方皆入吾網。'湯曰：'嘻，盡之矣！'乃去其三面，祝曰：'欲左，左。欲右，右。不用命，乃入吾網。'諸侯聞之，曰：'湯德至矣，及禽獸。'"

夏五月，有鵜鶘鳥集靈芝池，[1]詔曰："此詩人所謂污澤也。[2]《曹詩》'刺恭公遠君子而近小人'，[3]今豈有賢智之士處於下位乎？否則斯鳥何爲而至？[4]其博舉天下儁德茂才、獨行君子，以答曹人之刺。"〔一〕[5]

〔一〕《魏書》曰：辛酉，有司奏造二廟，立太皇帝廟，大長秋、特進、侯與高祖合祭，[6]親盡以次毁；特立武皇帝廟，四時享祀，爲魏太祖，萬載不毁也。

[1] 鵜（tí）鶘（hú）：水鳥名。《爾雅·釋鳥》"鵜，鴮鸅"郭璞注："今之鵜鶘也，好群飛，沉水食魚。故名污澤，俗呼之爲淘河。"按此鳥體可達二米，翼大，嘴長，尖端彎曲，羽毛灰白。善於游泳和捕魚。多群居於熱帶或亞熱帶沿海。

［2］污澤：《詩·曹風·候人》："維鵜在梁，不濡其翼。"毛傳："鵜，污澤鳥也。"

［3］曹詩：《詩·曹風·候人序》云："候人，刺近小人也，共公遠君子而好近小人焉。"

［4］而至：趙幼文《校箋》謂《晉書·五行志》引"至"下有"哉"字。又按《晉書·五行志》引上句無"乎"字。

［5］答曹人之刺：《宋書·五行志三》謂"魏文帝黄初四年五月，有鵜鶘鳥集靈芝池"。遂詔"舉天下俊德茂才，獨行君子，以答曹人之刺"。"於是楊彪、管寧之徒，咸見薦舉"。

［6］大長秋特進侯：指魏文帝曾祖曹騰。曹騰在漢順帝時爲中常侍、大長秋，漢桓帝時又加位特進，封費亭侯。（見本書卷一《武帝紀》裴注引司馬彪《續漢書》）　高祖：指曹騰父曹節，亦即《宋書·禮志三》所説的"文帝之高祖處士"。

六月甲戌，任城王彰薨於京都。甲申，太尉賈詡薨。太白晝見。[1]是月大雨，伊、洛溢流，[2]殺人民，壞廬宅。〔一〕秋八月丁卯，以廷尉鍾繇爲太尉。〔二〕辛未，校獵于滎陽，[3]遂東巡。論征孫權功，諸將已下進爵增户各有差。九月甲辰，行幸許昌宫。〔三〕

〔一〕《魏書》曰：七月乙未，[4]大軍當出，使太常以特牛一告祠于郊。[5]

臣松之按：《魏郊祀奏》中，[6]尚書盧毓議祀厲殃事云：[7]"具犧牲祭器，如前後師出告郊之禮。"如此，則魏氏出師，皆告郊也。

〔二〕《魏書》曰：有司奏改漢氏宗廟安世樂曰正世樂，嘉至樂曰迎靈樂，武德樂曰武頌樂，昭容樂曰昭業樂，雲（翻）〔翹〕舞曰鳳翔舞，[8]育命舞曰靈應舞，武德舞曰武頌舞，文（昭）〔始〕舞曰大（昭）〔韶〕舞，[9]五行舞曰大武舞。

〔三〕《魏書》曰：十二月丙寅，賜山陽公夫人湯沐邑，[10]公女曼爲長樂郡公主，[11]食邑各五百户。是冬，[12]甘露降芳林園。

臣松之按：芳林園即今華林園，齊王芳即位，改爲華林。

[1] 太白：星名。即金星。古代星象家認爲，太白晝現爲不吉之兆。《宋書·天文志一》引劉向《五紀論》云："太白少陰，弱，不得專行，故以己未爲界，不得經天而行。經天則晝見，其占爲兵，爲喪，爲不臣，爲更王。"

[2] 伊洛溢流：趙一清《注補》引《水經·伊水注》云："（伊）闕左壁有石銘云：黄初四年六月二十四日辛巳，大出水，舉高四丈五尺，齊此以下。蓋記水之漲減也。"又《宋書·五行志四》載："魏文帝黄初四年六月，大雨霖，伊、洛溢，至津陽城門，漂數千家，流殺人。"

[3] 滎陽：縣名。治所在今河南滎陽市東北。本書卷一六《蘇則傳》載有文帝行狩，木欄被拔，鹿跑失，文帝大怒，將盡斬督吏，蘇則因直諫，諸督吏方得免死。又按，百衲本"滎陽"作"熒陽"。《中華再造善本》影印宋刻本作"滎陽"。

[4] 七月：殿本作"十月"，百衲本、盧弼《集解》本、校點本作"七月"。今從百衲本等。

[5] 特牛：《宋書·禮志三》亦云："（黄初）四年七月，（魏文）帝將東巡，以大軍當出，使太常以一特牛祠南郊，自後以爲常。"特牛，一牛。《尚書·舜典》"格于藝祖，用特"孔傳："特，一牛。"

[6] 魏郊祀奏：姚振宗《三國藝文志》謂《隋書·經籍志》經部禮類梁有《郊丘議》三卷，魏太尉蔣濟撰，亡。《舊唐書·經籍志》史部儀注類有《魏氏郊丘》三卷，《新唐書·藝文志》作二卷。

[7] 祀厲殃事：殿本、盧弼《集解》本作"祀厲殊事"，百衲

本、校點本作"祀厲殃事"。盧弼《集解》云："宋本、元本、吳本作'祀厲殃事'。何焯曰：'作祀厲殃事，於文義較顯。'沈家本曰：'《通典》吉禮門魏祀五郊、六宗、厲殃，亦其證。'"

［8］雲翹：各本皆作"雲翻"。潘眉《考證》云："'雲翻'，當依《宋書·樂志》作'雲翹'。"校點本即據潘說改。今從之。

［9］文始舞曰大韶舞：各本皆作"文昭舞曰大昭舞"。潘眉《考證》云："'文昭''大昭'兩'昭'字皆誤。'文昭'當作'文始'，'大昭'當作'大韶'。兩漢有'文始'無'文昭'；'文始'本韶樂，故改'文始'爲'大韶'。"校點本亦據潘說改。今從之。

［10］湯沐邑：古時諸侯朝天子，天子賜以齋戒沐浴之地，稱爲湯沐邑。後世賜與皇后、公主收租之地，亦稱湯沐邑。（本《禮記·王制》鄭玄注及《史記·平準書》《續漢書·百官志》）

［11］長樂郡公主：錢大昭《辨疑》云："是時獻帝爲郡公，其女安得爲郡主？且郡亦無長樂之名。此'郡'字疑或'鄉'或'亭'之訛。"

［12］是冬：殿本作"是夕"，百衲本、盧弼《集解》本、校點本作"是冬"。今從百衲本等。

五年春正月，初令謀反大逆乃得相告，其餘皆勿聽治；敢妄相告，以其罪罪之。三月，行自許昌還洛陽宮。夏四月，立太學，[1]制五經課試之法，置《春秋穀梁》博士。[2]五月，有司以公卿朝朔望日，因奏疑事，聽斷大政，論辨得失。秋七月，行東巡，幸許昌宮。八月，爲水軍，親御龍舟，循蔡、潁，[3]浮淮，幸壽春。[4]揚州界將吏士民，[5]犯五歲刑已下，[6]皆原除之。九月，遂至廣陵，[7]赦青、徐二州，[8]改易諸將守。冬十月乙卯，[9]太白晝見。行還許昌宮。〔一〕十一月庚寅，以冀州饑，遣使者開倉廩振之。戊申晦，日有食之。

十二月，詔曰："先王制禮，所以昭孝事祖，大則郊社，[10]其次宗廟，三辰五行，[11]名山大川，[12]非此族也，不在祀典。叔世衰亂，[13]崇信巫史，至乃宮殿之內，戶牖之閒，無不沃酹，[14]甚矣其惑也。自今其敢設非（祀）〔禮〕之祭，[15]巫祝之言，皆以執左道論，著于令典。"[16]是歲穿天淵池。[17]

〔一〕《魏書》載癸酉詔曰："近之不綏，何遠之懷？今事多而民少，上下相弊以文法，百姓無所措其手足。昔泰山之哭者，[18]以爲苛政甚于猛虎，[19]吾備儒者之風，[20]服聖人之遺教，豈可以目翫其辭，行違其誡者哉？廣議輕刑，以惠百姓。"

[1]太學：朝廷所立之學校。本書卷一三《王朗附肅傳》裴注引《魏略》云："從初平之元，至建安之末，天下分崩，人懷苟且，綱紀既衰，儒道尤甚。至黃初元年之後，新主乃復，始掃除太學之灰炭，補舊石碑之缺，備博士之員錄，依漢甲乙以考課。申告州郡，有欲學者，皆遣詣太學。太學始開，有弟子數百人。"

[2]春秋穀梁博士：按東漢時《五經》置十四博士，《春秋》僅嚴、顏二家，雖然漢章帝建初中詔高才生受經，《春秋》類已有《穀梁傳》和《左傳》，但卻不立於學官。（見《後漢書》卷七九上《儒林傳序》）今魏文帝正式將《穀梁傳》立於學官，置博士。

[3]蔡：河流名。蔡河上游即汴河。汴河在今河南滎陽縣北引入黃河水，東流經中牟、開封，又南流經尉氏、通許、扶溝、西華，至淮陽流入潁水。（本盧弼《集解》引吳熙載說）　潁：河流名。謝鍾英云："《水道提綱》潁水源出登封縣市北少室山，南流

經密縣南境,又東南經禹州城北,又東南分爲二派,經許州東,西至臨潁縣北境,復合爲一,於商水縣西北,會西來之沙水,入淮處曰潁口。"(《補三國疆域志補注》)

[4] 壽春:縣名。治所在今安徽壽縣。

[5] 揚州:魏刺史治所即壽春。

[6] 五歲刑:即髡刑。被刑者剃髮帶鉗,男人作築城等苦役,女人作舂米等苦役,皆爲五年。五歲刑以下爲四歲刑(完刑)、三歲刑(作刑之鬼薪、白粲)、二歲刑(作刑之司寇作)、一歲刑(作刑之罰作、復作)。(本程樹德《九朝律考》)

[7] 廣陵:郡名。魏初治所曾在淮陰縣,在今江蘇淮陰市西南甘羅城。而此時移治所於廣陵縣(漢故治所),在今江蘇揚州市西北蜀崗上。(本吳增僅《三國郡縣表附考證》)

[8] 青徐二州:魏青州刺史治所臨淄縣,在今山東淄博市東北臨淄區北。魏徐州刺史治所下邳縣,在今江蘇邳州市南。

[9] 十月乙卯:《宋書·天文志一》作"十一月辛卯",而《晋書·天文志》又作"十月乙卯"。

[10] 郊社:祭天地。《禮記·中庸》:"郊社之禮,所以事上帝也。"鄭玄注:"社,祭地神。不言后土者,省文。"

[11] 三辰:指日、月、星。 五行:水、金、木、火、土。古人認爲,五者皆有神主之。

[12] 名山大川:《宋書·禮志四》引此詔作"名山川澤"。

[13] 叔世:衰亂之世。

[14] 沃酹(lèi):把酒灑在地上祭祀神靈。

[15] 非禮:各本皆作"非祀",《宋書·禮志四》作"非禮"。於義較順,今從改。

[16] 著于令典:《宋書·禮志四》無"典"字。

[17] 天淵池:《水經·穀水注》:"其水東注天淵池,池中有魏文帝九華殿,殿基悉是洛中故碑礎之,今造釣臺於其上,池南置魏文帝茅茨堂,前有《茅茨碑》,是黃初中所立也。其水自天淵池

東出華林園，逕聽訟觀南，故平望觀也。"

[18] 泰山：盧弼《集解》本、校點本作"太山"，百衲本、殿本作"泰山"。今從百衲本等。

[19] 苛政甚于猛虎：《禮記·檀弓下》："孔子過泰山側，有婦人哭於墓者而哀。夫子式而聽之，使子路問之曰：'子之哭也，壹似重有憂者。'而曰：'然。昔者吾舅死於虎，吾夫又死焉，今吾子又死焉。'夫子曰；'何爲不去也。'曰：'無苛政。'夫子曰：'小子識之，苛政猛於虎也。'"

[20] 備：殿本作"佩"，百衲本等皆作"備"。今從百衲本等。備，具備。《唐韵·至韻》："備，具也。"

六年春二月，遣使者循行許昌以東盡沛郡，[1]問民所疾苦，貧者振貸之。[一]三月，行幸召陵，[2]通討虜渠。[3]乙巳，還許昌宫。并州刺史梁習討鮮卑軻比能，[4]大破之。辛未，[5]帝爲舟師東征。五月戊申，幸譙。壬戌，熒惑入太微。[6]

〔一〕《魏略》載詔曰：[7]"昔軒轅建四面之號，[8]周武稱'予有亂臣十人'，[9]斯蓋先聖所以體國君民，亮成天工，多賢爲貴也。今内有公卿以鎮京師，外設牧伯以監四方，至於元戎出征，則軍中宜有柱石之賢帥，輜重所在，又宜有鎮守之重臣，然後車駕可以周行天下，無内外之憂。吾今當征賊，欲守之積年。其以尚書令潁鄉侯陳羣爲鎮軍大將軍，[10]尚書僕射西鄉侯司馬懿爲撫軍大將軍。[11]若吾臨江授諸將方略，則撫軍當留許昌，督後諸軍，録後臺文書事；[12]鎮軍隨車駕，當董督衆軍，録行尚書事；[13]皆假節鼓吹，[14]給中軍兵騎六百人。[15]吾欲去江數里，築宫室，往來其中，見賊可擊之形，便出奇兵擊之；[16]若或未可，則當舒六軍以遊獵，[17]饗賜軍士。"

[1] 沛郡：治所沛縣，在今江蘇沛縣。

[2] 召（shào）陵：縣名。治所在今河南漯河市郾城區東。

[3] 討虜渠：即今河南漯河市至商水縣之間的沙河。

[4] 并州：刺史治所晉陽，在今山西太原市西南古城營西古城。

[5] 辛未：按《二十史朔閏表》黃初六年（225）三月戊寅朔，閏三月戊申朔，辛未應爲閏三月二十四日，則辛未前疑脱"閏月"二字。

[6] 熒惑：星名。即火星。　太微：星座名。古代天文學以紫微垣、太微垣、天市垣爲三垣。紫微垣是北極星周圍的星區，太微垣在其西南，天市垣在其東南。《宋書·天文志一》云："黃初六年五月十六日壬戌，熒惑入太微，至二十六日壬申，與歲星相及，俱犯右執法，至二十七日癸酉，乃出。"

[7] 詔：《文館詞林》卷六六二有《魏文帝論伐吳詔》二首，此爲第二首。

[8] 軒轅建四面之號：汪繼培輯《尸子》卷下："子貢問孔子曰：'古者黃帝四面信乎？'孔子曰：'黃帝取合己者四人，使治四方，不謀而親，不約而成，大有成功。此之謂四面也。'"

[9] 亂臣：治國之臣。《論語·泰伯》：（周）武王曰："予有亂臣十人。"覆正平本《論語集解》："孔安國曰：亂，理也。理官者，十人也，謂周公旦、召公奭、太公望、畢公、榮公、太顛、閎夭、散宜生、南宮适也，其餘一人謂文母也。"

[10] 鎮軍大將軍：官名。魏文帝於此年置，第二品，後不常設。

[11] 撫軍大將軍：官名。第二品。黃初五年始置。

[12] 錄：總領之意。　後臺：謂留在許昌之尚書臺。（參《通鑑》卷七〇魏文帝黃初六年胡三省注）

[13] 董督衆軍錄行尚書事：《文館詞林》無"衆軍錄"三字。行尚書，謂隨皇帝出行之尚書。（同上）

［14］假節：漢末三國時期，皇帝賜予臣下的一種權力。至晋代，此種權力明確爲因軍事可殺犯軍令者。 鼓吹：軍樂。古代出師勝利，建立軍功，則鼓吹凱旋。而"魏、晋世給鼓吹甚輕，牙門、督將、五校悉有鼓吹"。（見《宋書·樂志一》）

［15］中軍兵騎：趙一清《注補》云："給中軍兵騎六百人，蓋初設此號，以中軍將之兵給之也。時曹真爲中軍大將軍。"

［16］奇兵：《文館詞林》無"兵"字。

［17］舒：《文館詞林》作"紓"。

六月，利成郡兵蔡方等以郡反，[1]殺太守徐質。[2]遣屯騎校尉任福、步兵校尉段昭與青州刺史討平之；[3]其見脅略及亡命者，皆赦其罪。

秋七月，立皇子鑒爲東武陽王。[4]八月，帝遂以舟師自譙循渦入淮，[5]從陸道幸徐。[6]九月，築東巡臺。冬十月，行幸廣陵故城，臨江觀兵，[7]戎卒十餘萬，旌旗數百里。〔一〕是歲大寒，水道冰，舟不得入江，乃引還。[8]十一月，東武陽王鑒薨。十二月，行自譙過梁，[9]遣使以太牢祀故漢太尉橋玄。[10]

〔一〕《魏書》載帝於馬上爲詩曰：[11]"觀兵臨江水，水流何湯湯！戈矛成山林，玄甲耀日光。猛將懷暴怒，膽氣正從橫。誰云江水廣，一葦可以航？不戰屈敵虜，[12]戢兵稱賢良。古公宅岐邑，實始翦殷商。[13]孟獻營虎牢，[14]鄭人懼稽顙。充國務耕植，[15]先零自破亡。興農淮、泗間，[16]築室都徐方。量宜運權略，六軍咸悦康；豈如《東山》詩，[17]悠悠多憂傷。"[18]

［1］利成郡：本書卷一《武帝紀》作"利城郡"。利城原爲漢

縣，治所在今江蘇贛榆縣西古城。建安三年曹操分東海郡置利城郡，其餘轄縣未詳。（本吳增僅《三國郡縣表附考證》） 反：趙幼文《校箋》謂《册府元龜》卷一二一"反"字作"叛"。

［2］徐質：本書卷二八《諸葛誕傳》作"徐箕"。

［3］屯騎校尉、步兵校尉：皆秩比二千石，第四品，掌宿衛兵。

［4］東武陽：縣名，治所在今山東莘縣西南朝城。

［5］渦（guō）：河流名。渦水古爲浪湯渠支流，經河南扶溝縣東，又東南流，至今安徽懷遠縣入淮。

［6］徐：州名。刺史治所下邳，在今江蘇睢寧縣西北。

［7］臨江觀兵：侯康《補注續》引《藝文類聚》卷一三引《江表傳》曰："魏文帝出廣陵，欲伐吳，臨大江，歎曰：'吳據洪流，且多糧穀，魏雖武騎千隊，無所用之。'乃還。"

［8］引還：本書卷一四《蔣濟傳》謂魏文帝率軍至廣陵，"濟表水道難通，又上《三州論》以諷帝。帝不從，於是戰船數千皆滯不得行"。遂還。按此說與上條《江表傳》之說有異，蓋《江表傳》多據吳人之說，有誇大不實之處。

［9］梁：郡名。治所睢陽縣，在今河南商丘市南。

［10］橋玄：漢末人，曹操深得橋玄之賞識。橋玄去世後，建安七年曹操曾遣使以太牢祀之。今曹丕又祀之。

［11］於馬上爲詩：《讀史方輿紀要》卷二二云："城子山在揚州府儀真縣北六里，山形如城，魏文帝築游樂臺，立馬賦詩於此。"

［12］不戰屈敵虜：趙幼文《校箋》謂《太平御覽》卷五九一引作"不戰能屈敵"。

［13］翦殷商：《詩·魯頌·閟宮》："后稷之孫，實爲大（太）王，居岐之陽，實始翦商。"

［14］孟獻：即孟獻子，亦即魯國之卿仲孫蔑。《左傳·襄公二年》，孟獻子與晉國知武子等會於戚地，商討使鄭國服從晉國之辦法，孟獻子曰："請城虎牢以逼鄭。"知武子曰："善。"遂於虎牢築城，鄭國因此懼而請和。

［15］充國：趙充國。漢宣帝時，趙充國屢與先零羌等戰，多有戰功，但尚未降服羌人。充國遂上書屯田西邊，使羌人不攻自破。宣帝既采納充國屯田建議，也派兵進擊。結果充國以屯田降服之羌人遠多於領兵進擊者。（見《漢書》卷六九《趙充國傳》）

［16］泗：趙幼文《校箋》謂《太平御覽》卷五九一引作"佪"。

［17］東山詩：《詩·豳風·東山》有云："我徂東山，慆慆不歸。我來自東，零雨其濛。我東曰歸，我心西悲。"

［18］憂傷：趙幼文《校箋》謂《太平御覽》引"憂"字作"悲"。

七年春正月，將幸許昌，許昌城南門無故自崩，帝心惡之，遂不入。壬子，行還洛陽宮。三月，築九華臺。[1]夏五月丙辰，帝疾篤，召中軍大將軍曹真、鎮軍大將軍陳羣、征東大將軍曹休、[2]撫軍大將軍司馬宣王，[3]並受遺詔輔嗣主。遣後宮淑媛、昭儀已下歸其家。[4]丁巳，帝崩于嘉福殿，時年四十。〔一〕六月戊寅，葬首陽陵。[5]自殯及葬，皆以終制從事。〔二〕

〔一〕《魏書》曰：殯於崇華前殿。[6]

〔二〕《魏氏春秋》曰：[7]明帝將送葬，曹真、陳羣、王朗等以暑熱固諫，乃止。

孫盛曰：夫窀穸之事，[8]孝子之極痛也，人倫之道，於斯莫重。故天子七月而葬，同軌畢至。[9]夫以義感之情，猶盡臨隧之哀，況乎天性發中，敦禮者重之哉！魏氏之德，仍世不基矣。昔華元厚葬，君子以爲棄君於惡，羣等之諫，棄孰甚焉！

鄄城侯植爲誄曰：[10]"惟黃初七年五月〔十〕七日，[11]大行皇帝崩,[12]嗚呼哀哉！于時天震地駭,[13]崩山隕霜,陽精薄景,[14]五緯錯行,百姓呼嗟,[15]萬國悲傷,[16]若喪考妣,[17]（恩過慕）〔思慕過〕唐,[18]擗踊郊野,[19]仰（想）〔懇〕穹蒼,[20]僉曰何辜,早世殞喪,嗚呼哀哉！悲夫大行,忽焉光滅,永棄萬國,雲往雨絕。[21]承問荒忽,[22]惛憒哽咽,袖鋒抽刃,（歎）〔欲〕自僵斃,[23]追慕三良,[24]甘心同穴。感惟南風,[25]惟以鬱滯,終於偕沒,指景自誓。考諸先記,尋之哲言,生若浮寄,唯德可論,[26]朝聞夕逝,孔志所存。[27]皇雖一沒,[28]天祿永延,何以述德？表之素旂。[29]何以詠功？宣之管弦。乃作誄曰：皓皓太素,[30]兩儀始分,[31]中和產物,肇有人倫,爰暨三皇,[32]寔秉道真,降逮五帝,[33]繼以懿純,三代制作,[34]踵武立勳,[35]季嗣不維,[36]網漏于秦,[37]崩樂滅學,儒坑禮焚,二世而殲,漢氏乃因,弗求古訓,嬴政是遵,[38]王綱帝典,闃爾無聞,[39]末光幽昧,[40]道究運遷,[41]乾坤迴曆,[42]簡聖授賢,乃眷大行,屬以黎元。龍飛啟祚,合契上玄,[43]五行定紀,[44]改號革年,明明赫赫,[45]受命于天。[46]仁風偃物,德以禮宣;（祥）〔詳〕惟聖質,[47]（嶷在幼妍）〔岐嶷幼齡〕。[48]（庶）〔研〕幾六典,[49]學不過庭,[50]潛心無罔,亢志青冥。[51]才秀藻朗,如玉之瑩,聽察無（嚮）〔響〕,[52]瞻觀未形。其剛如金,其貞如瓊,如冰之潔,[53]如砥之平。爵公無私,戮違無輕,心鏡萬機,攬照下情。[54]思良股肱,嘉昔伊、呂,搜揚側陋,[55]舉湯代禹；拔才巖穴,取士蓬戶,唯德是縈,弗拘禰祖。[56]宅土之表,[57]道義是圖,弗營厥險,六合是虞。[58]齊契共遵,[59]（下以純民）〔導下以純,民由樸檢〕,[60]恢拓規矩,[61]克紹前人。科條品制,褒貶以因。乘殷之輅,[62]行夏之辰。金根黃屋,[63]翠葆龍鱗,[64]紼冕崇麗,衡紞維新,[65]尊肅禮容,矚之若神。[66]方牧妙舉,欽於恤民,[67]虎將荷節,鎮彼四鄰；朱旗所剿,九壤被震,[68]疇克不若？[69]孰敢不臣？縣旌海表,萬里無塵。虜備凶徹,[70]烏殪江岷,[71]權若澗魚,[72]乾腊矯鳞，肃慎纳贡，[73]越裳效珍，[74]条支绝域，[75]侍子内宾。[76]德俦先皇，功侔太古。上灵降瑞，黄初叔祜：[77]河龙洛龟，陵波游下；平钧应绳，神鸾翔舞；数荚阶除，[78]系风扇暑；[79]皓兽素禽，飞走郊野；神钟宝鼎，形自旧土；云英甘露，瀸塗被宇；灵芝冒沼，朱华阴渚。[80]回回凯风，[81]祁祁甘雨，稼穑丰登，[82]我稷我黍。[83]家佩惠君，[84]户蒙慈父。图致太和，洽德全义。[85]将登介山，[86]先皇作儷。镌石纪勋，兼录众瑞，方隆封禅，[87]归功天地，宾礼百灵，勣命视规，[88]望祭四岳，[89]燎封奉柴，[90]肃于南郊，宗祀上帝。[91]三牲既供，夏禘秋尝，[92]元侯佐祭，献璧奉璋。鸞舆幽讃，龙旂太常，[93]爰迄太庙，钟鼓锽锽，颂德咏功，八佾锵锵。[94]皇祖既飨，烈考来享，神具醉止，[95]降兹福祥。天地震荡，大行康之；三辰暗昧，大行光之；皇纮绝维，[96]大行纲之；神器莫统，大行当之；礼乐废弛，[97]大行张之；仁义陆沈，[98]大行扬之；潜龙隐凤，大行翔之；疏狄遐康，[99]大行匡之。[100]在位七载，（元）〔九〕功仍举，[101]将（永）〔承〕太和，[102]绝跡三五，[103]宜作物师，[104]长爲神主，[105]寿终金石，等算东父，[106]如何奄忽，摧身后土，俾我茕茕，靡瞻靡顾。嗟嗟皇穹，胡宁忍（务）〔予〕？[107]呜呼哀哉！明监吉凶，体（远）〔达〕存亡，[108]深垂典制，申之嗣皇。圣上虔奉，是顺是将，乃翔玄宇，[109]基爲首阳，[110]拟迹穀林，追尧（慕）〔纂〕唐，[111]合山同（陵）〔阪〕，[112]不树不疆，塗车刍灵，珠玉靡藏。百神警侍，来宾幽堂，[113]耕禽田兽，[114]望魂之翔。於是，俟大隧之致功兮，[115]练元辰之淑祯，[116]潜华体於梓宫兮，冯正殿以居灵。顾（望）〔皇〕嗣之号咷兮，[117]存临者之悲声，悼晏驾之既疾兮，[118]感容车之速征。[119]浮飞魂於轻霄兮，[120]就黄墟以（减）〔藏〕形，[121]背三光之昭晰兮，归玄宅之冥冥。嗟一往之不反兮，痛阕闺之长扃。[122]咨远臣之眇眇兮，[123]感凶讳以恒惊，[124]心孤绝而靡告兮，纷流涕而交颈。思恩荣以横奔兮，閟阙塞之峣峥。[125]顾衰絰以輕舉兮,[126]迫關防之我嬰。欲高飛而遙逝兮,[127]憚天網之遠經,(遙)〔願〕投骨於山足兮,[128]報恩養於下庭。[129]慨拊心而自悼兮,懼施重而命輕,嗟微軀之是效兮,甘九死而忘生,幾司命之役籍兮,[130]先黃髮而隕零,天蓋高而察卑兮,冀神明之我聽。獨鬱伊而莫愬兮,追顧景而憐形,奏斯文以寫思兮,結翰墨以敷誠。嗚呼哀哉!"

[1] 九華臺:侯康《補注續》引《晉書·禮志上》云:"魏文帝黃初七年正月命中宮蠶於北郊,依周典也。"又引《藝文類聚》卷一五魏韋誕《皇后親蠶頌》全文,因文長不轉錄。

[2] 征東大將軍:東漢末曹操置征東將軍,秩二千石。黃初中位次三公,第二品,資深者爲大將軍。

[3] 司馬宣王:即司馬懿。魏元帝初,其子司馬昭爲晉王,追尊他爲宣王。趙一清《注補》云:"《晉書·宣帝紀》云:'於崇華殿之南堂,並受顧命輔政。'其時有陳群、曹真,無曹休;且詔太子曰:'有間此三公者,慎勿疑之。'則非四人可知;即《曹休傳》亦無受遺輔政之事。"

[4] 淑媛昭儀:皆宮中女官名。本書卷五《后妃傳》云:"淑媛位視(比照)御史大夫,爵比縣公;昭儀比縣侯。"

[5] 首陽陵:魏文帝之陵墓。趙一清《注補》引《太平寰宇記》卷五,謂魏文帝陵在河南偃師縣(今河南偃師縣)首陽山南。

[6] 前殿:百衲本、盧弼《集解》本、校點本均作"前殿",殿本作"殿前"。今從百衲本等。

[7] 魏氏春秋:殿本作"魏書春秋",百衲本、盧弼《集解》本、校點本作"魏氏春秋"。今從百衲本等。

[8] 窀(zhūn)穸(xī):安葬。《左傳·襄公十三年》"唯是春秋窀穸之事"杜預注:"窀,厚也;穸,夜也。厚夜猶長夜。春秋謂祭祀,長夜謂葬埋。"

［9］同軌畢至：《左傳・隱公元年》："天子七月而葬，同軌畢至。"孔穎達疏："鄭玄、服虔皆以軌爲車轍也。王者馭天下，必令車同軌，書同文。同軌畢至，謂海內皆至也。"實指諸侯皆至。

［10］鄄城侯：盧弼《集解》謂本書卷一九《陳思王植傳》云黃初二年（221），改封植爲鄄城侯；三年，立爲鄄城王；四年，徙封雍丘王；六年，"帝東征，過雍丘，幸植宮，增户五百"。據此，魏文帝死時，曹植乃雍丘王。裴注於此書爲"鄄城侯"誤。 誄（lěi）：哀悼死者之文。

［11］五月十七日：各本皆作"五月七日"。潘眉《考證》云："帝以丁巳日崩，推是年五月辛丑朔，十七日乃得丁巳，誄當云'五月十七日'，今本脱'十'字也。"今從潘説增"十"字。

［12］大行：皇帝死後，臣下諱言死，稱大行，意謂一去不復返。

［13］駭：動蕩之意。（詳趙幼文《曹植集校注》。以下凡引趙幼文説，均見此《校注》）

［14］陽精：指太陽。《太平御覽》卷四引《龍魚河圖》："陽積精爲日。"（參趙幼文《曹植集校注》） 薄景：無光。《漢書・天文志》"日月薄食"注引孟康曰："日月無光曰薄。"（同上）

［15］呼嗟：殿本作"吁嗟"，百衲本、盧弼《集解》本、校點本作"呼嗟"。按"吁""呼"古通。王引之《經義述聞・春秋左傳上》："《檀弓》：'曾子聞之，瞿然曰：呼！'《釋文》'呼'作'吁'。是吁、呼古字通。吁，乃驚怪之聲。"今從百衲本等。

［16］悲傷：百衲本、《曹植集校注》作"悲悼"，殿本、盧弼《集解》本、校點本作"悲傷"。今從殿本等。

［17］若喪考妣：趙幼文《校箋》謂《藝文類聚》卷一三引作"哀殊考妣"。按，汪紹楹校訂本《藝文類聚》作"哀殊喪考"。

［18］思慕過唐：百衲本作"恩過墓唐"，殿本、盧弼《集解》本作"恩過慕唐"，《藝文類聚》卷一三載此文作"思慕過唐"。校點本即據《藝文類聚》改。今從之。唐，指唐堯。

［19］擗踊：捶胸頓足，哀痛之極。

［20］仰愬：各本作"仰想"。盧弼《集解》謂《藝文類聚》"想"作"愬"。趙幼文《校箋》亦云："《類聚》引'想'作'愬'。"按此見《藝文類聚》卷一三。今據改。愬同"訴"。《說文·言部》："訴，或從朔心。"

［21］雲往雨絶：吳金華《校詁》云："猶言雨散雲飛，比喻親朋長別。"

［22］承問：吳金華《校詁》云："猶言得知消息，承猶聞也。"

［23］欲：各本皆作"歎"。盧弼《集解》云："宋本《曹子建集》'歎'作'欲'。"《曹植集校注》本亦作"欲"。按，作"欲"義順，今從改。

［24］三良：三賢良人。此指春秋時隨秦穆公而死的奄息、仲行、鍼虎三人。《詩·秦風·黃鳥》序："《黃鳥》，哀三良也。國人刺穆公以人從死，而作是詩也。"鄭玄箋云："三良，三善臣也，謂奄息、仲行、鍼虎也。從死，自殺以從死。"

［25］南風：喻稱凱風。此指曹丕、曹植母卞太后。《詩·邶風·凱風》："凱風自南，吹彼棘心。棘心夭夭，母氏劬勞。"毛傳："興也。南風謂之凱風，樂夏之長養者。"鄭箋："興者，以凱風喻寬仁之母。"

［26］唯德可論：丁晏《曹集銓評》謂《藝文類聚》引作"德貴長傳"。趙幼文據本書卷二《文帝紀》裴注引《魏書》載魏文帝與王朗書云"生有七尺之形，死唯一棺之土，唯立德揚名，可以不朽"，謂當從《藝文》作"德貴長傳"爲得，與曹丕書意相合。

［27］孔志：指《論語》。《論語·里仁》子曰："朝聞道，夕死可矣。"

［28］一没：《曹植集校注》"一"作"殪"。趙幼文注云：按《莊子·徐無鬼篇》之《釋文》："一，身也。"一没猶身没，即身死也。

［29］素旐（zhān）：《周禮·春官·司常》："通帛爲旐。"趙幼文云："即銘旐。"按，銘旐，靈柩前之旗幡，又稱明旌。

［30］太素：指天地形成之初。《白虎通·天地》云："始起之天，始起先有太初，後有太始，形兆既成，名曰太素。混沌相連，視之不見，聽之不聞。"

［31］兩儀：指天地。《易·繫辭上》："易有太極，是生兩儀。"孔穎達疏："不言天地，而言兩儀者，指其物體，下與四象相對，故曰兩儀，謂兩體容儀也。"

［32］三皇：伏羲、神農、黃帝。（本孔安國《尚書序》、皇甫謐《帝王世紀》）

［33］五帝：少昊、顓頊、帝嚳、堯、舜。（本皇甫謐《帝王世紀》）

［34］三代：夏、商、周三代。　制作：謂制作政教。

［35］踵武：喻繼承前人之事業。踵，跟踵，繼承。武，足跡。

［36］季嗣：指周赧王。

［37］網漏于秦：謂周朝之統治爲秦所得。

［38］嬴政：秦之制度。秦姓嬴。

［39］闃（qù）爾：寂靜貌。

［40］末光：百衲本作"未光"，殿本、盧弼《集解》本作"求光"。校點本作"末光"，《中華再造善本》影印宋刻本亦作"末光"。《曹植集校注》亦作"末光"。今從校點本。末光，指漢獻帝。

［41］道究：謂天道窮盡。

［42］乾坤迴曆：趙幼文《校箋》謂《藝文類聚》卷一三引作"乾迴曆數"。

［43］上玄：上天。《文選》揚子雲《甘泉賦》"將郊上玄"李善注："上玄，天也。"

［44］五行：殿本作"正行"，百衲本、盧弼《集解》本、校點本作"五行"。今從百衲本等。《白虎通·五行》云："五行者何

謂也？謂金、木、水、火、土也。"又云："五行所以更王何？以其轉相生，故有終始也。"

[45] 明明赫赫：《詩·大雅·常武》"赫赫明明"毛傳："赫赫然盛也，明明然察也。"

[46] 受命于天：趙幼文《校箋》謂《藝文類聚》卷一三引"于"字作"自"。

[47] 詳惟：各本皆作"祥惟"。盧弼《集解》云："《藝文類聚》'祥'作'詳'。"趙幼文云："作'詳'字是。《卞太后誄》'詳惟聖善'，與此句式相同。詳，審也。"今從盧、趙說改。

[48] 岐嶷幼齡：各本皆作"嶷在幼妍（yán）"。《曹植集校注》作"岐嶷幼齡"。《詩·大雅·生民》"克岐克嶷"毛傳："岐，知意也；嶷，識也。"後世遂以"岐嶷"喻幼年聰慧。趙幼文云："'幼妍'不詞，作'齡'字是。幼齡即幼年。"今從趙說改。

[49] 研幾：各本皆作"庶幾"。《曹植集校注》作"研幾"。趙幼文云："作'研'字是。研，幾也，見《易·繫辭》。研、幾意同。《文選·東京賦》薛注：'研，審也。'"今從趙說改。趙幼文《校箋》亦謂上兩句《藝文類聚》卷一三引作"岐嶷幼齡，研幾六典"。

[50] 學不過庭：謂曹丕讀書，未受其父之教。《論語·季氏》陳亢問於伯魚曰："子亦有異聞乎？"對曰："未也。嘗獨立，鯉趨而過庭。曰：'學《詩》乎？'對曰：'未也。''不學《詩》，無以言。'鯉退而學《詩》。他日，又獨立，鯉趨而過庭。曰：'學禮乎？'對曰：'未也。''不學禮，無以立。'鯉退而學禮。聞斯二者。"後世遂以過庭爲受父教。

[51] 亢志青冥：校點本、《曹植集校注》作"抗志清冥"。百衲本、殿本、盧弼《集解》本、《中華再造善本》影印宋刻本作"亢志青冥"。按"抗"可通"亢"。今從百衲本等。青冥，指青天。

[52] 無響：各本皆作"無嚮"，趙幼文《校箋》謂《藝文類聚》卷一三及《曹子建集》"嚮"俱作"響"。"聽察無響"，猶聽

察於無聲也，與下"瞻覩未形"儷句。今從趙說改。

[53] 冰：殿本作"水"，百衲本等皆作"冰"。今從百衲本等。

[54] 攬照：丁晏《曹集銓評》謂《藝文類聚》"攬"作"鑒"。趙幼文《校箋》謂疑此"攬"字當作鑒。

[55] 伊呂：殿本作"殷呂"，今從百衲本等作"伊呂"。 搜揚：訪求推舉。 側陋：指疏遠隱匿之人。《尚書·堯典》："明明揚側陋。"孔傳："明舉明人在側陋者，廣求賢也。"孫星衍《尚書今古文注疏》："史遷說，爲悉舉貴戚及疏遠隱匿者。"

[56] 禰祖：遠祖。

[57] 宅土之表：殿本作"宅士之表"，百衲本、盧弼《集解》本、校點本作"宅土之表"。今從百衲本等。《曹植集校注》亦作"宅土之表"。丁晏《曹集銓評》謂《藝文類聚》"表"作"中"。趙幼文云："表"疑爲"衷"字之形誤。"中""衷"義同。土中，指洛陽。《漢書·地理志》："昔周公營雒邑，以爲在於土中。"又《藝文類聚》引此下有"率民以漸"四字。

[58] 是虞：趙一清《注補》謂《藝文類聚》作"通同"。趙幼文云：通同復義詞，謂得同也。見《易經·同人》之《釋文》。

[59] 共遵：趙一清《注補》謂《藝文類聚》"遵"作"檢"。按，《曹植集校注》作"共檢"。趙幼文云："'檢'與'儉'協韻，作'遵'失其韻矣。"

[60] 導下以純民由樸檢：各本皆作"下以純民"。趙一清《注補》謂《藝文類聚》此句作"導下以純，民由樸儉"。按《曹植集校注》亦作"導下以純，民由樸儉"。今據改。

[61] 恢拓：百衲本作"恢折"，殿本、盧弼《集解》本、校點本作"恢拓"。《曹植集校注》亦作"恢拓"。今從殿本等。

[62] 乘殷之輅（lù）：《論語·衛靈公》：子曰："行夏之時，乘殷之輅。"殷輅，殷人之車，自然質樸。夏時，指夏曆，以建寅之月爲正月（即農曆正月）。

[63] 金根：金根車，秦漢皇帝所乘，以金裝飾，故稱金根車。黃

屋：皇帝車以黃繒爲蓋裹，稱黃屋。

　　[64] 翠葆龍鱗：趙幼文云："翠葆，以翠鳥羽製之車蓋。魏文帝詔：'前于闐王所上孔雀尾萬枚，文彩五色，以爲金根車蓋，遥望耀人眼。'（《御覽》卷九百二十四引）龍鱗，謂龍旂。"

　　[65] 衡：即衡笄，用以固冠。天子之衡，以玉爲之。　紞(dǎn)：織綫爲之，垂於冠之兩旁，下懸以瑱（似玉之美石製成）。

　　[66] 矖：盧弼《集解》云："《藝文類聚》作'瞻'。"

　　[67] 欽：小心謹慎之意。

　　[68] 九壤被震：盧弼《集解》謂《藝文類聚》"被"作"披"。按"被"同"披"，不煩改。

　　[69] 疇克不若：誰能不順。《尚書·堯典》"疇咨若時登庸"孔傳："疇，誰；庸，用也。誰能咸熙庶績，順是事者，將登用之。"

　　[70] 凶徹：趙一清《注補》謂何焯云："徹"疑作"轍"。趙幼文《校箋》所據同治十年成都書局翻刻武英殿本即作"轍"。按，凶轍，車迹凶險，亦即道路險惡。

　　[71] 江岷：長江與岷山。

　　[72] 權：百衲本作"摧"，殿本、盧弼《集解》本、校點本作"權"。今從殿本等。

　　[73] 肅慎：東北古部族名，漢晉時稱爲挹婁，南北朝稱爲勿吉，五代時稱爲女真。分佈於今牡丹江、東流松花江及黑龍江下游流域。

　　[74] 越裳：古南海國名。

　　[75] 條支：漢時之西域國名。《後漢書》卷八八《西域傳》謂在安息以西界，臨西海。西海指波斯灣，則當在今伊拉克境内。

　　[76] 侍子：《曹植集校注》作"獻欸"。趙幼文據《魏志·文帝紀》延康元年（220）濊貊、扶餘、焉耆、于闐、黃初三年鄯善、龜兹等皆遣使奉獻，謂"此似作'獻欸'二字爲得。欸，《廣雅·釋詁一》：'誠也。'"

　　[77] 叔祜：趙一清《注補》謂"叔"當作"俶"。殿本《考證》陳浩曰："'叔祜'似當作'俶祜'。俶，始也；祜，福也。言黃初受禪

始受福也。"按，"叔"可通"俶"。又再下句之"陵波"，百衲本、殿本作"陵波"。盧弼《集解》本、校點本作"淩波"。今從百衲本等。

[78] 荚：即蓂荚，古代傳說的一種瑞草。詳本篇前注。

[79] 系風：《曹植集校注》亦作"系風"。趙幼文謂"系"疑"景"字之形誤。按，景風即夏至後的暖風，《文選》魏文帝《與朝歌令吳質書》有云："方今蕤賓紀時，景風扇物，天氣和暖，衆果具繁。"李善注："《易通卦驗》曰：夏至則景風至。"

[80] 陰：百衲本、殿本、盧弼《集解》本皆作"陰"。校點本作"蔭"。《曹植集校注》亦作"蔭"。按二字通，朱駿聲《說文通訓定聲·臨部》："陰，假借爲蔭。"今從百衲本等。

[81] 回回：猶習習，形容溫和舒適之風。班固《靈臺詩》云："習習祥風，祈祈甘雨。"李賢注："習習，和也。"(《後漢書》卷四〇下《班彪附固傳》)

[82] 稼穡豐登：丁晏《曹集銓評》謂《藝文類聚》作"稼惟歲豐"。

[83] 我稷我黍：丁晏《曹集銓評》謂《藝文類聚》作"登我稷黍"。趙幼文云："應據《藝文》正。《禮記·月令篇》：'農乃登麥。'鄭注：'登，進也。'"

[84] 惠君：丁晏《曹集銓評》謂《藝文類聚》"君"作"尹"。趙幼文注"尹"引《漢書·地理志》顏注："主也。"盧弼《集解》則注"惠君"曰：《詩·大雅·桑柔》："維此惠君，民人所瞻。"鄭箋："惠，順也。維至德順民之君，爲百姓所瞻仰。"

[85] 洽德全義：殿本作"浴德全義"，百衲本、盧弼《集解》本、校點本作"洽德全義"；《曹植集校注》亦作"洽德全義"。今從百衲本等。

[86] 介山：一名汾山。在今山西萬榮縣東南。《漢書》卷六《武帝紀》太初二年（前103）夏四月詔曰："朕用事介山，祭后土，皆有光應。"

[87] 封禪：帝王祭天地之大典。於泰山上築壇祭天，稱封；於泰

山下之梁父山闢場祭地，稱禪。

[88] 勳命視規：盧弼《集解》云："此四字疑誤。"《曹植集校注》亦作"勳命視規"。趙幼文注：《續漢書·祭祀志上》："二十二日辛卯晨，燎祭天於太山下南方，群神皆從，用樂如南郊，諸王、王者後、二公、孔子後褒成君，皆助祭位事也。"勳，謂功臣；命，謂王者及孔子後。視規，謂參加祭祀典禮。據此，似魏代猶承東漢祭祀制度也。

[89] 望祭：祭山川稱望祭。《公羊傳·僖公三十一年》："三望者何？望祭也。然則曷祭？祭泰山河海。"

[90] 燎：焚柴祭天。《白虎通·封禪》云："燎祭天，報之義也"。奉柴：趙幼文云："奉柴，謂祭時堆積木柴，而將牛羊置柴上，用火焚之。此古代祭天之儀式。"

[91] 宗：尊崇。

[92] 夏禘秋嘗：祭祀祖宗之夏祭與秋祭。《禮記·祭統》："凡祭有四時，春祭曰礿，夏祭曰禘，秋祭曰嘗，冬祭曰烝。"

[93] 太常：旗名。僞古文《尚書·君牙》："厥有成績，紀于太常。"孔傳："王之旌旗畫日月，曰太常。"

[94] 八佾（yì）：佾，舞的行列。周代舞佾制度，天子八佾，即縱橫皆八人，八八六十四人。　鏘鏘（qiāng）：通"蹡蹡"，形容舞步整齊，合符節奏。

[95] 具：通"俱"。　止：助詞。《詩·齊風·南山》："既曰歸止，曷又懷止。"

[96] 皇紘：即皇綱、政綱。

[97] 弛：百衲本作"弛"。殿本、盧弼《集解》本、校點本作"弛"。《中華再造善本》影印宋刻本亦作"弛"。今從殿本等。

[98] 陸沈：無水而沉沒，亦即消失，埋沒。

[99] 疏狄遐康：盧弼《集解》本"狄"作"逖"，百衲本、殿本、校點本作"狄"。今從百衲本等。趙幼文《曹植集校注》謂，狄指儀狄，康指杜康，皆古代酒之創造者。疏遐，即疏之遠之之意。指建安中的禁酒令。按，《戰國策·魏二》："昔者，帝女儀狄作酒而美，進之

禹，禹飲而甘之，遂疏儀狄，絕旨酒。"吳金華《〈三國志〉管窺》則云："'疏狄'當指遠方之國，'遐康'蓋謂在遐荒之地也感到愉悅、安樂。"按此說近實，詳考可讀其文。

［100］匡：匡正。趙幼文謂指解除建安中的禁酒令。

［101］九功：各本皆作"元功"。趙一清《注補》謂《藝文類聚》"元"作"九"。今據改。九功，古代統治者所標榜的九種德行。《左傳·文公七年》：晉郤缺言於趙宣子曰："子爲正卿，以主諸侯，而不務德，將若之何？《夏書》曰：'戒之用休，董之用威，勸之以《九歌》，勿使壞。'九功之德皆可歌也，謂之《九歌》。六府、三事，謂之九功。水、火、金、木、土、穀，謂之六府；正德（端正德行）、利用（利於使用）、厚生（富裕民生），謂之三事。義而行之，謂之德、禮。"

［102］將承太和：各本"承"作"永"。丁晏《曹集銓評》謂《藝文類聚》"永"作"承"。趙幼文云："疑作'承'字是。"按趙幼文《校箋》所據同治十年成都書局翻刻武英殿本即作"承"。今據《藝文類聚》改。

［103］三五：謂三皇五帝。

［104］師：趙幼文注："《後漢書·傅燮傳》章懷注：'師，君也。'"

［105］神主：即神君。

［106］等算東父：趙幼文謂即曹植《登臺賦》中所說的"等年壽於東王"。東王，亦即東父、東王父。《十洲記》云：扶桑有太帝宮，太真東王父所居。

［107］予：各本皆作"務"。趙一清《注補》謂《藝文類聚》"務"作"予"。按，作"予"於義較長，今據改。《詩·小雅·四月》："先祖匪人，胡寧忍予？"

［108］體達：各本皆作"體遠"。盧弼《集解》云："《藝文類聚》'遠'作'達'。"《曹植集校注》亦作"體達"。今據改。趙幼文注：體，性也；達，通也。言曹丕本性能洞澈死生之理。

［109］堋：趙幼文《校箋》謂《藝文類聚》作"啓"。玄宇：墓穴。

［110］基爲：丁晏《曹集銓評》謂《藝文類聚》"爲"作"于"。

［111］纂：各本皆作"慕"。趙一清《注補》謂《藝文類聚》"慕"作"纂"。趙幼文《曹植集校注》云："作'纂'字是。《爾雅·釋詁》：'纂，繼也。'"今據改。

［112］阪：各作皆作"陵"。趙一清《注補》謂《藝文類聚》"陵"作"阪"。趙幼文《曹植集校注》云："作'阪'字是。《爾雅·釋地》：'陂者曰阪。'"今據改。

［113］來賓：趙幼文《校箋》謂《藝文類聚》作"賓於"。幽堂：墓中。

［114］耕禽田獸：趙幼文云：古代傳説，禹葬於會稽，鳥爲之耕。舜葬於蒼梧，象爲之種。見劉賡《稽瑞》引《墨子》逸文。

［115］大隧：墓道。

［116］練：趙幼文《校箋》謂《藝文類聚》作"陳"。按"練"通"揀"，選擇。原本《玉篇》云："簡擇之練爲揀，字在手部。"　元辰：吉利的時日。《吕氏春秋·孟春紀》"擇元辰"高誘注："元，善也。辰，十二辰，從子至亥也。"

［117］皇嗣：各本作"望嗣"。盧弼《集解》云："'望'一作'皇'。"趙幼文謂宋刊本《曹子建文集》"望"正作"皇"。皇嗣，謂曹叡。今從盧、趙説改。

［118］既疾：百衲本、校點本作"既脩"，殿本、盧弼《集解》本作"既疾"。《中華再造善本》影印宋刻本亦作"既疾"。今從殿本等。趙幼文云："既疾，既速也。作'疾'字是。"

［119］感：百衲本作"咸"。今從殿本、盧弼《集解》本、校點本作"感"。　容車：送葬時載運死者衣冠、畫像等物之車。《後漢書》卷二〇《祭遵傳》注："容車，容飾之車，象生時也。"

［120］輕霄：趙幼文云：疑當作"青霄"，謂天也。

［121］黄壚：趙幼文云："疑'壚'是'壚'字之形誤。《魏志·后妃傳》裴注引《魏書》載曹叡《郭后哀策》：'就黄壚而

安厝。'與此句意同，足證'墟'字之誤。"黃墟，謂地下，猶言黃泉。《淮南子·覽冥訓》"下契黃墟"高誘注："黃泉下墟土也。"

藏形：各本作"滅形"。盧弼《集解》云："'滅'一作'藏'。"趙幼文《校箋》謂《藝文類聚》引"滅"作"藏"。作"藏"爲是。今從盧、趙説改。

[122] 閟（bì）闥（tà）：神門。此當指墓門。《詩·魯頌·閟宮》"閟宮有侐"鄭箋："閟，神也。"《廣雅·釋宮》："闥謂之門。"扃（jiōng）：關閉。

[123] 遠臣：曹植自稱。　眇眇：遙遠。

[124] 感：百衲本、盧弼《集解》本作"成"，殿本、校點本作"感"。今從殿本等。

[125] 闕塞：趙幼文云："指洛陽之伊闕及諸山。"　嶢（yáo）崢（zhēng）：高峻。

[126] 衰（cuī）絰（dié）：古代喪期中的喪服。

[127] 逝：殿本作"逝"，《中華再造善本》影印宋刻本亦作"逝"，百衲本、盧弼《集解》本、校點本作"憩"。今從殿本。

[128] 願投骨於山足：各本均作"遙投骨於山足"。盧弼《集解》謂《文選》潘岳《寡婦賦》李善注引，"遙"作"願"。趙幼文云："作'願'字是。班婕妤《自傷賦》：'願歸骨於山足。'即此誄句所本。投骨，即棄骨。"今從盧、趙説改。

[129] 下庭：趙幼文云：下庭，猶言臣庭。曹丕死時，禁止諸王入京吊唁，故此誄痛切言之。

[130] 幾（jì）：通"冀"，希望。《左傳·哀公十六年》"日月以幾"《釋文》："幾，音冀，本或作冀。"　司命：星名。三臺中的上臺二星，古天象學認爲此星主壽。《晉書·天文志》："三臺六星，兩兩而居，起文昌，列抵太微。""西近文昌二星曰上臺，爲司命，主壽。"　役：百衲本、盧弼《集解》本作"伇"。殿本、校點本作"役"。今從殿本等。　籍：指管理壽命之簿籍。

初，帝好文學，以著述爲務，自所勒成垂百篇。[1]又使諸儒撰集經傳，隨類相從，凡千餘篇，號曰《皇覽》。〔一〕[2]

〔一〕《魏書》曰：帝初在東宮，疫癘大起，[3]時人彫傷，[4]帝深感歎，與素所敬者大理王朗書曰：[5]"生有七尺之形，[6]死爲一棺之土，[7]唯立德揚名，可以不朽，其次莫如著篇籍。疫癘數起，士人彫落，[8]余獨何人，能全其壽？"故論撰所著《典論》、詩賦，蓋百餘篇，集諸儒於肅城門內，[9]講論大義，侃侃無倦。常嘉漢文帝之爲君，寬仁玄默，[10]務欲以德化民，有賢聖之風。時文學諸儒，[11]或以爲孝文雖賢，其於聰明，通達國體，不如賈誼。[12]帝由是著《太宗論》曰：[13]"昔有苗不賓，重華舞以干戚，尉佗稱帝，[14]孝文撫以恩德，吳王不朝，[15]錫之几杖以撫其意，而天下賴安；乃弘三章之教，[16]愷悌之化，[17]欲使曩時累息之民，得闊步高談，無危懼之心。若賈誼之才敏，籌畫國政，特賢臣之器，管、晏之姿，[18]豈若孝文大人之量哉？"三年之中，以孫權不服，復班《太宗論》于天下，[19]明示不願征伐也。他日又從容言曰："顧我亦有所不取于漢文帝者三：殺薄昭，[20]幸鄧通；[21]慎夫人衣不曳地，[22]集上書囊爲帳帷。以爲漢文儉而無法，舅后之家，但當養育以恩而不當假借以權，既觸罪法，又不得不害矣。"其欲秉持中道，以爲帝王儀表者如此。

胡沖《吳曆》曰：[23]帝以素書所著《典論》及詩賦餉孫權，又以紙寫一通與張昭。

[1] 垂百篇：《隋書·經籍志》著錄《魏文帝集》十卷，梁二十三卷；又《列異傳》三卷，魏文帝撰。現《漢魏六朝名家集》（初刻）中有《魏文帝集》六卷。嚴可均《全三國文》輯魏文帝文五卷。逯欽立《先秦漢魏晉南北朝詩》輯魏文帝詩一卷。

［2］皇覽：司馬貞《史記》卷一《五帝本紀索隱》云："《皇覽》，書名也。""宜皇王之省覽，故曰《皇覽》。是魏人王象、繆襲等所撰也。"又《魏略》謂王象受詔撰《皇覽》，"象從延康元年始撰集，數歲成，藏於秘府，合四十餘部，部有數十篇，通合八百餘萬字"。（本書卷二三《楊俊傳》裴注引）《隋書·經籍志》子部雜家類則載爲"《皇覽》一百二十卷，繆襲等撰。梁六百八十卷。梁又有《皇覽》一百二十三卷，何承天合；《皇覽》五十卷，徐爰合；《皇覽目》四卷；又有《皇覽抄》二十卷，梁特進蕭琛抄。亡。"姚振宗《隋書經籍志考證》概云："《魏志·文帝本紀》稱《皇覽》凡千餘篇，當是千餘卷，至梁存六百八十卷，至隋存一百二十卷，至唐惟有何、徐兩家抄合本，而魏時原本亡。蕭琛所抄者亦亡。比及於宋，則抄合本亦俱不存矣。"其參與撰輯可考者，除王象外，尚有劉劭、繆襲、桓範、韋誕諸人。

［3］疫癘：趙幼文《校箋》謂《太平御覽》卷九三引作"氣疫"，卷六一五又引作"氛癘"，卷七四二引同。疑作"疫氣"。

［4］時人：趙幼文《校箋》謂《初學記》卷二一引"時人"作"士人"。上文有"士人彫落"語，疑或作"士"。

［5］敬者：趙幼文《校箋》謂《太平御覽》卷九三引"敬"字作"善"。　書：盧弼《集解》云："此書當在建安二十二年冬，是時文帝方立爲魏太子，王朗適繼鍾繇爲大理也。"

［6］生：趙幼文《校箋》謂《太平御覽》卷九三、卷六一五，卷七四二引"生"上俱有"人"字。

［7］爲：百衲本作"爲"，殿本作"惟"，盧弼《集解》本、校點本作"唯"。趙幼文《校箋》謂《初學記》卷一四、《太平御覽》卷九三、卷六一五、卷七四二、《册府元龜》卷四〇引俱作"爲"，作"爲"字是。今依趙説從百衲本。《淮南子·精神訓》云："吾生也有七尺之形，吾死也有一棺之土。"

［8］彫落：指人死亡。《文選》魏文帝《與吳質書》有云："昔年疾疫，親故多離其災，徐、陳、應、劉，一時俱逝。"

[9] 肅城門內：殿本《考證》云："《太平御覽》作'肅成門內'。"吳金華《校詁》謂《藝文類聚》卷六三、《初學記》卷二一亦作"肅成"；《全梁詩》蕭統《同泰寺僧正講詩》有"開筵慕肅成"之句，李善《上文選注表》也有"居肅成而講藝"之説。似此，"肅成"當係東宮殿室之名，太子延儒講學之處。

[10] 玄默：沉静無爲。《漢書·刑法志》云："及孝文即位，躬修玄默，勸趣農桑，減省租賦。"

[11] 文學：官名。即太子文學，東宮官屬，曹操所置，員數品秩無考。

[12] 賈誼：漢初洛陽人，年十八，以頌詩屬文聞名於郡中。漢文帝召以爲博士，最年少，每詔令議下，諸老先生不能言，而賈誼盡能對，故一歲中超升爲太中大夫。後文帝欲以賈誼任公卿，卻被周勃等排擠，被貶出朝。數年後文帝又召回賈誼，與之談論於宣室，既畢，文帝曰："吾久不見賈生，自以爲過之，今不及也。"（見《史記》卷八四《屈原賈生列傳》）

[13] 太宗：漢文帝廟號。

[14] 尉佗：即趙佗，秦末漢初，據有南海、桂林、象郡，自立爲南粵武王。漢高祖劉邦爲了安定，乃遣陸賈立佗爲南粵王。高后時，趙佗自稱南武帝。漢文帝即位後，即爲趙佗在真定的祖先冢置守邑，又遣陸賈至南粵曉以仁義之意，趙佗遂去帝號仍稱王，願臣服於漢。（見《漢書》卷九五《南粵傳》）又《漢書》卷四《文帝紀贊》云："南越尉佗自立爲帝，召貴佗兄弟，以德懷之，佗遂稱臣。"

[15] 吳王：即吳王濞，漢高祖之兄子，漢初即封爲吳王。漢文帝時，吳太子至京師入見，因與皇太子飲酒，博弈；又因博弈爭道不恭，被皇太子所殺。吳王濞不滿，遂托疾不朝。朝廷驗問其無病，吳王恐懼，遂圖謀不軌。後文帝責問吳使者，使者以實告。文帝遂"皆赦吳使者歸之，而賜吳王几杖，老，不朝。吳得釋，其謀亦益解"天下因得安寧。（《漢書》卷三五《吳王濞傳》）

［16］三章：秦末，漢高祖劉邦入關後，與秦民約法三章："殺人者死，傷人及盜抵罪。餘悉除去秦法。"（《史記》卷八《高祖本紀》）是法令之最簡者。此謂"弘三章之教"，即弘揚"三章"簡易之教。

［17］愷悌：和樂簡易。《左傳·僖公十二年》："《詩》曰：'愷悌君子，神所勞矣。'"杜預注："愷，樂也；悌，易也。"

［18］管晏：管仲、晏嬰，皆春秋時齊國之名相。 姿：殿本、盧弼《集解》本作"資"，百衲本、校點本作"姿"。今從百衲本等。

［19］斑：百衲本、殿本、盧弼《集解》本作"斑"。校點本作"頒"。按二字義同，今從百衲本等。

［20］薄昭：漢文帝之舅父，薄太后之弟。漢文帝即位後，薄昭曾爲車騎將軍，封軹侯。後因殺漢使者，文帝令其自盡。（見《漢書》卷四《文帝紀》及注引鄭氏説）

［21］鄧通：蜀郡人。漢文帝曾夢見一黃頭郎推他上天，後見鄧通似夢中所見之人，遂尊幸鄧通，多次賜予巨賞。鄧通官至上大夫，"然通無他技能，不能有所薦達，獨自謹身以媚上而已"。後文帝又"賜通蜀嚴道銅山，得自鑄錢。鄧氏錢布天下，其富如此"。（《漢書》卷九三《鄧通傳》）

［22］慎夫人：爲漢文帝所寵幸。《漢書·文帝紀贊》云："所幸慎夫人衣不曳地，帷帳無文綉，以示敦樸，爲天下先。"

［23］胡沖：本書卷六二《胡綜傳》云："赤烏六年卒，子沖嗣。沖平和有文幹，天紀中爲中書令。"裴注引《吴録》又云："沖後仕晉尚書郎、吴郡太守。"《隋書·經籍志》未著録《吴曆》，《舊唐書·經籍志》《新唐書·藝文志》均著録《吴曆》六卷，胡沖撰。宋高似孫《史略》亦載胡沖《吴曆》六卷。

評曰：文帝天資文藻，下筆成章，博聞彊識，才藝兼該；［一］若加之曠大之度，勵以公平之誠，邁志存道，克廣德心，則古之賢主，何遠之有哉！

〔一〕《典論》帝《自敍》曰：[1]初平之元，[2]董卓殺主鴆后，[3]蕩覆王室。是時四海既困中平之政，[4]兼惡卓之凶逆，家家思亂，人人自危。山東牧守，[5]咸以《春秋》之義，"衛人討州吁于濮"，[6]言人人皆得討賊。於是大興義兵，名豪大俠，富室強族，飄揚雲會，萬里相赴；兗、豫之師戰于滎陽，[7]河内之甲軍于孟津。[8]卓遂遷大駕，西都長安。而山東大者連郡國，中者嬰城邑，小者聚阡陌，以還相吞滅。會黃巾盛於海、岱，[9]山寇暴於并、冀，[10]乘勝轉攻，席卷而南，鄉邑望烟而奔，城郭覩塵而潰，百姓死亡，暴骨如莽。時余年五歲，[11]上以世方擾亂，教余學射，六歲而知射，又教余騎馬，八歲而能騎射矣。以時之多故，每征，余常從。建安初，上南征荊州，至宛，張繡降。旬日而反，亡兄孝廉子修、從兄安民遇害。時余年十歲，乘馬得脱。夫文武之道，各隨時而用，生于中平之季，長于戎旅之間，是以少好弓馬，于今不衰；逐禽輒十里，馳射常百步，日多體健，心每不厭。[12]建安十年，始定冀州，濊、貊貢良弓，燕、代獻名馬。[13]時歲之暮春，勾芒司節，[14]和風扇物，弓燥手柔，草淺獸肥，與族兄子丹獵于鄴西，[15]終日手獲麞鹿九，雉兔三十。[16]後軍南征次曲蠡，尚書令荀彧奉使犒軍，見余談論之末，或言："聞君善左右射，此實難能。"余言："執事未覩夫項發口縱，俯馬蹄而仰月支也。"[17]或喜笑曰："乃爾！"余曰："埒有常徑，[18]的有常所，雖每發輒中，非至妙也。若馳平原，[19]赴豐草，要狡獸，[20]截輕禽，使弓不虛彎，所中必洞，斯則妙矣。"[21]時軍祭酒張京在坐，[22]顧彧拊手曰"善"。[23]余又學擊劍，[24]閱師多矣，四方之法各異，唯京師爲善。桓、靈之間，有虎賁王越善斯術，[25]稱於京師。河南史阿言昔與越遊，具得其法，余從阿學之精熟。[26]嘗與平虜將軍劉勳、奮威將軍鄧展等共飲，[27]宿聞展善有手臂，[28]

曉五兵，[29]又稱其能空手入白刃。余與論劍良久，謂言將軍法非也，余顧嘗好之，又得善術，因求與余對。時酒酣耳熱，方食芊蔗，[30]便以爲杖，[31]下殿數交，三中其臂，左右大笑。展意不平，求更爲之。余言吾法急屬，難相中面，故齊臂耳。展言願復一交，余知其欲突以取交中也，因僞深進，展果尋前，余卻腳鄿，[32]正截其顙，坐中驚視。余還坐，笑曰："昔陽慶使淳于意去其故方，[33]更授以秘術，今余亦願鄧將軍捐棄故伎，更受要道也。"一坐盡歡。夫事不可自謂己長，余少曉持複，[34]自謂無對；俗名雙戟爲坐鐵室，鑲楯爲蔽木戶；[35]後從陳國袁敏學，[36]以單攻複，每爲若神，對家不知所出，先日若逢敏於狹路，[37]直決耳！[38]余於他戲弄之事少所喜，唯彈棋略盡其巧，[39]少爲之賦。[40]昔京師先工有馬合鄉侯、東方安世、張公子，[41]常恨不得與彼數子者對。[42]上雅好詩書文籍，[43]雖在軍旅，手不釋卷，每每定省，[44]從容常言："人少好學則思專，長則善忘，長大而能勤學者，唯吾與袁伯業耳。"[45]余是以少誦詩、論，及長而備歷五經、四部，[46]《史》、《漢》、諸子百家之言，靡不畢覽。[47]

《博物志》曰：帝善彈棋，能用手巾角。[48]時有一書生，又能低頭以所冠葛巾角撇棋。[49]

[1] 典論：《隋書·經籍志》著録《典論》五卷，魏文帝撰。《舊唐書·經籍志》《新唐書·藝文志》亦同。又本書卷三《明帝紀》謂太和四年（230）二月戊子，"詔太傅三公：以文帝《典論》刻石，立於廟門之外"。南朝時戴延之在《西征記》中曾說，他在洛陽見《典論》六碑，有四塊完好，兩塊已缺損。至唐代石碑已亡，宋代寫本亦亡。今能見者，僅本書卷二《文帝紀》裴注引《自叙》一篇、《文選》載《論文》一篇。（本嚴可均《全三國文》之《典論》按語）嚴可均在《全三國文》中輯有《典論》一卷。

[2] 初平：漢獻帝劉協年號（190—193）。

［3］殺主：盧弼《集解》云："《御覽》作'弑帝'。"此事見本書卷一《武帝紀》及注。

［4］中平：漢靈帝劉宏年號（184—189）。

［5］山東：戰國秦漢間人稱"山東"，一般指崤山以東。此處"山東"，大概指太行山以東。如《史記》卷三九《晋世家》"晋兵先下山東"，即指太行山以東。

［6］州吁：春秋衛莊公之子，爲愛妾所生，得莊公之寵愛。後太子完繼位，是爲桓公。州吁遂收聚衛亡人殺桓公而自立，卻不得國人支持。州吁與石厚（石碏子）遂依石碏之説，請陳桓公引薦朝見周天子，欲得周天子之認可。及州吁、石厚入陳國，石碏乃使使告於陳曰："衛國褊小，無能爲也。此二人者，實弑寡君，敢即圖之。"陳人因拘留州吁與石厚，請衛國處置。魯隱公五年九月，"衛人使右宰醜涖殺州吁于濮"。（見《左傳》隱公三、四年）

［7］兖豫之師：指兖州刺史劉岱、豫州刺史孔伷所率之軍。又按，百衲本"滎陽"作"熒陽"。

［8］河内之甲：指河内太守王匡所率之軍。（詳見本書《武帝紀》）·孟津：關名。在今河南孟津縣東北黃河岸。

［9］海岱：殿本作"海岳"，百衲本等皆作"海岱"。海岱，指東海與岱山一帶，即當時的青、徐、兖三州交界的一帶。

［10］山寇：指以今河北、山西、河南三省的太行山區爲根據地的黑山軍。（詳見本書《武帝紀》）

［11］時余：校點本作"余時"，百衲本、殿本、盧弼《集解》本皆作"時余"。今從百衲本等。

［12］日多體健心每不厭：潘眉《考證》云："《御覽》九十三引作'日夕體倦，心猶不厭'。"

［13］燕代：春秋二國名。其地相當於今河北北部和山西東北部一帶。又按，建安十年濊、貊貢良弓，燕、代獻名馬之事，本書《武帝紀》及《後漢書》卷九《獻帝紀》均無記載。

［14］勾芒：古代傳說中主木之官。《禮記·月令》："其帝太皞，其神勾芒。"鄭玄注："此蒼精之君，木官之臣，自古以來，著德立功者也。太皞宓戲氏，勾芒少皞氏之子，曰重，爲木官。"

［15］子丹：曹真字子丹。

［16］三十：趙幼文《校箋》謂《藝文類聚》卷七四、《太平御覽》卷九三、卷七四六引"三"字俱作"二"。又按下句"曲蠡"百衲本作"内蠡"。今從殿本、盧弼《集解》本、校點本作"曲蠡"。

［17］俯馬蹄而仰月支：《文選》顔延年《赭白馬賦》："經玄蹄而雹散，歷素支而冰裂。"李善注："玄蹄，馬蹄也。素支，月支也。皆射貼名也。言馬既良，射者亦中，故玄蹄雹散，素支冰裂也。邯鄲淳《藝經》曰：馬射，左邊爲月支二枚，馬蹄三枚也。"

［18］埒：指馬埒，即習射之馳道，兩側有矮墻，使馬不得外奔。

［19］若：盧弼《集解》云："《御覽》九十三'若'下有'夫'字。"

［20］要：攔截。盧弼《集解》云："《御覽》七百四十六'要'作'逐'。"

［21］斯則妙矣：盧弼《集解》云："《御覽》七百四十六作'斯乃妙爾'。"

［22］軍祭酒：官名。即軍師祭酒，參謀軍事之官。

［23］拊手：盧弼《集解》云："《御覽》'拊'上有'俱'字。"

［24］余又學擊劍：趙幼文《校箋》謂《初學記》卷九一引"又"字作"幼"。《太平御覽》卷九三引"學"字作"好"。

［25］虎賁（bēn）：官名。即虎賁郎，職掌宿衛，禁衛皇宫。由虎賁中郎將率領。

［26］學之精熟：趙幼文《校箋》謂《太平御覽》卷五九二引"精"字上有"甚"字，下無"熟"字。又按《太平御覽》"史

阿"作"史何"。

[27] 平虜將軍：官名。魏置，第三名。劉勳事主要見本書卷一二《司馬芝傳》裴注引《魏略》。　奮威將軍：官名。魏置，第四品。　鄧展：即本書《武帝紀》建安十八年裴注引《魏書》之"奮威將軍樂鄉侯劉展"。

[28] 善有手臂：趙幼文《校箋》謂《初學記》卷九、《藝文類聚》卷八七、《太平御覽》卷七一〇引俱無"善"字。

[29] 五兵：五種兵器。《漢書》卷六四上《吾丘壽王傳》"古者作五兵"顏師古注："五兵，謂矛、戟、弓、劍、戈。"

[30] 芉蔗：盧弼《集解》云："《藝文類聚》八十七作'干蔗'，《御覽》七百十、又九百七十四作'甘蔗'。"潘眉《考證》亦謂"竿蔗"，古籍中還可作"甘柘（zhè）""甘蔗"。

[31] 便以爲杖：盧弼《集解》云："《御覽》三百四十二作'便以習之'。"

[32] 鄛（cháo）：用腳橫掃。

[33] 淳于意：《史記》卷一〇五《扁鵲倉公列傳》載："太倉公者，齊太倉長，臨淄人也，姓淳于氏，名意。少而喜醫方術。高后八年，更受師同郡元里公乘陽慶。慶年七十餘，無子，使意盡去其故方，更悉以禁方予之，傳黃帝、扁鵲之脈書，五色診病，知人死生，決嫌疑，定可治，及藥論，甚精。受之三年，爲人治病，決死生多驗。"

[34] 持複：武技名。手執兩件兵器作舞。

[35] 鑲楯爲蔽木戶：盧弼《集解》云："《御覽》作'兩鑲爲閉木戶'。"

[36] 袁敏：袁渙從弟，見本書卷一一《袁渙傳》。

[37] 日：百衲本、盧弼《集解》本作"曰"，殿本、校點本作"日"。今從殿本等。

[38] 直決耳：趙幼文《校箋》云："直，但也。決，《淮南

子・説山篇》'故決指而身死'注：'傷也。'句意謂在從袁敏學之前，若逢敏於狹路，惟有受傷而已。"

［39］彈棊：漢魏時的一種博戲。《後漢書》卷三四《梁統附冀傳》"彈棋"李賢注引《藝經》曰："彈棋，兩人對局，白黑棋各六枚，先列棋相當，更先彈也。其局以石爲之。"《世説新語・巧藝篇》余嘉錫《箋疏》云："黑白棋各六枚者，一人之棋也。兩人則二十四枚。" 其巧：趙幼文《校箋》謂《册府元龜》卷四〇引"巧"字作"妙"，《世説新語・巧藝篇》注引同。

［40］少爲之賦：趙幼文《校箋》謂《世説新語・巧藝篇》注引作"少時嘗爲之賦"。賦，《藝文類聚》卷七十四、《太平御覽》卷七百五十五均載有魏文帝《彈棋賦》，盧弼《集解》有轉録，因文長，不再録。

［41］先工有馬：趙幼文《校箋》謂《世説新語・巧藝篇》注引作"少工有二焉"。又"安世"作"世安"。

［42］常恨：趙幼文《校箋》謂《藝文類聚》卷七四引"常"上有"予"字。

［43］雅好詩書文籍：趙幼文《校箋》謂《太平御覽》卷九三、卷五九二引作"雅好書籍"，無"詩""文"二字。

［44］每每定省：盧弼《集解》云："《御覽》九十三作'每定省'。"

［45］袁伯業：袁遺字伯業，袁紹從兄，漢末曾爲長安令、山陽太守。見本書《武帝紀》初平元年及裴注。

［46］四部：謂甲、乙、丙、丁四部。《隋書・經籍志》云："魏秘書郎鄭默，始制《中經》；秘書監荀勖，又因《中經》更著《新簿》，分爲四部，總括群書。一曰甲部，紀六藝及小學等書；二曰乙部，有古諸子家、近世子家、兵書、兵家、術數；三曰丙部，有史記、舊事、皇覽簿、雜事；四曰丁部，有詩賦、圖讚、《汲冢書》。"

［47］靡不畢覽：潘眉《考證》云："《御覽》九十三'靡不畢

覽'句下，尚有數句云：'所著書、論、詩、賦凡六十篇，至若知而能愚，勇而能怯，仁以接物，恕以及下，以付後之良史。'"

　　[48] 手巾角：趙幼文《校箋》謂《北堂書鈔》卷一三六引"角"下有"揮之黃門跪授"六字。

　　[49] 冠著葛巾角：趙幼文《校箋》謂《太平御覽》卷六八七引"冠"下無"著"字，《世說新語·巧藝篇》注引同。